初岸
Chuan

与美同栖

谨以此书纪念北京大学建校 120 周年

顾问：季羡林　谢冕　王岳川　李书磊
主编：橡子　谷行
编委：张黎明　余世存　贺照田　阿忆　姚丹　季晟康

让我们暂时放弃对伟大的颂扬，
深入到幽微的往事之中。

从这些个人化的讲述里，
我们也许能找到伟大的根源。

北大往事

修订典藏版

橡子 谷行 主编

北京联合出版公司
Beijing United Publishing Co.,Ltd.

图书在版编目（CIP）数据

北大往事：修订典藏版/橡子，谷行主编.—北京：北京联合出版公司，2018.5
ISBN 978-7-5596-1700-2

Ⅰ.①北… Ⅱ.①橡…②谷… Ⅲ.①北京大学—校友—回忆录 Ⅳ.① G649.281

中国版本图书馆 CIP 数据核字（2018）第 023654 号

北大往事：修订典藏版
主　编：橡子 谷行
选题策划：北京时代光华图书有限公司
责任编辑：昝亚会　夏应鹏
特约编辑：文　雯
封面设计：新艺书文化
版式设计：冉　冉

北京联合出版公司出版
（北京市西城区德外大街83号楼9层　100088）
北京晨旭印刷厂印刷　新华书店经销
字数372千字　880毫米×1230毫米　1/32　15.5印张
2018年5月第1版　2018年5月第1次印刷
ISBN 978-7-5596-1700-2
定价：59.00元

未经许可，不得以任何方式复制或抄袭本书部分或全部内容
版权所有，侵权必究
本书若有质量问题，请与本社图书销售中心联系调换。电话：010-82894445

三版序

二十年前，我正处于生命中一个比较特殊的时期。刚从漫长的精神困境中爬出来，并暂时放弃了无望的诗歌写作，整个人充满了活力却又无所事事。我和一帮大学同学经常厮混在小南庄一带，在小饭馆里喝酒，在地下室谈笑风生，沉浸在往事中而不可自拔。后来，我在小说里把那段时期命名为"小南庄狂欢"。

正是在那些日子里，我和余世存、文钊等人聊到了即将到来的北大百年校庆。想到自己毕业后无所事事，想到梦想破灭而热望犹在，很渴望做点什么来纪念自己的青春，编一本书的念头自然就冒了出来。约稿提纲很快就拟好了，并通过同学们散了出去。回忆起来，我在提纲里好像只提了很少的要求，比如放弃宏大叙事、减少不必要的抒情。但现在想来，这些要求恰好让《北大往事》避免了众所周知的语言俗套和叙事陷阱。

1998年2月，我们在北大南门外的风入松书店开了一个很隆重的首发式。季羡林先生作为编辑顾问，亲临了现场，谢冕先生等一众师长也都前来捧场。虽然我已经想不起当时的具体情景，但那种弥漫着独特精神魅力的氛围，仍然留存在记忆里。后来我虽然不断出入各种聚会场所，却很少再有那种同声相应、同气相求的感受。北大人的精神密码，也许确实是存在的。

《北大往事》很快就成了当时最热门的畅销书。因为出版社没有料到如此火爆，书市上一度出现了断货现象。现在想来，这本书之所以受到追捧，至少有两个方面的原因。一是它提供了一种充满意趣的民间叙事，很多习见的"大词"都被我们摒弃在外，很多肤浅和浮夸的抒情都被删除，而它所讲述的很多真实故事，如同现在所谓的"段子"那样令人忍俊不禁。二是在比较切近的时间视野中，第一次开始了对"80年代"的大规模歌唱，为人们展现了一个刚刚消逝，却又似乎无比遥远而陌生的精神年代。现在的人们，仍然能够从《北大往事》中找到一把秘钥，通过它，你不仅可以打开那个激越而辉煌的时代，甚至还能够为当下的许多精神和文化现象提供解释。《北大往事》不是一本成于二十年前的旧书，它始终是一本新书。它的第三次再版，也证明了这一点。

我们从没有试图在北大的讲述史中树立路标。只是因为我们爱它，想在特殊的日子里给它一朵野花。但我们没想到的是，这朵野花以自己的方式成了路标。

橡　子

二零一八年一月四日

目录 / CONTENTS

北大往事·70年代　/ 001

　　北大杂忆　岑献青　/ 003

　　一个口号的诞生　刘志达　/ 018

　　漫忆七八　马相武　/ 024

　　闲话北大　赵园　/ 039

　　贫穷而且精彩　吴晔　/ 043

　　我的北大圈子　唐师曾　/ 054

　　阿毛逸事　王惠民　/ 058

　　人事两茫茫　周立文　/ 063

　　海子的毕业留言　刘广安　/ 068

　　燕南园的身影　程丹梅　/ 071

北大往事·80年代　/ 075

　　谁敢不娶北大女生　格鹰　/ 077

燕园初恋　于慈江　　/ 087

一九八〇年的北京大学　李大兴　　/ 093

小事物的精英　西川　/ 101

孤征　王开林　/ 114

找不着北大　张华峰　/ 118

我有自己的纪念方式　晓钟　/ 123

在天堂与地狱之间　张璨　/ 134

文八二、434及其他　王川　/ 148

我的生死北大　阿忆　/ 168

诗歌的联系　麦芒　/ 180

47楼207　孔庆东　/ 187

上坡路与下坡路是同一条路　蔡恒平　/ 203

十年一觉　陈平原　/ 215

记忆的诱惑　王枫　/ 220

师事　天波　/ 232

北大片段　洛兵　/ 238

诗歌与骚动　郁文　/ 244

生命与学术　王岳川　/ 251

燕园学诗琐忆　西渡　/ 264

谁比谁活得更长　杜丽　/ 286

有一种颜色叫铭黄　杜丽　/ 295

想念王毅　余世存　/ 299

穿越冰山　橡子　/ 305

吹尽狂沙始到金　橡子　/ 331

北大混史　蒙夫　/ 338

怪斋笔记　雷格　/ 344

黑蝴蝶呓语　姚丹　/ 350

文人之初　李方　/ 357

向死而生　周阅　/ 365

爱留痕迹　晓白　/ 372

北大往事·90年代　/ 387

虚构的北大　胡续冬　/ 389

球人球事　季晟康　/ 394

青春在右爱在左　张菁　/ 402

北大周围的小饭店　郑勇　/ 411

与飞翔有关　刘煜　/ 417

北大啊北大　迟宇宙　/ 425

噬菌体　叶宁　/ 443

永不落幕的戏　王润　/ 460

三版后记　/ 481

那叫我们痛苦的大海是深沉莫测的……
我们又划着我们的断桨出发了。

北大往事·70年代

北大杂忆

岑献青

一

1977年，全国恢复了高考制度。年底考试，第二年2月就入学。似乎所有的事情都在以一种迫不及待的速度重新开始。而北京大学，也像个来不及洒扫庭除的主人，匆匆忙忙地迎来了"文革"后的第一批新生。校园里满目都是那场革命遗留下来的痕迹，标语纸、大字报纸还在寒风中哆哆嗦嗦地抖动。

学生宿舍也没有调整好，32楼是我们中文系的学生宿舍，同时也是办公室所在地，办公室占了二层，一、三层是男生宿舍，女生则住在四层。

到北大后没几天，就下了一场雪。雪不大，但飘飘洒洒的，很令我这个来自边地的广西人惊讶和感动。于是我拎起热水瓶，告诉同屋的同学说："我要下楼打水去了。"

其实是想去看雪。

直到二十年后，同学们聚在一起时，还有人拿这事当笑话说。

那个时候，我的样子一定像个村姑。

实际上，我想看的何止是雪？在四年的大学生活中，我所看到的,又何止是雪?

多少年来,常常有一个晨曦中的背影在我的记忆中浮现。那是我们宿舍的一个女生,她每天早晨四五点钟就起床,悄悄地搬了一张凳子,在楼道的窗下读书,不只是读外语,还读别的教科书,甚至把一些枯燥无味的史料也背得滚瓜烂熟。有一次我们去军事博物馆参观,她居然把"四渡赤水"讲得明明白白,像是她自己渡了四次赤水似的,让我惊讶不已。

实际上,这样的背影在当时可以说是无处不在,无论是早晨还是黄昏,这样的背影都会出现在未名湖边的石堤上、图书馆前的草坪里、教学楼旁的迎春花树下、山坡树林的石砌曲径中……

这样读书的学生,大约也是北大校史上最特别的一届了,年纪最大的与年纪最小的同学几乎是两代人,不少人已经当了父母,有的人孩子已经上了小学。当历史给了他们一个进入北大的机会时,一种生命的紧迫感便骤然而至,于是所有的人都在匆匆地赶往教室,匆匆地赶往图书馆,排着长长的队伍买中外名著,跑到老远老远的地方看重新放映的中外电影……就像海绵吸水似的,人们拼命地读书,如饥似渴。

老师们也都恨不得把他们的知识在一夜间就都教给我们,每一堂课的内容都安排得满满当当,还开了许多新的专题讲座。我们真算得上是有福分的学生。在读本科时,有幸拜访过当年参加了"火烧赵家楼"的杨晦先生,聆听过吴组缃、林庚、周祖谟、阴法鲁、陈贻焮等等老先生的课。而在当时还算得上"中年教师"的金开诚、袁行霈、吕乃岩、费振刚、何九盈、孙玉石、谢冕、乐黛云、周强、周先慎等先生,不仅给我们讲课,还常常在课余时到我们的宿舍来给同学们解疑或是和同学们聊天。我们也经常请老师们参加班里的各种活动,或者在课余三个五个地结伴上老师家请教。与老师们谈话的内容非常广泛，古今中外，海阔天空。

那样的谈话真是一种享受，我们感受到的是一种文化的浸濡，一种心灵的沟通，一种精神的传递。师生间有着一种难以言表的和谐融洽的关系。

袁行霈先生曾经很动情地说："我真喜欢给你们上课，当我站在讲台上时，我觉得我就像一个交响乐团的指挥，凡是在我觉得应该有反应的地方，你们都会发出会心的微笑。这种感觉真是太好了。"

在我们毕业十五年后，孙玉石先生为我们班郭小聪的书《在新世纪的门槛上》作序时，写下了这样一段话：

> 他们为了吸吮人类知识宝库为他们提供的一切古老的和新鲜的营养，天天钻图书馆，购买和传阅每一本新出的书，讨论和争吵一些学术问题，为了听课，尽早地等在教室门口，抢位子，为此甚至挤碎了门玻璃；他们默默地在拥挤的宿舍里，在图书馆中，勤奋地爬格子，匆忙地涂写，各自做着人生前行的美丽的梦。作为那时给他们上课的教师，我感受到从来没有过的讲授者和接受者之间所共同拥有的那一份共鸣的快乐。

而周先慎先生在十几年后见到我，还会提起当初他给我们上课时，同学们总是为他准备好一暖瓶水，并且把黑板擦得干干净净的事情。

来北大前，我在一个小煤矿里生活了二十年，我总以为我经历了很多，无论是生活的苦难，还是心灵的苦难。我有一个当过伪保长的外祖父，一个出身地主家庭的外婆，还有一个在国民党伪县府任过职、又在"四清"运动初期不明不白地上吊自杀的伯父。在我三岁时，母亲被莫名其妙地划成了"右派"。这些林林总总的关系，使我们的家庭罩上了一层浓浓的政治阴影。"文化大革命"中，我父亲又成了"走资派"，常常被揪斗、囚禁；当我拎着饭盒去给父亲送饭，走过那些发出不怀好意的笑声的造反派面前时，心里总有一种极端的恐惧。

在这样的政治背景下，生存状态是不言而喻的。甚至当我拿到北大的录取通知书时，我母亲的"右派"问题还没有解决。但是，当我带着这样一种经历来到北大时，我却发现我的这些所谓苦难，与许多人相比，其实真算不上什么。不少同学的父母都戴过"右派"帽子，很多同学所经历的苦难，比我更要深重许多倍，差不多人人都在农村插过队，在矿山干过活，在南北兵团里"战天斗地"，他们经历了生活的苦难，更经历了心灵上的苦寂和孤独。几乎每一个人，都有一段不忍卒读的、充满了辛酸血泪的故事。同样的，我们的老师们，也在时时都处于政治中心的北大遭受了我们难以晓喻的心灵苦难。

但是，在那个时代，承受了最大苦难的却是我们的国家，我们的民族！

北大使我学会了从一个更高的层次上重新阅读苦难，认识苦难，理解苦难。

也许正因为经历过这些，我们才会一百倍、一千倍地珍惜读书的机会，没有人一味地躲在角落里舔伤口，也没有人终日都在絮絮叨叨地诉说过去，我们都认为民族的振兴将从我们这一代开始，我们每一个人都应该为自己的民族做一些什么。毕竟是带着一种特殊历史背景进入北大的学生，这一代人经历了十年文化沙漠的痛苦，那种对人类文化知识的强烈渴望、那种拼命读书的"疯狂"劲头，恐怕是现在的学生很难想象得出的。

二

当然也不是死读书，除了上课，我们还有许多有滋有味的课外活动。

我们班的同学中，有好些在上大学前就是本地小有名气的"笔杆子"，进了北大中文系的文学专业，自然更是跃跃欲试，要圆一个作家梦。尽管系里的老师一再强调"中文系不是培养作家的地方"，大家还是不愿放弃这个梦想。于是便有同学张罗着成立起文学社。

许多年后，黄子平在为我的散文集作序时，这么写道：

> ……那是个被后来确认为"思想解放"的年头。大学里又可以办学生社团了，最活跃的当然又是中文系了。
>
> 班上的一些同学不少在入学前就发表过作品的，自然手痒难耐，先是组了一个"早晨文学社"，下分小说组、诗歌组和评论组。其中小说组阵容最是雄壮，有当时已崭露头角的陈建功，还有黄蓓佳、王小平、小楂等几员女将，岑献青也不声不响地跻身其中。
>
> 我因为写过几首如今读来"愚不可及"的诗而入了诗歌组，大约是曾在花城出版社当过几个月"借用编辑"的缘故，被推了当油印文学"刊物"《早晨》的"主编"，便也偶尔参加小说组的活动。
>
> 其时写小说的人还时兴"谈构思"，小说组的活动是各人在那里大谈其构思，然后大伙儿七嘴八舌地出主意甚至"转让"细节之类。要数陈建功最热衷于"谈构思"，不管是去饭堂还是课堂的路上，他逮住你就开始"展开"他的构思，而且这构思一天

三变,又不厌其烦地与你讨论,待到这作品发表出来,全班人几乎都已"耳熟能详"了。别的一些人却苦于没法"谈构思",都说到底什么样儿只有写了出来自己才知道,……于是又有写出来的小说在大家手里传来传去。眼见为实,果然谈不出构思来的也能写出好小说。……

即便是这么"大谈特谈",也不过瘾,便又在32楼前办起了文学社的作品专栏,用的还是那个很朝气蓬勃的名字:"早晨",用稿纸抄了我们的"作品"张贴在上面。那真是当时校园里的一道风景,每逢吃饭时间,32楼前就挤了很多人端着饭碗在那里边吃边看边评论。

油印刊物自然是自己动手,找了钢板、蜡纸、刻笔、油印机,就在宿舍里"开工",常常是废寝忘食,干得很来劲。依然用"早晨"作刊名。装订好后,分送给同学老师,还寄到外地的大学中文系"交流",似乎还真造出点"轰动效应"来,时不时还有武汉大学、四川大学的同学"上门拜访"。

当然,办刊的经费是自筹,那时没有拉赞助一说,全都是掏自己的腰包,有时也鼓起勇气在三角地叫卖,找回一点工本钱来。但也有同学能出歪点子的,比如在帮着学生会往30楼里搬运办公用具时,悄悄地扛了一大筒纸就往宿舍跑,学生会的人发现了,急得大喊:"走错了走错了!"扛纸卷的人便做出悻悻的样子转回来。只是学生会的人想不到中了我们的"调虎离山"计,在他以为捉住了"作弊者"的时候,早已有人又扛了一筒纸隐进了32楼的后门。

于是下一期的《早晨》便能如期出刊了。

北大"文革"后的校园文学也许可以说是从《早晨》开始的,在它的基础上,以中文系文学专业为主,扩展到全校的文学爱好者,成立了"五四文学社",并创办了社刊《未名湖》。我的一篇习作《阿盛》居然上了创刊号,令我对这份刊物多了一分亲近。

到北大后的第二个学期,中文系男女生宿舍分开,女生搬到31楼,生活上自然就方便多了。可另一些不方便的事又来了。譬如班级开个会,通知个事,当班干部的就要来回跑。入学后第一个新年要开文艺晚会,各班都在排练节目。我们班的男生要表演小合唱,歌名叫《山药蛋》。主持排练的班干部是女生,连拉带哄地把男生都叫到31楼来。于是那些天,常常就有一群男生在我们宿舍门前排了队,扯起参差不齐的嗓门大吼:"山药蛋那个呀嗬嘿……"惹得别班的女生都从门里探出脑袋来或聚在楼道另一头远远地看,掩了嘴笑。一笑,小伙子们的声音就低了,让人听着就像那些"呀嗬嘿"的山药蛋堵在了嗓子眼里。

北大的舞会也是自我们班始兴起的。第一次在学校一起跳集体舞,还是被学生会动员去的。"文革"十年中,没有人敢跳舞,现在忽然说要恢复了,就像一件很不得了的大事,所有的人都以一种很紧张很严肃很认真的态度和姿势来"操练"。不少留学生也前来观看和拍照。后来集体舞不再有人跳了,取而代之的是交谊舞、探戈什么的,于是31楼里陌生男孩的面孔也渐渐地多了。人们都说中文系女生有几位"舞星",又漂亮又优雅,常常就有外系勇敢的男孩子来相邀。记得有一个长得很秀气的男生总在星期六的傍晚出现在31楼,见了女生就问:"可以请你去跳舞么?"

北大曾经使我敬畏。从前在煤矿时,我看过关于北大学生"批林批孔"的纪录片,电影里的北大学生一个个旁征博引,口若悬河,令我们惊叹不已。如今,我居然到了从前在电影里才能看到的这么一个神圣的地方读书,听那些大名鼎鼎的老先生讲课,跟一批又聪明又有才气的人做同学，那种惶恐的心情可想而知。因为我很明白，自己学业的基础比别人不知差了多少，见识比别人不知少了多少，且不说能不能"滔滔不绝"，就我那一口"南蛮舌"，都能把人给听得云遮雾罩的。

有一回到食堂买饭，我说要半个馒头，大师傅拿起串馒头的铁钎，刷刷地给我串起八个馒头来。等到又有一次，我要买八个馒头时，大师傅却不高兴地说："我不卖半个！"

但是我并没有因此而受到别人的讥笑和歧视，北大给予每个人的机会都是均等的，只要你自信、努力，你同样可以成为优秀的人。

实际上，我那时感觉到更多的，还是来自同学们的关心和帮助，学习上自不必说了，生活上也总是处处得到关照。我因从前在煤矿工作时落下胃病，来北京后饮食不适，犯得很厉害，班主任张剑福先生便将他的煤油炉给我拿来，让我煮面条吃。每每到了晚饭时候，楼道里总弥漫着一股浓浓的煤油味，这味儿不好闻，可班上的女生都很体谅，没人说什么。倒是常常在吃过饭后上图书馆时，总有人吸溜着鼻子四下张望："怎么会有煤油味？"

后来又有同学拿了电炉来，很小，才三百瓦，但可以烤烤馒头，热热剩饭，大冬天实在太冷，还可以取取暖。

但总要提心吊胆，明知道是违反校规的。偶尔来了查电炉的人，就像发现"鬼子进庄了"，各个宿舍都互相通报，只差没有立起"消息树"了。不过，查电炉的人也不傻，有一回就用了从前地下党工作的方法，伪装成送校刊的人，腋下夹了一摞报纸，一头就闯进我们宿舍。恰恰那天晚上一群女生正聚在一起聊天，烧着电炉烤火。一时间我们真是无地自容，乖乖地拔下插头，听候发落。

查电炉的是行政处的工人，大约五十岁的年纪，十分严肃地拎起电线，晃着电炉，逐个地盯着我们，似乎在说："你们还有什么可说的？"我们也的确没有什么可说的，真切地体会到什么叫作"做贼心虚"！

工人师傅说："谁的电炉？"

谁也不说话。工人师傅又说："不说话就都跟我走一趟！"

一听这口气，我马上说："是我的。"虽说其实不是我一个人在用，可我是班长，这事不管最后是什么结局，总要落到我头上的，何况我也没有"不在现场"的证据。

工人师傅说："写上名字！"说完把电炉握在手里。不料电炉还很烫，他一缩手，炉盘就跌在地上摔成了几瓣。

有人忍不住"扑哧"笑起来，立刻又掩了口。师傅似乎尴尬了一下，又很认真地递过来，于是我也很认真地忍了笑往那块最大的碎片上写我的名字。

师傅却皱起眉说："怎么会有这个姓？姓 lìng 么？"

这时有位女生说了："师傅您不知道呀？这是少数民族的姓！您别以为我们成心犯校规，小岑是从中越边境来的，好几千里地呢。来到北京吃不惯食堂的饭，得了挺重的胃病，我们才凑钱给她买了这个电炉的。"

别的女生也都像突然醒悟了似的，这个说师傅您不知道，她这几年喝的中药比吃的饭还多，咱不帮她，谁来帮？那个说，师傅您看，反正这电炉也摔了，交上去学校也没什么用，您何不当个好人，给她落实一回民族政策？您若非要罚款，怕是精神物质两个负担压下来，保不定小岑就要闹个胃穿孔什么的，谁能负得了这个责任呵！

说话的都十分动感情。我先是觉得好笑，后来渐渐地就觉得自己真像是病入膏肓，将不久于人世了。居然就有了泪水在眼里打转转。

果真就感化了那位师傅，他叹了一口气说，饶你一回就是。

大家就欢呼，给那位师傅又说了许多好话，令他眉开眼笑。

等他一走，我们便搂在一块儿笑，我把几个女生乱捶了一通。电炉是大家用的，这位烤馒头，那位煎鸡蛋，取暖时都凑在一堆，那几双手又不全长在我身上，怎么说来说去就该我"后果自负"了？

胡乱打闹一气后，静下来再细细地想，又兀自感动得直想掉泪。那个时候，我确实喝了近二百服中药（当然都是学校药房代煎），胃病折腾得我十分痛苦，那时不像现在随便什么地方都能找到合适的饮食，要不我也不会去弄那些什么煤炉电炉的，成天只能吃些讨厌的烂面条。

如今毕业十几年了，每每想到当时同学们对我如此关切，依然感动如初。

三

我从北大毕业后，单位在沙滩北街2号的老灰楼给我安排了一间宿舍。到了那里，才知道老灰楼居然是旧北京大学的学生宿舍。

突然就有了一种很亲切的感觉，像是回到了久别的故乡。虽然从严格意义上说，这已不再是北大宿舍了。

老灰楼像个缺了一笔的"口"字，呈"匸"形，空着的那一笔据说早先是围墙。这个"匸"形，其实是三幢连在一起的楼，共有八个门，从"匸"的右下角起，依次称作"天、地、玄、黄、宇、宙、洪、荒"，恰恰是《千字文》的头两句。

为什么如此称谓，一直不得其解。倒是听说当年老灰楼建成这样的格局，是为了便于控制学生的活动。因为这八个门中，只有"天"字门和"荒"字门是通达院内外的，其他门里出来的人，都须经过这两个门。这么说来，一旦学生们聚众闹事，当局就可以很严密地快速地堵住门了。

听归听，并不当真，总觉得不过是"民间传说"。但有一回见到读书时认识的一位先生，听说我住在老灰楼，就说起他1949年以前做地下工作时，曾因特务盯梢而躲进老灰楼的故事。方知在从前，确实是有"白色恐怖"的了。

由此又不禁对当年的北大学生生出一种崇敬来。

老灰楼的南边是从前北大的广场，著名的五四运动发源地。1947年华北学联将这块地方命名为"民主广场"。只是现在广场已经不"广"，那里面挤满了大大小小的简易楼房，成为中国作家协会的机关办公处。据说有关部门再三强调这里是文物保护重点，所有单位必须迁出，但中国作协当时苦于无处可迁，死活不动，有关部门也奈何不得。

老灰楼的西侧还有几栋灰砖大屋顶楼房，其中一座是北大从前的图书馆。我在那里借过几回书。大约因为屋子大、天花板高的缘故，感觉很空落也很幽静，是个读书的好去处。大约当年毛泽东做北大图书馆馆员时，就是在这里拿薪水的。

北大广场的西边，是个叫作"西斋"的地方，与景山公园东门隔路相望。当初单位分配住房时，曾问过我愿不愿住西斋，因为听说是平房，我这个南方人不会侍弄冬日的煤炉，就仍住在老灰楼。后来才知道那里最早还是乾隆帝四女和嘉公主的府第。光绪帝当年在维新派推动下，接受康、梁的变法主张，就在这里开办了京师大学堂，直至民国成立，京师大学堂始改为北京大学。

改成北大后，西斋曾做过女生寄宿舍，稍早些还是文科的讲堂和教员的预备室，许多名人每日都在那里聚集，如钱玄同、朱希祖、刘文典、胡适、周作人等等。但这些历史从前却不甚知，直至1990年北京市政府文物管理局在此处设下"京师大学堂"的牌子后，方知这片现在看起来十分杂乱的院落还曾如此辉煌过。于是有些遗憾起来：若当初住了西斋，保不定会在梦中会会那些老前辈呐。

有时想想也觉得有趣，我怎么一个跟头似的，又折回京师大学堂了呢？

虽有如此悠久的历史，却与现在住老灰楼、西斋一带的人无甚干系。我在老灰楼住着，左邻右舍都是机关的干部或工厂的工人。白日人们上了班，就有好些小保姆在院子里带着小小的孩子聊天，还有些老太太拎了篮子出门买菜，相互见了面就大声地说着东家长西家短。

这一番很世俗化的生活场景，像是将北大历史上那壮丽的一页完完全全地翻了过去，而那些关于北大学生的故事，愈来愈淡地退到了后台。

即便如此，在老灰楼里住了好几年，总觉得自己依然是北大的学生，不过是换了个宿舍罢了。

四

几年后，我又住进了北大校园。丈夫在中文系做教师，我再一次住进北大，就不再是"学子"而是"家属"了。

先是住在校南门附近的21楼。从前做学生时，对这个楼就很熟悉，因为班主任就住在这里，好些教我们课的先生也住在这里。"文革"刚结束时，百业待兴，学校住房十分紧张，老师们的居住条件实在寒碜得很，真正的陋舍，常常是一家三四口住一间十平方米宿舍。记得金开诚先生曾写过一篇文章，说自己当初住21楼时，如何趴在床沿上写作，用书时就往床底下一伸手，拉出一箱书来。

金开诚先生的夫人屈育德先生教我们民间文学课，她是钟敬文先生的高足。屈先生一生坎坷沧桑，身患绝症，在这样的陋室里，拖着术后虚弱的身体，既做良母又做贤妻，还以惊人的毅力备课和著述。每次听她用术后变得含糊的声音艰难地讲课，心里总有一种异样的难过。我的毕业论文是民间文学选题，虽不是屈先生指导，她却十分关注和欣喜。我临毕业时，她曾希望我到民研会从事民间文学研究，遗憾的是分配方案中没有民研会，终于未能遂了先生的意愿。而我毕业后又因了种种原因，几乎完全放弃了对民间文学的研究，做起文学编辑来。如今先生已长眠九泉之下，每每忆及，总有愧疚之感。

我们在 21 楼住的房间极局促，十一平方米的房间，其中有一个角落还堆放着一位出国教师的家具和书籍。屋里完全是学生宿舍式的安排，面对面两张小床，丈夫用一张，我带着儿子用一张。床太窄，就加了一排方凳。两床中间夹一张书桌。床既是床也是坐凳，书桌既是书桌也是餐桌。儿子从幼儿园回来，在屋里没有空处玩，就只好上床盘腿坐着玩。丈夫当班主任，学生晚上来家开班委会时，我和儿子就"列席"，因为无处可逃。

幸好两年后就有了一次调房的机会。1988 年夏天，我从长白山开会回到 21 楼，发现他们父子俩和一整个家都不见了。隔壁的教师说，都搬到畅春园了。我急急地赶了去，果然就看到他们俩在一间颇宽敞的房子里吃饭，一大堆乱七八糟的物什几乎将他们埋了起来。半间房的地面上，撒满了儿子的玩具。丈夫说，儿子不叫收拾！好不容易有一块地方让他随心所欲地玩一玩了，想想也真不忍心收拾了。我这么一看，这么一听，眼泪差点儿就落下来。其实这里仍然是个筒子楼，公用厨房公用厕所，丝毫没有一点"居家"的意思，怎么琢磨怎么像学生宿舍。

又两年后，搬到了中关园 506 楼，一居室的房子，还是窘迫，我与儿子共用的书桌便安放在阳台上。如今却又是在蔚秀园里写这篇文字了。虽说住房状况在一点一点地好转，但依然有成捆的书堆在地上，塞在床底下，我仍然与儿子共用一张书桌，当他从学校回来后，我便只好趴在床上工作，或者下厨房。

我之所以不厌其烦地唠叨在北大的居家琐事，只是想说，我们这十几年来，其实正是沿着我们的老师们当年居家的轨迹走了一遍，将我们的老师们所体验过的艰难困窘也体验了一遍的。有人借用孟郊的诗句来描述北大教师搬家的情景："借车载家具，家具少于车。"说的是有一位青年教师用三轮车搬家，唯一的电器是一台电风扇。这其实几乎是每一个北大教师最早的居家情景的描写。

直到现在，仍然有不少的青年教师住在我们当年住过的筒子楼里，也许在不短的时间里，他们也还不得不步我们的"后尘"。

我常常会因此想到，北大有着怎样的一种魅力呵，竟然能使一代又一代优秀的中国知识分子能如此淡泊享受和名利，无怨无悔地坚守在这样的精神家园中，将自己的青春和生命留在了这一方土地上！

也许，谢冕先生的一段话才是最好的回答：

> 这里从来都是社会才俊集聚的地方，而且从来都是通过这种集聚，唤起他们对于社会和公众的使命感，以及作为知识分子的精英意识。在四周弥漫着世俗习气的环境里，这里的清静和高雅，很像是一座孤岛。中国因有这样一些孤岛的存在而深感骄傲。它一定会像这学校在历次重大的转折关头所曾经做过的那样，把清新的空气，带给孤岛以外的地方。……外面的世界很精彩，但外面的浮嚣肤浅之风不可学；里面的世界也许很无奈，但精神高地上的太阳更明亮，空气更新鲜，视野也会更开阔。

1993年夏天,我在自己的中篇小说集自序中,写下了这么一段话:

> 北京大学,这座神圣的殿堂,以她坚实宽厚的胸怀接纳了我,并以她伟大的永恒的魅力征服了我。四年以后,我获得了精神上的新生。北大使我站在了一个新的立足点上,重新审视自己认识自己,审视人生认识人生……

我相信这不仅仅是我一个人的感受。

如今来写关于北大的文字,我却不知该写些什么好,因为我实在说不清楚在哪一天,或者因为哪一件事,使我有了一种"新生"的感觉,但确确实实地,在读完了四年大学后,我真的感到自己已不再是入北大前的自己了。

我相信这也不仅仅是我一个人的感受。

写下这些拉拉杂杂的文字后,我明白我再不可能用语言来描述这种获得新生的过程了,就像细细的春雨飘洒向大地,你几乎还没感觉到什么,不知怎么的,就有新芽从泥土里拱出来了。

我常常在想:我一个壮族女孩子,怎么就从几千里外的边地来到北大这座圣殿,并从此与北大结下了一份撕扯不断的缘呢?

谁能告诉我,我是在哪一世修下的福?

[岑献青:女,壮族,广西龙州人,1977年底考入北大中文系文学专业,1982年1月毕业。现为中国作协《民族文学》杂志社副编审,中国作家协会会员。著有散文集《秋萤》、中篇小说集《裂纹》等。]

一个口号的诞生

刘志达

自北大毕业已经快十六年了,回想起1978年春天开始的在北大的四年生活,至今仍兴奋不已。

那时我们国家刚刚摆脱"文化大革命"的浩劫,精神枷锁乍被解除,人们一身轻松,却也因此感到很多的不习惯。旧山河要从头收拾,百废待兴,然而困难重重,问题多多。一个新的时代正在开始,但眼前房还是那座房,梁还是那道梁。人们憧憬着,却又不知憧憬着什么。不断有大事情发生,万众欢呼,却也有人不理解。许多事情看上去出乎意料,却又都在情理之中。

那是一个充满使命感的年代,作为北大的学生,这种感觉似乎更强烈。

那四年中,我们经历了多少令人难忘的事情啊。而对于我来说,最难忘的,还是"3·20"之夜。

1981年3月20日,风和日丽,同学们像往常一样正常上课。中午吃饭时,有的同学议论着正在香港举行的世界杯排球赛亚洲区预赛。当天晚上,中国男排要与"南朝鲜"[1]男排在香港伊丽莎白体育馆决赛,

---

1 南朝鲜:韩国,20世纪60、70年代,我国称韩国为"南朝鲜",1992年8月24日中国与其正式建立大使级外交关系后,改称其本名"大韩民国"。

胜者将代表亚洲参加在日本东京举行的世界杯排球赛。下午，各宿舍楼的电视室里，早早地就有人用小方凳占上了位子，准备晚上看中央电视台对这场比赛的实况转播。

我对体育不很热心。我进北大时已经三十岁了，除了学习负担以外，还有家庭负担，平时不怎么看电视，也不太注意各种体育赛事。但我们那届学生的构成比较有特点。由于是恢复高考制度后的首批大学生，学生的年龄参差不齐，有像我这般被耽误了十一年的"老高三"，也有高中刚毕业的小青年，那是当时各高校的"时代风景"。大家在一个班里学习，一开始时很有几分尴尬，熟悉后却也感到有许多好处，年长的经历多，年少的经历少，从某种意义上说，都是长处，同处一班，正形成了取长补短的环境。当然这同人的性格有关，我这个人比较随和，愿意与比我岁数小很多的同学相处，因此有不少的事情就受他们影响。

那天许柏林等同学积极主张晚上看男排比赛的电视直播，他们在电视室里占了位子，位置还挺靠前的，约我晚上一同去看。我对排球还是懂得一些的，二十多岁时，在工厂里有时也凑热闹打打排球，虽然成功的扣球屈指可数，但基本规则和技术知识大致上都了解，因此待球赛快开始时，我就坐在了电视室里。

比赛从晚上八点开始，七点多时电视室里面已挤满了同学。我们中文系的电视室在32楼三层，只有两间屋大，由于人多，中间的坐着看，两边的和后面的就站着看，来晚了的没办法，只好站在凳子上从门口向里伸着头凑合看。

比赛的详细情况已记不得了，只记得一上来我们中国队就连输两局。我们的队员扣球总是让人家给拦住，人家扣球我们又拦不住网，发球还常常失误。第一局以很悬殊的比分输掉了，第二局眼看要追上了，可还是输掉了。

同学们越看越焦心，有的气，有的急，议论纷纷，说什么的都有，有人认为大局已定，中国男排肯定冲不出亚洲了。

可没想到的是，从第三局起，中国队克服了前两局的拘谨，放开了，挥洒自如，大幅跑动，交叉换位，中路快攻，扣球不断得分，拦网反击也屡屡得手，汪嘉伟、侯杰、曹平、徐真、胡进，一个个意气风发，跟民族英雄一般，越战越带劲儿，越打越有精神。

电视室里，同学们也是越看越兴奋，鼓掌叫好不足以抒发心中的痛快，就给场上队员出主意，坐在我旁边的周宁一个劲地喊："时间差！"他一喊，电视里，我们的队员就真的打了一个时间差，扣球得分，弄得电视室里同学们都一个劲儿地高喊："时间差！"

第三局中国队以很悬殊的比分获胜，第四局中国队又以很悬殊的比分获胜。最关键的第五局开始了。中国队气势不减，胜利几成定局，可比赛快结束时，转播突然中断。那是因为租用卫星的时间用完了，但1981年时我们还不太懂得这些，同学们就等，等了一会儿也不见转播恢复，估计香港的比赛已经结束了，大家就陆续回了寝室。

在楼道里，我遇到了我们班的李春。李春当时也就二十一二岁，他机灵，好动，活跃。他跟我说："收音机里广播了，比赛已经结束了，第五局15比9，中国队赢了。"他看我挺高兴，就说："外面热闹着呢，咱们到外面去看看。"我就跟着他下了楼，出了楼门往西，38楼那边果然很热闹。

那里聚了很多同学，我们俩走过去一看，也不知谁从哪里找来了一面不是很大的鼓，两个同学抬着，另一个同学在敲，敲的是秧歌点儿，大家围着看。有人把寝室里的破笤帚点着了，当火把一样举着，也有人摇着手中的红旗。楼上的窗子全开了，许多同学从窗户中探出身来向下看，喊着什么。

我们俩看了一会儿，李春说："想办法让大家在校园里转转，行不行？"我说："有一个办法，你去跟那个打鼓的同学说，只要鼓一走，大家就会跟着走。"李春真的就过去了。我在这边看得真切，只见那打鼓的同学边打鼓边点了点头，两位抬鼓的同学就抬着鼓走起来。随之，大家就跟着走。鼓和旗在前面，后面越跟人越多。李春不知跑哪里去了，我就也跟着大家走。

队伍从32楼后面向东，向32楼东面奔南大门，边走边喊着口号："中国队，万岁！"至南大门，折而往北。路东的25楼、26楼，当时是留学生楼，有外国留学生站在楼门口看热闹。队伍的口号到这里很自然地就变成了"中国，万岁！"而且就这么一路地喊了下去。

我前后看了看，这个队伍真不算小，前边快到图书馆了，后边还在南大门。队伍从图书馆前毛主席塑像那里往南返，显然，前面的同学是38楼的。他们要回38楼。可到了38楼后，队伍并没有停下来，却顺路出了小南门，上马路向东走。

我不记得此时还有没有鼓了，队伍有些稀拉，人也没在校园里时多了，只听有人喊："跟上！跟上！"不一会儿，有人带头唱起了《团结就是力量》这首歌。开头唱得挺整齐的，可唱到后面，许多人不会词了，向着什么向着什么的，唱不下去了，于是又接着喊"中国万岁"的口号。

此时前面似乎出了什么事，我当时距队头不远，就赶上前去看。原来是前面的同学在讨论队伍往哪个方向走。当时队伍正在校南大门外东边不远处的丁字路口，往北可去清华大学，往南可去人民大学。

我正跟几个同学打听这个事儿，身后面又挤过来一个同学。当时天黑，距路灯也远，没看清楚他的眉眼，大致上是二十岁出头，一米七多一点的个子，体形较瘦，白净面皮，不知是哪个系的。

大概是看我年长一些，他就对我说："同学，咱们换个口号好不好？"

我就问："换什么口号？"

他说："团结起来，为中华的崛起而奋斗。"

我知道他说的这个口号的后半句，前不久哪个报纸上发表的一篇报告文学中提到过，据说是一位伟人在青年时代说的。我对那同学说："这个口号好是好，就是太长，不如就喊'团结起来，振兴中华'。"

那同学说："行！"

我就对面前的几个同学说："把他抬起来，让他跟大家说，换个口号。"

几个同学就弯腰去抬那个同学的腿。这时我才看到，就在我们身后，有好几个同学都举着录音机，是那种当时算是挺不错的砖头式的录音机。他们在做现场录音。

这时，那个同学已经被抬了起来，他面朝西，双手握成喇叭状，向队伍喊："同学们，咱们换个口号，喊'团结起来，振兴中华！'。大家一齐喊'团结起来，振兴中华！'"

大家就跟着喊："团结起来，振兴中华！"

"团结起来，振兴中华！"

可能是因为没有扩音器，队伍后面听不清那位同学的声音，所以口号喊得并不很整齐。没喊几声，那个同学被放了下来，口号也就没再接着喊。大家又回到队伍朝哪边走的问题上来了。我看当时已是半夜，就对前边几个同学说："走到哪儿，也就是表达这个心情，现在已经很晚了，别再往前走了，回校吧！"

大家都同意我的看法，于是队伍就往回走。这时已经不喊口号了。

不一会儿就回到了学校的南大门。我当时的心情仍很兴奋，觉得今天的事情挺有意义，不能草草地就散了。我见门卫室前有一张三屉桌，就站了上去，对大家说，咱们在这儿唱个歌，然后再解散，咱们唱"老国歌"！大家都一致同意。于是我起了个头，打起拍子，大家就跟着唱了起来："起来，不愿做奴隶的人们，把我们的血肉，筑成我们新的长城……"

"文革"结束后，国歌的歌词曾一度被做了改动，但人们心里仍烙着田汉写的歌词。一唱"老国歌"，同学们都很兴奋，因此歌声非常整齐雄壮："……我们万众一心，冒着敌人的炮火，前进，前进，前进，进！"

在一阵欢呼声后，大家各自散去。

当时已是后半夜了，但校园内并没有平静下来，还有人在欢呼，据说还有人用喇叭吹奏国歌的曲调。

第二天中午吃饭时，校广播台报道了头天晚上校园里发生的事情。广播员以激动、热情的声音说："3·20"之夜，同学们喊出了"团结起来，振兴中华"的口号，表达了北大学生的爱国热情。广播里还播放了现场录音。

两天后，《人民日报》也刊出了有关北京大学学生"3·20"之夜欢呼中国男排获胜情况的通讯。那篇通讯写得不长，内容不是很详细，比较概括，但那通讯的标题十分引人，我至今还记得很清楚，在报纸第二版的中上靠右的位置，印着一排楷体大字：

团结起来，振兴中华！

[刘志达：男，1948年2月生于北京。1968年毕业于北京无线电工业学校，被分配到内蒙古呼和浩特市半导体器件厂工作。1976年调回北京。1977年底考入北大中文系，1982年1月毕业，进光明日报社任编辑，现为该报社经济部主任。]

漫忆七八

马相武

非常入学

七八级入学报到是 1978 年 10 月初，七七级入学报到是 1978 年 2 月。这两级报到时间都不正常。七八级入学时间只比七七级晚半年多。

七七级所参加的高考，由各省市自治区举行。整个国家刚经历了十年动乱，处在经济崩溃和政治危机的边缘，要由各地举行高考，其困难之大是可想而知的。1977 年，当宣布实行高考、择优录取时，反对高考的说法在民间极为流行。诸如高考是为知识分子服务，不为无产阶级和人民群众服务；高考让"臭老九"又"翘尾巴"了，等等。但当时拥护、赞成和支持高考的潮流更加汹涌澎湃。特别是大量被"文革"抛到农村的知识青年，以及其他"各条战线"上的青年，积极响应，用各种方式，在各种条件下，积极复习备考。其次，考试机制逐渐恢复需要时间。别的不说，光是考场维持秩序，许多地方动用军队和警察，搞得戒备森严，这是后来的考生所无法想象的。当时的国家，为了举行高考，真是把"吃奶"的力气都拿出来了，即便如此，七七级入学仍然晚了几个月。

这样，七八级入学也推迟了一个月，即 10 月初才入学报到。

从农村、农场或生产建设兵团考上大学的七七级、七八级学生，在政审阶段，有不少经过了"人民来信"的考验。应该说，未能通过政审关的考生，有不少是被"人民来信"搞掉的。在知青点，这种"拉下马"的事例是很多的。

七七、七八级，后来多数在中国社会如鱼得水，这同他们在尖锐复杂的斗争熔炉中经受锻炼、淬火有很大关系。这是一个鱼龙混杂的混沌状态，同时也是无情荡涤或筛选的关口。

在我所在的知青点，有一个知青，各方面条件都很好，但是因为曾经同另一女知青发生性关系，又由于该女生报假案而弄得声名狼藉，致使连续三年有知青写"人民来信"而不得录取。虽然他考试成绩很好，相貌也很出众，而且拉得一手漂亮的小提琴。最后是当局长的父亲提前退休，让儿子顶替上班，才算离开是非之地。

但是，七七年有一些政审不合格者，由于七八年政审条件适当放宽而得以参加考试，或得以录取。本班的张曼菱就是这样的例子。

张曼菱她入学没多久，就同吴组缃教授商榷《红楼梦》研究问题。再后来就潜心于小说创作并投身于竞选运动。她的性格比较活跃，易于冲动。即使在班上，也是一个有争议的人物。

除了政审，还有些其他原因，有可能会卡住一些人。七八级已经入学一个多月了，本班增添了一位高龄生——赵伯陶。他在北京考生中名列前茅，但是因为年龄超过了一般录取要求，就差点落选。完全是因为他自己多方奔走，才争取到这个晚到的机会。

我们这个班上，最小的是司念堂和商伟，才十六岁，他们高中没读完，根据那时规定，可以报考。图书馆学系七八级的李书磊，也是十六岁上大学。一点不夸张，他们的个子到了北大还在显著拔高，至于发育，那就更不用说了。班上的大龄同学，大有一批三十以上者。

他们比班主任程郁缀还长好多岁。

特殊一代

中文系七八级在一些重大政治活动中，总有些人会挺身而出。北大竞选运动中，文学七八最活跃的是张曼菱，虽然没有获胜，但她当时以"东方女性美"为核心的竞选纲领，颇为惹人注目。

在竞选过程中，她的言行和处世方式引发人际关系紧张。特别是班上大部分女同学贴了她的大字报。当时给她以帮助的，主要是唐根希，来自苏州的英俊小伙。文学七八在竞选中，做了不少宣传工作。

我虽然没有参与，但"竞选短波"的名称是我提出来的。在当时，这个设立在三角地的专栏，以大字报的形式做了大量宣传报道工作。

政治意识最强的，还是潘维明、刘晓峰和七七级的孙霄兵，他们是志同道合的好友。

孙霄兵是系学生会主席，政治思想和为人处世相当稳健。

后来经选举和孙的推荐，潘维明任系学生会主席。一年多后，潘接替经济学系张炜任校学生会主席。毕业后他没有回上海，而是留在北大团委，后又入校党委办公室，再任校团委书记。他的党龄很短，是毕业前不久入党的。在当时，他的政治明星业绩已经开始。在大学四年，他是我的上铺。三四年级时，经常同刘晓峰等人讨论政局，直到很晚，深更半夜摸回宿舍，经常"偷"吃我的面包。他的群体意识强，从政一直注意寻找最佳搭档和上层支持者。他同刘晓峰一直有很好的合作关系，两人一正一副地领导着北大团委。

刘晓峰从山西考来前，已是空军的转业干部，他的履历比起潘维明来，要简单一些。

潘维明曾经是上海中学生中的风云人物，当年带领华东师大附中一群红卫兵赴井冈山插队落户，作为最早的上海集体下乡知青，在那里试验过"共产公社"的生活，结果可想而知。坚持了一段时间，大家就散伙了。那之后他去了青海，当了工人。妻子是工农兵学员，毕业后到上海中山医院当医生，专攻肝癌治疗。

潘在当工人期间，曾经为汽车修理而试开汽车，结果出车祸死了好朋友，从此，他认了一位母亲。每年回上海，他都要带两份礼，其中一份就是送亡友母亲的。

潘维明有一定的从政基础，喜欢发动某个集体，自己充当"领袖"。由于他报到较晚，班干已经安排好了，他在班上没有任何职务。他晚来的原因同青海偏远、录取手续办得慢有关。他本来报考的是北大经济学系，因名额调剂，才到了中文系。

他的形象、气质相当好，爱开玩笑，绝对没有外地人或北京人眼里那种"上海人"的气味或毛病，这多少有点奇怪，但事实确是如此。他本人是工人家庭出身，本质上比较淳朴。他有过人的社交能力，特别容易获得领导干部的好感。他虽然交友多，但城府很深，也不外显。他有喜欢和女生打交道的倾向，但并不明显。他受俄苏文学影响较深，喜欢读俄苏小说，谈论俄苏作家。他曾比较系统地读过一些马列经典，只要有合适的对话者，他就会与之讨论马列的命题。当然，作为一个以俄语为第一外语的学生，他的俄语并不怎么样。

刘晓峰总带着一种神秘微笑，拎着一只类似于李玉和的铁饭盒（实际上是军用品）。他经常在人们意想不到的时机或场合，说几句怪话，以一种阴阳怪气的方式。结果总是逗笑，并且让大家领悟到什么。这是一种机智和诙谐。在大学生活的后期，他做了一些"干部"工作，但政治才干当时并未充分显露出来。

代　沟

　　刚入学那会儿，班主任程郁缀根据档案提供的情况，也根据他初步接触的印象，组成班级的党支部、团支部和班委会。进北大前，谁的职务高，谁就是班级领导。像我这个只当到农村大队团支委的，就给了我一个团小组长的职务。

　　大龄同学较多，班里的各种事情都由他们商量决定，我们没有什么发言权。这个"我们"，指的是十六至二十六岁的年龄段。说实话，那时候我们也根本没有考虑过怎样夺取一部分权力，怎样发出自己的声音，怎样安排自己的当下生活，等等。我们非常自然地服从着一切。全班真像一个由大龄人带动小龄人的群体。

　　说真的，反过来看，他们（大龄同学）也从未考虑过让我们有一点"民主"权利，让我们发表意见，让我们发挥积极性——在"参政""议政"方面。以至于两年前在北京大地美食城同学聚会时，不知说到什么话题，刘震云很自然地冲着几位大龄同学说："那都是你们定的！跟我们没关系，是你们造成的！"

　　七七级和七八级，在群体认同上，相互比较一致，尽管两个班级之间，总的来说，各自都较为矜持。但是，当面向其他年级时，他们不大考虑怎样同低年级的人建立互动、互助的关系。这一点甚至影响到我们这些在班上年龄相对偏低的人，我们对低年级，好像也有点熟视无睹，尽管从年龄上，我们更为接近，更应是一个群体。

　　反过来，低年级的同学也会对七七、七八级产生一种由低向高的视角。文学八〇级的张颐武、李敬泽等都先后提到过自己那时候的心态，觉得自己当时还是"小屁孩儿"，七七、七八级"很厉害"。

在交往活动上，七七、七八级很少同低年级打交道，除非以领导者、组织者身份出现的时候。在我看来，这是历史造成的"代沟"。

我们进入北大时，还有一段同七六级共在一个校园的时期。

七六级是工农兵学员，"文革"的特定产物，也是最后一届工农兵学员。

我们入学时，同七六级微妙的共存关系仍然是每日可见的，但敌意的行动已经很难见到。每天，在宿舍与食堂之间的路上，七六级与七七、七八级常常端着饭碗、饭盒迎面走过，相互视而不见，不打招呼，各说各的。

七六级以及"文革"中的各届工农兵学员都是三年制，毕业给大专学历。当我们入学时，七六级已经快毕业了。不少人已出双入对，这是当时的一个景观。这也增添了七七、七八级对工农兵学员的蔑视心理：你们就会谈恋爱！

我那时有一阵子心血来潮，跟西语系法语专业的工农兵学员学过法语，互相走过宿舍，当然，主要限于江苏老乡之间。平心而论，他们中的一部分人虽然入学底子差些，但学习专业还是很努力、很刻苦的。

七七级入学时发生的同七六级对峙的场面已经基本上不见了。尽管如此，逢到特殊日期，工农兵学员总会有人提出要搞纪念活动。记得三角地商店门框边的砖墙上，就贴过小字报号召全体工农兵学员参加纪念活动。但时代精神和校园氛围，已经使响应者只占少数。七七、七八级对这类事情只采取冷眼旁观的态度。

我们这个班，同学之间似乎以北京籍同学最"抱团"。他们男生住同一宿舍，排了年龄次序，从老大到老六，除了住在另一宿舍的朴康平。北京的女生也是排了姐妹次序，相互也称老大老二老三等等。毕业以后，北京同学的离婚及长期独身或晚婚等情况，要大大多于外省籍同学。特别是离婚率较高。

陪住制

我们班上的留学生有日本女生一人，巴基斯坦女生一人，老挝男生一人。大家似乎不太喜欢那名干瘦的老挝留学生。联欢晚会上，他什么也不会，只学了几声狗叫，也不好笑。

当时的留学生，都住在25、26楼，男女生各住一楼。等到快毕业时，勺园（只一座楼）已盖好，校领导召集留学生开会，说明由于我们国家经济条件限制，还不能让留学生男生一个楼，女生一个楼，只能让他们男女生合住一个楼。这下子留学生们高兴坏了。

当时的25、26楼，实行陪住制。每间宿舍住一名外国留学生，住一名中国学生。为帮助留学生学习中文，讲标准的普通话，中文系学生尤其是北京同学，容易被挑选去陪住。当然，陪住同学的挑选有一定的政治条件。主要是比较听话，比较正派，政治思想上比较稳定，言行比较稳重等等。有的同学愿意陪住，有的死活不去，比如崔莉莎，哭哭啼啼的，最后还是没去。

陪住制利弊都有，好处是可以帮助留学生，当然也有助于了解留学生，那时对留学生的防范监控心理还是存在的。陪住生需要服从外事纪律，不能接受任何馈赠，陪住生还被要求根据需要而汇报留学生情况。有的留学生也确实是受到特别派遣的。

不利的一面是往往本国陪住生受到对方影响太大，特别是生活方式和意识形态方面。我们对留学生的性观念、性态度和性行为当然早有耳闻，但陪住生却要当面目睹，比如朴康平一次回宿舍，推门便看到冰岛同屋正跟新交的女朋友在床上来劲儿。

留学生有不少并不喜欢中国人陪住，因为不方便于他们的自由行动。有些已经回国的留学生，若干年后回忆起在北大的留学生活，认为陪住制好。这大概主要是从学习的角度，同中国人直接接触的角度来说的。不少国家的驻华大使，都是当年在北大留学过的。至于其他高级外交官和记者、商务人员，留学过北大的则更多了。

陪住制到了后来，麻烦愈来愈多地出现在中国学生，特别是中国女生身上。到了这时候，废除陪住制，自然就是大势所趋了。70年代末、80年代初，出国留学热潮已经兴起，许多中国学生利用一切亲友关系，利用一切考试机会，争取出国深造。陪住的动机发生变化，也使陪住的任务不那么容易完成了。

功课内外

我们七八级上课也是不寻常的。

那时，新的教材基本上都未出现，参考教材多指定60年代教材，上课大量做笔记。上大课比较多，因为教室少，排课困难。七八级通常和七七级一起上课。

上体育课和外语课是最让大龄同学头疼的事，笑话也比较多。好在大家见怪不怪。"文革"中的怪事太多了，反而显得"文革"后的怪事不怪了。

北大图书馆当时在全国高校中首屈一指，但远远不能满足需要。占座位是普遍的。学生会也多次采取措施，软的宣传，硬的撤物，都难以奏效。那年月，为了占有读书的一席之地，是何等困难啊。除了图书馆，教室占座也很难。

总的来说，大家还是比较喜欢上课的，对讲课不太受欢迎的教师尽量容忍。有时候，班长也会做些考勤之类的事情，以逼迫一些逃课同学去上课。一次政治经济学老师（女）看到听课人数太少，气哭了。大家动了恻隐之心，以后人数多了起来。

给七七、七八级上课不是一件轻松事，因为其中许多同学堪称饱学之士。

本班的高贤均，他的外语和外国文学基础之深厚扎实，在相当范围内无人可以匹敌。他是来自成都的四川文科状元，下过乡，当过教师，外语翻译和小说创作都很有成绩，他曾给我看过自己写的许多诗，也相当好。他后来成为人民文学出版社副总编。当年毕业分配，人民文学出版社是全班最好的单位。班主任程郁缀却为他没有考研究生，没有从事教学科研工作而十分惋惜，经常说他"最适合搞研究""可惜了可惜了"。

有的人文章写得漂亮极了，有的马列读过一大堆，有的对历史情有所钟，还有的是系统钻研过战略理论。至于在古代文学、现代文学某方面学有心得者，更是大有人在。

在这样的授课对象面前，上课是一件难事。但中文系许多知名教授，很喜欢给七七、七八级上课，他们同这些学生建立了非常密切的师生关系。

戴锦华在班上是属于年轻的。当时，她不是一个崭露头角的佼佼者，虽然，她的个人风格在小组讨论上已经表现出来，但那时，谁能预知她是今日女性文学的主要倡导人、发言人呢？那时不会有人料到她后来在当代电影、大众文化研究方面也会成绩斐然。她没有花很大力气去攻读学位，却极力研读西方理论，推进自己的观点，终于也取得了成功。

那时，更加默默无闻的是孟悦。她在班上很少说话。她原来是北京女排队员，随队在国外参赛过。毕业时，她考上了严家炎老师的研究生。严老师是"严上加严"，让孟悦多读了半年。她的硕士论文后来发表，获得了中国社科院的奖。她和戴锦华的知名，起始于她们合著的《浮出历史地表》。当年在北大，她能够做到在北大几年，就给北大女排拿几个冠军。我看过她的大力扣杀，球过去就不可能回来。

班上最著名的诗人是熊光炯，长得也像诗人。那时他一边读书，一边已有诗名在外。

七八级文学专业在校时，崇尚创作。记得入学时，费振刚老师是副系主任，在五院天井给我们班介绍中文系和专业要求。他告诉我们：中文系主要培养文学研究、评论和教学人才。但实际上，班上不少同学在平时就常写小说、诗歌、散文。壁报、讨论、班刊、文学社刊，都是练笔的场合。

班上的同学曾参与主办《未名湖》，它是五四文学社社刊，印好后，还曾组织全班同学到各校推销，但大龄同学不用外出。我记得我去清华卖了几本。有一期封面是全黑，只有"未名湖"刊名是红色的行书。这也曾招致社会上一些人的非议："什么意思？是不是全国一片黑的，就你们北大是红的？"当时人们的思维模式就是这样的。

那时，发表一篇小说，是班上同学很羡慕的事情，总会议论几天。其时刘震云尚属无名之辈。他和李书磊是河南同乡，两人常在五四操场的篮球场上坐聊文学，似乎他说得多。就读图书馆学系的李书磊是我们专业全部文学课的旁听生。当然，当李书磊成为批评家后，两人再坐聊文学时，说得多的就往往不是刘震云了。

刘震云在校时，先是在河南文学期刊《奔流》上发表小说。那时候,张曼菱文名更大,特别是在《当代》上发表了《有一个美丽的地方》(中篇小说)之后。喜欢写小说的还有高贤均、司念堂、王尚新、钱巍等。

司念堂的小说曾受到主讲小说创作论的马振方老师的赞赏。

钱巍曾经写出有影响的悲剧小说,他的人生观、价值观从小说里表达出来,似乎十分悲苦、忧郁,也许同他的苦难的家庭生活经历和社会阅历相关。他的小说曾被冯牧严厉批评过,指为"新中国成立以来最严重的悲观主义的小说"。他本来是很有前途的作家,甚至诗人,可惜毕业后不久,他就不再创作,而经营他的图书编辑、发行了。

刘震云是喜欢打篮球,喜欢搞一点农民式诙谐幽默的退伍兵。他一心一意琢磨创作,终于在80年代后期成为新写实小说的倡导人和最重要的代表之一,创作势头至今仍在保持。

一次他和陈建功一起钓鱼,他说:在北大的时候,你压得我们喘不过气来。确实,七七级的陈建功、黄蓓佳小说声誉颇著,尤其是前者,已有全国性影响。七八级刘震云等,当然暗自使劲,以完成自己的作家梦。陈建功说:是啊,那时也没办法。但是,刘震云的口气中暗自含有自己成功后的庆幸。

刘震云毕业分配去了中央书记处农村政策研究室,但他没过多久就去了《中国农民报》,也就是现在《农民日报》的前身。我曾问过他为什么去了报社,又为什么不离开这家报纸。他说在报社可以有很多下去的机会,这对写作很有好处。而且报社待他不错,工作比较自由,也有利于写小说。

他的出身很苦,困难时期,差点饿死,是姥姥用一点点糁子将他养活。又差点淹死,已经用门板抬到村头了,又活了过来。他是深入体验到了农民、小人物和自己的当下生活,视点向下,冷静观察,才写出了许多优秀小说。他观察生活、讲述故事，都不乏一种农民式的狡黠。

在北大读书期间，创作蔚然成风，不光平时谈论，即使毕业论文，系里也允许以创作来完成。所以，当时全班同学有三分之一是用小说、诗歌来当毕业论文的。当然，当时创作也实行导师制。说实话，这种培养方式倒是有利于中文系培养出优秀作家。

有趣的是，除了七七、七八级，别的年级就再也没有允许在毕业论文中写小说、诗歌的事情了。

文学七七、七八级的课程，似乎同后来各年级的不大相同，主要是基础课程课时多。特别是古代文学、现代文学、外国文学等。同这两个班关系密切的中文系教师主要有张剑福、程郁缀、费振刚、孙玉石、谢冕、周强、汪景寿、张钟、马振方、洪子诚、佘树森、金开诚、胡经之、闵开德、刘烜、李思孝、倪其心、陈贻焮、袁行霈、张少康、严家炎、王瑶、赵祖谟、黄修己、袁良骏、赵齐平等。

活　着

班级活动对于七八级来说，有一定局限。当时虽然常搞活动，但舞会是较少的。我们入学不久，大都市兴起跳舞热，班上有些同学开始学舞。会跳的女生教不会跳的男生。刚有点会的男生，比如唐根希，回到宿舍，端着椅子比画。但那时的跳舞，穿着较保守，动作也呆板，舞会举办有固定时间，而且只能到晚上九点半。天热了不能搞。还有一段时间是兴集体舞，看起来热闹，实际上跳不出名堂，也是当时一绝。但集体舞未能持续多长时间就被淘汰了。那时候，穿短裙是要有勇气的。我们这个班，有过几次学舞动员，也有几个热心教舞学舞的，但始终未能全班普及,也未能掀起高潮。

大讲堂那时叫大饭厅。当我们刚入学时,这个大饭厅只有一个主席台,对面墙上有一排孔,供人们排队打饭用。这真是个大饭厅,能容纳三千人吃饭。大家排着很长的队买到饭后就把饭碗端在手上,把菜盆放在地面,一边围着说话,一边吃饭。也有些同学在大饭厅门外的空地上吃饭。我母亲曾感到很奇怪:"大学里吃饭连个桌子凳子也没有?"当时就是这样。

北大服务设施严重落后,给同学们带来了很多困难。洗澡难,吃饭难(排队),如厕难(漏水等),于是大字报小字报出现了,要求校长、书记跟大家一起体验这种生活。还有的同学贴了些漫画。

最可怕的是在我们三年级时,肝炎在北大流行。我们全班三十六个男生,倒有十八个肝炎患者。由于患者太多,校医院住院部容纳不了,只好提高转氨酶指标作为住院标准。我们宿舍的门上钉了六根钉子,每人拉属于自己的那根钉子开门。每人有一个脸盆盛满水,手一摸别的东西,马上就用肥皂洗一遍。弄得草木皆兵。那时又碰上献血,同学们一起到校医院,医生听说我们这个班肝炎成灾,挥挥手把我们全赶回去了。

在大饭厅吃饭也有个好处,是墙上贴着许多最近发生争论的文学作品,包括《女贼》《在社会档案里》《假如我是真的》等等。

当时的饭菜票分三种:"早餐""午餐""晚餐"。"午餐"价值两角,早晚餐价值五分。午餐可买一个荤菜。当时定量,米票六斤,面票八斤,粗粮八斤。这对于吃惯大米的南方人来说,当时还是有点困难的。

在大饭厅看电影,或看文艺演出,或开大会,都是自己带方凳。散场时,每人将凳子顶在头上,慢慢向外挪动。看电影多在东操场,大家带上凳子，下点小雨也没关系。看露天电影买入场券，最早是三分钱，后来是五分。看露天电影最大的好处大概是空气新鲜，位子可以随便坐。

有一次看电影，大家兴高采烈，端着凳子来到东操场，一直等了很久，电影还是没看到，只得扫兴而归。走之前，免不了起哄，喝倒彩，第二天放映组贴出了道歉和检讨，保证今后不再出现此类事情。

七八级在我看来，还是一个喜好思辨、争论的小集体。那时候，同学们似乎理想远大，眼光较高，思考的问题也相对较大，一般不大谈论琐碎庸俗、低级趣味之事，几乎不怎么谈论女人或男女间事。

北大在思潮方面，当时开风气之先。对于七七、七八级，更是"天将降大任于斯人""舍我其谁"这样一种精神状态。报国、救国是他们的主导思想。七七、七八级从社会底层生成的价值判断标准，就是一切思想、行动、纲领、宣言、运动、人物，都要看是否适应"振兴中华"的历史潮流。

当时，中国体育在振兴之中，常有球队在国际比赛中获胜的喜讯传来，这时候，北京一些高校学生，特别是海淀区范围的，都会自发地聚集到北大五四操场。当时的主席台不及如今的气派，只是土台上的混凝土结构，相当简陋，但每次都会有一些争论和热闹场面。比如说，各校游行队伍到了，谁在台上指挥行动？这会有争论。但更难办的是狂欢结束前必须有的一项行动，也是最重要的一件事情：向球队发慰问电或致敬电。起草好办，署名难办。哪个大学放在最前边？这样的时候，有时是北大第一，有时是北大最末。因为最末表明自己是东道主、大本营，要表现出泱泱大度。这种处理同"第一"是一样的效果。

我们毕业前，七七、七八级发出倡议，募捐雕塑李大钊、蔡元培铜像。总共也就集资几千元钱，艺术家和首钢的支持，使得费用并不高。李大钊像的落成典礼十分隆重，当时乌兰夫、胡乔木等都来了。蔡元培像的落成稍微多点曲折。如今临湖轩草地上仍保留着一个石座，就是本来留给蔡元培铜像的。如今的蔡元培像位置略偏，但也在小路岔口，临近未名湖，按老话说，风水不错。

李大钊铜像创作过程中碰到一个难题，就是李大钊的后脑勺是什么样子的，谁也不知道，但又不能太随便地捏一个。最后不知是谁出了主意，雕塑家根据当时任中国人民银行行长的李葆华的后脑勺形状，完成了李大钊青铜雕像的后脑勺。因为照道理，父子头骨形状一般应该相似。

两座铜像均出自中央工艺美术学院教授之手，能够代表当时雕塑艺术的最高成就。在这件事情上，潘维明是策划人、奔波者和联络人，他是有一定功绩的。

[马相武：男，1958年生，江苏溧阳人，1978年考入北大中文系。1991年获北大中文系文学博士学位。现为中国人民大学中文系教授，博士生导师。]

闲话北大

赵 园

1978年考回北大，实非我自己所愿。"文革"中期离开北大时，我曾打算和这个鬼校永别的。却如鲁迅《在酒楼上》所写，苍蝇般绕了个小圈子，又飞了回来。人之想到所谓的"命"，多半也在这种时候吧。

刚回北大时，我甚至怕走某些太熟悉的地方，比如原中文系办公室所在的二院（或是五院？）。那一带在我，有种冷酷的味道。但我还是渐渐安下心来。这一趟"重来"，使我有机会进入另一个"北大"，是我以往疏于了解的。我只是到这时，才注意到燕南园的西式住宅，留心弥漫在燕南园、朗润园一带的不易描述的气氛。而我十几年前进入北大时，也如我的同学，眼光总是由这种所在漠然地掠过的。后来我更走进王瑶先生的客厅。我与师长辈打交道一向局促，但这间客厅影响于我此后的生活是这样大，从我第一次走进它时就注定了。由遥远的事后看来，不也是"命"？

我仍然不大能和老先生来往。读研究生的三年里，曾因人之托，去过一趟宗白华先生家。宗先生的家陈设似乎极简陋，两个老人在室内昏暗的光线下。全不记得当时问了些什么，只记得宗先生正如通常形容的那样，很"慈祥"。临毕业时，送硕士论文，又去了一次吴组缃先生府上。当时天气已热,我被他的家人请进屋时,吴先生正穿着背心短裤,于是便手忙脚乱地穿衣服,有点狼狈。我倒因此而松弛下来。我看到的是一个普通的老人,像我的父亲那样。直到我毕业,其他老先生,只是远远地看到过。系里合影,王力先生到得稍迟,笑嘻嘻地迎着大家走过来。还有一次,和同伴们一起,见到林庚先生打不远处大步走过,外衣被风吹开,觉着很飘逸,目送着,议论了好一阵子。三年下来,我所熟悉的,只是王瑶先生的客厅。

但在我,这才是北大。我终于进入了北大。

"北大"系于"人物"。我得说,我的"进入"北大,多半因于当初偶然(也一半是不得已)选择的专业。第一次打动了我,唤起了某种"骄傲"的,是蔡元培校长的北大,鲁迅、周作人等等执教的北大。这北大在我三年读书期间愈重愈大,终于将我原来的那个"北大"遮蔽了。后来我又仔细地读了周作人《知堂回想录》中的《北大感旧录》,对其中人物、由人物构成的人文环境更不胜神往。那即使算不上最为辉煌的学术文化时代,也是一个其人物最富于魅力的时代。而魅力由知识背景更由性情造成。这也是我所要研究的中国现代文学史的第一代人的魅力所在。

当文献资料不再能使我的想象餍足,我即自然地在王瑶先生、吴组缃先生们那里搜寻"那个北大"。他们毕竟是距蔡元培的北大更近的一代人。应当承认,我是在这些先生处境最狼狈时,开始注意到他们的。我看到了他们的被羞辱,被公开批斗,排列在阶梯教室的讲台上示众,听说过他们的或软弱或顽强,现在也还记得流传在学生中的笑料趣闻。却正是这些故事,最终使他们的形象生动起来,以至我1978年因研究生复试而重返北大面对王瑶先生时,那些旧事并未使我有什么不敬,倒是有一点因熟识而来的亲近之感。但你大概想象不出,初回北大时，甚至称呼"先生"也有点别扭。这称呼像是废止已久；"文革"期间，我们是直呼"王瑶"的。

此时我们已是中年人，自以为有了充足的世故与阅历。研究老师从来是学生的一种功课。二三好友在一起，不免将其先生作为话题，以至未曾亲聆那先生教诲的，也似在想象中熟悉起来。在"文革"后宽松的环境中，我们首先恢复的，似乎就有对于人的鉴赏力；而我们的老师，则提供了最适于鉴赏的对象。吸引了我们的，首先是"性情"；而这性情保存之完好，甚至令我们迷惑——它们是怎样避免了戕害的？这种避免怎么可能？

我还记得"文革""清队"期间被安排在班上接受"群众监督"的林焘先生。即使在那个野蛮时期，林先生的优雅风度，也像是有某种感染力，比如令人不忍粗暴。1992年冬天，我在香港中文大学的校园里遇到了林先生夫妇。那是一个晚饭后，我走在由食堂回宾馆的路上。路灯与树影下，穿着白色西服的林先生笑容可掬。我在那一瞬，想，大陆出席所谓"国际学术会议"的，岂不正应是这等人物！

"鉴赏"也包括了对弱点的鉴赏：即使这些先生显而易见的弱点，也有着更为深厚的人性内容似的。这大约因为那性情几乎始终未被柴米油盐等世俗琐屑消磨；在其形成中，也不曾像其后人那样，被置于无休止的摩擦争斗中。此外当然还有早年置身的人文环境。文人的"性情"从来赖教养、习染而成，所谓个性魅力中已包含了知识学养的魅力。

"文革"之后人们想到了弥补。但有些东西的缺失，是无从弥补的。比如那不可名状的所谓"气象"，以及境界等等。贫窭会令人猥琐，无休止的摩擦争斗则有可能让人忮刻褊狭。这还是一些最浅层的。我还不敢及于某种政治文化造就的人格。在这种时候你所想到的"命运",就不再只是纯粹个人的,那是一代人,一代知识者,一代人文的命运。可叹的是,还不止于一代。至于文化荒芜学术荒落的后果,将在更长的时期显现出来。你难道不认为,这里有整个人文的劫运?

于是在这个大校里,我有了一种萧条之感,想到了"大校的衰落"。北大是越来越被作为象征了,在"衰落"这意义上,不也可以被视为象征?

1989年底,在上海,我目击了王瑶先生的死。那在我,是重回北大以来最黯淡的一段日子。似乎不止先生,还有一些东西,在我心中死灭了。我突然感到了衰老——在这之前,"老"还只是我喜欢的话题而已。我自知某种状态,某种心境,已永远离我而去。我的生命中的有些东西,永远地流走了。

近几年,仍时而听到某位老先生病倒或去世的消息,已不再如王先生的死,有那种刻骨铭心的痛感,只感到一种茫漠的悲哀,不知这流逝与衰蜕将伊于胡底。

蔡元培先生的雕像,在北大的校园里,引人凭吊与追怀。那是北大校园内最美丽的所在,却非北大而是燕京大学的旧址。不知蔡先生在那里感到安适否?

[赵园:女,1945年生于兰州。1969年毕业于北大中文系。1981年毕业于北大中文系研究生班,获硕士学位。曾任中国社会科学院文学研究所研究员。著有《艰难的选择》《论小说十家》《北京:城与人》《地之子》《独语》《窗下》等。]

贫穷而且精彩

吴 晔

我与北大可能无缘。

想起在北大的四年,我常自愧不已,觉得学到手的东西太少,该学而未学的东西太多。每想到北大,想到那在我眼中永远巍峨的图书馆,永远秀丽的未名湖,我便悄然汗颜。每次鼓起勇气再回北大,总是急急忙忙、怯怯地顺未名湖边绕一圈,瞟一眼熟悉而又陌生的图书馆,便匆匆离去。当年同学们约定一百周年时"未名湖边见",可我始终未敢下决心在北大一百周年时去见北大,不敢见那些曾教过我的老师,和那些当年风华正茂、如今各有成就的同学。

也许我真与北大有缘。

当年我与北大差点失之交臂,却终于聚在了一起。恢复高考的头两年,我因家中缺劳动力而放弃了高考。1979年,我一边在筑路工地上干活,一边自学。由于已干了几年活,又没进学校复习,所以我就像没人关心的"舍娃子",到细柳(即汉代大将周亚夫的细柳营旧址)去考试时忘了带粮票(那时没有粮票你就别想吃饭),高考三天我饿了两天,父母亲忙于繁重的农活,根本就忘了我。7月9日考完后回到家,我狼吞虎咽吃了一肚子,就扛起锄头下地了,始终没人问我考得怎样。

成绩下来了,在周围引起了不大不小的轰动,父亲这才在愁苦黢黑的瘦脸上露出一丝笑容,问我报哪个学校,我说就考个户口(对农民来说一个商品粮户口就够令他们羡慕的了),就在西安上吧,离家近了还能帮着干些活。一辈子没敢耽误半天农活的父亲没说话,例外地扔下抗旱保秋的大事,骑车到西安去了,天黑时他回来,说找了两个老知识分子请教了,人家说,娃这么好的成绩,又考的是文科,不上北大可惜了。我说,太远了,生活费太高,还得花路费,给家又帮不上忙,算了。父亲说,去吧,农民这营生,几千年,一代一代人,没有个了的时候,你把自家的路走好就行了。

就这样,我懵里懵懂进了北大。

混进去了,而且在北大混了四年,竟然不知不觉骨子里血液中都溶入了北大情愫。

一

那时候,我的北大比较穷。

我是恢复高考制度后的第三届学生,走进一律青砖青瓦、温馨雅致的北大校园,我感到很自在,至于那湖光山色,绿树草坪,对我则是一种过分奢侈的享受了。

那时北大几乎没有新房子,除图书馆比较现代一点外,其余建筑风格均是传统的。勺园是我进校第二年建的,五四操场旁后来又建了一座教学楼,其余就没什么了。宿舍区虽然拥挤,且青砖灰舍比较陈旧,但有树有草,一天到晚人欢马跳的,有生气;燕南园碎石小径通向绿树掩映中的独立小楼,韵致无穷,魅力无穷,一些全国著名的老先生就住在这里,他们有时在小径散步时,就可能被穿过这里去图书馆的我碰见，我点头问好尽我学子的礼数，老先生大都是露出慈祥的笑容算是回礼。

那时候，我的北大比较穷，燕南园荒草半侵小径，树木不事修整，藤蔓自由放肆，墙瓦灰旧，显得有些破败衰微，但在我看来却是返璞归真、抱朴守拙的大智慧的生长福地，每每经此，心中不由得便涌动亲敬之情。

那时，我的北大老师们也很穷。他们庆幸自己的有生之年还能碰上这么一个春天，急急忙忙从各自的尘封处回到岗位上，家未安妥就走上讲台，竭力弥补无情岁月的沟壑。

我去过几位老师的家，他们常是一家人挤住在筒子楼里，楼道堆满了杂物、炉灶、锅碗瓢盆。老师欢迎学生来求教，但却羞涩地道歉，因为找不到一个合适的地方坐，后来有的老师就干脆过些天到学生宿舍走一圈，询问有无学习上的困难，免去在家里接待学生的尴尬。

我猜想那时候，我的北大老师们内心里都各有其酸楚的梦影难以摆脱，但他们是很伟大的，无论生活现实给他们强灌进什么滋味，只要一走上讲台，他们都那么尽心竭力，全力以赴，哺出知识的琼浆；即使在冬天，内心的热情也能使他们额头上泛起晶莹的汗珠，染白了手、四处飞扬的粉笔末从未引起他们"空气污染"的恐慌与警惕。

他们不仅是学问的修行者，也是道德的修行者，讲台上，他们的形象是圣洁的。许多老师的音容笑貌虽历经岁月沧桑，至今仍长留我记忆深处，不能磨去。

"你是北大的?！"每当别人用一种钦敬的口气来肯定我的出身时，我心里总有一股别样的滋味涌上来：正是近百年来一代又一代的优秀教师，才支撑起四海之内连绵不绝的叹服与仰慕。同时，我内心里总隐隐感到不安：北大给予我的庇护何其多，而我对"北大"这两个字的精神内涵却知之甚少。

那几年,我经常要为生计发愁,学得太少了。为了生存,我当过家教,为别人抄写书稿时累得手都抽筋了,还干了很久的扫楼道打扫厕所的活,但报酬菲薄,我仍然手头窘迫。有时进城坐302路公共汽车,一毛五分钱的车票掏不起,我便坐到半道上下来步行。那时食堂里一块腐乳卖四分钱,早餐时我半块馒头半块腐乳打发一顿是常事。由于严重营养不良,我患了肠胃痉挛的毛病,经常疼得蜷缩成一团在床上打滚,虚汗湿透了衣衫,几次被同学送到校医院……

那时,我们班许多同学都来自农村或城市贫民家庭,享受全额助学金,每月十九元五角人民币。记得一次刚发助学金不久,几个同学相约去逛海淀镇,大家都明白自己口袋里钱不多(因为要先安排好每月的饭费、生活必需品开支,才敢上街),所以一条街走到头,各种门类大小商店(那时海淀镇远没有如今繁华)都转遍了,谁也没舍得从口袋里掏钱买东西,再转回来时,见新华书店门前推出一辆平板三轮车,上面一堆旧书,降价了!

大家围上去,你挑我拣,煞有介事。可能大家都明白自己囊中羞涩,所以选书时保守持重,一看稍微贵一点的就装作看不上,又扔回车上,几经淘汰,最后大家终于选定一薄薄的小册子,生活类的,书名忘记了,封底上圆珠笔手写的字迹在原定价处:0.05元,心中有数了,每个人都乐得做人情,争抢着掏自己口袋,嘴里还忙着表态:"我来我来!"然而这时奇迹发生了,四个大小伙子掏了半天,竟然未凑够五分钱!

终于,大家脸上挂不住,放下书,根本不敢正视卖书人的脸色,一溜烟撤离现场,直到离旧书摊远了,大家才自我嘲讽地大笑起来,笑弯了腰,笑出了眼泪,有的甚至笑岔了气。后来有人作诗,咏之,以示纪念。

那情景，我恐怕这辈子也忘不了。那种北大式的穷透了的快乐，毕业以后似乎再也没有过。

那时候，北大里的我们很穷，窘迫的经济和奢侈的快乐只有在一种昂扬的精神协调下才能统一于一体，才会不服输，不为命运的淹顿所困扰，不为脚上的荒草野藤所羁绊。这便是我的北大。

二

那时候，我的北大是宽松自由的。

必修课要求及格，选修课要求过关即可。

对老师来说，你可以搞你的专题研究，以你的研究成果"开科授徒"，而不必去讲那些宽泛的史啊论啊的东西，因那些很难发挥教师的才能。但是，如果讲得不好，可能教室里的学生就会溜光。

学生也如此，你可以不去上课。因为几乎所有课都不点名；你也可以只考个及格，绝对没人因此而笑话你。但是，如果你在与周围人就知识学问的讨论上搭不上话，或意见浅薄幼稚，甚至谬误百出，那你是绝对要被人厌弃的，你会感到孤单无助。

所以那时候，对那些"读书虫子"熟唏课本跟在老师后边亦步亦趋，老师固然不讨厌；对那些不上课不听课却能另辟蹊径的学生，老师也不抱偏见，有时甚至还带点默许赞赏的态度。

在这种环境中，我在北大的学习其实是比较轻松的。我本来"自由主义"比较严重，除古代汉语等基础课外，哪一门课我喜欢其内容，老师又讲得好，我自然不怕起早贪黑去听。但如果这两个条件有一项不符合，我便兴趣大减。隔三岔五便不想去听课；如果课的内容我也不喜欢，老师讲得也不如意，我可能逃课的次数更多。我在北大的确不是个好学生。

记得上民间文学时，我逃课就很多，原因并非我不喜欢这门课，也不是老师的学问不行，只因为屈老师的口音我实在听不懂，她又有咽炎，她竭力想说普通话，又实在说不准，她讲着费力，我听着痛苦，听了两节课后就索性不去了。等到考试时，我的出现引起了屈老师的注意，她走到我身边问："你是这个班的吗？"我心慌了，知道老师发现了秘密，便老老实实地说："是，但缺过课。"本想就此逃脱，没想到屈老师又说了一句："我好像没见过你。"这下我又不老实了，说："上课还是经常来的，只不过在后边坐着，你可能没注意。"旁边同学发出一阵窃笑。屈老师还想说什么，我连忙埋下头去做题。屈老师走开了。现在想起来，真想对那时教过我的老师说一声："对不起。"

我不是个好学生，最明显的例子是英语学习的失败。

早年孤苦奋斗的经历对我后来的生活影响很大，经常促使我在逆境中奋起，在平时认真做事，认真做人。但早年的生活带给我的也并非全是积极影响，有时认真过头了，反而害了自己。或者说由于长期艰难的下层生活使我养成了孤僻内向的性格，心胸也"缩水"了，和北大海纳百川的王者精神很不相称，和周围的环境也难以和谐，令我多次尝到失败挫折的滋味。

当时，教中文系公共外语的一位年轻的女老师，人长得不错，可喜欢眉飞色舞搔首弄姿，令我这个"年轻的老古板"很不习惯，心里暗生出几分讨厌情绪，连带着对英语这门课也日渐懈怠了。有一次，这位女老师叫我起来翻译一段课文，我根据英文原意译成汉语时用了"或者……或者……"这样的句子结构，万没想到竟招来这位年轻女老师一顿迎头痛击："这算什么句子？这是中国话吗？还中文系呢，怎么学的！还或者或者，多可笑，大概就你一个中国人这样说话吧？我怎么没听到别的中国人这样说？你们听见过吗……"

她语调轻浮夸张，眼神在教室内来回瞟动，眉飞色舞，还耸动着肩膀，张开手臂，竭力引逗大家来嘲笑我。当时我气傻了，一句话也说不出来，心里只有惊诧和愤怒的疑问：她怎么能这样？

这位女教师的名字我早忘记了，但她那神态、动作及语调我至今忘不掉，如果说北大四年中有人能让我过了十多年还想起来就讨厌，那就是她了。每次想起那幕情景，我就浑身不舒服。

本来，在农村干活时我就自学英语，兴趣挺浓，成绩也还不错。没条件时我拼命学，有条件学时反倒因这么一个女教师的几句挖苦而彻底丢弃不学，这不能不说是因我性格弱点而造成的损失。也是我在北大这个相对宽松的环境中放纵了自己的弱点，才有了学业上的重大损失。直到今天，我的英语仍在低水平上徘徊，而且常是一拿起英语书，心中就不由自主泛起一阵厌恶的情绪。

在北大的我，出了北大的我，其实一直都是很幼稚，很意气用事的。所以，我的北大四年很亏。

当时却是很为自己不怎么上课又能在考试时蒙混过关而得意呢！

不上课时，大部分时间是去图书馆看书，有时也睡懒觉。冬天睡懒觉的现象比较严重。我还不算"杰出"的。有一个同学，人很聪明，又懒，极少去上课。别人去上课，他醒来也不起床，能连续躺几个小时。

一次，上午课上完了，同学们吃完午饭回到宿舍，他还在床上躺着，早饭没吃，午饭他也打算省了。过了一会儿，老师到宿舍来了解大家学习及生活状况，嘘寒问暖，答疑解惑，话说起来就一时刹不住车。也许是老师时间长了没来，真有那么多关心的事，也许是同屋的坏小子捣乱，故意引老师打开新的话题。说话如喝酒，打开一个话题如打开一瓶酒，总得说完或喝完才能了事。老师就坐在睡懒觉那位同学的下铺。上铺蚊帐垂放着，听不到丝毫动静。老师还特意问了句：×××呢？同屋的一个坏小子说：可能吃饭晚了，马上就能回来，你等一会儿。大家尽可能憋住笑。终于话说得无可再说，老师还要到其他屋里走走，这才告辞。

老师一出门，只见上铺蚊帐里"腾"地蹿出一个人，外衣也不穿，踢踏着鞋冲出门直奔厕所而去。

北大的宽松自由如海洋，善游泳且努力者自然从中获益多多，如我之类不善泳且懒惰，常在岸边歇息观望的人，大概离校后都有入宝山空手还的悔恨感觉。这实在是羞于说出口的。

三

那时候，我的北大是丰富多彩的。

刚入学时，我们在学四食堂就餐（后来经过改造变成了礼堂），里边没一桌一凳，只是很大的一个空场，同学们买了饭菜便蹲在地下吃，每天都有走路不小心者将别人饭盒菜盒踢翻的现象发生，一餐过后，地上便一片狼藉。学生多，心性杂，你的饭盒稍微新一点，刚打好饭菜放在那儿，转眼就找不见了，不知是被人看中了还是端错了。有一次我也端错过别人的饭盒，等吃完饭才发觉，再回头找时已茫然无主，也不知丢饭盒的那位怎么骂哩！

聚集在燕园的同学来自天南海北四面八方，说话南腔北调，禀性千奇百怪，自不乏张狂怪僻令人难以接受者，但终究以谦谦君子居多。同班同宿舍自然是最相熟的，但亦另有组合，如同乡的来往也颇频繁，书画协会将喜好书法绘画的集合在一起，五四文学社将才子才女们聚拢到旗下，排球、足球比赛使球迷们激动得魂不守舍，冰魄花魂般的月光将未名湖边小树林中的对对情人拨弄得痴痴呆呆。冬天，在未名湖的冰上学滑冰可能撞出一个好朋友；夏天，在游泳池可能相中一个有情人；图书馆里，一个偶然遇到的邻座可能是你切磋学问的好对手；闯进别的系教室里听几堂课，你又会结交许多新朋友。总之，北大的丰富多彩无时无处不在，只要你动一动，便会有收获。

我的一个同屋便是个名闻校园的人物。他的特点用陕西话形容叫"性凉"（好像是说一味中药），干什么事都慢慢吞吞，不急不躁，有时显得迷迷瞪瞪。平时他交往较少，可从某天开始他走到哪儿都有人跟他打招呼，我不明白是怎么回事，问他。

他说是踢足球认识的。又补充一句：其实我也不认识他们，可大家都认识我，我也没办法。

我说：那肯定是你的球踢得好。

他说：好倒不见得，主要是我踢得比他们精彩。

那段时间我没看足球比赛，于是请他讲讲。

他慢条斯理地开了口：最精彩的那一场，我从中场断了球，以娴熟的技术左盘右带，躲过七八名队员的凶猛拦截，单枪匹马不屈不挠冲向球门，一看守门员想上来扑抢，我一个漂亮的假动作，把守门员甩在身后，面对空门我拔脚怒射。你猜怎么着？

飞了。我说。

错，进了。他笑眯眯地说：但进的是自家门。这已经是第二个了。上一个是在后场断到球，朝前冲了几次出不去，转了几圈有点晕，回头一看球门就在眼前，很轻松地我就给了一脚。这次大家一看我中场断球朝回跑，知道又要坏事，拦截我的都是自己队员，他们不拦我可能没事，一拦就把我搞糊涂了。

把你气死，把你笑死。球场上下或笑他，或骂他，但比赛结束后，大家成了好朋友。

那几年我的北大被球赛搅得狂热起来。三大球的第一个翻身仗便是中国女排的夺冠，乐傻了的青春冒出了火苗，将自己床上垫的草席拿到楼下烧，提着洗脸盆、拣根树枝敲打着，欢呼着出去游行，等回来时洗脸盆已被敲出个窟窿。那次袁伟民、邓若曾带国家女排来北大，多少青春男女欢呼着流出了眼泪。那几年电视机还是奢侈品，我曾经为到食堂看一场实况转播，和几个同学巴结食堂做饭的师傅，给人家掰了两大筐扁豆！

那几年，正是中国拨乱反正、改革开放之初，学术思想界亦十分活跃，北大能比较经常地请到海内外学术思想界的著名人物来办讲座，每到这时大家便蜂拥而至抢占座位。学生太多，同学们的求知欲太旺盛，所以每次好的讲座不仅坐满了人，连过道都站满了人，有时候挤得你恨不能把耳朵从人丛中伸出去。

那几年，我的北大很精彩。

在给我们讲过课的老师中，学识深厚、名闻遐迩的老先生们不用说，即使中青年教师，也不乏特色鲜明令人难忘的佼佼者。

袁行霈老师风度儒雅，板书俊逸潇洒，不知倾倒了多少学子。每次他开课，都有不少外系的学生挤进来，与其说是来听，不如说是来看。

乐黛云老师泼辣干脆，讲《子夜》时一拍大腿："老赵就喜欢这个调！"引得整个教室一片欢腾。

赵齐平老师讲元曲，听他的课如听戏，身段、手势、腔调，都能引人入迷。

倪其心老师讲课总像是在生气，话从牙缝里挤出来，似乎能听见嘎嘣嘎嘣响，但却字字到位，句句准确，不浪费一点唾沫。

何九盈老师的古代汉语听的人也多，他瘦小的身影面对着大教室，总是使尽全身的力气，摆出一副不讲明白决不罢休的架势，至今想起来就令我感动。

许多许多老师，回想其音容笑貌如在昨日，他们在学问的讲台上鞠躬尽瘁，现在多了几道皱纹，添了几缕白发？

[吴晔：男，1957年生，陕西西安人。1979年考入北大中文系文学专业。1983年毕业后到人民日报社工作，历任农村部编辑、记者，海外版副刊编辑，出版社编辑。1997年7月调任中国土地报社副总编。著有长篇纪实《青天梦》《四美》《追寻神圣的足迹》，历史读物《东周列国变法悲歌》及小说、散文等，曾主编《八十年代中国报告文学大选》。]

我的北大圈子

唐师曾

我是摄影记者,不会写文章。海湾战争中,由于战时法规对摄影采访的诸多限制,逼得我不得不另辟蹊径,在拍照、冲洗、放大、传真之余操起钢笔,想不到由于我一人独居虎穴而文章大受欢迎。其实我写得很臭,只不过代表十二亿中国人在恰当的时间到达恰当的地点,以自己绵薄之力,告诉祖国那里发生了什么。而所有这一切,得益于国际政治系的严格训练,源于母校北大的民主科学传统。

1979年,我稀里糊涂进了北大。我爷爷的哥哥毕业于京师大学堂仕学馆。他老人家自己毕业于京师大学堂文科中国文学门。当时,他硬说凡是上过这所学校的大都勇敢诚实,科学民主,乐于助人,就是失业找工作,也比其他学校的学生容易。所以在填写志愿时,我写上一句"服从北大分配"。为了能和蔡元培、胡适、陈独秀、李大钊、鲁迅们成为校友,我狠心放弃了当坦克师长的梦想,咬着牙进了北大。

开学后第一个星期天,我们宿舍全体到校园里拍纪念照。北大素有拍照的传统,六十多年前刘半农就在此创建过中国第一个摄影团体——"光社"。在未名湖南岸,我们与长眠于此的美国记者埃德加·斯诺合影。斯诺早年在这里教过新闻,用相机记录过轰轰烈烈的"一二·九"运动。在北大37楼学生宿舍的棉被里,我冲洗了我平生

第一个黑白胶卷。

在北大图书馆,一个叫罗伯特·卡帕(Robert Capa)的战地摄影记者闯进了我的生活。这位18岁考入柏林大学政治系的小伙子一毕业就赶上纳粹上台,他背着相机只身逃往西欧,与海明威并肩参加了西班牙内战。卡帕拍摄了包括诺曼底登陆在内的所有重大战事,他的朋友从乞丐到美国总统,从英格丽·褒曼到巴顿将军,无所不有。直到1954年在越南踩响地雷,他还不忘最后一次按下快门,含笑死去。我被这家伙迷住了。我把卡帕的好友、诺贝尔文学奖得主约翰·斯坦贝克为他写的悼词抄在日记本上:"他不仅留下一部战争编年史,更留下一种精神。"

1983年我从北大毕业,家住美国加州的二伯问我需要什么帮助,我毫不犹豫地说:"给我买台好相机!"以后,我背着这台相机在中国政法大学教了四年学生,校长江平、党委书记解战原看在校友面上对我照顾良多,而在校刊上不断刊登我摄影作品的编辑正是同年从北大分来的校友查海生,后来才知道他就是著名诗人海子,1989年他在山海关卧轨殉诗。

扭转我教书生涯的是我和海子的同学,也是同一年从北大分到政法大学教书的沈红。

当时我们同在一个英语班补习,沈红对我"痴迷的摄影癖"十分赞赏,建议我去投考新华社摄影部,沈的爸爸沈定一是新华社总编,说新华社极缺我这样受过良好训练的人。

与此同时,我考中了《中国青年报》国际部。当时全中国只有北大、复旦有国际政治系,每年毕业生屈指可数。《中国青年报》正筹办《青年参考》,负责这件事的段若石正是比我高两级的系友,同一个系教出的学生主考,我自然在应试者中稳拔头筹。但我最终放弃了《中国青年报》,尽管这是我最喜欢的中国报纸。我仍想当"横行世界"的摄影记者。

与此同时,我的同学穆晓枫坚信我有从事新闻摄影的天赋。他在北大校学生会任秘书长时,我是校学生会摄影记者。凭着痴迷的摄影癖,我居然还被评为校学生会优秀干部。基于同年同系四年的同学生活,他认为我有勇敢、忠诚的潜质,应该趁年轻多拍些真实的东西。于是我进了新华社。

1990年12月,海湾战争爆发前夕,我单枪匹马经伊斯坦布尔、安曼辗转进入巴格达。在金色屋顶的中国驻伊拉克大使馆,神态凝重的郑达庸大使对我的贸然前来似乎并不欢迎。我能理解这位北大东语系高才生的心情,他必须为在伊拉克的每一个中国人的生命负责。自海湾危机以来,他已经组织成千上万的驻科威特、伊拉克劳务人员经约旦回祖国,而我却在添乱。我现在仍保存着一张摄自巴格达西北鲁特巴,一个直径十多米的大弹坑的照片。照片上的三个人是中国驻伊拉克大使郑达庸、武官曹彭龄(曹靖华之子,也毕业于北大东语系)、武官助理李天天(毕业于北大法律系),拍摄者我则毕业于国际政治系。

曹彭龄将军不仅北大毕业,其父曹靖华先生还当过北大俄语系主任。将军虽为武人,可著作颇丰,这也许是家学渊源所致吧。海湾战争中曹武官对我照顾良多,出于北大民主科学的教育传统,我们对于战争态势的分析也较为一致。我们忘年的管鲍之交至今令我心醉。

1990年,我奉命在藏北可可西里无人区探险,长达半年的野外生活,使我患了右心室肥大和红细胞增多症。长期没有新鲜蔬菜,嘴唇裂得高高肿起。为止痛,我不时把脸贴到冰凉的相机上,莱卡的冷钢激起我的无限遐想。

在我不时的昏睡中，始终照顾我、和我同宿一顶简易帐篷达半年之久的《民族画报》记者凌风，就是位短小精悍的北大师兄。他毕业于中文系，却有一手修手表修相机的绝技，探险队许多损坏的精密仪器都经他妙手回春。在野外这可是头等求生技能。正是这位中文系的师兄，鼓励我为他太太、北大师姐任幼强主编的《世界博览》写些亲历。就这样，我的北大圈子越滚越大。

现在，我的小侄子准备考大学。我说："一个人只能活一次。在中国，除了北大没大学了。"

我小侄子说："大叔，你疯了吧？"

[唐师曾：男，1961年1月生于北京，江苏无锡人。1979年考入北大国际政治系。1983年毕业后任教于中国政法大学兼读在职研究生。1987年考入新华社任职至今，现为主任记者。出版有作品《我从战场归来》《我钻进了金字塔》《重返巴格达》《我在美国当农民》《我的诺曼底》《一个人的远行》等。]

阿毛逸事

王惠民

十五年前,我就知道,总有一天,我会写一写这个家伙的。

那一年我二十出头。当系里通知我去勺园陪住外国留学生时,特意跟我说:"你的同屋是一个很不错的美国小伙子。"那口吻很像以后别人为我介绍媳妇时的口吻。

我带上住校时所用的家当,离开风情万般的38楼,到了勺园。这是北大的"联合国",五色斑斓。敲开我将要落户的那个房间的门,露出了一张外国脸,苍白、黄毛、高鼻子、蓝眼睛,一副很大的眼镜显得很夸张,似乎放大了尚未褪尽的满脸稚气。眼神极灵活,透着调皮,像只金丝猴。

我告诉他我就是他的同屋。他顿时异常热情,用生硬的汉语对我说:"我的中文名字叫毛天赐,英文名字叫 Matthew Mouw,你可以叫我 Matt。"

我报了我的姓名,并用英语对名字作了简单解释。他表现出十分感兴趣的样子,尤其是对我名字中的"惠"字,特意让我为他写出来。

Matt 比我小两岁。没过多久,我们便相处得无拘无束。一天,读书读累了,我看着他的脸消遣,忽然觉得应该给他起个可爱的小名。"就叫阿毛吧。"我觉得这非常贴切。他在听了我对"阿毛"的解释之后，当然没有异议。他很高兴。

第二天，当我还在睡梦之中，阿毛已背起行囊外出旅游了。他给我留下一张纸条："王崑民，我已经去了。啊毛。"我真不明白，识不了几个汉字的"啊毛"，怎么会写出"崑"来，还安在了我的大名之中！几年后，当我敲开一位同学的家门时，其母亲也热情地拉着我的手说："哟，是王崑民来了，快进屋！"

阿毛的汉语口语能力很强。只要有机会，他就孜孜不倦地向我讨教，或把从外面学来的什么口语在我面前演练一下，内容大多是骂人的话，有的不堪入耳。当然我也向他讨教这些话用英语怎么说。不是假正经，我对此的兴趣远远不如他。原因很简单，他用得上，而我用不上。

一天，他仓皇跑回屋里，关上门气喘吁吁，良久才对我说，年轻的门卫追着要揍他。我问为什么，他说跟门卫闹着玩互相对骂，最后他骂的那一句，门卫听后不干了。我问骂了什么，他生硬地学给我听，生硬得一字一顿，却将每个脏字强调得无比恶毒！我目瞪口呆。

免不了，我们经常利用两种语言的差异互相开个玩笑。一次关灯后躺在床上聊天，议论中美文化不同的历史背景。

我说："你们美国人大多是杂种。"

"什么是杂种？"他很认真。

"杂种就是不同的种族互相通婚而产生的后代。"我胡乱下定义。

"对，对，"他极为赞同，"我们美国人很多是杂种，我就是一个杂种。"

我哈哈大笑，欲罢不能。他自知上当，也想问个明白。我向他解释汉语"杂种"的含义。突然，黑暗中飞过来一只皮鞋，接着又一只。

转眼春天到了，勺园的花香飘进了房间。阿毛不在，我独自沉浸在读书的愉悦之中。响起了敲门声。敲门的是住在对面的一位德国人。他一向不苟言笑,近乎刻板,此刻也不例外。但他的话着实让我吃了一惊:"你的同屋在楼下把腿摔断了,他让你去背他。"

我随手关上门直奔楼下,顾不上多想为什么这位德国人见死不救。下了一层楼,开始听见阿毛的呻吟声。又下了一层楼,看见阿毛抱着自己的一条长腿坐在楼梯上,痛苦万状。

"你这是怎么搞的?快去医院!"

"不,先背我回房间。唉哟,疼死我了!"

我吃力地把他背起来,一步一步开始艰难地攀登。终于快到最后一级台阶了。倏地,阿毛从我背上蹿下来,像一只猴子欢蹦乱跳:

"April First Day!"

他妈的!我看见站在远处的那位德国人第一次露出了笑容。

第二年的同一天,阿毛外出打工很晚才回来。我正在伏案写东西,头也没抬:"快去 38 楼,我的那些同学在等你。"我临时编了一个谎。

"找我干什么?"他显然很怀疑。

我依然不抬头:"我也不知道,他们还让你最好叫上对面的那个德国人。"

"是吗?"他加重了怀疑的语气。

"骗你干吗?"我伸了伸懒腰,继续写我的东西。

他不再说话,但我能感觉到他的眼光在我脸上搜寻着什么。"你知道今天是什么日子吗?"他忽然问我。

"什么日子?"我停下笔,像是很认真的样子。

"今天是 4 月 1 日。"他说话的时候死死盯着我的脸。

"噢,我都忘了,今天还真是 April First Day。"我假装写作很投入。

沉默了一会儿，阿毛终于忍不住溜出了房间，轻轻敲开了对面那位德国人的房门。一阵嘀咕之后，响起了关门声，两个人的脚步旋即消失在楼道的那一头。

后来阿毛告诉我，那天晚上那个德国人笑得很开心。

在我们相处的两年里，阿毛曾企图学会中国的几项国粹。他先从中国武术开始。可惜留学生武术学习班不教猴拳，阿毛的优势似乎得不到发挥。一次我从楼上观看他们在楼前空地上练拳，只见阿毛出拳踢腿总是完成一半就得忙着换另一个动作，样子过于机敏，不像进攻倒像挨打。当几个转身动作完成之后，大家都面对教官亮相，唯独阿毛背对教官，待反应过来调转方向，大家又都齐刷刷地与他打了个照面。几天后，我再也见不到阿毛在练拳场上了。

不久，阿毛开始热衷于围棋。从外表看，他似乎更适合文斗而非武斗。他花钱上了一个围棋学习班，执教的是一位长年住在北京的英国老头。英国老头曾来过几回，给阿毛开点小灶。我虽然不懂围棋，但作为旁观者，我觉得这位洋教头只是努力地将自己似懂非懂的围棋原理介绍给他的学生。阿毛学得格外认真，每次与人对弈，总是先把房间收拾一番，点上一炷印度香，沏上一杯清茶，坐姿端庄，温文尔雅，如果他说他是专业八段，没人怀疑是七段。阿毛是绝对的聪明，进步很快，得意之形渐渐挂在脸上。

我的一位同学，棋艺颇高，一次看完阿毛学棋，便私下对我说："我教你十分钟，你准能把他击败。"我认为言过其实，小看了阿毛和他的教练。但我的这位同学执意要验证一下。他用两分钟的时间告诉我"金角银边草肚皮"的法则，然后用八分钟给我讲"征子"。他料定纸上谈兵的洋教头尚未给他的学生上过这堂课。

第二天，我向阿毛挑战。摆好棋盘，阿毛也摆好了一副先生的姿态。几手棋过后,我便照葫芦画瓢,摆成征子棋形,设下圈套。阿毛果然上钩,一步一步,从棋盘的一端一直走到另一端。当他的一条"大龙"被我连根拔掉时,他终于失去了镇静。当时他最多的动作就是扶眼镜。我真担心他会像放弃武术一样放弃围棋。他没有。只是换了一位老师,而且不用再交学费。新老师就是我的那位同学。

阿毛也曾舞弄过毛笔,至今我还保存着他的墨宝。那是他在我的毕业纪念册上的题字:"所部受惠。"谢天谢地,没有写成"所部受崇"。

京剧、民乐等国粹,没能引起阿毛多大的兴趣。他一直钟情于吉他,经常弹唱美国民歌,而且不管唱什么歌,他的眼神似乎总是有一种动人的忧郁。我很喜欢他的弹唱,尤其是一首名叫 Mountain Dew 的美国民歌。

阿毛告诉我,在美国,他曾和几个朋友做过街头无偿巡回演出。他很想学唱几首中文歌,回美国后唱给家乡父老听听。我便使尽我的唱歌"才能",平生第一次教人唱歌。阿毛最喜欢那首《幸福不是毛毛雨》,原因就是歌词里有阿毛的"毛"字。演出那天,阿毛代表美国留学生出场。尽管有些紧张,但他的演唱依然博得了一片喝彩。

我敢打赌,毕业前,阿毛的普通话在外国留学生中是一流的,甚至超过了许多来自南方的中国学生。真有可能,他说的比唱的好听。

毕业了,我和阿毛都离开了勺园,离开了北大。我去军校当教官,他留在北京做生意。在北大分手时,阿毛十分友好地问我:"你什么时候去美国?"我笑着说:"等到中国军队打到美国的时候吧。"

[王惠民:男,1959年生于江苏连云港。1979年考入北大历史系世界史专业。1983年毕业后在空军指挥学院任教。1990年转业到中国外文局。]

人事两茫茫

周立文

夜访吴组缃

上中学时便知道吴组缃先生,并读过他的一个短篇,是写皖南农村生活的;因为我也是皖人,所以对那篇作品感到很亲切。

等我入学时,吴先生已经很少教课了。1982年春天,我从系里的一张课表上,看到每星期四将有他开设的"红楼梦研究"专题。我打算选修,但有人告诉我,这门课只允许中文系的研究生、进修生听。尽管如此,他上第一节课时,我还是跑去了。那是一间小教室,已经有人早早地坐在那里,每人面前都摆着一部大砖头似的《红楼梦》。因为是对号入座,我一坐下马上就有手捏纸条的人来赶我;直到吴先生开讲了,才发现还有一个空位子。下一个星期四,我就没有那么好的运气了,只能站着听,笔记也记不了。我终于放弃了这门课,现在想来,仍觉得可惜。

直到第二年,我才又见到吴先生。当时法律系同学小魏找我,说她父亲是一所师专的老师,正在研究吴组缃,有几个问题搞不清楚,自己又没时间来北京,便让她代为请教。吴先生住在燕园东北角的九号公寓,开门的是位老太太,我们以为是保姆,吴先生却告诉我们是他老伴,"我早婚,二十岁结婚,到现在已经五十年了。"小魏说:"在外国,这要算金婚了。"吴先生说:"中国不兴这个。"我发现,吴先生在谈论自己的老伴时,流露出一种自豪和知足。这时候离春节没几天了,吴先生家里来了不少亲戚,非常热闹。

吴先生出生于安徽泾县一个群山环抱的村庄,但中学却是在芜湖市上的。他给我们介绍说,他所就读的芜湖五中思想比较进步,也出过一些人物,蒋光慈就是从那里被送往苏联的。吴先生1980年曾经回过一次故乡,但印象很不好:"人们变得势利了。登黄山的时候,我坐在轿车里,沿途遇见的人,包括那些服务员,都对我毕恭毕敬;如果我步行,他们对我态度就很坏。这很不好。"吴先生说,他不想再回去了。

吴先生出版过一部长篇小说《山洪》(即《鸭嘴涝》),还有两本散文集《西柳集》和《饭余集》,其他作品散见于各种报刊。他不愿意多谈自己的作品,当我们问他为什么后来就不写了,吴先生沉默了一会儿,叹息道:"我的散文集都烧了,我自己都找不到了。"话题转到"文化大革命",吴先生说:"我也住过牛棚,不过还好,北大的红卫兵一方面批斗我,另一方面又偷偷地保护我。当时中文系有个红卫兵头儿,对别系的红卫兵说:吴组缃你们不用管了,由我们包了。我因此少吃了许多苦头。"

吴先生不愿意多谈自己的作品,而更愿意谈学术问题,他介绍说:"美国的夏志清教授派了两个学生来研究我,整天泡在这里纠缠我,还多次到我家乡去,说是要调查我生活过的环境。我有什么好研究的,有工夫多研究研究《红楼梦》。"

我们为吴先生的谦逊而感动,同时也感觉到,他对《红楼梦》是多么痴情。我们到他家,是想了解有关他的散文创作的一些情况,但他没能或者说根本就不愿提供什么，于是我们只好告辞。那时他已经七十岁了，天气又寒冷，他却一定要把我们送下楼，并且我们已经走了好远，他还站在那里目送着我们。

跑步的朱光潜

我几次见到朱光潜先生，都是他在跑步的时候；而且每次都是在同一个地点：图书馆的东侧。

我印象最深刻的，也是跑步的朱光潜先生。他的个子本来就不高，腰又佝偻得很厉害，所以看起来他是那样矮小，只有一双眼睛炯炯有神，似乎能够穿透一切。他就是那样一颠一颠的，从图书馆前跑过，速度慢得惊人。不知因为什么，看到他我就会想起老子。他跑步的时间和路线，似乎是固定的。有一次我想证实一下是不是这样，便早早地到图书馆前等着，果然他在那个时候跑过来了。我喊道："朱先生，您好！"朱先生招招手，气喘吁吁地应了一声，却并不停步。

在北大的老教授里，主要是住在燕南园的那些，我们不敢敲他们的家门，其中就包括朱光潜先生。有一次，西语系的一位研究生要给朱先生送材料，我们一起去他家，敲门之后老半天，老先生才出来开门。那位研究生把材料交给他，几乎没说什么话就走了。

我和朱先生唯一的对话，就是一句问候，而更多的，是精神上的对话。在北大的老师中，我读得最多的，就是朱先生的著作，其中包括《西方美学史》《文艺心理学》等。据说有人曾经把朱光潜和钱钟书比作中国文化界的"两大稀有金属"，所以我们在北大读书的时候，常常为朱先生还有其他几位先生感到自豪。我不知道现在北大的学生会为谁而感到自豪。

现在，北大图书馆前的那块草坪已经不在了，但朱先生跑过的那条路还是原来的样子。每次到北大经过那条路，跑步的朱光潜先生的形象便浮现在眼前：老子。穿透一切的眼睛。还有一本砖头块一样厚重的大书。

英年早逝的师长

我当年的老师，有几位是英年早逝的，他们中有佘树森、张钟、屈育德和赵齐平等。他们都是在六十岁之前去世的，听说死得很痛苦。

在这几位老师中，只有佘树森的课我没有听过，张钟讲当代文学，屈育德讲民间文学，赵齐平讲古代文学史，这都是我们的必修课。

在我的印象中，赵齐平老师总是风度翩翩的，衣服穿得很整齐，而且不是特别热的时候，他的中山装最上边的扣子也总是扣紧了。他讲课也是眉飞色舞，尤其是在讲诗歌的时候。有一次，他甚至把家里的录音机提了来，一边放古乐，一边朗读诗词。他的情绪化的讲课方式，对同学们很有感染力。他对考试很不以为然，所以听他的课，你常常能得到五分。

另一个很容易给你五分的人是屈育德老师，她是金开诚先生的夫人。屈老师那时身体大概就不太好，讲话鼻音很重。民间文学是不被学生看重的课，有些同学便不去听，对此，屈老师并不十分在意，期中和期末考试大家几乎都得五分，就说明了这一点。

这和金先生有些相似。金先生给我们讲文艺心理学，记得第一次上课，他说道："我听说同学们都提着碗袋上课，如果谁的课讲得不好，大家就一齐在底下敲碗；但愿我的课不会让你们敲碗。"敲碗的事是不是发生过，我不知道，但至少我们班的同学没有这样干过。这或许只是金先生在开玩笑。屈老师不爱开玩笑,甚至难见她的笑色。

他们都已经离去了,我几乎没见到怀念他们的文章。

[周立文:笔名周易,男,1961年生,安徽宿州人。1979年考入北大中文系。1983年毕业后,曾在光明日报社、台海出版社等单位从事新闻出版工作,现为光明日报社记者部主任。主要著作有《乱世哲人》《凭空生长》《说鼠兼说猫》和《神圣春天》等。]

海子的毕业留言

刘广安

《北大往事》主编橡子来电话,让我写一点文字,回忆海子大学时代的一些事情。我找出放在书柜底部的一本毕业纪念册,根据纪念册的记录打开了回忆的通道。

这本纪念册是北京大学法律系七九级二班的全体同学在1983年毕业之际,自费编辑印制的。纪念册封面的"法学阶梯"四字,是北大法律系的李志敏老师题写的。纪念册的前言是季卫东同学撰写的。全班五十一位同学,每位同学都自己设计一幅图画,并在画旁题上一段话作为留言。

海子设计的图画是:大海上面一轮太阳正在升起,两只海鸥正从海面飞向天空。三个形体像古岩画上的人,在面向大海、迎着太阳舞蹈。一个男孩背对画面,面向大海、面向太阳,仰视着远方。两道弧线标明男孩的目光似乎是投向远方的一片麦地。一条挂帆的小船在男孩的影子透视中依稀行进于海面上。

看着海子在毕业纪念册上设计的这幅图画,我不禁想起了他在1989年弃世前夕写的一首诗《面朝大海,春暖花开》。这幅图画似乎就是海子对这首诗的一种预言。

在我看来,海子的作品有别于当下流行诗人作品的最大特点,就是他的作品带有强烈的预言性色彩。他的作品不仅有对个人命运的预言，而且有对整个人类命运的预言。

海子在这幅图画的右上方留下了三行诗：

> 路是一支瘦瘦的牧笛
> 把牧歌吹成渔歌
> 潮来潮去，我积攒叶叶白帆

海子毕业留言的含义，我今天看了仍不太明白。但我一直觉得他的留言是全班同学留言中最富于诗意、最富于美感的。他的文字组合得富于自然之美，语言运用得富于音乐之美。看海子的诗，就像看抽象派的画，不同的人可以得到不同的美感和体悟。

海子在大学时代，喜欢看哲学类书籍，也喜欢看美术类、考古学类、民俗学类书籍。他从北大图书馆借书很多，看得很快。他看书很博杂，但写出的小诗却很单纯、很清丽。他曾将自己写的一些小诗编成集子，送给一些同学。海子在大学时代后期，已有诗名在同学中流传。

我曾经是个爱好新诗的人，但爱好的是郭小川那一代诗人的新诗。看了海子的新诗后，我觉得自己爱好的新诗已赶不上时代变化的需要了，就从此断了写作新诗、成为诗人或作家的念头。

面对海子的天才，面对季卫东等同学的杰出才智，我在1982年7月7日写下了这样一段日记："我历来觉得自己天分甚高，近来明白自己只是一个具有中等资质的人。有点天分，也只是小时候的事。以后只有靠恒心和毅力去学习和生活。"并写下了一句话："决心钻研中国法制史，立志成为一名学者。"这是我大学三年级末期的日记，记录了海子等同学给我大学时代造成的最大的影响。

北大毕业十五年之后,一位海子诗作的敬慕者经我的研究生介绍来到我家,让我谈谈对海子的印象。她带来了一束紫白相间的名贵的花,从没有人送过我这样名贵的花。我和妻子均认为,这束花不是送给我的,而是送给海子的,送给诗歌的。我们把与海子有关的东西拿给来访者看,并赶到书店购得西川整理出版的《海子诗全编》一书,把来访者送的花,贡献于海子的诗集之前。

1998 年 7 月 25 日写于北京蓟门之地

[刘广安:男,生于 1957 年 3 月,云南师宗人。1979 考入北大法律系,1983 年毕业后考入中国政法大学研究生院,1989 年硕士毕业后至今在中国政法大学法律史研究所工作。法学博士,研究员。]

燕南园的身影

程丹梅

燕南园之于我,似乎是很近很近的现在,又似乎是很远很远的过去。想来,由它所引起的千种万般思绪大都与北大校园内那些故去的人有关吧。

不知怎么,一到春暖花开,一到绿树茂盛的时节,便不由人地让我想念起那个静雅的园中之园来,而且顷刻间,仿佛过去不是过去,现在不是现在了,有一种熟悉的树脂味儿夹杂着蔷薇花的香气弥漫了我周围的空间。

那是燕南园独有的味道。

上学那会儿,每日打女生宿舍出来,必须穿过燕南园去图书馆,去电教楼,去各系办公室的一二三四院。穿过那个园子也是要有几条弯弯小路的。路的两边或是松,或是槐,或是竹。松的后面、槐的后面和竹的后面是一个个人家。有的家门口围有栅栏,大都是木头的。院子里有时也摆了一两把藤椅,藤椅上常常会遗落了一本倒扣着的书或是报纸一样的读物,仿佛主人刚刚在这儿晒了太阳,这会儿有了睡意便回屋去了;也有的人家门外用石块或砖头垒出了院中院,好像是为了使那些暂时不用的家什有个整齐的安置。无论如何千姿百态,那每个门对我来说,都如同一个个从未涉及的学科那般神秘而深奥。

其实，那感觉也是有道理的。因为往图书馆去的那个东北小门要经过汉语语言大师王力的家，而去办公楼方向的西北小门则要经过美学家朱光潜教授的宅门。这应当说是我这届学生的幸运了。那时，这些老先生还健在，因又能重新做学问了而顽强地与年龄作着斗争，不时也与少不更事但却努力的学生们见见面。只可惜我无机会去亲耳聆听他们的授课。

我曾听不少有关专业的同学无比自豪地告诉我，他们见到了王先生、朱先生。从他们的口气里，我感觉得出，先生们的课吸引他们，而先生们本人则更吸引他们。我总在想象，对于一个个年轻的学子来说，注视着那些名震四海的人站在授课桌前，是一种什么样的幸福呢？

我却见过朱光潜先生，那是在燕南园里。

他的家我似乎是凭着直觉猜出来的。因为几次往西北门走时都会看见一个瘦瘦的老妇人，朴素得很，衣着大都是灰黑色调的，款式极不讲究。因瘦，那裤腿也便格外显得宽肥，背也略弓一些。她是常在园子里匆匆走过的，很辛勤，很善解人意的样子。我想，这便是朱夫人吧。高年级中去过朱先生家的人，证实了我的推断，并说，那是一位出乎人们意料的学者夫人。她之所以会让人意外，缘由是她的平凡。也有人说朱夫人原先是不识字的，却与那么一个学问家生活了一辈子，可见她是极不一般的女人。这些虽都属学生们一传十、十传百的说法，我是确信的，并且对她的平凡生出一种敬重来。

料想她是朱夫人，于是我想她曾搀扶走出的一个同样瘦弱并且个子不高的老先生必是朱先生了。这么猜着，就格外注意这对散步的老人。

多半是在很暖的天气里，他们会出现在园子里。有时是朱先生一个人，走路很是专注；也有时是与夫人一道，那时也不是举目远眺的样子，也是很专注的，是与夫人说话的专注和对脚下的路的专注。看上去，朱先生穿着很整洁，学者味很浓，那味道一般人是绝不可能学的。我看到他时，觉得他极有魅力，我更感慨这个瘦小的老人能写出那么博大精深的美学专著。

我的同学也都和我一样是靠感觉猜出朱先生的，好像他和夫人已经成了燕南园的一个特征。

王力先生的家位于燕南园的中部，门是朝南的。他家的院子里常有把椅子冲着太阳摆放。无数次从他家门前经过的年轻人带着青春的豪放，常常大笑着、争论着从那幢房子面前走过，似乎很少有人知道在那幢房子里有个大语言学家在做着学问。

有一次我看见了王先生，他就坐在那张朝着太阳的椅子里，膝上盖了个线毯。他样子很平和，也很普通，白了的头发与微圆的脸让人想起他的著作实在而严谨。我曾将我的印象与他的弟子和读汉语专业的同学说，他们竟认为我感觉很对。可由于专业的原因，我没能认真读一本王先生的书，朱先生的《美学》我是看过的，那是刚入学后拿着新的借书证跑到那个又大又好的图书馆所带回的第一摞书中的一本。

还有一个人我也常看见的，那便是周培源先生。那时他已不当北大校长，可学生们还都能认出他来。有时是清晨，有时是傍晚，同学们常能看到他在燕南园里散步的身影。他个子不高，却气宇轩昂，白发梳理得极整齐，温文尔雅，每每看到学生，他都会微笑，透着长者对晚辈人的慈爱与宽容。而看见他的学生们，包括我，则会在回来后带着一种自豪与敬仰的语气去描绘他。

燕南园里，有时喧闹，有时静谧。喧闹大都是在中午和傍晚。那时，下了课的、借过书的、从北大第二体育馆锻炼完身体的学生们，三五成群地从园中穿过。静谧，往往是在上午或下午的一小段学生上课时间以及夜晚，这时，园内只有风吹动树叶的沙沙声和太阳或是月亮照在幢幢小楼上的光芒。

我记得每到花开的季节，园内各个小楼门前的灌木丛上便跃出星星点点的色彩来，灿烂得很；一棵棵浓密的槐树就开始把它们散着馨香的花朵，散落到一条条弯弯的小路上。偶尔的下午，我会抱一把椅子走到园内，坐到也不知是谁家的门前荫凉处，悠闲地读上一本好书，那多半不是考试期间。有时，也会有音乐从某幢小楼里传出来，让读书人伴着江南丝竹乐的悠扬曲调，不觉时间的流逝。

……

燕南园留给我的，实在是极美好的印象。对于它来说，我不过是上万个在此停留片刻的人之一，而对于我来说，它却是唯一的。

花开花落，燕南园依旧。

[程丹梅：女，祖籍江苏，生于黑龙江，1979年考入北大国际政治系。1983年大学毕业后任光明日报社主任记者，发表非文学文章五十余万字，散文、小说二十余万字。出版有散文集《是我的朋友跟我走》。现居德国。]

你为你血液中的一种缺陷而被隔离开来,你知道命运;
　　但只有歌谣持久,没有人知道你的忧愁。
而这正是我在你死后活过的那些年月里折磨我的一切,
　　一个问题:未曾记住的事物的真实性在哪里呢?

北大往事·80年代

谁敢不娶北大女生

格 鹰

我的北大情结不算太深太浓。

毕业已经十几年了,我从未为了参加校庆之类的活动而回过北大。一方面当然是因为我的太过普通使得学校根本忘记了我这个多年前的毕业生,因而也就不会收到来自学校的任何邀请;另一方面也是由于各种活动的场面及内容大多在自己的想象中,所以没有冲动和激情。

就好像,我是学法律和搞一点法学研究的,从上学开始到从业多年,见多、听多、想多了权利、义务、违法、犯罪、法律责任之类的概念和事件,因而对于别人喜闻乐见的、大惊小怪的、津津乐道的、目瞪口呆的种种杀人放火强奸碎尸事件,从来都是见怪不怪地笑一笑,仿佛自己早已熟悉了江洋大盗、杀人不眨眼的魔王,此类事件天天都有发生在自己的身边一般样,没有什么是难以想象的、不能理解的。

也就好像北大的一切,知道了、经历过、想念着并且不再向往。而这些,又绝非一次庆典、一个会议、一场欢聚抑或什么别的所能囊括、消除、安慰或淡化的。

于是除了偶尔到北大时去各处走走看看之外,我总是比较漠然于关于北大的各种形式的体现，甚至摆在书店里的《北大往事》我也没有拿起来翻看两眼，因为我想我大概知道那里面会有些什么。

当然必须也得承认，不回校参加各种活动还有一个深层的、轻易不愿说给别人的原因——心里着实有些担心在众多声名显赫、业绩累累的校友当中会使自己产生一些酸溜溜的感觉，会对自己产生可怕的否定，从而毁掉自己半生的修行，丧失掉无限珍惜的从容。

为了今次的百年校庆，上学时最后一届校长挨个通知，知道会聚起很多的同班同学，想起来同学情义的要紧，我去了北京和北大，而并非是为了寻找参加到未来历史中的感觉。果然见到了许多十几年不见的同学，个个自然都有一番滋味在心头。

大家酣畅地聊、无虚假地笑、聚餐时一醉方休、散步到凌晨两点，没有几个人会想起学校的种种活动以及在人民大会堂的庄严庆典。似乎经历过几年北大的人们都早已成就了宠辱不惊的真功。

回到山东，我工作的单位有不少出自北大的同事。一个星期前，一个七八级的老校友拿着《北大往事》来，说某某篇、某某篇写得很是热闹、好看，恰逢我那两日慵懒得很，便有了心情，想看看北大的芸芸众生在这帮回忆往事者的笔下会是怎样的一副德行。

一看之下便勾起了回忆之虫，顺着这书爬了一夜，爬到最后一页。然后，突然产生了一点疑惑。这书中多的是诗人、才子，多的是极富个性的男男女女，要么奇异古怪之极，要么敦厚拙朴到家，这编委、那主席、此棋迷、彼作家，林林总总，不一而足，都极有色彩，极有性格，极有……内容。所以我突然产生了一点疑惑——这里面很少我这类人。

我这类人是北大里面最普通的那类人。

是不是我不像北大人？

如果一定要定位，使自己具有北大人所常说的某种"特质"的话，我就说，我是出自北大那个精英的摇篮而又没有成为精英的最普通的那一类，我是身处北大那个充满天才怪才鬼才的才子佳人境地而不幸未能成才的最平庸的那一类，我是目睹北大那个永远泛滥恩爱情仇移情别恋以身殉情的场所而又有贼心没贼胆而终于最纯洁简单的那一类，我是熟悉北大那个拥挤着桀骜不驯标新立异臭脚烂袜子的家园而又最没劲地循规蹈矩的那一类。总而言之，我好像是那些在过北大、深知北大的人中最不北大的那一类。

可我肯定是北大人。

北大好像是一个永远都在上演着各种戏剧的大剧院，舞台上唱着、跳着、哭着、笑着、叫着、闹着一拨又一拨的人物，也不时地有些票友上台客串，我这一类人就在台下当看客，偶尔给他们拍拍巴掌或者起起哄。

谁也不能否认北大是北京的城中之城。可是八十年代的北大远没有现在装修得那么整洁漂亮。

很多人说想起北大时总是首先想起了未名湖、博雅塔等等，而我却总是难以改变地想起由 31 楼、30 楼、29 楼和 28 楼围起来的那个方形的宿舍区部分，想起那片灰色。

1980 年 8 月底我十八岁，以自认为很不错的成绩从河南考到北京，一路在火车上都忍着第一次离家的不安和兴奋，思考到了北京之后要不要把自己的河南腔改成普通话。还有就是难以克制地想象着北京大学到底是个什么模样。离开家乡前我倒见了一位数学七八级的老乡，他很郑重地告诫我"千万不要把北大想象得太好"。

可是尽管有充分的思想准备，以十八岁的轻狂和浅知，我还是对我将要居住四年的北大和31楼那脏兮兮的灰色感到了不可遏止的失望。

那天下着小雨，雨后的宿舍区更显得没有颜色，地面是泥色，周围的楼都是不清洁的深灰色，每幢楼前横七竖八地立着几辆自行车，四幢楼之间是一个圆形的花坛，上面乱乱地长着一些枯枝败叶。

一个高年级的男生帮着我把那堆行李扛到四楼，一路上我吃惊地看着楼前的泥泞和楼梯上细细碎碎的垃圾，那个男生说了些什么也没有听清楚，只记住了一句话："北大四年就好像是一场梦。"这句话后来我有很深的体会。

宿舍有三张床，都是上下床，要住六个人，六个人共用一个书架和两张桌子，拥挤的程度超出了我的想象。等我进到宿舍里的时候，已经只有上铺了，这使得我这个一贯不爱爬高上低的人极为沮丧，假如那时我已经习惯并欣赏了国骂的话，一定会在心里连续感叹无数个"他妈的"。等我爬到靠窗的那个上铺而导致上下床架一阵吱吱嘎嘎的乱响时，从心底深处涌上来的想家的感觉破灭了我对北大存有的想象。

也许因为北大的宿舍是我独自踏入人生的第一站，它在我心中的印象是永不磨灭的。

到北大后我给家里写的第一封信里说，我住的宿舍区很像小时候心目中的监狱，四四方方的，暗暗的，总让我有压抑感。

后来看《围城》，那封面上的两个字也使我首先毫无关联地想起了北大的宿舍。而几年之后，当北大在我的眼中和心中逐渐地完整和丰富了的时候，更是抹不掉变得圣洁了的那层脏灰色。

每当我怀着感恩的心情想起北大，或者故作深沉地思考点什么，甚至看到一本好书，甚至想到诸如凝重、沉稳、大气、从容之类的词的时候，心中便会不由得闪现出一点北大宿舍的影子。

所以，毕业后每次去北大，我都一定会绕着31楼走一圈儿，抬头看看我们那间宿舍的窗户。

我的宿舍住着三个北京人，一个河南人，湖南、湖北各一人，都是和我差不多、比较普通的那种人，也有个别毕业后成了才的，但那时可没有看出来，相处时多有不敬。

北京人之一，我叫她蝈蝈的那一个，因为物以类聚，我和她都是北大校园里最不个色的、一看一大片一抓一大把的那种，我还属于有贼心没贼胆儿的，她干脆是贼心也无因而无需贼胆，所以后来和现在我们两个淡味相投一直是好朋友。

尽管六个人天南地北地聚在一起过日子不容易，但大家各有各的修养互利互让倒也相安无事。只是到三年级时，湖南的那位经常在周末用电炉煮一些凤爪、泥鳅或者什么小鱼，搞得满屋的香气然后急急地端走去42楼送给她的男朋友吃，余下的人只闻其气而不得尝其味，都略有微词，可又没有男生们那样抓别人饭碗的厚脸皮，也就只得作罢。

但也偶有例外。我至今感谢湖南妹子曾经给过我的一只凤爪使我二十岁以后的饮食中增添了一份美食，在那之前我从来是拒绝吃鸡爪子的。可对于当时每月不足三十元伙食费的我来说，那天她锅中散发出来的清炖鸡爪的味道无异于红烧猪肉，于是一尝之下不能罢口。

熟悉了北大之后，知道除了那四幢围成方形的楼之外，还有许多灰色的宿舍楼，还知道有不少古董风格的、比宿舍楼更有北大特色的建筑。四年中我们几乎每天都要穿过的著名的燕南园里，葱郁的绿色掩映着的别具一格的一幢幢砖灰色小楼，便是不一定哪一位载着北大历史或中国文化史的老先生的居所。

还知道了那么诗意的未名湖和我们一直叫作未名塔的博雅塔，知道了真的如别人所说，北大是座城，还是座不老小的城，城里有山有水，有楼房有街道，有饭厅澡堂小广场，有工农商学兵各色人等。听说哲学八〇级的几个男生第一次从38楼辗转许久走到未名湖石舫那边儿后，其中一个最不记路的小心地向别人讨教："请问北京大学怎么走？"

我是喜欢在北大这座园子里散步的人。北大四年我没有任何轰轰烈烈的举动，没有参加到任何组织社团中，又算不上刻苦攻读誓把牢底坐穿的那种，于是我就有许多的时间散步。

北大是有颜色的。我已经说过那片灰的宿舍区给了我多么强烈的刺激，此外至少还有绿色、黄色和橘红色让人难忘，我的散步多半是冲着这些颜色的。从办公楼朝湖边走，有一条两个山坡间的宽宽的土路，初春树叶刚刚长出来时，我常在午饭后不怕远地去走那条路，两眼望着天，透过高高的树枝间密密点点的小树叶看太阳，并且总在那时想起日本电影《追捕》中邱岳峰配音的那个医生对杜丘说的话："走过去吧，走过去你就会融化在蓝天里。"在北大那个成熟沉稳的所在看到那一片柔嫩透亮的绿色，即使此时想起，也不免让我心中充满了感动。

秋季，从我们四层楼的宿舍窗子向下看那些银杏树，由绿到黄，一直黄到透明，黄到让人不得不赞美，不得不出去走一走。

每个夜晚，从一教到勺园，从一教到南校门，有几路橘红色的灯，白日的庄重之后，又格外地展示出这座殿堂梦一般的温馨。

北大是博大、丰富、宽容的。她像个深深的林子，总是充满着清新的空气，开各种各样的花，树上挂着形形色色或甜美或苦涩的果子任人采摘。林子里可以生存许多的鸟，吃苦耐劳也好，好吃懒做也罢，有传说中的五彩雀那样骄傲的，有无病呻吟乱叫唤的，自然大量的还是模样和歌声都很一般的。但是绝对没有"笨鸟先飞"的那种，这里的鸟都认为自己很聪明。我是以很好的成绩考入北大的，刚开始颇有些不错的感觉，可很快就明白了这里是我的天外天、楼外楼，于是我就成了那不叫的鸟，但还是认为自己很聪明。

有人说，在北大躺四年也是收获。也是，就是天天躺着，脑子也闲不着，各种声音是会不绝于耳的。

1980年9月刚入学，就有幸赶上了那几年中最精彩的一幕——海淀区人大代表的民主选举——真让我大开了眼界。那年北大窜出了不少的竞选者，每个人都有竞选班子、竞选纲领，三角地每一面可以利用的墙壁都贴着而且不断变换着白纸黑字的竞选观点，几乎每天在二教的某个阶梯教室都有竞选者们的答辩会。那时候没有人能两耳不闻窗外事。我和蝈蝈等人除了上课之外，便是去各处当读者和听众，在答辩会上听各种提问和回答，偶尔也忍不住递上一两张纸条提个自己的疑问。每天回到宿舍后，几个人便会就竞选中的某些问题产生讨论、争论，就连夜里做梦都会和选举或多或少地发生点儿联系。民主、自由等概念在那个时候绝不仅仅是空洞的词语，而是浸入心中的实实在在的感觉。

这种感觉伴随我多年直到现在。

我是个循规蹈矩的学生，特别进到北大这个天地中，错过一堂课、一次讲座都让人担心会有损失，所以我的到课率特别高。即使和男友一起外出，我也会急急地按时赶回来听课，或者只是体会上课的感觉，但不会是为了害怕老师点名考勤，因为北大的多数课堂似乎是不屑于点名的。

北大的每个学生食堂都可以说是人满为患,上午三、四节有课的学生总是担心下课后没有了可选择的菜。因此,下课十分钟前,稍大一点的课堂里会有人用搪瓷饭盆儿有意无意掉到地上的咣咣啷啷的声响提醒讲课的老师。

不爱上课的人多是因为痴迷于别的什么,比如天天泡图书馆、画画、写诗、下棋、溜冰、跳舞、躺在床上冥思苦想,应有尽有。不过那会儿还没有经商的。

当我回忆起大学时期的生活时,就不可避免地、万分遗憾地、悔恨交加地想起我的爱情往事。

我和他认识是在老图书馆前、现在已经被新馆占用了的那块草坪上,是初春的一天。北大的河南同乡有个聚会,要照个相。我和一个女生站在两棵松树下聊天儿,他走过来,拿着个本子,在某一页上很快地写下两份他自己的姓名和系别,一撕两半给了我们,那字写得龙飞凤舞,我们俩谁也读不全,以后很长时间见面都不敢叫他的名字。他那时是学校艺术团的大提琴手,经常给我们这些老乡送票。若干年后他告诉我他那时候是"普遍撒网,重点钓鱼",我是被钓到的那条。

在我们结婚十周年纪念的那天,两人因故不在一起,他打给我电话问如果重新来,我还会不会选择他,我斩钉截铁地回答:"不!"

那时候他只要和我在一起,就会像北大的许多爱显示自己的男生一样喋喋不休侃侃而谈,现在,当我们一起到未名湖边时,还能指出当初在某一张椅子上谈过哪个话题。估计就在他肚子里那点儿东西即将倒完之际,我上钩了。后来他承认,他经常在和我见面之后赶快到图书馆去看书查资料补充养分。

而我，像许多女生一样，被北大培养出来一种爱慕所谓才华的毛病，过于看重了那些语言中的火花，那些后来在现实生活中被证明毫无用处的灵感与幽默。

1981年夏天的一个晚上，我到38楼去找他问假期回家火车票的事情（他认识我之后便常常不由分说地帮我的忙），遇上电路故障，楼里黑洞洞的，很少学生，而他正坐在那个散发着刺鼻臭味的宿舍里，抱着一把大提琴拉《天鹅之死》，我这个乐盲便认定了这是个多才多艺的人。

男生们在这方面是很互相帮忙的，有一次我到他宿舍时他正和另一个同学下象棋，还有几个围观者，他赢了那盘棋。同学一哄而散之后，我在他对手那边桌子铺的报纸上看到不知谁写的"手下留情"四个字。

就这样，跟着感觉走得和他越来越近。一直到正式的恋爱开始许久，我才慢慢地有一点不太对劲儿的感觉，最初还搞不清楚是为什么，使劲儿地想了之后，原来是因为他太不英俊了。从外貌上看，从头到尾他只有一个优点，就是个子很高，但他又不能充分地发挥这一优势，整天弓着背。可是悔之晚矣，相处之间早已有了兄妹一般的亲情，不能自拔。何况在感情的问题上他很狭隘，总是借着各种机会和场合向别人宣示我们的关系，最大限度地减少我再次选择的机会。所以我的婚姻来自我的初恋，虽然在校园、颐和园、圆明园留下了不少爱情的足迹，但还是觉得不够浪漫、不够刻骨铭心，虽然他也曾因为差点儿背叛我而犯了小小的错误，但也不够风云突变波澜壮阔。

为了这单调的恋爱史我惋惜了多年。结婚十周年的那个电话中，我告诉他：今生今世你不得移情，我可以别恋。可是他很放心：多少年来你都是只有语言而没有行动，有某心而无某胆。

当然，他也有一肚子的苦水。说是我用恋爱时的沉默寡言蒙蔽了他，毕业时看到我们系一个男生给我的留言"铁嘴钢牙，深受其苦"之后，他大叫失策，以后多年在所有的争论中我保持了不败和不错记录，他评价我既不温柔又不贤惠，因为我而使他常常怀念"万恶的旧社会"，他也曾咬牙切齿地发誓："下辈子绝不娶北大女生为妻！"

〔格鹰：女，1962年生于河南开封。1980年考入北大法律系。现执教于某大学。〕

燕园初恋

于慈江

一

虽然"与时俱进"是当下的时髦辞令,但首先时代是不是一直在进步,我却并不确知,起码绝不敢肯定。与此同时,耳边常听到的却是"一代不如一代""还是老以前好"之类的喟叹。

这自然事关观念的差异和立场的有别,但有时也的确存在着很大一片无法定规的模糊地带。譬如说,在当下的中国,初恋的年龄无疑是越来越提前了——不敢说一定提前到了小学,起码初中生出双入对早已是见怪不怪的普遍现象或不争的事实了。进步耶?退步耶?相信很难定论。

说到这里,可能得道一声惭愧,与此堪称鲜明对照的是,当年的我却是大学快毕业时才初尝恋爱的滋味,才恍然大悟男女之别。

与我的"晚恋"相关的是,过去这几年,我的一位中学女同窗兼好友的妹妹在聚会时,若明若暗地屡屡对我表现出不满或不屑,这令人缘古今中外一向都极好的我一直都丈二金刚摸不着头脑。后来绕了很大的几个弯子才闹明白底里:她一直认定,高中时的我(时任班长)和她的姐姐(时任学习委员)谈过恋爱,所以才导致她的姐姐没有心情也无暇专心学习和复习,以致后来高考时名落孙山。

这可真是天大的冤枉!姑不论我和她的姐姐当初是否真的你情我爱过,就算先假定她臆测的是事实,那么,她为什么就不好好想想,她的逻辑的漏洞有多大:如果谈恋爱真的耽误了大家的学习和高考,为什么被指责或冤枉为早恋的其中一方的我本人,却偏偏能于1980年高考时,摘得贵州省全省文科榜眼的桂冠?应该也灰头土脸、大败亏输才对呀。

事情的真相是,当年我和她姐姐青梅竹马,又都是班干部,彼此大有好感、心下自觉不自觉地彼此牵挂,甚或半通不通地眉目传过情都是真实的,至少是可能的。我至今还十分清晰地记得的一个颇为温馨的细节是,有一天傍晚时分,约八九点钟,我正在家里做作业,突然隐约听到楼下有人叫我,是个女孩子的声音,就推开三楼自家的窗户往下张望了一下,结果发现她的姐姐在向我招手,连忙披上外衣下楼,一探究竟。到了跟前,她身量娇小、眼睛大大的姐姐只是腼腆地低着脖颈儿说:"没什么事儿,能陪我走一走吗?"用不着如何掂量,这当然是绝对不能推拒的。于是乎,楼下不远处波光粼粼、一片蛙鸣的小河边上,就留下了一对小儿女手拉着手缓步慢行、一路笑谈的足迹,成为几十年之后的美好回忆。仅此而已。

二

我真正的初恋应该是在北大上大三时发生的。我一向都承认自己是晚熟型的——只知道埋头学习,只知道埋头学习的同时积极参加校园里包括诗朗诵和话剧演出在内的一些社会活动锻炼自己。要不是三年级的某一天,忽然收到了一封多少有些奇特的来信,我可能还要无限期地继续懵懂下去。

当时，我住在北大校园西边儿的勺园，和一位美国留学生高迈（Michael Goldman）合用一个宿舍，几乎每天下课都会弯到中文系办公室所在地的五院看信，再到食堂打饭，一路吃着走到32楼310原宿舍，同大家聊一会儿再回勺园。有一天像往常那样取了一封信未及拆看，就随手放在"特丽灵"白衬衣的前兜里，边吃着饭边回到310室。刚在谁的床前坐下，爱开玩笑的高个同学房学峰就一把把我兜里的那封信抢到手，并扬言说：这是哪个女学生给你写的信吧，我替你拆开！早就习惯了这种种胡闹的我当时本无可无不可，可又突然一想，万一真的是哪个女生写来的呢——那时，的确也会隔三岔五地收到一些外地学生特别是女学生的来信，请教一些与高考相关的学习问题，当众拆看可能有损别人的隐私，就还是从房同学的手中又抢了回来。一路上也并没有急着拆。回到勺园，睡了一个午觉，想起了还有一封信，就顺手拆了。一拆不要紧，没读几句就有些吃惊了。

这当然不是直截了当的什么求爱信，但字里行间那种想了解我想认识我、虽若有若无却又确切不移的感觉是不会错的。最奇妙的还是，我知道这是北大生物系一位女生写来的，却又只限于知道她的名字叫"韵人"——在她，可能是自拟或自许（皮肤白净，字迹清秀，人也俏丽小资）；在我，就只觉得有些"晕人"，浑不知该如何应对。毕竟彼在暗处，己在明处，不晕也难（后来才听她一脸坏笑地告诉我说，她曾经好几次走到我身边端详我，和我比个子大小，我却浑然不觉）。当然，这样一种打交道的方式也的确吊起了我的好奇心。

就这样，我俩保持这种捉迷藏似的半秘密通信有一年左右（这期间，她还不止一次地跑到北大五院我们中文系办公室，把她自己觉得不妥的信又悄悄"偷"回去），直到有一天，我偶然发现了她是谁，停止了通信（我的一个朋友是她的同班，我大致了解她，当时不觉得是我的菜）。本来故事到此为止也就罢了，可后来不免伤心的她实在心有不甘，就向她同为北大学生且和我同年级的二哥问计。她二哥跟她说：于慈江这样的人过于骄傲，说别的没用，只有狠狠骂一通，他就会被骂毛了，反而会急着反驳，也就等于理你了。我果然中计。

于是，就又有了后来的樱桃沟（或鹫峰）五四文学社过夜秋游。看起来是戏剧散文（或诗歌）组的活动——我当时是组长，可其实是我们俩的秘密约会。其他同学如 81 级的胡伟跃都浑然不觉地友情陪练。这其中最让人有温馨感或销魂的是，一路上两个装作不认识的人常常故意落在后面，借着上下坡的你帮我扶或你试我探大胆牵手而游。在不知名的山寺住下来后，又往往能趁擦身而过之机"眉来眼去"兼以手互递纸条、暗通款曲。

在北大的三四年最为温馨——她是 82 级的，比我低两级，我本科毕业后刚好在上研究生。彼此的宿舍（25 楼和 36 楼）之外，最常去的幽会之所是 32 楼东边教工楼侧门的二楼楼梯（不通行），以及颐和园后山的长椅。而我那辆老"永久"自行车的后座，愣是被她娇小的身体和两个人沉沉的大书包给坐坏坐掉。

属蛇又是水瓶座的她是一个感情较为丰富的人，记得每次寒暑假我回家度假她送行时，都会在车厢外抱着我痛哭不舍。有一次，正好为坐在同一辆火车上而又认识我的一位北大同学所目睹，不免大为羡慕（他当时也有一位女朋友，只知道蛮横索取和颐指气使，却并不在意他的行止去留）。

她也经常会从前门与和平门附近的家里，把她母亲替我做的鱼和肉等美食用罐头瓶子装到学校，让我不时打打牙祭。有一次，她居然提了一只大烤鸭来，在食堂大吃的时候，令周围的同学啧啧称奇、欣羡不已。

两个人最难忘的一次出行,是我 1987 年硕士毕业分配到中国社会科学院外国文学研究所之后发生的事。我因为大学三四年级和研究生期间参加学校的社会活动比较多,认识的人也就比较多,包括外系的和本系低高年级的。有一次,他们邀请已经毕业的我参加红十字会暨北大校医院组织的一次北戴河之旅。因为可以带一位家人,我就把她带上了。

除了大二时陪父母回青岛老家那趟之外,这要算是我与大海最惬意也最放松的一次亲密接触——大概还是因了她的陪伴。我们俩在湛蓝的海水里最亲密地交融在一起,像两条你追我逐、自由放电的电鳗。反倒是多年之后,在美国旧金山东湾的海边定居下来,虽然我小巧可爱的阳台正对着大海,每天又可以沿着海边漫长的木栈道惬意跑步,却再也提不起当年对海热爱的那股劲头了。

三

这么多年过去了,还一直有人在问我:你们俩看上去那么般配,那么金童玉女,那么郎才女貌,为什么却没能坚持下去?我委实并不知道答案。可能是天意吧,老天爷就给了我们俩五年左右的相拥缘分。

但若非让我总结出个一二三或所以然来,我可能会这样说:就像出国留学要真正学有所成、货真价实,就不能少于五年不能超过八年(我自己总结的一个"拇指原则"——rule of thumb)一样,一场恋爱要真正谈得既酣畅淋漓(或轰轰烈烈,或静水流深)又恰到好处,就最好不要低于三年,亦不要超过五年。这一逻辑看似有点儿玄妙,其实却很简单:虽然永远都不乏一见钟情的例子,但一场恋爱要是低于三年,就很难说足滋足味儿;但要是超过了五年却还没有步入婚姻殿堂的话,往往就会变滋变味儿、走向反面了——彼此熟悉到左手摸右手的地步,也就是真正的亲人的地步,却没有从法律或形式上成为亲人,就往往会物极必反,反而选择不成为亲人了。

仅就我们两个人的具体情况来说,首先,她当年是北京协和医学院八年制学生(先要在北大生物系上三年半本科),不熬够八年是不可能被批准结婚的——当然,他们绝大多数事后也并没有真的挺够八年,就纷纷各走各路出国留学、溜之乎哉了。其次,我本人当年北大本科毕业后,一路顺风顺水考上研究生,毕业分配后又如愿去了中国社会科学院,作为小有名气的所谓青年诗歌评论家正踌躇满志,一心想搞事业想出国深造,也根本没有可能把结婚作为一个切近的选项。这样一来,我跟她两个人越走越南辕北辙也就是题中应有之义了。

[于慈江:男,生于1962年,山东青岛人。1980年考入北大中文系,先后获北大中文系文学学士、硕士,美国雷鸟(Thunderbird)国际管理学院MBA,中国社科院财贸经济研究所经济学博士,北师大文学院文学博士。诗人、译者、诗评人、文学评论家、资深审读审译专家。曾供职于中国社科院外国文学研究所。现为新东方教育科技集团人文教育研究院院长暨人文教育首席专家。]

一九八〇年的北京大学

李大兴

一

我 1980 年考入北大，第二年被保送留学，在北大其实只待了半年，最后拿了一张肄业证书，和被开除的学生同等待遇，以至于二十多年后想在校友网上登录而不得。上校友网是需要学生证或毕业证书号码的，前者早已经遗失，后者我没有。那一次恰好北大校友会代表团访问芝加哥，我就和校长大人说，今天我和校友们在这里招待你们，可是北大校友网还不认我。校友会办公室的年轻小伙子马上满口答应回去就解决我的问题，我也就那么一听，他回去后自然也就把这事忘记了。

虽然我在北大的时间很短，但是值得一记的事情还真不少。三十多年过去，记忆已经开始模糊或者走样，所以还是在老年痴呆到来之前留下点文字记录最好。我们学历史的人自然要尽量精确，我记忆里进北大的那一天是 1980 年 9 月 1 日，离开北京去长春留日预备学校学习日语是 1981 年 3 月 5 日。入校那一天秋高气爽，我先去领凳子，然后到 38 楼 109 室；最先见到的同屋，好像是 L 和 H。H 和我初次见面就聊得很热闹，壮硕的身材和他的声音形成对比，给我留下深刻印象。

应当是当天下午就拿到了图书证，我立马去图书馆借书。入学第一周，好像没有什么事情可做，于是每天去图书馆借一本《泰戈尔全集》，躺在图书馆东边的草坪上读。我就这样读了《泰戈尔全集》，书里面的内容差不多都忘记了，至今难忘的是阳光下草地上读书的美好。

第一学期的课其实不大有意思，五门课里有一门哲学、一门党史。哲学用的课本还是艾思奇"文革"前写的，记得里面提到摇滚乐是西方资产阶级腐朽没落的表现。党史用的是胡华那本。胡华先生是父母的朋友，实际上是个风流健谈之人，和他那本厚厚的书基本相反。我从中学时代就养成了旷课的习惯，高一旷课达四分之一，多次挨批，好在我从小皮实，听到非常严肃的批评耳朵立刻闭上，低目不语，神游化外去了。教哲学的是一位女老师，估计是因为上课看不到拿着班里名册的学习委员吧，期中考试给我六十分并且叫我去她办公室谈话。我当时正在不靠谱的时期，和她大聊萨特，让老师全晕菜，大概也忘了要批评我什么，一摆手说，行了你走吧。我立马溜走，带本小说去上了两堂课，然后故态复萌，继续旷课。

转眼到了期末。先是欢天喜地地知道这次哲学不考试，改写小论文，于是就放宽心把这事搁一边去了。后是满怀焦虑地发现，只剩下两天就要交了可我一个字还没有写呢。怎么办？看来唯有向同学求救这一条路。其时我和中国史的几个调皮同学是烟友，在他们帮忙打听之下，发现对门的一位好学生已经写好了论文。我和那位同学不熟，现在只记得他的模样，却想不起名字了。事态紧急，我当晚向他求助，他忒大方地把文稿借给我。挑灯夜读，感觉他写得很不错，就是字迹草了点，段落也不够分明，连夜工工整整地将他的文章顺序打乱调整，遣字造句多处改动，第二天下午总算攒出一篇交差。还同学文稿时，免不了连连道谢,且按下不表。

那时候一点版权意识都没有,做了次文抄公还挺开心,感觉对"天下文章一大抄"有了更切身的体会。要过一些年才认识到,我们几代人在抄袭谎言中成长,长大了以后无论抄袭还是撒谎做起来都轻而易举。期末成绩公布,被我抄的同学得了一个"良",而我的居然是一个"优"。我自觉不妙,赶快出西南门买了包好烟,不是"牡丹"就是精装"大前门",到中国史宿舍请罪。一进屋果然大哗,得亏挨个发烟,旋即吞云吐雾里,又称兄道弟、其乐融融矣。

那一学期正儿八经听的课只有两门,一门是世界史、一门是中国通史。世界史前半部分是周怡天先生讲两河流域和古埃及,后半部分是朱龙华先生讲希腊罗马。周先生讲课不是很生动,但其实学问很扎实。我有时问他问题他会讲得非常仔细。周先生告诉我,学世界上古史最好直接读英文的剑桥通史。剑桥通史当时不外借给本科生,周先生专门开了张条子让我能去图书室读,我至今感激。朱先生当时其实也只有五十出头,鹤发童颜,穿着整齐,有一次向他请教,距离很近,仿佛还闻到了香水的味道。朱先生课讲得好,希腊罗马又的确光彩照人。应该是听朱先生指点吧,读了部分《伯罗奔尼撒战争史》,不过认识到修昔底德的了不起与个人修史的意义,是多年以后的事。

讲中国通史的是宁可先生,他从北大毕业后就一直在北京师范学院任教。我不明白当时他在北大兼课的原因,也许北大虽然师资雄厚,但是中年老师里少有能讲通史的。不过宁可先生讲课我觉得更胜一筹,很有些信手拈来、挥洒自如的风度。那一代老师一半是受蛊惑,一半是被吓的,当时观点拘泥于主流意识形态,但学问的功底还是很扎实。宁可先生的课我好像一堂都没有旷过,笔记不仅记得认真,而且还复习过,感觉一堂课的笔记有头有尾,就似一篇小文章。

二

北大的好处是在一定程度可以随便听课，这在当时其他的高校里几乎是没有听说过的。所以虽然本系的课不大好玩，我那个学期还是旁听了不少其他系的课，至今印象犹存。

刚上北大的时候，我实际上是一个文艺青年，对历史根本摸不着门。能够多少懂得点历史学，是在日本读研究院的时候。所以我蹭听的多是与文学有关的课和讲座。次数最多的可能是袁行霈先生说宋词，然而更喜欢听的是吴小如先生的课。袁先生讲的是南宋张元幹的词，声音洪亮，慷慨激昂，而一句一句的解读也颇到位。吴先生讲的是什么我记不得了，但是他说话字正腔圆，又如潺潺流水，听着很舒服，内容很细致。

当时去蹭课的学生很少，有时不免让人侧目。但是北大的老师真是很宽容，顶多看我一眼。我胆子越来越大，有一次居然不自量力地去听李赋宁先生给西语系七七级用英文讲乔叟作品，一堂课下来听得我大汗淋漓也没听懂几句。

我去过的最火一次讲座，是社科院外文所的陈焜先生关于西方现代文学的讲演。大阶梯教室不只是座无虚席，根本就是人挤人。陈焜先生是当时外文所中年一代的大才子，我上大学前就在别人家里听他谈过意识流文学。那晚他念了一段他自己翻译的《尤利西斯》，没有停顿，没有标点符号，读完全场掌声雷动。陈焜先生次年出版了一本《西方现代派文学研究》，后赴美不归，听说在新英格兰一家中学教书，就此隐遁在美国的茫茫人海里。

如今还记得陈焜先生大名的人应该已经不多了，而 1980 年在喜欢外国文学的青年学生里他可是大名鼎鼎。应该是从陈焜先生关于现代美国文学黑色幽默的文章里,我第一次知道《第二十二条军规》。他好像也是最早用中文介绍索尔·贝娄的人。陈焜先生文章写得简洁漂亮而且一点也不晦涩,但他讲演更是精彩。陈焜先生是南方人,身材不高,文质彬彬,说话吐字清晰,声音不大但是气息悠长。他的讲演和文章都是从文本分析开始,先把作品的一段翻译得很漂亮,说得很清楚,进而论及整个作品乃至作家与流派。我上高中时有幸听过钱锺书先生谈话并蒙垂赠著作,不过钱先生于我高不可及,他的《管锥编》我也读不懂。陈焜先生则文字易懂,一方面才气纵横,另一方面没有让人觉得学问深不可测。那是解冻的年代,陈焜先生介绍的是让人耳目一新的文学作品,他强调的价值怀疑本身已经蕴含着批判。到了1983年清理"精神污染",听说他处境不太好。1985年回国探亲时,陈先生已经去波士顿了。那年夏天我读了索尔·贝娄的代表作《洪堡的礼物》,激动不已,颇想向陈先生请教,去问当年曾经带我见陈先生的女孩,她也没陈先生的联系方式,结果我们聊了整整一天,交流了彼此青春期的故事。

再听到陈先生的消息,是二十年后的2005年,据说他早已退休,隐居在美国东部的一个小镇上,我也远离了文学,远离了青年时代。

三

1980年的未名湖西岸,还是秋高草长,几乎有点青纱帐的样子。湖边土径,人迹稀少,偶尔可见学生情侣出没。我因为入校不久就搬到颐和园外家父办公室居住,每天进出北大多从这里经过,也许是荷尔蒙过剩吧,常常一边走路一边放声歌唱。唱着唱着,后面过来两辆自行车,在我前面停住,下来两位个子高高神采焕发的女生,问我要不要参加合唱团。我听说合唱团是利用每个星期四下午全校政治学习时间排练，立马就答应了。

合唱团团长刘楠琪是西语系法语专业七七级师兄，为人温和圆润，在团里很受拥戴。蒙他另眼看待，我不仅成为合唱团那一学期唯一的一年级学生，而且被封为第二号男中音。第一号姓邹，似是数学系七九级，唱做俱佳。刘师兄到了第二学期，因为他和大多数团员要准备毕业论文，就私下告诉我，打算设副团长让我当，然后招收新团员接班。但是我的接班梦没做两天，就被送出去留学了。不过我对刘师兄一直心存感激，但我再也没有他的消息，似乎彼此消失在茫茫人海里了。

是时北大的机构已经叠床架屋，所以三十年后有二十多位"校级领导"也不足为奇。当时是党委下有团委，团委里有文化部，团委文化部管北大艺术团，北大艺术团下辖合唱团、话剧团、舞蹈团。北大艺术团里，五音不全的、发音不清晰的、手脚不灵的都有，他们来自五湖四海，为了逃避政治学习走到了一起。

英达那时就有点名气，又白又瘦，有点卷毛，颇招女生喜欢。前几年他住在芝加哥西郊瑞柏市，有一次在机场看见，他当年就没和我说过话，但我还能认出他。如今胖胖的样子，比较适合演喜剧或者土豪。

合唱团里人气最旺的是哲学系七八级龚继遂。老龚是北京四中的老三届，已过而立之年，身材高大，剃个平头，戴深度近视眼镜。排练开始前或者中间休息时，他身边总是围着一圈人，女生居多，听他侃当时还鲜为人知的弗洛伊德、萨特。我是第一次听到一个人能够把俄狄浦斯的故事和恋母情结要言不烦地讲出来。老龚似乎对哲学并没有太大兴趣，听说后来到美国学西方美术史，再后来"海龟"（归）成了中国古代艺术品鉴定专家。

他的弟弟是西语系七七级的，就是在海外留学生中曾大名鼎鼎的李三元。李三元兄隐居印第安纳也快二十年了,有一次我竟然在家门口的服装店里遇到他,说是来这边做项目暂住隔壁水牛村,如今不知他在做什么。

同样是西语系七七级的赵兄,名字已想不起来,妙语鬼话连篇,据说曾经获北大桥牌赛第七名,十分引以为傲。这也难怪,当时北大数学系、物理系的桥牌队实在是太厉害,横扫北京高校。我家邻楼的一位少年,出生时就少一只手,然而聪明过人,1978年获得全国数学竞赛第二十几名,被保送入北大数学系。这位老兄入学后迷上了桥牌,在北京市高校桥牌赛中颇有斩获,然而考试成绩一落千丈,最终被开除。几年后我回国探亲时,看见他在大院自行车棚看自行车,听说他依然每天打桥牌活得很快乐。

引荐我入合唱团的王红宇和薛文琼,是物理系七八级的高才生、女声部的台柱。王红宇唱施特劳斯的《蓝色的多瑙河》,颇具花腔女高音的范儿,后来我才知道她是北京师大二附中几届毕业生传说中的女神级人物。

八十年代的最后一个秋天,我背起行囊流浪到美国,第一站到波士顿参加一个会,居然在会上遇到薛文琼。她听说我还要在波士顿逗留几天,就邀我参加她们在一场演出里的小合唱。记得那天唱的歌是《五月的鲜花》,在那一场难忘的音乐会上,唱的和听的很多人都热泪盈眶。我有点茫然地想到,离北大、北京越行越远了。

四

学史之人当知回忆不可尽信,需有旁证才能够算比较完整的史料。比如我自己记得比较清楚的是,一入北大就充当临时班长,帮着外地来的同学提行李、办学生证、取板凳等等，很成熟的样子。然而几年前和一位家里的朋友也是当年的学姐在阔别三十年后通了一次电话，感慨之余说起往事，在她的印象里，我虽然貌似比同龄人深刻，生活上却笨得一塌糊涂。我入学那天她专门来宿舍为我铺好被褥。我听了有点无语，我知道她说的一定是真的。我不到十岁就独自满北京城乱逛、十一二岁就做饭记账，虽然没偷鸡摸狗也顺过心里美萝卜，虽然没动真家伙打过架但也抄过砖头，自己就这样觉得长大了，其实什么都不会。

去年夏天北大同班同学为纪念毕业三十周年聚会而建立了微信群，大家在一起聊天。当年校园里引人注目的风景是某位帅哥骑着自行车英姿勃勃、后座载着一位美女，我班一位女生则至今清晰记得的是一位"高挑、白皙"美女骑着自行车英姿勃勃、后座载着我。这件事我一点也记不得了，但应该也是真的。

把自己记得和记不清的往事叠加起来，大约更接近一些历史真实吧。1980年渐渐成为一段故事，知天命的我也早已习惯独处静夜。在2009年初夏，曾经写了一阕七律，其中一联是：

偶思旧友犹同梦，已悟余生老异乡。

［李大兴：男，北京人，1980年以全国文科第二名成绩考入北大历史系，翌年被选送到东北师范大学中国赴日本国留学生预备学校学习，并留学日本，成为改革开放后中国最早的赴日留学生之一，后又赴美留学并定居。现为《经济观察报》"观察家"专栏作家。出版有散文集《在生命这袭华袍背后》。］

小事物的精英

西 川

· 谨以此文献给我的母校北京大学，献给轰轰烈烈的 80 年代 ·

现在知识分子不兴自诩为"精英"了。现在做人做事越大众化越有市场，似乎大众化了，个人价值也就实现了，这样反倒简单。现在谁若自诩为"精英"，谁就得准备好领受那些比精英更神气的各类呼风唤雨的大众法师的笑骂。

可是在 70 年代末 80 年代初，"精英"这个词还是很有些魅力：精英，顾名思义，就不是大众。那是大众的头脑，大众的良心，大众的领路人。是精英们首先感到一份历史责任，要清算多少年来的政治愚昧和文化愚昧；是精英们首先把人道主义、个人主义、理想主义当作灵魂的第一需要。大众不"存在"，而精英们"存在"；大众在险象环生的伦理生活中顺水推舟，而精英们高呼"上帝死了"。

北京大学，一打它诞生，就成为中国各种思潮和运动的巨大旋涡，因而一向精英荟萃。

1981 年 9 月我进入北大，第一次开全体新生大会，校团委书记就大声宣布："北大原有八千精英，现在有了一万精英——欢迎新同学！"那是我第一次听到"精英"这个词。我听出了这个词所含有的兴奋和自豪，心想：哦，我还是个精英哪！只是一万精英，数目似乎大了些。

那时正值新中国成立以来第一次区县级人民代表选举刚刚落幕，学校里还弥漫着一种除了家事，"国事天下事事事关心"的气氛。

关于选举、选举之前大学里的辩论、集会我略知一二。我的中学母校与北京外国语学院仅一街之隔。尽管高考在即，我还是曾与同学一起去旁听过外语学院举行的学生竞选辩论会。到北大后，我才知道原来北京各大学之间是互相通气的，也就是说竞选所造就的民主气氛是普遍的。

"重要的不是内容，而是形式。"这是我当时听到的最有见地的政治格言之一。的确，一个区县级人民代表能有多大权力，但是对于中国这样一个具有数千年皇权统治历史的国家来说，选举本身所带来的刺激大大超过了它所要达到和它所能够达到的目的。一个文学青年——那就是我——不可避免地受到了这一新鲜事物的鼓荡。后来我弄到一本名为《开拓》的竞选文献汇编（油印），我就是通过阅读这本东西，感受到了思想解放的历史进程。

可以说我生逢其时，我躬逢其盛。我的学生证号码是8118042。我的借书证性别栏中的"男"字可以明显地看出是由"女"字改写而成。这是由于我在一寸免冠证件照片中留着长头发。我从上初三时就留起了长头发。尽管上中学时我从各方面看都是个好学生，但留长发还是使我显得有些"另类"。现在好了，在北大，留什么头发那是我的自由，北大是中国最"自由"的地方！

在这自由、活泼、幼稚、夸张、喧闹的校园里，存在主义传扬开来:"存在先于本质""他人即地狱";法兰克福学派的社会批判学说也介绍进来:"异化""永远不工作";那个宣告"上帝死了"的尼采又复活了,听说鲁迅在早年也受过尼采的影响;性、俄狄浦斯情结、压抑、本我、自我和超我,究竟是什么意思?那个弗洛伊德是谁?怎么鲁迅也受过他的影响?一切都是新的,连旧的也是新的。

于是我拼命读书,拼命思考。我手里有八张借书卡,校图书馆五张,系图书馆三张。我们宿舍一共住六位同学,六八四十八张借书卡。我们从大小图书馆一摞一摞地往回搬书,一摞一摞地读,直读得昏天黑地,眼里冒金星。我曾用一本手抄的《曼娜回忆录》向我的中学语文老师借来全译本《十日谈》(全译本在当时只限于内部发行,书店和图书馆里只有洁本)。因为必须在一星期之内还书,所以我们宿舍的每一位成员都只有一天一夜的时间吞下这一寸多厚的大书。这样,夜里亮着灯的楼道也就成了我们读书的地方。

我们六位"精英"住32号楼204室。黄清来自浙江余姚,胡万兴来自江苏无锡,秦正怀来自湖北黄石,卢程亮来自上海,李龙飚和我来自北京。

李龙飚管自己叫"李小龙",我不知是他小名叫李小龙,还是他崇拜那个香港武打片明星李小龙。此李小龙脾气大,人也横,虽无武功,但是注意锻炼身体。他每天早早起床(不像个精英),到五四操场跑一圈,而且就一圈。他不大读书,经常打架。有一段时间他弄来一支气枪,每天打一只鸽子带回来煮着吃。他虽然功课不佳但热爱音乐,而且是西方古典音乐(够高雅的)。他能拉小提琴。刚入学时他打算组织一支乐队,动员我参加。我除了会吹口哨什么乐器都不会,他说:"那没关系,你打沙槌吧。"这话让我听来有一种污辱沙槌的味道。

卢程亮的性格与李龙飚的性格正相反，说话嗲声嗲气，好讲理。他睡上铺，总在铺上鼓捣什么。每次放假结束从上海归来，他都会带回一嘟噜一嘟噜的香肠，包在报纸里，挂在蚊帐杆上。秦正怀纳闷那是什么，便趁卢程亮不在宿舍爬上去看个究竟，见是香肠，便揪下一根。他大概不止一次分享过卢程亮的香肠。

这个秦正怀，喜读中国古代白话小说。他的床头放着一摞《三言》《二拍》。法语专业的郑宣到我们宿舍来串门，拿起秦正怀的书，合上，再翻开那已被翻黑的几页，因为那几页肯定是黄色或准黄色内容。毕业时郑宣学着出版社出版古典白话小说时删字打方框的样式在秦正怀的留言本上写道："秦兄为读《金口梅》被删节的部分，翻遍整座图书馆，这种锲而不舍的精神令人感动。"

比较起来，胡万兴就不像秦正怀那样能够在日常生活中自得其乐。他热爱文学，偷偷练习写小说，有点儿心事重重。我睡他上铺。有一天夜里，我还没睡着，朦胧中看到胡万兴爬到我的上铺边，在黑暗中注视我良久。我不知他那是在梦游，还是要做什么事，还是有话要对我说。无论是在学校时还是毕业以后，我都从未向他问起过此事。或许他对此事一无所知。

黄清是我们的小兄弟，进北大时只有十五岁。当我们为爱情或别的事而烦恼，而魂不守舍时，人家正兴高采烈地享受着知识和自由。现在他已去美国做律师，当精英去了。

一旦我们触及往事，往事便不由分说，呼抢而至。写到这里，我不觉有点儿迟疑：这些芝麻小事是否值得一写？或者说它们虽然有趣，但是否具有足够的意义？不过尽管我心存疑问，这些看来并非举足轻重的往事却向我投射来一丝温暖。或许往事之于我们的真正价值正在于这一丝温暖吧。谁能专拣有意义的事去干？谁能保证他一生的经验中不包括虚掷、浪费和挥霍？这样一想，我便看出，正是从那些看似无意义的往事中折射出我们的青春。

刚才我提到"爱情"一词，但我并不打算绊倒在这个词上。不，我只想谈谈那些留存在我记忆中的北大女孩。

离开北大十余年后，有一天晚上我去小说家罗珠和薛燕平夫妇家吃饭，遇到《人民文学》杂志编辑部小说组的编辑李敬泽。他是北大八〇级中文系学生。没想到两个从前并不相识的北大人为了沟通情感会借助于谈论北大的校花！那些校花和系花，成为我们留恋那一去不返的北大生活的方向之一。她们是光，她们是青春。

李敬泽问我："你们系八〇级那个女孩叫什么来着？"我并不知道他问的是哪一位，遂将我能够记得起来的八〇级女生的名字一一报了出来。报出一个，他说不是，再报出另一个，他还说不是，最后我终于报出了他头脑中的那个女生。我们两人鼓掌大笑。他说有一段时间他总惦记着那个女生，我故意调侃他：你以为只有你一个人惦记她呀？

实话实说，我在学校时不认识任何校花。不过有几个女孩子，我和我的同学们不约而同地注意到了她们的存在。有一位皮肤细白的俄语系七九级女生，冬天穿一件那时还不常见的毛领皮外套，很像连环画《钢铁是怎样炼成的》中的贵族小姐冬妮娅。没有人知道她叫什么，于是她就成了"冬妮娅"。

还有一位，听说是生物系的，总是一个人走路，一副爱学习的样子。由于她不属于小巧玲珑的类型，她便获得了一个绰号："大玛丽"。

在去饭厅或教室的路上，会有人低声喊道："瞧，大玛丽来了！"

听说中文系几个闲人为全校出色和半出色的女生们编过一部《群芳谱》，那其中记载着她们各自的姓名、系别、出生年月、籍贯、家庭出身、家庭成员等种种有用的信息。看来，他们为编写这部《群芳谱》颇下了番功夫，查阅了许多档案材料。我从未见过这部《群芳谱》，我想若它落入女权主义者之手定会领一顿好骂，以为是穷极无聊之作。但我对它报以理解。如果我能回到那热情、骚动、伤感的80年代初期，我会建议那几个中文系的学生将书名《群芳谱》改为《苦闷的象征》。这样，鲁迅和厨川白村都会高兴。

许多中文系的男生总是忍不住窥儿眼我们系的女生。他们中间流传着一种说法：女朋友非外语系的不找。但问题是那时我们系的女生已然走在了思想解放的前列，她们的原则是：非老外不嫁。

有一次几个中文系的男生与几个计算机系的男生在学三食堂打起了群架，原因是双方各有一人爱上了我们系的某女生。架越打越激烈，卷入的人也越来越多，我们这些局外人便只好站在桌上观战。而最大的局外人恰好是那位女同学。她最终嫁给了一个白人，一走了之。

90年代的中国与80年代的中国显而易见地拉开了距离，从城市建筑到人们的生活方式，从社会价值观到人们数钱时手指的熟练程度。1997年年初，我参加过一家名为"四合院画廊"的开业酒会。来参加酒会的一半是西方人，一半是中国画家。我遇到几位熟人，聊了些与美术无关的话题。到了该回家的时候，我向门口走去，耳边忽然传来一声表示惊讶的招呼声。向我伸出手来的是我的北大校友，比我低一级的同系女生姚红。

大学毕业后她远走美国，嫁了个看上去好像是橄榄球运动员的美国大男孩。我们多年不见，热情寒暄。她一侧身把我引见给一位我事先并未注意到的女士,这女士正孤独地坐在圆桌边,面前放着一杯葡萄酒。她和我礼节性地握了一下手。在我的目光扫过她面孔的一刹那,我的心中一惊:这不是当年北大校园里那有名的校花项闻莺吗?在学校时我无缘认识她,而现在摆在我面前的这张面孔苍白、疲倦,眼珠的颜色变浅了,嘴唇变红了。这张面孔所带给我的,不是欣喜,而是感伤,使我陡生一种风云际会终将风流云散的感觉。

据说她大学毕业后嫁了个外国人,在周游了世界之后回到祖国,默默无闻地活着。不知她是否还能记起她往昔的快乐时光?不知她是否意欲重返80年代风光无限的北大校园?

那个时候,学生们的精神似乎时常处于亢奋状态。一有机会,一有借口,这种亢奋就会以一种狂热的形式表现出来,最终在庆典中得到宣泄。

记得中国女排第一次赢得世界冠军,整个校园一下子发了狂。中国女排赢得正是时候:改革开放需要这种鼓舞人心的好消息;消息传来也正是时候:一天的课业都已结束。楼下有了欢天喜地的锣鼓声。我跑下宿舍楼,但见人头攒动,挥旗的挥旗,打鼓的打鼓,大多数找不到鼓的学生敲着脸盆。宿舍区各楼之间学生越聚越多,背心也烧了,衬衫也烧了,笤帚疙瘩被点燃了当火把。

42楼楼上某间宿舍里的男生开始把点燃的笤帚疙瘩一只一只扔出窗外,不巧有一只火把落在了窗外的树梢上。一棵大树就从顶端着起火来,蔚为壮观。楼上投掷火把的学生慌了神,赶忙将一盆凉水泼向着火的大树,于是楼下起哄的学生也就正好被淋个透湿。

那个时候,一到期末考试阶段,学生总要各显神通。我的同屋秦正怀，一学期的中国古代史课没上过一节。到了考试前最后一堂复习课，他背着书包走到教室门口，忽然想到自己既然一学期都没来听过课，索性顽抗到底吧。他回到宿舍，把中学历史课本找出来，温习了几个事件的发生年代，结果考了八十多分。

当然大多数学生不是这类散仙式的人物。每天吃罢晚饭，大家便跑到图书馆的阅览室或夜间开灯不锁门的教室去占座。阅览室和教室里总是鸦雀无声。这种气氛太紧张了，北大人自由的天性便从反面表现出来。有一天晚上九点多钟，当男生和女生们正从图书馆、教室步行回宿舍，准备回去睡觉时，忽然听到了39楼楼上一家名为"造谣广播公司"的播音。那是几个学生用一个大录音机录了些胡编乱造的逗人事儿，到了晚上九点，便将录音机开到最大音量，对着窗口开始播音。该"造谣广播公司"存在了将近一个星期，每天晚上九点，一脸严肃的男生和女生就停步在39楼前，喜笑颜开。

那个时候，32楼南边校学生会文化部小院开起了咖啡馆。一些学生来此勤工俭学，一些在别处勤工俭学的学生来此享受聊天之乐。咖啡馆的老板（不知是谁）看来颇懂情趣。他在咖啡馆里搞过几回小型画展，邀请来的都是中央工艺美术学院的学生。我就是在那里认识了后来成为专业画家的华庆、安宏等人。他们的画全是现代派，又抽象，又奇怪，正合我的口味。

我被作为一位"校园诗人"介绍给他们。后来我还为他们的画展写过画评，刊登在刚创刊不久、鼓吹"现代派"的《中国美术报》上。那是我极少数画评文章之一。

来咖啡馆闲坐的人中偶尔也会有一两个名人。女作家张曼菱，小说《有一个美丽的地方》的作者，那时已从北大中文系毕业，可还住在北大校园里。我在咖啡馆中遇到她几次。据说她讨厌汉族人，所以总和几个哈萨克小伙子待在一起。她那身女权主义的浓妆艳抹像现代派绘画一样又抽象又奇怪。

咖啡馆是我闲来最常去的地方之一，而且越接近毕业我去那里的时间也越晚，待在那里的时间也越长。午夜十二点以后咖啡馆就停止营业了，但并不关门。待大家都回宿舍睡觉去了之后，我便有了一间灯火通明的空屋，我就在那里写诗。

就是在这样一种气氛之中，"一代精英"成长起来。我说的是"一代"，不是我自己。别误会，别误会。

我从十六岁开始画画，写诗。画画是我的主业，写诗只是副产品（为了用文字填充画幅），所以上大学之前我一直写古体诗。进了大学门，古体诗的形式不够我用来表达新事物、新情感了，加上又读了《圣经》和巴金的《家》，我这才改写新诗。

因为不好意思当众写诗（那会成为一种表演），我便在灵感袭来时站在我宿舍一张方凳上趴在我的上铺上写。有一天我身边忽然冒出另一个头来，是另外一间宿舍的傅浩。

傅浩外号"小臭"，来自西安，总是躲在蚊帐里读从图书馆借来的线装《深闺尺牍》。他后来在赵萝蕤先生的帮助指导下翻译了《叶芝抒情诗全集》和以色列诗人耶胡达·阿米亥的诗集《耶路撒冷之歌》。

他发现我在写诗后，便告诉我，班上还有其他几个人也写诗。于是我们两个便会同住我隔壁的张凤华和两名女生李东、陶宁，组成了一个小团体。我们先是传阅作品，然后是一起去圆明园散步，最终商量印一本五人合集。合集出来了，名为《五色石》，是我们大家一起手刻的蜡纸，我找人油印的。

因为我一入校就加入了美术社，所以我把一本《五色石》送给了同为美术社成员的中文系同学胡中夫。他看过之后认为我们的作品有"朦胧诗"的味道。其实当时我根本不知道何谓"朦胧诗"。中文系的其他同学也看到了这本《五色石》，便动员我们加入"五四文学社"。

我们去参加"五四文学社"欢迎新成员的会，在会上认识了诗人骆一禾。骆一禾当时已发表了一些作品，但他不是诗歌组成员，而是理论组成员。诗歌组组长名叫沈群，中文系学生，比骆一禾低一级，当时以爱情诗《小帆船》名闻全校。

有些人认为诗人海子当年也是"五四文学社"成员，其实不然。海子从未加入过"五四文学社"。他上三年级时自己把诗送到了中文系系办油印刊物《启明星》的编辑部，被沈群看到。沈群对海子的诗大为赞赏，我便通过沈群认识了海子。

这个"五四文学社"，也算是精英荟萃吧。从这个文学社里走出了陈建功、黄蓓佳、张曼菱、查建英等小说家。他们都是大人物。张曼菱风风火火，黄蓓佳很受丁玲的赏识，陈建功的《飘逝的花头巾》当时已获得全国短篇小说奖。我们是小字辈，对他们只有仰视。记得陈建功入党也成了重要新闻。学校图书馆的新闻照片栏里有陈建功读书的照片，照片下面注着："陈建功同志积极学习，向党组织靠拢。"

后来我在一次与英国著名女小说家多丽丝·莱辛见面时，同时也见到了毕业于北京大学中文系的小说家刘震云。说起陈建功，刘震云说："他可是我们中文系的圣人。"

当时北大出了名的作家全是中文系的。我们英文系没出什么作家。但我们学的是英美文学——那也是文学呀,我们怎能不写?系里有一份打字油印的小刊物,名为《缪斯》。

我入校的时候是比我高一级的唐小兵他们在搞。我因为写诗就被吸收进了《缪斯》编辑部。我们自己写,自己译,自己印。印好之后我们就拿到食堂门口去卖,一块钱一本。

编辑部里都是狂人,不可一世。住我隔壁、与我同级的法语专业的钮渊明后来也参与了《缪斯》的编辑工作。他说过的最大一句大话是:"大不了将来成个萨特!"

当时英语系办着《缪斯》,中文系办着《启明星》,法律系办着《沉钟》,计算机系的几个学生不务正业,也出了本诗刊,名为《西风·沉诵·太阳节》。校园里还有一些散兵游勇式的文学人物,历史系有阿海(现在瑞典教书),国政系有刘皓明(当时与我同为美术社成员,现在美国),数学系有严勇(后来与刘皓明、法律系的罗亚奇等人一起翻译了美国学者侯世达的《集异璧:哥德尔、埃舍尔、巴赫》)。

大学毕业后我又认识了诗人阿吾、斯人。他们是地球物理系的学生,在学校时也已开始了诗歌创作。

中文系在第一茬作家、诗人(七七级至七九级)离校之后又出了一批新的诗人和学者,其中最杰出的有臧棣、戈麦、西渡、张旭东、橡子等。戈麦已经去世,其他人势头正旺。他们也是动笔杆的人,所以他们的回忆录应由他们自己去写。

我在北大第一次登台朗诵是在 1983 年的第三届未名湖诗歌朗诵会上,地点在大饭厅礼堂。这座礼堂原来号称"亚洲第一大饭厅",后来增修了座椅。那个晚上,我朗诵的是一首不长不短的诗,名为《秋声》。朗诵完毕,掌声雷动。那是我平生第一次获得如此热烈、持久的掌声,这掌声害了我,使我自信有写诗的才华。结果我得了创作第一名和朗诵第二名。而在那次朗诵会之前，中文系八〇级作为朗诵会评委的张颐武还不让我上台哪！他说我有"小资产阶级思想"。

朗诵会后，我们系的八〇级学生贺小雷要走了我的《秋声》。他是好意，大概想帮我发表这首诗，因为他父亲是贺敬之、母亲是柯岩。但过了一段时间《秋声》又被送了回来。不知是贺敬之还是柯岩，认为我的诗写得混乱。他们扶持过那么多文学新人，但拒绝扶持我。

《秋声》从未正式发表过，只曾被收入老木编的《新诗潮诗集》下卷。现在看来，《秋声》虽然一点儿也不混乱，但大概是有点儿小资产阶级情调，如果说大话、伤感、矫情、做作、洪亮确属小资产阶级情调的话。我永远也不会再想将它正式发表。

1996年秋天的一个晚上，我接到一个电话。电话里说话的人为了唤起我对他的记忆，讲了些北大的往事。对，是他。我在学校时他还不是北大的学生，而是北大教师的子弟，当时在校图书馆工作，像毛泽东。他说他现在正在北大读研究生。他说了他所在的系，但我没记住。他说有事找我：有一位北大西语系或国政系（我记不清了）的毕业生，在比利时和香港做房地产生意发了大财，现在想回国内进入电影界一回。他初步决定先拍两部电影：一部要以清华大学为背景，叙述蒯大富在"文化大革命"中的潮起潮落；另一部要以北京大学为背景，以海子的生和死为主线，叙述我们几个人在80年代的光辉历程。

听到这个构想，我的第一个反应是：我不演我自己，我愿意演个起哄架秧子的公子哥儿。我和电话里的人约好第二天晚上在长城饭店附近的硬石俱乐部（Hard Rock）与那位北大出身的大老板见见面，由那人请客。

第二天晚上,他们开了辆白色的小汽车来接我和我的女友。俱乐部里一支摇滚乐队演奏的音乐震耳欲聋。外国人、白领中国小姐们在舞池里挤来挤去地摇摆。我们吃了点儿东西,没法谈话,便又去了亚运村那边的"东方一号"迪斯科舞厅,还是进入不了谈话的状态。于是只好相约过几天再见一次面。

那个给老板当随从的北大研究生临别时叮嘱我:"下次来别带女朋友。"第二次见面我真的只身前往。"你想怎么玩都行,他出钱。"北大研究生指着那个北大出身的老板说。我听出了这话的意思:他大概想建议我要求去洗桑拿浴、嫖妓女,他好跟着白蹭。这已是90年代,社会风貌与80年代大不相同了。但我没有向老板提出任何这类要求。在长城饭店的萨拉伯尔餐厅吃完了饭,谈完了事,我就说:"你们玩吧。"然后回了家。估计我一走,那个想白蹭妓女的北大研究生最终也没有"玩成",而拍电影的事从此没了下文。

〔西川:本名刘军,男,1963年生于江苏徐州,1981年考入北大英语系,1985年毕业。系美国艾奥瓦大学国际写作项目荣誉作家(2002)。曾任美国纽约大学东亚系访问教授(2007),加拿大维多利亚大学写作系奥赖恩访问艺术家(2009),北京中央美术学院教授、图书馆馆长,现为北京师范大学特聘教授。出版有九部诗集、诗文集,两部随笔集,两部评著,一部诗剧。翻译有庞德、博尔赫斯、米沃什、盖瑞·施奈德等人的作品。曾获鲁迅文学奖(2001)、上海《东方早报》"文化中国十年人物大奖(2001—2011)"等。〕

孤　征

王开林

那是一个月明星稀的夜晚，像穿越了一座又一座庭院一般，我们穿越了一个又一个话题。一向讷于言辞的我与这位娴静多思的女孩能有一番兴味十足的交谈，可说是一个不大不小的奇迹。

红楼附近的这条甬道被浓密的树荫掩翳着，除了沙沙叶响和唧唧虫鸣，就再没有别的声音，最是这寂静中的热闹使人感受到夜的温柔。稍远处是一泊妆镜似的未名湖，湖水中映着岸边橘色的灯火，轻轻地泛漾，仿佛晃动着一杯香槟酒，递向夜的唇边。甬道上，一对情侣在漫步，他们是月色中最生动的一笔，如幻影般轻盈之至。想来，他们绕湖而行，就是没入那片寂静的林子，那里的月光一定更美。

仿佛身在梦中，不知眼前的一切是否全是真实，你是谁呢？一个陌生的女孩？不，我认识你，时间不长，半年，也就够了；我并不完全了解你，又有何妨？我们照样是朋友，彼此收起情爱的触须，只保持纯粹的友谊，谁能真正懂得异性之间的这种交往呢？我们在一起，只是为了倾谈，包括我们平日的所见所闻和所思所虑，既不虚拟也不夸大。我们预设了两个完全不同的磁场，彼此在一个不约而定的距离内，对视和交谈。

一个女孩子，竟然专攻哲学，这并非谁的诱导，而是她的天性促成。她时常会陷入沉思之中，似乎进入了另一片邈远的天地。一个十九岁的女孩子不爱妆饰自己的青春的容颜，却在哲学冷冷的庙堂里寻找人类生死忧乐的秘密，她的心中有多少沧桑？眼中有多少阅历？不消说，差不多还只是一张白纸，虽也有一些浅浅的勾画，却仍然未着浓墨重彩。然而，一颗心乃可以包容宇宙，高扬的灵魂也可以与日月齐肩。她在古老的哲学思辨中寻找矿石，在现代的理念熔炉里炼出金子，这种执着，就像居里夫人要在千吨沥青中提炼一克铀，堪称巨大的精神内燃。因此，她不是以寻常的速度汲取知识，真可谓以魔怪的力量在饕餮书本。

她说，父母对她很不放心，并非怕她有什么迷失，而是怕她太用功，做了女学究，将来没人敢娶她为妻。

她并非一个刻板的女孩，她同样喜欢打网球，喜欢跳舞。我们在一起时，她跟我谈哲学的时间并不多，我想，她仍没有吃透那古怪艰深的学问，这必定使她很苦恼。因此，她要我讲《堂吉诃德》和《天方夜谭》中的故事，讲到那位骑士和他的宝贝侍从桑丘出乖露丑的事迹，她总会开心一笑，阿拉伯人的巧智也同样能够博得她的好感。她喜爱文学，那收割机似的阅读真让人吃不消，她似乎要把大学图书馆翻个底儿朝天，看看它里面到底有多少货色。

她曾经问我："你想去的最远的地方是哪里？"

我急中生智地回答："天堂和地狱。"

"一个活人是不能擅闯天堂和擅入地狱的。"

"在女人的心中，也许两处兼备。"

"这不公平，男人喜欢做世界的主宰，却把情爱的钥匙交由女人暂时保管，这不是太可笑了吗？"

"那么，你想去的最远的地方是哪里？"

"灵魂的家园。它有完全的独立性，而且像鹰巢一样不受侵袭。"

"为什么灵魂的家园在一个最远的地方呢?"

"因为它可望而不可即,只是心中的一个存念,现世中难以拥有。哲学所探寻的正是人类的去向和归宿,然而那些形而上学的理念使人望而生畏,连一个灵魂的家园也莫知其所在了。"

诸如此类的问题像死胡同一样引我入彀,这是常有的情形,非止我思辨的能力不及,就是我理解的能力也受到局限,因此,我只好偶尔插话和质疑,我自觉这样被她牵着鼻子走,自尊心颇有垮掉的危险。

她数点经典哲学如在小饭馆念一张菜单,这份功夫自不免令我歆羡。尽管我学的是中文,但一向偏修哲学,只可惜涉猎虽广,研究全无,因此每每经不起她的诘难,尝尽失败的滋味。

其实,她是一个漂亮的女孩子,虽然不施脂粉,不事雕琢,平日喜欢的多是宽松随意的服装,但终究掩不去一份清丽的气质,可是一双眼睛太明澈,让人觉得睿智,却很难觉得温柔。她似乎可以将对方的底蕴一眼看个通明透彻,这样评判的眼光通常只有智者才有。

她特别喜欢解析事物,而情感正如八宝楼台,拆开不成片断。那时,她其实连初恋的经历都还没有,但她如是说:

"女人最大的失误往往是在感情方面,她们对一个'爱'字抱有太多太大的幻想,并且在这幻想中作茧自缚,若爱上了庸人,就会自觉挫败;若爱上了强者,就会自愧不如。这两种结局很难说哪一种女人吃的苦头更大。女人何时才能学会首先爱自己呢?绝不轻易将身心交出去的那种自珍自爱的品质,在女人身上已经消失殆尽了。"

不能因此就咬定她是一个"女权主义者"。她只要求独立,而不要求权力。在她看来,女人先要走出自设和他设的误区,完全证明了自己的才能,然后才可以获得合理的地位;若去向男权社会讨取一份自由平等,尽管咄咄逼人,也掩饰不了自身的虚弱。

我们往往涉及一些大模大样的话题，却不能深入进去，因为我们太年轻，仅有书本上的知识，缺乏真刀真枪的历练。我们便相约，等到将来，重续这些讨论，只怕那时我们在尘路上摔跌得多了，对于任何形式的清谈都不会再有兴致。

她要去远地，去一个没有亲人没有朋友全然陌生的地方，研习哲学，就像是一位武士要去深山修炼盖世神功。她说，她绝不会老于书斋，变成僵枯的学究，她要明白的是人类曾经怎样思想，怎样在局部真理中自圆其说自得其乐。

"我心里只存在一个愿望，做有头脑有灵魂的人，而不受外物的愚弄。将来，我肯定会完全放弃哲学，那就是我彻底解脱的日子，因为我觉得自己够了，完全有能力自由自在地生活了。"

这样的想法多少有点悖乎常情，我原以为她把哲学视做一生穷究的大学问，殊不知，她钻研哲学只是为了清除自己精神上的莠草。她终将抛弃哲学，就仿佛拥抱是为了分离，接吻是为了告别。

大学毕业后，她就去了德国。我想，事情必然会是这样，她的性情看似娴静，实则是鸟的翅膀，总想飞动。

异域的天空下，莱茵河源远流长，这是许多哲人都瞩望过的河流，她在青青河畔漫步遐想，必然有所憬悟。我不知道，她是被哲学束缚得更紧了，还是解脱了那根古老而常新的纽带？

这就像中世纪十字军的东征，她向哲学的领域，向生命的领域策马远行。她是孤单的一个人？永远只是孤单的一个人？

[王开林：男，1965年生于湖南长沙，1982年考入北大中文系，1986年毕业。现任湖南省作协副主席，《文学界》执行主编，中国作协会员。著有散文集多部，作品多次获奖。]

找不着北大

张华峰

考北大自是费了一番周折,等终于在1982年秋季跨进心仪已久的北大校门时,才发现北大未必是一本良师益友式的教科书,倒更像一部神话。

刚入校门有件事想必中文系八二级的学子们至今记忆犹新,那就是别着校徽恭恭敬敬排着队到阶梯教室听王力先生讲话。据说这是历届新生都要举行的一个仪式,当然不一定每次都是劳王力老先生的大驾,也可能是刘力徐力之类,我们只不过有幸赶上了王力而已。系里的意思想来无非有二:一是以此劝学,二也不免有抖抖家珍晒晒书之嫌。不管这许多了,总之系里是好意,但恐怕好心未必换来善果。

王力先生所讲的主要内容全忘记,不该记住的倒记住了:也不知他是怎么说起的,他说他是国家一级教授,每月薪俸即达三百七十五元之多!应该记住,这在当时绝对是天文数字,至于后来北大丁石孙校长大声疾呼"一个教授的收入不如校门口修鞋的",则是后话,在此不提。反正我们当时谁都知道,同班楼亦斗每月拿四十元助学金除去过活还能省下钱来买书。

我可不敢说王力先生提自己的银子是为了"书中自有黄金屋"式的劝学,我相信王先生没那么俗气;但我这个俗子不但记住了他的银子,还打听到他的房子——离每天吃饭的学三食堂不远处的一栋类似别墅的小楼。记得自己每次路过时总在想里面是什么样,不是有人称自己不穿上西服打好领带就没法坐在书桌前做学问著书立说吗?王力先生是不是已在系领带了?或者系完领带正庄严地走向将来肯定要变成文物的书桌呢?如此等等。不管怎么说吧,每每想起这些,自己就低下头匆匆跑进一个相信将来一定能帮助自己走进王先生那样的圣殿的地方——北大图书馆,开始了埋头苦学。

不学不知道,一学吓一跳,原来以前没进北大时就见到过的一本署名为"王了一译"的波德莱尔《恶之花》译本,竟也是王力先生化名之作!王先生是专攻汉语言的,其古文底子除了由"了一"反切"力"这一别出心裁可窥见一斑外,将一部西方现代派的开山之作译成合辙押韵的中国古体诗词最应是明证了!这倒也还是其次,他一个中文教授怎么钣了法文教授的行呢?更有甚者,据说这仅是王先生消磨时光的闲来之作,不得不承认,自己当时是两眼一瞪——傻了!于是乎一时间晕晕乎乎找不着北了,晚上经常噩梦不断,老梦见自己来北大报到怎么也找不到校门,最后按自动退学做了处理。就这样,北大在我的心目中仅让一个王力先生就给搅得形同一部简直无可企及的神话。

当然也有不服气的,同屋缪哲兄属其一。他这人不大讲究卫生,一床被子盖四年居然没洗过。不过别人洗被子的时间他在做什么呢?在背《诗经》!听说过郭沫若四岁即能背《诗三百》,好像才疏学浅的我的脑海里还没有别的什么人能背《诗经》的,缪哲兄大有破此先例的劲头,每天安心地躺在自己的脏被子里诵经不止,脸上流露着将来一定能躺在黄金屋里的安逸神态……头发寥寥的缪哲兄果然聪明绝顶,不出两月愣把一部别人读都吃力的《诗经》背下来了!当然后面背前面忘的事是难免的了，但关键是这种不蒸馒头最起码也"蒸"口气的精神可嘉！可惜的是以后的事没什么好赘述的了，也许背完《诗经》还有太多的"经"要背吧？我记得以后缪哲兄在北大剩下的时光里也不再背什么了。

校徽大约是在进北大不到几个月的时间里被我们陆陆续续悄然摘下收好的，也许是一种"盛名之下其实难副"的心理所驱使。

又过了一阵儿，有人终于被神话的光环笼罩得喘不过气来了，那就是我的上铺陆有斌。一日他喝了酒回来，爬到床上后将书从我头顶纷纷扔下，叫嚷"李白杜甫有什么用"！尽管我们知道他这是酒精在作祟，但一边帮他捡满地的李白杜甫一边心里发问，是啊到底有什么用呢？现在想来，陆有斌当时操着东北口音的叫嚷，简直就像打倒"四人帮"后不久一位著名诗人"思想要解放"的著名诗句一样，在我们宿舍具有划时代的历史意义。

思想解放了，李白杜甫没用了，总也得干点什么吧？

李白有"斗酒诗百篇"之美誉，我们诗百篇不成，斗酒总还是可以的吧？我有沾酒就脸红的毛病，但为了和李白沾上点边还是不怕红脸露怯了；除了改变了脸色，还改变了发型蓄起了长发，也许想用怪异的外表来遮掩自己那虚弱的内心吧？

记得王川曾在床单上挖个洞套在身上在校园里招摇过，邱小刚在这方面的举动更绝，他借来西服革履极其严肃认真地在校园里弹过一次玻璃球。不久，他又翻出一套涤卡中山装穿上，还戴上一副捡来的白框眼镜，走着学究式八字步迈进由真学究主讲的课堂……也许这二位仅仅是以自己的方式对现状进行小小的调侃吧？不像我用长发来掩盖气短。

另外一种放逐自己的方式，是"在神经上飞跑"。当诗人邹某玉鉴兄一读到郭沫若的这行诗句，忽然发现自己浑身的细胞早就在神经上飞跑了，他也不管郭沫若曾经因响应"百花齐放"号召而在自家花园里写下"百花诗"的败笔，竟一失足写出了神经上飞跑成的"耳膜在狂风呼啸"的诗句……那些日子，宿舍里狂风大作，他不停地尖声朗诵自己的诗，好在他终于跑累了，有一天闷闷地不再写诗了，我们大家的耳膜自然也就清静了。

也有人把校徽坚持戴到底的，我不愿提及他的名字，因为我怕所有北大中文系文学专业八二级的人听了肝颤。他在约大学三年级时因肝炎休学了，不久就传来噩耗，他迎面走向一列疾驶而来的列车自杀了……据说他此举是因不堪忍受病魔之苦，我情愿相信这是真的，而和神话的光环无关。假如有关的话，那他付出的代价可就比我们的大多了。我希望火车向他呼啸而来的那一刻，校徽像洁白的花朵一样别在他胸前，因为他用自己的方式守住了校徽里所包含的那份纯洁。

四年恍若一梦匆匆逝去，毕业后各奔了东西时才突然觉得，北大尽管是一部很难读懂的天书也很难轻易解开的神话，但它也是一处属于我们的风景独特的家园。

毕业十年后，张旭东从美国正果修成回来访问，竟然身着一件胸前印有"北京大学"字样的汗衫，确实增加了一份海外游子梦萦故里般的修饰；而邱小刚在石家庄街头的举动，则让人不敢恭维了。据说他毕业几年后还穿了件自书一个大大的"呸"字的特大号汗衫四处招摇过市！我想他可能在奋力反抗着什么吧，最起码他是在用自己的方式拒绝着肮脏的街头对自己心中那片家园的污染。

很惭愧，我们 32 楼 434 那间宿舍出来的就不用提了，即使数遍全班近五十人，好像没有什么太成大器者。陆有斌就不用说了，早把李白杜甫抛之脑后在东北大连的某个角落里安安心心喝着属于自己的二两老白干了；缪哲据说现在极干净极卫生极绅士，也是，不背《诗经》了省下来大量时间干什么呢？诗人邹某去年还来过一趟北京，言谈话语间还时时流露出当年一失足成千古恨的悔意，当然脸上挂着的更多的是在神经上飞跑完的疲累，好像至今还没有完全缓过来。总之吧，我们大都改行干起了别的营生。

毕业后回校搞过一次全班聚会，大家说了不少时下许多学术骗子身上裹着北大的校旗到处招摇得很忙的逸闻趣事，每个人笑过之后在心里以此聊以自慰：我们不是早早就收起并在毕业离校前交回校徽了吗？

那次聚会听到了这样一个消息，很不幸王力先生早已故去了，恐怕更不幸的是他留下的那处曾经令人魂牵梦萦心仪神往的家园，也已被后来者们瓜分得面目全非了。

结尾处我想为我们这些大器成不了小器又不敢成的同类们狡辩一句：可能我们像旧时的寡妇，太忙于守节反倒不敢下田了。也罢，免得贞节不保耕耘无获，反而踩脏了家中的地板。

附记：文中所涉及的诸位仁兄学友，假如一不小心读到这篇文字，相信诸位会豁达心胸一笑置之，因为这实在是一篇自嘲自笑之作……不知能否算作一种祭奠呢？

> ［张华峰：男，1962年生，山西襄垣人。1982年考入北大中文系，1986年毕业后分配至人民画报社任编辑。1995年至今为自由职业作家、编剧。］

我有自己的纪念方式

晓　钟

母体的选择

我是从什么时候起开始体会到"自由"这样一个美好的字眼的呢?

是高考那会儿还是填志愿的时候?

学校走廊的两面墙上贴满了各个大学的招生广告,我不经意地浏览着,一边扒着最后几天学校配给的"高考饭"。

在这样的流动式广告里有着北大的影子。

知了在树上叫得燥热。这就是人们所说的盛夏了,汗湿的胳膊常常把桌上的试卷粘住。

感觉出奇的好。微风把长长的树枝送进窗内,向我颔首致意。在明亮悦目的鸟声里我构思着我的作文。也许是出自冥冥之中的神助吧,我做完这套对我来说是关键性的语文试卷时还剩四十五分钟。在别人带着气喘的沙沙声中,我奢侈地凝望着窗外的风景。

那天的绿色真浓啊。

但是我最初的第一志愿却是复旦。

在所有人的鼓励下我动摇了。我向往着文学,向往着神秘的北方,我想领略那一份令人激动的新奇与遥远。我清清楚楚地记得当时一夜无眠思念文学的情景。我只能说我与差一点成了我的母校的复旦无缘,与热得烫手的新闻系情如隔山。在那条色彩斑斓的"广告画廊"里,我甚至没有见到复旦的影子,而北大毕竟已经跟我打了个照面,与我有了初始的"一面之交"。

就这样,我逆着所有人的愿望去县教育局改了志愿。在那被我擦破了的"空"格里填上了我的自由意志——北大。

这样的一次"母体的选择"对于我的未来产生了关键性的影响。

是北大把我推上了美好而又艰辛的征途。

青葱岁月

对于我这个从未出过远门的南方人来说,北大首先意味着寒冷的北方。正如入学通知书上特意强调的那样,得准备棉大衣过冬。我入学的1982年还实行布票和粮票,买棉大衣则需要一丈棉花票,我的粮油关系证明还是当地供销社开的。等把一切行李物品准备停当,我便乘坐自行车、长途汽车、市内车、轮船、火车,从三千里外的东海之滨,一路颠簸着来到了北京。

在北大,我遇见的第一个"亲人"便是我的老乡、哲学系八一级的杜仕。

校车一直把我们送到南校门内。下车后我正准备问路呢,中学时跟我同校的杜仕来了,她接过我的行李后,便带我去办报到手续。当我跟着她来到我的宿舍——31楼222室时,我仍是糊里糊涂的。北大太大了，虽然我就读过的县中的前身为"共产主义劳动大学"，也有个颇大的院子，还有条河流经过，但跟北大相比，真是"小巫见大巫"了。好在我的老乡就住在我的楼上，有什么困难找她也很方便。

对在北京上学的外地人来说，"老乡"是一个亲切的词语。回家回校的结伴同行、过年过节的寂寞安慰，范围有大有小，小到同班同系，大到同校以至外校，共同的生活习惯、相近的知识背景是他们联系的纽带。

我刚入学不久，由中文系八〇级的几位同学发起成立了浙江同学会，并出版了会报《曲江》。这对于北大几百位浙江籍同学来说是个温暖的消息。同学会曾经搞了几次活动，促进了相互间的了解与交往，为远游的学子们增添了不少乐趣。

我住的222室与文八〇、古八二的同学相邻，对面是汉八二同学，斜对面分别为文八一和文七九，可谓交通要道。虽然我们入学时文七九正面临着毕业，彼此间交往不多，但文八〇和文八一的同学还是相处了较长一段时间。有一年寒假我还在文八一的央珍、阮柳红的宿舍住过。来自西藏的央珍平时话虽不多，但一说起西藏来，就变得滔滔不绝，给我留下了很深的印象。毕业后，央珍回到了拉萨，在《西藏文学》工作，不久就升任刊物的副主编，同时写了一些反映西藏生活的小说，近年出版了在全国引起较大反响的长篇小说《无性别的神》。

大概是出于一种紧迫感吧，也是出于对知识的极度的饥渴，大学期间我曾拼命地买书，海淀新华书店是我经常光顾的地方，北大新华书店也可以订购一些，像《理想的冲突》《精神分析学引论》等书就是通过订书卡订到的。

那时候由于家境贫困，我们班女生中只有我一人领着每月二十二元的最高标准的助学金，除了吃饭必需的十几元钱，我把剩下的钱全用于买书了。那时候的书价还没有像现在这样"暴涨",一般也就是一两元钱,便宜的只有几毛钱,并且时不时地还可以到海淀的中国书店"淘"一些更加便宜的好书。没过多久,我的床铺上便摞起了一层层的书,我戏称为"半壁江山"。我同室的汪清波跟我有着同样的爱好,她的床上也全是书(今年回北京参加校庆时,她还特意跑到文化宫书市买了一箱子书,对书的热情一如从前)。

那时候图书馆的座位比较紧张,都得一大早去占座,为了一个位子还经常发生冲突。借书也不太容易,开架阅览室的好书极难"抢"到,于是我便去借"库本"。像《说园》《我的艺术生活》《中国建筑史》《人》等书我都是看的"库本",有的是一天便看完,有的第二天再借。我从中感受到了无限的乐趣。有的书看不够,我便想方设法去买,最后在我的藏书中便有了许多"珍藏本"。

那时候喜欢上曹文轩老师和袁行霈老师的课。曹老师讲课充满了激情,他很讲究用词,就像他总是得体的衣着。他那《八十年代文学现象研究》曾经风靡一时(在鲁迅文学院讲授时也大受欢迎),成为文学爱好者心目中一道亮丽的风景。袁行霈老师颇具儒雅之风,听他的课就像走在唐宋词的意境里,当他用极具魅力的嗓音吟诵出"小山重叠金明灭,鬓云欲度香腮雪……新帖绣罗襦,双双金鹧鸪"的词句时,谁能不为其中蕴含的婉约情调深深打动呢?

屈育德老师的讲课充满了对教育的献身精神。在中文系学生的必修课里,民间文学课是一门不受学生重视的课。如果从功利的角度讲,上这样的课是吃力不讨好的事。可屈先生不这么看。不管人多人少,屈先生都一样认真地上她的课。她艰难地用鼻音讲着课,让人觉着有一种悲壮的味道。碰巧我的毕业论文的指导老师是屈先生,于是便有了进一步的交往。花了两个星期时间,我把论文交了上去。蒙先生厚爱，论文给了个 A。后来中直机关搞了次青年论文评选活动，我交这篇论文参选，结果得了个二等奖。我想这里边有着屈先生指导的功劳，便写信表示感谢。屈先生在回信中非常谦逊，她不愿"掠美"，只想把成绩归功于学生，令我深为感动。这使我更深切地体会到了先生之名的内涵。没想到先生英年早逝，实在让人扼腕痛惜。

人在年轻的时候，总免不了产生种种的幻想，青春的热情总得有所寄托，于是诗歌便成了我们的爱好，也是同学们热衷的话题。那时候舒婷、北岛、顾城的诗拥有着大量的大学生读者，一本春风文艺出的《朦胧诗选》成了文学爱好者的必读书。中文系以及全校的诗歌朗诵会，听众如潮。中文系七九级的沈群献给女朋友的一首《船》曾经打动过许多听众，"我知道／你爱船"的诗句一时成了名句，于是这条"船"和他那形影不离的"帆"也成了大家喜欢谈论的对象。此外，像胡迎节、于慈江等高年级同学也都写过一些引人注目的诗篇。西语系出的《缪斯》也时常在学生食堂门口卖，西川等五人还出过一本油印诗集在三角地卖，我记得里边有一首西川写的《汉子》，当时印象较深，其中的几句诗还能背诵呢。

北大的环境既适合读书做学问，也适合谈恋爱说风情。未名湖的白天书生们可以读书赏景，尽享逸趣，未名湖的夜晚则属于情侣们的天下，清风朗月也尽为他们所揽了。31楼号称"鸳鸯楼"，楼的周围自然更是充斥着莺莺呢喃之声。一到晚上，便会有多情的男士怀抱吉他弹奏小夜曲或引吭高歌，如果他的"对象"有意，没过多久便会在宿舍里修饰打扮一番从楼门口出来；若是无心，同一宿舍的女同学们便会一起把那位多情郎笑话一番，几次三番，"业余演奏员"便会自动退场，另择"高枝"。当然也有些"鸳鸯"大白天猫在宿舍，双双栖在蚊帐内，目中无人地做出"鸳鸯戏水"的种种情状，娇喘微微，其

"声"历历，令"在场"读书者尴尬之至，只好掩耳出逃。

比起情人怀抱的未名湖来，我更喜欢后湖的清幽与质朴。在葱茏的绿色中踏上曲折的路径，不仅可以体会渐入佳境的新奇美妙，还可领略淳朴宁静的乡村氛围，进入摒除尘俗的无忧世界。在这样的环境中读书，更是有着无上的乐趣，对于像我这样喜欢寻求心境谐和、愿意坐在草地上对着蓝天白云幻想的人来说，这里是再合适不过了。

我曾经一连几天坐在小山坡上看五十万字的凡·高自传《亲爱的提奥》，满眼绿色，身心愉快。我还不时地做一些感性札记，写一些"美丽的文字"。在静思默想的时刻，人的灵性之门就这样洞开了。我把自己的感想记在随身携带的小纸片上（经常是红的绿的包书纸），这就是我的一些散文的雏形。

那真是一段青青的日子，被理想和梦幻浸润着的日子。随着季节的花开花落，我度过了美好而又辉煌的四个青春年华。与我相伴相随的四年的湖水缩略成了一方独异的心之角落。

在"毕业纪念册"里，我曾写道：既然是一条河流，就要流，就要做不息的追求……

自从十八岁开始浪漫心灵的第一次远足到挥手道别又一次展开人生旅程，在北大这四年，获得的教益有很多，最深的体会是：我从这里获得了十分珍贵的"血性"。

直至今日，我仍为当初自己的坚持感到庆幸。

不只是因为那远近闻名的"一塌糊涂"（谐音：一塔湖图，流行语。精致优美的博雅塔，明净秀丽的未名湖，藏书量为全国高校之首的图书馆已成为人们心目中北大的象征），也不只是人才济济的大学场所，不只是因为在自由宽容的气氛中播下的思想的种子……

北大首先意味着一种独异的气质，一脉内蕴的精神。

在此基础上才能获得得心应手的灵性和自由以及与优秀相对应的高度。

只有经过一方特殊的水土养育了的人才会有那别具的"神""气"。拥有了这样的精神气质的北大人,能不感到骄傲么?

迟来的怀念

有关北大的人与事,我想我还应该提及你的名字——戈麦。

距离你在这喧嚣的人世间突然"消失"(我不愿用那个大家习惯的冷酷的字眼,并且我始终认为你仅仅是"消隐"而已)已近七年,我之所以迟迟没有动笔,只是因为我不愿意凑那份人人都想发言的热闹。我认为,当人们的各种猜想与议论日渐见少,浮在表层的那层"关注"也随之远去时,真情便会悄悄浮现。我想,作为诗人的你,会珍惜这个适合心灵交流的冷清而又宁静的时刻。

书架上依然摆放着你送我的两本油印诗集《发现》,里面收有包括你在内的"一小撮"人的诗(我在一篇文章中曾赞美过那优秀的"一小撮")。

记得当我第一次翻开诗集时,油墨的清香扑鼻而来,准确点说,这是一本"同志刊物"。当时我立即注意到了印在目录上方的那一行别异的文字:瞧,这些人!其中的用意自然是十分明显的。我马上脱口而出的一句话便是:嗨,尼采自传的题目不是叫《瞧,这个人》吗?没想到你十分大气地接了句:我就是"这个人"。也许由于同是北大人的缘故,我并没有觉得你狂妄自大。"以尼采自居"、睥睨一切也好,"数风流人物"、兼济天下也罢,梦想着做出一番惊天动地的事业的壮志雄心与少年意气,谁又不曾有过呢?

只是你太年轻了，而世俗却总想逼你就范。

可能是因为身边的"人间环境"太差吧，你待在一个小单位最大的办公室里，却极限般地感受着最稀薄的人情。晚上写诗时也常受着无能而又无聊的人的干扰，还经常翻看你的东西，不懂装懂地问你。还有人一天到晚查你这个工作干得很出色但不愿虚耗青春地"泡"办公室的人的考勤（骆一禾在一篇文章中也曾提到过类似的情况，也许这是不少北大人都遇到过的"困境"吧），天天挖空心思把你那点可怜的奖金扣了又扣，有一次还去你住的嘈杂的招待所（全是外地民工一起混住，让你晚上无法正常休息只好白天睡觉）堵你的门，把你们几个人从宿舍赶到单位上班。这种恶劣的环境实在让你无法忍受，谁又能在这个不尊重人的"玛吉农场"（Maggie's Farm，考一考"尊贵的"洋奴们，谁知道这一著名典故的出处？）干呢！

有时候你会觉得世道不公，也会因此发上几句牢骚。当你深刻地思考、勤奋地写作时，"够发表水平"的诗作并不多，势利眼们不想"承认"你；而当你业已作古，再也不能为你的诗修改润色时，许多刊物都"不约而同"地刊起了你的"旧作"，似乎他们突然间"发现"了你的诗的价值，但他们的俗眼没有"发现"《发现》这一可贵的民间珍本。这实在是个可笑的现象！世俗不敢承认你的"现在"，只愿人云亦云地吹捧你的"过去"。生前的寂寞与身后的热闹形成了一个巨大的反差，这也许是由于你的"溺水事件"带来的负效应吧，这一点也是你始料不及的。

令人哭笑不得的是，有人居然认为你的神秘"失踪"和我有关！那时我恰好不在北京，而你又连续多天没有在单位露面，于是他们猜想……是不是一起，嗯，跑了?！你看，这些人多像鲁迅先生笔下喜欢"联想"的人物！只有这时，他们那毫无灵性、没有丝毫认知能力的脑袋才彻底开足了马力,想象力也空前"丰富"了起来。殊不知,正是类似的"小人之心",恰恰是这类"领导阶级"用软刀子、钝刀子捅你的心,扼杀着真正优秀的青年。

我自然还记得你最后一次到我宿舍的情景。那天你穿着一身黑衣服,刚进来时,我不由得一惊。我曾经喜欢过的一位男士也经常穿一身黑衣服,远远地走来,让人觉得有一种高贵而又肃穆的气质。令人惊奇的是,你们俩在气质上是如此地相似,以至于现在在我的印象中已很难分辨出彼此。共同的对写作的热爱使得我们的话题始终离不开文学。那时,在我仅能促膝而坐的宿舍的墙壁上贴着我手抄的歌(诗):

我无法面向前方/前方空无一人/我不想回顾背后/背后人群挤撞/过去已经逝去/泪水早已堵塞/像他们那样笑么/我不愿意/每当和往日的情景相遇/无人处心中落下泪雨/对于我这一切就是生存呵/为着在我的身后/能诞生一个未来

我让自己天天面对着这样的警句。从疲惫、磨人的工作环境中脱离出来,这些诗句对于我是极大的激励。我需要另外一重"生存空间"。在渡过一个个艰难的夜海时,这样的话语无疑是一道化解寂寞疼痛的温暖抚慰。

我发现你专心地看着那几行诗。沉默了一会儿,你便跟我谈起了你最近的创作情况。我们谈起了《上海文学》,谈起了陈东东的那篇充满了诗意的文章《丧失了歌唱与倾听》,谈起了我们共同喜欢的骆一禾的长诗《修远》。你说你喜欢那首长诗所表达的一种精神,并把它贴到了墙头("跟你一样,天天阅读",你说着腼腆地笑了)。你还跟我讲起美国严力办的诗刊《一行》准备选用你的诗，以及新的一辑《发现》即将油印，等等。

其实当时我并不是没有一点预感，但由于沉浸于交谈的愉悦中而没有深想。你郑重地送我一本《伦勃朗传》，那本书让我产生一种阴郁的感觉，书的封面太阴沉了。书的扉页上留存着你的墨迹。我知道你并不是"轻易写字"的人，这一点表明你已经很认真了。只是你突兀地来，又突兀地去，让我感到有一种神秘的味道。

其实，这已是你所暗示的告别了。

等到我从南方返回时，似乎到处都在议论着关于你的一切，我感到了气氛的异常。很快，我便从同事那里听说了。刚听到那句话，说实在的，我是万分地意外，极度地震惊。我的第一个反应便是："瞎开玩笑。"怎么可能呢？你的音容笑貌仿佛还历历在目，我怎么能相信你的"不在"呢？听着他们一件件地跟我讲述着你的"失踪"以及"破案"的经过，我觉得像是在编离奇的小说。胡诌罢了，我暗暗地想。

但是你终于没有"出现"，我的期望落空了。如同那位新月诗人，就这样，你"轻轻地走了，不带走一片云彩"！

在你度过了最为艰难的"那一年"后，你被那不断磨蚀着人的心灵的时世击垮了，终于你不堪忍受生活之轻，引爆了深植于体内的"危机感"，把自己炸成了炫目的亮片。天空中有一道亮光闪过，于是你有了另外一个灼目的名字：彗星。

是的，你没有挺住，也许你已不愿再做坚持的努力了。

人们从你锁住的旧柜子里的一叠诗稿中发现了你为自己留存的《死亡档案》，其中的一句诗"我将成为众尸之中最年轻的一个"，像是你的谶言，终于变成了惨淡的现实。

这一年，你才二十四岁。

最后告别的那一天，我没有去。同事奇怪地问我："你怎么不去？"我说了句："我有自己的纪念方式。"

我不能接受人们向我描绘的你现在的"模样"，我不能"看"。我想，你也不会愿意以此"面目"与我相见的。我固执地记忆着你年轻而又健康的样子。就让我珍藏着这一帧美好的形象吧。我知道终有一天，我会写出我自己的印象。如今，这一天来临了。

> 也许你的歌被人长久咏唱／也许你的希望将会全都实现／你忙碌地写着寄给星星的信／你的心总是快乐地微笑／从前你总是为了别人／现在让我们来为你吧／也许你能永驻年轻

这是从前我听过的一首英文老歌，歌名与作者都已淡忘，但其中的几句曾经触动过我的歌词记住了，现在献给你我想也是合适的吧。

谨以此文怀念你，愿你的灵魂安息。

[晓钟：本名钟振奋，女，1964年生于浙江鄞县（今浙江省宁波市鄞州区）。1982年考入北大中文系。发表有小说、散文等作品数十万字。译著有长篇小说《星游人》（杰克·伦敦著）等。现任职于北京某出版社。]

在天堂与地狱之间

张　璨

北大是我的梦。

北大是我的天堂，北大也曾是我的地狱。

我和北大，几经蹉跎，分分合合，曾经天堂，又入地狱，至今无怨无悔。

我和北大的故事是这样的：

1981年，十六岁，报考北京大学生物学系。被东北某全国重点大学自动化专业优先录取。申请退学。

1982年，十七岁，报考北京大学国际政治系国际共产主义运动史专业，改理为文。获录取。

1985年3月，因1981年高考获录取未报到，以"不服从国家分配"为由，被北京大学校长办公会议注销学籍。

1985年3月—1986年7月，在"立即离校"的压力下，"赖"在北大，上课、考试、做毕业论文。

1986年7月，二十一岁，离开北大。没有获得毕业证书，或其他有关证明。

1994年，与北大合资成立北大方圆生命工程有限公司。生产与销售御苁蓉口服液。现更名为"北大达因"。

1998年6月24日，经国家统考，成绩合格，被北京大学经济学院录取就读硕士研究生。

"八二共运"的风景

我是八二级国际政治系国际共产主义运动史专业的学生。班上共有三十三名同学，女十九，男十四，简称"八二共运"。我的班女生多，男生少，据说，是北大文科班中唯一的一个"阴盛阳衰"的班级。于是，就有了仅属于我们"八二共运"的特殊风景。

那时候，全校每周都组织一次政治学习。理科周三下午，文科周四下午。由于教室紧张，同学们都自带方凳，以小组为单位，集中于男生宿舍。我们班三十三人，每组十一人，正好分为三组。可问题随之而来，男生因为只有十四位，仅占据两个宿舍，所以，学习地点只好改为女生宿舍了。因此，每回下午1:45—1:50，在女生们纷纷拿着方凳走向男生宿舍时，全校唯有"八二共运"的男生拿着方凳在路人或诧异、或嘲讽的目光下，"乖乖地"走向31楼。

大学时期，相信在任何集体中，女生都会是比较受宠的。但在"八二共运"，由于男生是弱小民族，因而受到了特别的呵护。节日会餐、联欢从来都是女生张罗，平日里取信、领教材、下通知的也都是女生。一切都是那么自然而然，只有在女排、女篮比赛时，望着别的班纷纷献殷勤和呐喊助威的众多男生，我们心里会有一点点酸。可是，当我们班男生参加球赛时，我们女生还会当仁不让地把这一天变成节日。

一次，"八二共运"与无线电系订于中午12:30在五四操场举行足球对抗赛。我们女生不仅早早地就去占场地，而且还携带了暖水瓶、水杯、毛巾等诸多的慰问品,给足了"弱小民族"面子和感动。他们挺胸昂首地进场,握手、开球,球赛在我们清脆而热烈的欢呼声中进行。面对声势夺人,又人多势众的女政治家们,兄弟班里仅有的三四位女科学家完全失去了光彩。可是,最后灰溜溜的是我们,1∶9败北,真叫"八二共运"的每一位兄弟姐妹无地自容。

后来,就再也没有给我们女生助威的机会,他们都按照国家安全部的保密标准,守着他们的运动秘密。也是,都是十七八岁的孩子,最大的入学时十九岁,谁能没有点虚荣心和自尊心呀!

除了上述偶尔的不愉快,我们"八二共运"还是一个很团结、很快乐的集体。在绿草如茵的香山脚下,我们手拉手跳过集体舞;在月光如水的中秋夜,我们在未名湖畔引吭高歌;我们在新年的钟声中欢笑;我们在分别的拥抱中哭泣。我们劳燕分飞多年,在北大百年校庆的日子里,能从天涯海角和松花江畔聚起二十二人。有三位女生嫁给了我们班的男生;有几个男生共同做了一家很有名的公司,叫"新天地",他们研制的"中文之星"软件,已经有了很多的用户;又有几名男生共同创办了"奥德集团",行业涉及房地产、计算机、保健饮料……我们为拥有这样的弱小民族而骄傲。

同学当中,已经有一位男生因患白血病永远地离开了我们,而在京工作的男生有八位去了安徽,帮助料理后事。当天晚上,告别了长眠的同学和哭泣的遗属,他们八人坐在宾馆前的台阶上,用手机把这一噩耗告诉分布在祖国各地的每一位同学,然后,再告诉大家一句话:好好地珍惜每一天。

今年"五四",我们为了母校的百年华诞相聚于未名湖畔,没能赶到的志华写了一首长诗,"老"班长复印后发给每个人,我们还给逝世的学友烧了一张,大家说:为了"八二共运",好好珍惜每一天。

我们的229

我在31楼229房间住了三年,从大二到大四。住这间房有特殊的运气,也有特殊的烦恼,当然也有特别难忘的记忆。

31楼是北大文科女生集中的宿舍楼。文科女生多为才女,才子佳人读得多了,难免会情不自禁地充当一下女主角,在现实中演出一幕幕悲金悼玉的故事。那时北大规定每晚十一点熄灯,女生楼门前,每一对恋人都抓紧熄灯前的最后几分钟在楼前倾诉、缠绵一番。像我这样的孤家寡人要目不斜视地穿过这片阵地,着实需要一番勇气。31楼因此被称为"鸳鸯楼"。

夏夜,静悄悄的校园,在我们楼后会经常响起吉他声。男孩子们不娴熟的演奏,很真诚的热情,不知进入了多少个女孩儿的梦。偶尔会从一扇黑黑的窗中,传出叫好声。

229房间是二楼最中间的那间,窗户朝西,处于宿舍楼后门的上端。每天楼门一锁,就会出现晚归的同学,她们为了让值班的大妈网开一面而费尽心机与口舌,我们当然也就因为近水楼台而深受其害。

三十年河东,三十年河西,幸运降临了。

在我们入校后的很长时间里,学校是没有熄灯制度的。熄灯制度一出台,遭到了绝大多数同学的反对,记得我们还特别讨论、动员与抗议了一番,游行队伍甚至走到了校长家楼下。所以,正式实行熄灯制度的那一天,大家都早早地回来,坐在床上,静等黑暗的来临。伴随11点钟的拉闸,校园里响起了一阵阵呐喊声。我们也准备大叫出声了,可出乎意料的是,我们仍在光明之中。发现这一情况的同学们都纷纷涌到229门口,分享倾泻到楼道中的明亮。可能是由于我们宿舍的线路和楼道灯或门廊灯相连,可能是因为我们的运气,总而言之,

229房间是1983年北大熄灯制度执行后的漏网之鱼。

我们的惊喜可想而知，在别人都必须睡觉的时候，我们还能有灯干点什么，真是件开心的事。

可惜好景不长，楼里调整了线路，我们229光明不再，也就从贵族沦为平民了。

229住着六位同学。分别来自广东、江西、内蒙古、天津、北京，口音各异、习惯不同。宿舍条件很差，拥挤、破旧，又都是十七到十九岁的孩子，难免磕磕碰碰，今天闹意见，明天发脾气，但总是很快和好如初，相亲相爱。每天打水、扫地、擦桌子，别的宿舍需要排值日，我们则是谁在谁干。每天中午和晚自习后是宿舍中最热闹的时候，音乐响着，有人吃饭，有人洗脸，有人捧着小说，人来人往，进进出出，229就有了家的气氛。

吃是宿舍中很重要的一项活动。吃饭，还有女孩子的吃零食。广东的冰凌，一个从很热的地方来的女孩儿，却有一个很冷的名字，特别讲究"补"，每晚都见她从几个不同的罐罐中各取少许粉末，冲水、搅拌、冷却，然后很香地喝下去；江西的云峰，父母都在糖厂工作，所以，总见她吃糖粥，刚到北京时，她完全不吃面食，后来也能以包子、馒头做晚餐了；包头来的志华很爱吃糖酥火烧，有一阵每次晚餐都买两个，下晚自习后吃，经常性规律性的睡前餐使她迅速地成了一个小胖子。

最开心的是假期过后，大家返校时的大包小包里几乎全是好吃的。天津的聂争总会带一大袋花生，煮过，再烘干，咸香松脆，至今再没有吃过那样好吃的花生，我后来尝试过多次，都不成功。广东的带猪肉月饼，我也是在那时候第一次吃到。

北大的伙食其实是很丰富的，但还忍不住想自己做点。我从家里带去了一只煤油炉,点火煮一锅面条,放点白菜叶(半拿半要的),整层楼道都弥漫了美食的味道,当最后几滴香油下锅,总会伸过来几只预算外的饭盒。但有一次,小广东居然联合我们班的男生,整了一脸盆活知了下锅,害得我对着水池吐了半天,现在想起来仍是恨恨的。

毕业前宿舍里总是放着那首歌"再见,再见,等到明年的这一天",想象起十年后我们的相聚,已经等不及地为下一代牵起了红线,我和小广东互以亲家相称。告别时可谓涕泪滂沱,让北京着实阴了几天。好在大部分同学都留校读了研究生,真正的分离放在了三年后。最后离开的我,关上宿舍门,给后来的小师妹留了条,留了礼物,似乎把所有的欢笑留下了,似乎又把所有的美好带走了。

小广东留在了北京,包头的志华却去了广州,江西的云峰扎根海南,北京的韩华仍在北京,天津的聂争毕业后就去了欧洲——那肯定没有煮花生的地方。

难忘的一课

中学课本里有《难忘的一课》,在我的北大学习生活中,也有不少难忘的课。

中共党史是我们的专业课,任课老师石志夫。别的系的党史是公共课,只学一学期,我们要学一年。十七八岁的我们不会太明白中国历史上最伟大的一群人,是怎样从一条小船,一个破旧的窑洞,领着一支衣衫褴褛的队伍,打出了一个人民当家做主的新中国。

那节课是在俄文楼上的。俄文楼位于未名湖畔,四周绿树环抱,二层的小楼有百年的历史,红墙碧瓦,古色古香。楼前有一个小小的花园,花园中矗立着李大钊同志的塑像,他是北大的骄傲。石老师给我们讲述的正是李大钊同志英勇就义的那章。为了理想，为了新中国，李大钊走向了绞架……石老师的声音哽咽了，窗外春光明媚，鲜花盛开，早晨的阳光从高高的松枝间泻下，投在李大钊同志的身上，投在我们的课桌上，光影斑驳……

在这个春天的早晨，我们都想了很多，都长大了很多。

我在北大最爱听的是各种各样的讲座。每天到三角地看看布告，在有讲座，特别是好讲座的时候，就要早早地吃完晚饭去占座儿，有时还需要轮班吃饭呢！就在一个个拥挤的晚上，我听过王景愚讲哑剧、姜昆讲相声、社科院的学者讲萨特的"存在主义"……五花八门，精彩纷呈。

在办公楼礼堂，我听厉以宁教授第一次讲股份制，真是振聋发聩，那种受到震撼的感觉持续了好久。我想厉教授当时绝不会预见台下的听众中会有不少人在十几年后实践着股份制的理论。

我想，如果仅仅为了学习知识，我不会选择北大。

演讲团

80年代的北大，曾经有一个很红火的演讲团，全部由在学校演讲比赛中获奖的学生组成。不仅在校内讲，还经常被请到工厂、学校、机关、农村，好评如潮，在很少歌星、影星的年代里，团员竟像明星似的被崇拜着。我与演讲团的缘分是因为我作为北大摄影社的特派记者，随团出访大连工学院[1]。

那是一次很难忘很愉快的旅行。刚刚上完大一的我，与平时很景

---

[1] 即今大连理工大学，1949年建校，时为大连大学工学院，1950年独立为大连工学院，1988年3月更名为大连理工大学。

仰的明星们在一起，坐车、坐海船，在船舱里吟诗，在甲板上浴风，生活浪漫与多彩得像梦一般。在大连的部队、学院、机关巡回演讲，所到之处，都有超于九十年代歌星的待遇，欢呼、签名、拍照。大家讲历史、讲未来、讲理想、讲为祖国昌盛而读书，作为其中的一分子，我很为他们骄傲。

团长马朝旭，就是后来在新加坡亚洲大专辩论赛上获最佳辩手、为国争光的那位。那时候他是经济系大三的学生，把团里的人基本管得服服帖帖。副团长李怀鑫，高高瘦瘦，少年老成，老是一副笑眯眯的样子，颇有长者风范，专业力学，全团除了我，只有他不上场演讲，但他是后勤总管兼保安兼审稿人；刘忠泽，物理系的，演讲时爱把一撮多余的头发向后甩；刘子，外号"2"，他的外地口音常被大家取笑；张茂华，法律系，已经显示出一名律师的辩才；朱京曼，获北大演讲赛第一名的女生；戚黄芳，像个男孩子一样的女孩；还有孙晓、老白等。

这一群人在一起，除了把理想与光彩洒满了军营、舰艇、学校，就是把欢笑留给了到过的每一处地方。一次在旅顺的军营演讲完，部队领导招待我们在战士食堂吃饭，四菜一汤，好香好香，我们吃完了一大盆（真的是洗脸盆）米饭、一大盆馒头，再进厨房去拿，发现已经没了主食，弄得军民双方都有些不好意思。因此，事后有了团长"注意形象"的提醒。其实，发生这样的事是自然而然的，北大给了我们很少的路费补贴，伙食费、游玩的门票，一切的一切都靠从嘴里省，后勤总管一直带我们在大连工学院的学生食堂吃炸得很软的油饼和很老因而焖得很烂的扁豆，半饥半饱，好容易遇上了亲人解放军，还不敞开心扉与肚皮？那几乎是我有生以来吃得最多的一次，因此，时至今日，仍记忆犹新，并向不少朋友不止一次地吹嘘过。

在大连的星海公园，大概是因为我们的笑声有些扰民，团长下令禁声五分钟，并由副团长李某计时。大家由唇枪舌剑，一改为做鬼脸和眉目传情。不允许出声的笑让人禁不住在地上打滚。当大家感觉到受折磨的时间太长时，才反应过来，我们一向信任的"大内总管"，竟然以祥和与可爱的笑脸愚弄了时间与我们。

踏上归途那天，正好是我十八岁的生日。大家都很高兴，有的鼓励我，说我一生都会在正确的航程上，乘风破浪，勇往直前，永无止境；有的人警告我，说旅途中过生日，意味着我必须永不休止地努力；有的人打击我，说海上过生日，这注定你一生漂泊。我们围坐在一起吃李子、桃子，每位同伴都在笔记本上为我写了一段吉祥而美好的话。

十八岁的我不懂得命运，不懂得忧虑，不懂得人情世态，我只是穿着一件淡蓝的连衣裙，开开心心地被大家包围着、宠爱着。我的十八岁的世界是越学越多的知识、好朋友、没完没了的欢笑、乘风破浪、在灿烂的阳光下无边无际的海、甲板上闪烁着星光的夜。

后来，我仗着大连之行的耳濡目染，获得了北京大学第三届学生演讲比赛第一名，成了演讲团的正式成员。我也开始走出学校，去了卢沟桥、门头沟、国际俱乐部……我上了校刊、《工人日报》《中国青年报》，上了电视。因为打篮球右脚骨折，我挂着拐杖上了讲台，竟有不少听众来信，夸我身残志坚，我简直感动与开心极了。

一碗凉面

突然就出事了。几分钟之间，我从天之骄子变成了待业青年。

我有充分的理由认为这是奇冤，因为我1981年办了退学手续，没有违规行为，况且我是成绩优异地考上北大，况且我是各方面表现优秀的大三学生了，况且……没有我讲话的机会了，在校方不很清楚事情缘由的时候，已经做出了决定。

周围的人分成了两类：一类是不停地做工作要求我立即离校的系领导、班主任，这只有几个人；另一类是同情我、帮助我的同学和老师们，几乎所有得知我的情况的人都向我伸出了援助的手。我深切感受到北大人的爱心、热情与宽容。

同屋的韩华和聂争一左一右扶着眼圈通红、神情凄楚的我在校园散步。同样的场面，我不止一次地在从八宝山走出的遗属身上看到。这件事对于二十岁左右的我们是太大了，我们的同屋除了默默地陪着我，完全无能为力。

我给系里与学校写了很多说明材料。

我的家人去了东北某校。

很多相识与不相识的同学走近我，帮我出各种各样的主意。

我感到我没有被北大抛弃。

于是，我决定坚持上课，考试，坚持像一个正常学生一样生活。

于是，我走上了漫长的申诉、上访之路。

我很幸运地认识了北大的博士生们，从此成了29楼的常客。这些学哲学、数学、经济、化学的博士学兄，几乎全部从农村、工厂、部队的工作岗位上来，年过三十，社会经验丰富，专业知识渊博，对于梳着两条小辫儿的我，他们给予了老师一样的教诲，兄长一般的关心。

经常，在29楼二层的某一间宿舍，他们手捧饭盒，召开明天行动的战前动员和战斗布置，为我打气，也告诉我该怎么做。

他们陪我去了水电部，试图找到与李鹏当时职务联系的渠道。

他们陪我去了教委。

他们陪我去了《人民日报》。

他们放我单飞，夏天从北大坐公共汽车去城里，面对不可知的一切，我慢慢地不再畏惧、不再哭泣、不再怨天尤人，甚至滋生出一丝自豪：我能勇敢地面对别人没有面对过的一切。

后来我慢慢地意识到我在吃小灶，我在上着一堂堂难得的训练课，这些博士学兄们，用他们的爱心与智慧训练我，帮我完成北大这一份计划外的学业，开始人生的学业。

理解了这一点后，我很乖，乖得咬紧牙关去做以前没有做过，甚至没有想过的事，去接受各种各样的挑战，我很清楚北大的学生中不会有人再有我这样的机会与幸运，我必须珍惜。何况，我很信任他们。

从这时起，我学会了随机应变和与人沟通，学会了换位思考，学会了理解冷淡我的人，学会了以诚待人、以诚感人，更重要的是学会了宽容。每次碰壁而归，他们都不允许我抱怨别人，他们总是让我想是不是别人正心情不好，是不是我做的有什么不妥，有什么地方不尊重别人，是否只想着尽快把自己的要求说出来，只想着尽快达到自己的目的。

这种经验和思考问题的习惯是让我终身受益的。

每天下午四点，他们都会约我在楼前打排球，扣得我东扑西挡，满地打滚，全然不管我一心成为淑女的愿望。他们说：锻炼身体应该成为一生的习惯。

哲学系有位人称老九的博士，说不上他的年龄，只感觉他很老，衣服总有破的地方，好像老不梳头，戴着度数很深的眼镜。不知道他们是不是分工由老九同志负责我的学习，反正不知从何时开始，就由老九给我开书单，勒令我读哲学、历史、经济类那些我只崇拜地听过书名的名著。

一天傍晚，打完球、洗完脸，我心情很好地在学四打饭，迎面遇到了老九，我是笑眯眯的，他是非常严肃的。

问："读了《×××》吗？"

答："读了。"

问："你记住了什么？你感受最深的是什么？你的意见是什么？"

答："……"

他说："这样读书哪儿成！读书要这样……这本书是这样的……"

他几乎能倒背如流，那不凡而精辟的见解使我几乎五体投地。可是，此时此刻，在喧闹的食堂里，我端着空饭盒，他左手一盒饭，右手一盒饭，就这样站在食堂中间的人流中，不停地讲下去，最后恶狠狠地警告我：不要再瞎跑瞎闹了，好好读书。老九同志扬长而去，我也只好拎着空饭盒打道回府，售饭窗口早关门了。

寒假前夕，我送老九等安徽籍同学回家过年，别的人都和我依依惜别，只有他阴沉着脸，在列车开动的一刹那，车门里传出了一个南腔北调加严肃认真的声音："张璨，寒假里多读书啊！"

后来，他很倒霉，在各个意义上。而我已是一个很有些钱的老板。他仍然不修边幅，仍然会在每次见面时，坚定地指着我的鼻子："你最近读书了吗？"

再后来，他好起来，而且非常的好。世界已经发生了很大的变化，但每次见到他，我都会"伪装"成一直在读书、一直在思考的样子。说实在的，我可能有些怕他。

正是因为怕挨说，我在北大期间和离校后读了大量的书，读书已经成了我生活中最重要的部分，不过，很多书是我的兴趣，而不是他的要求了，希望这篇文章不要被他看到。

马列教研室有位刚毕业的陈老师，他能把一部《中共党史》从头到尾在很短的时间内串讲完。似乎他是分工负责我考研的。在1985年的冬天,他会经常骑着一辆破自行车,到位于北大西门外我住的小破屋里,为我辅导公共政治课和中共党史。

已经工作的校友们千方百计帮我上诉、找工作。由于他们的介入,前途变得很光明。有一阵子我经常出入位于和平门的中宣部,甚至还让当时的朱厚泽部长、理论局理夫局长给北大打电话,这完全得益于他们的爱心与在中宣部工作的北大校友。在我的记忆里,中宣部是一个充满人情味的地方。几乎每一间办公室都能够为我敞开,部长、局长、处长都不再是一个个生硬的官职,而是一个个慈祥而智慧的长者或热情友好的朋友。顺便说一句,中宣部还是一个我进城办事时永远能够有午餐吃的地方!

1986年春天,在事情僵持不下的时候,北大的二十几位博士生,从29楼出发,到学校和系里为我请愿。

没有结果是预料中的事,他们和我都已经不太在乎了。他们只是在身体力行地告诉我:只要有一丝机会,就要去试一试。而我则认为:我在北大的收获已经远远地超过了我的同学们,我在北大所修的专业,是特别的,是做人与做事,知识的毕业证书我没有拿到,做人与做事的专业学习我刚刚开始,需要用一生的时间去修完,但好在我已经开始。

毕业的时间很快到了,宿舍全空了,只剩下我一人的行李。其实我是最早走的了。6月底,我已经开始在市团委文体部做临时工。7月26日是我二十一岁的生日,我请了假,回到空荡荡的宿舍楼里,心情很复杂。然而我早被训练得不能流泪,强忍着不哭。中宣部的一位校友从和平门赶到北大找到我,请我在中关村颐宾楼快餐厅吃了一份凉面,以祝贺我的生日。他说,他是大家的代表。

很多年过去了，很多事情都忘了，二十一岁生日时的心情还记得很清楚。

走进餐厅前，我还有几分委屈，有几分伤感，对于已经不属于自己的北大有难以割舍的依恋，对未知的世界有莫名的惶恐；走出餐厅时，我已经很坚强，很勇敢，很有信心会以一颗平常心面对未来的一切辉煌与苦难，我相信北大会连同世间的一切美好，永远伴随我。

1986年7月底，我就以这样的信心和勇气，昂首挺胸走出了北大校门。

1998年6月24日，我正在怀柔参加市青联的全会，办公室的同事告诉我，北大的录取通知书到了。我从会场出来，走到怀柔区的百货大楼，从一楼到三楼，每个柜台都认真地看过去，嘴里叼着一根大红果冰棍，手里还拿着两根。我没有再去开会，没有回去参加中午的宴会，就这么逛下去。想象中应该大笑，或者大哭，都没有。我只是很想给自己买个礼物，我觉得我的世界发生了很大的变化。

我姐姐的孩子考上了北大，我有两位同事和我一同被北大录取。我的好朋友成了我的新同学。我还会有更多的同事会被送往北大培训、进修。我的北大故事会永远继续下去。

［张璨：女，1965年生于北京，1982年考入北大国际政治系，1986年7月离校。1998年考入北大经济学院攻读硕士。现为某公司董事长。］

文八二、434 及其他

王 川

上 课

一门由名师讲授的专业课上,先生津津有味地讲着这一专业的专家们在一个历史分期问题上存在了几百年的争论,越说越复杂,越分越乱。最后先生卖了个关子:"同学们想一想,为什么会出现这么多种分期方法?"

"那是他们有瘾。"老邱悄声说。

入夜,老魏常盘腿坐在下铺,这样盘算着次日安排:"哎呀,饿死我了,不行,明天一定要早起,吃油饼,顺便把课给上了……"

有一门公共课由三个系一共二百多人一起上,任课老师有绝活,二三百人黑压压地坐成一片,她一眼就能看出谁没来,点名,准没错。

一日,老魏未到,被点出,一下课老师即到宿舍探访,老魏尚在被窝中。

"你不知道旷课多了就不能参加考试吗?"老师问。

"旷课几次不能参加考试？"

"两次。"

"我这是第几次？"

"第一次。"

"那不得了……"

某外系老师讲外国文学课，"造诣"说成"造旨"，"破镜重圆"说成"重镜破圆"，每到爱情篇章必是"两颗年轻的心中燃起强烈的火焰"，课堂气氛极佳，笑声不断。

讲　　座

某知名作家到北大讲座，第一句话是："我是爱你们的！"引来一片嘘声。开场白尚未说完，听众已走大半。

某知名作家向某协会负责人表达她想在北大办讲座的愿望。负责人曰："保险起见，你要讲什么就先说给我听听。"结果是讲座没有办成。

在南方研究科学哲学的江老教授办讲座，口音浓重，众不懂，他只好以英语及方言并讲，仍无人能懂，亦无人退场。老教授自知大家在乎他面子，说：现在正是考试期间，时间都很紧，要务实，听不懂不要勉强，我写有书可以看嘛……但仍无人走。待老教授讲到一停顿处，众以为讲完，鼓掌。老教授站在讲台上怔怔地看着鼓掌的人，表情极复杂。那晚漫天大雪，燕园美丽得一塌糊涂，记忆中再没看到过北大还给过谁如此大的面子。

考试和论文

某课期末考试，老邱无法断定该进哪间教室投考，就近问某老师。
"老师，某课考试是在这儿吗？"
老师惊怒："噢，你还不认识我哪?!"

谢冕先生的新诗课布置作业让每个同学找到一个有关新诗的问题然后试论一下。老邱交《新诗百问》，提出一百个问题，但一个问题都没有"试论"。谢冕先生对此大表赞赏，从此，不写诗的老邱被同屋邹诗人视作第一听众，耳边随时有"狂风呼啸"。

某晚，老邱听到次日上午就是交毕业论文的最后期限，大惊："啊！你们这不是害我吗？"
他跳下床，将两瓶汽水和标准论文纸塞进军挎，直奔三教。次日八时许，他把直接写在论文用纸上的三四万字论文甩给收论文者，回到床上。他的论文题目好像是《1985年中国文坛概观》，成绩"优"。

游　戏

某次考试成绩公布之后，老魏盘腿坐在床上，见另一宿舍的老D来串门，大喝："老D，你过来！"
老D过来。
"我问你，你这回得了多少分？"

"六十五分。"

"臭笨蛋。复习了这么半天,才得了那么点儿分。"

"你不要这样说好不好,我不要听。"

"你自己说说你是不是臭笨蛋?"

"你不要这样说……"

"你看人家老邱,天天睡觉,你问问人家得了多少分。"

老 D 走到老邱的床前,看看高高躺在上铺的老邱。

"你得了多少分呀?老邱。"

"干吗?"老邱严肃地看着老 D。

"人家老邱得了九十五分。"老魏大声说。

"我不信。"

"你看你还不信!"老魏对老 D 再次大喝。

"我不信。"

"臭笨蛋!"

"那你得了多少分?"老 D 突然想应该这么问一下老魏。

"我?六十六分。"

……

在娱乐活动极为贫乏的当时,这种真真假假的说笑,确实令人捧腹。这种游戏的特点是把真话假话混在一起,不知情的越当真,旁观者就越开心。上述对话是很典型的一类——话全是真的,但动机和情绪是假的。还有一个典型是这样的:

某男生在楼西头闲坐,发现不远处一同学正悄悄地观察他,于是便故意行为诡秘起来。他不时把一只空瓶子拿起,凑到耳边,做认真倾听状,而后突然站起,走了。不远处的观察者马上跑来,拿起那只空瓶子听起来,身后传出大笑,方知上当。

吃

将近毕业，已经足足吃了四年的食堂伙食终于让人难以忍受了，老邱决定只到燕春园吃饭，但费用高昂，于是只好这样：

1. 减少吃饭次数，先是一天吃一顿，而后三天吃两顿，最后两天吃一顿。
2. 配合吃饭次数的减少，每天躺在床上，避免体力的无谓消耗。
3. 卖掉多余的东西，增加吃饭的资金。毕业时，老邱所有东西都已变卖，背一军挎离开了北大。

一日，大队长尿急，又怕别人偷抢他刚泡好的方便面，索性端着面跑进厕所。

大队长常把下铺老魏的夜宵吃掉，入夜，老魏饿极，见食品无踪，便质问是谁吃的，大队长总是如实相告。

"你这人可真是太不好了！"

"哎，我都承认了你怎么还说我？"大队长总是如是说，"你说我要是不告诉你呢？"

老魏只好尽量把夜宵藏牢，但总能被大队长找到，老魏一气极败坏，大队长便承认东西是自己吃的。

一日，有人捉到一只刺猬，决定吃。老杨一阵钳子夹、哑铃锤，也没把刺猬怎么着。最后，不知是谁抬手把刺猬从四楼的窗户扔了出去。待解剖完毕，刺猬连肉带骨头仅剩不到一两，决定煮汤喝。在煮汤过程中，整个楼道鲜香四溢，招来众多端饭盆者，如过年。

最后，分到每只饭盆里的汤只有一小勺，曰"汤精"，想多喝的可以搀开水，想喝多少就搀多少。

张旭东吃饭爱留下饭里的精华最后吃，曰"最后总有一口香"，但他这一口香常被大队长不客气地一勺捞进自己嘴里。

一次大队长和笔者去燕春园吃夜宵，见同桌几个不相识者剩下包子若干，说："一起吃吧。"然后就用筷子夹起大嚼。

见笔者踌躇，云："这有什么？要是刚才和我们认识，一起吃，不就是这样吗？"

多说一句，80年代吃饭虽然不像现在这样可以随心所欲，但也不至于一定要吃别人碗里的东西，我想这就是这些人给后来的人留下深刻印象的一个原因，即使是吃饭这样的俗事，他们也会弄出些不同凡响的感觉来。

上面所说到的那几位无一不是文八二的圣人，他们的才学在《北大往事》中多有提及。但要我说，他们的那些才学不过是他们顺便弄出来的，他们的最大才华在于他们总在努力让枯燥的生活变得有趣，至少是让我感觉到，生活可以是另外一副样子。想一想，电视的发明也未必能达到这样的效果。

喝

不知是从什么时候开始，老邱一天的大部分时间都待在上铺，但不是睡觉。他每天从图书馆里弄来一大堆书，很快就能看完，看完了再换一批。

他看书时爱喝汽水，喝完的空瓶子就放在床头，任它滚进被窝，他一翻身就可以听到被窝里很多汽水瓶子发出的叮里咣当的声音。

一日，他请六大爷帮他打开放在地上的汽水，刚刚喝了酒的六大爷一个一个开起瓶子盖儿来，待几乎把一箱汽水瓶盖儿全打开时，老邱才发现，大叫一声，之后便是很多人帮他喝掉打开了瓶子盖儿的汽水。

老邱也喜欢喝酒，喝多了的反应是就地入睡，怎么也弄不醒。一日，他喝酒之后，在电视间睡着了，只好由几个身强力壮者把他抬回宿舍，再举到上铺上。

老邱每每能自己发现酒已喝多，自己采取一些措施。一次，他和老杨一起喝高了，两人走了几步觉得不对，就在马路边坐下，静坐两个多小时，站起来试走一下，觉得不错，才开步回家。

六大爷喝多了的反应是走路画圈儿，同时伴以悲观至极的唉声叹气："李白杜甫有啥用啊？"

要是劝他，他就会把你拨拉开："别也（惹）我，才山（三）两。"

六大爷是东北人，毕业后分到大连，据说，很被当地一些小青年奉为圣人，合伙请他喝酒，并对他大肆吹捧。他总是对那些人说："别捧我，我见过天儿。在我们那些同学里面，我算啥。"他由此被人请出了酒瘾，不喝酒就头疼，喝高了就忘事。某夜，他酒后打电话与老武约见面时间地点，他在电话那边说："等我拿笔记记，明天我可能连跟你打过电话都想不起来了。"

假汇款

老邱等钱等得心焦，笔者跟老魏就填了个假的汇款通知小票给他。老邱一见小票，二话不说，拔腿直奔邮局。笔者和老魏怕把玩笑开大，忙拉他："老邱，汇款单是假的。"

"啊，那我就取些假钱来花吧。"老邱喜气洋洋地说着，还要往外奔。我们费了很多口舌，才让他相信汇款单确实是假的。

玩　笑

434 有句戏言，记其音为"啊哈奇曲哇"，字面没有什么意义，常由数人齐喊，不知道的听了会马上问："你们说什么？你们刚才说什么？"

另有一句戏言曰："你还美呢，八二、八三全知道了。"见人闷头一句，常会看到出乎意料的效果。

一日，某八三男生到 434 宿舍串门，刚进门，就有人对他说："你还美呢，八二、八三全知道了。"

小男生先是一愣，然后居然哭了起来。

"别哭别哭，"这是同情，下面一句，"说说怎么回事儿吧？"玩笑还得往下开。

"是她让我跟她去的，她不知道商场在哪儿。"原来他刚刚陪一小女生逛了商场。

此事没被张扬，为的是保护青少年的身心健康。没几天，听这小弟在楼道里喊："你还美呢，八三、八四全知道了。"

外　号

六大爷外号中的"六"是因为他姓"陆"，"大爷"表达了对他的尊敬,因为他的身上体现了"来自农村的学生所能有的、并为城里人所不能具备的一切美德"。

周围常用外号有:猫、肚子美、三十八、大腿、小皮鞋、小白菜、热得快、特务、家雀等。

某女进修生好穿一长风衣,上下一般粗,称"桶子"。

外号也取给外人而不知其名者。

某学生高干,个子不高面老皮黑,常携一比他高且白的女生散步,那女生便被叫作"大姑娘"。

某学生高干的女友,脸过圆且没下巴,被叫作"茶壶"。不久又有一长相酷似的女生出现,被叫作"二茶壶"。

老缪的外号"大队长"将是一个永久的秘密。

体　育

姚兴善一双有力的大腿整天都好像在空中飞来飞去,他关门时不用手,一抬腿,脚就打在门的右上角上了。一次课上老师说"文革"时否定芭蕾舞的事,有一句"大腿满台跑,工农兵受不了",举班大笑,目光却都看着姚兴善。

运动会前,念姚兴善整天飞腿,弹跳肯定不错,动员他报跳高。他沉吟片刻,说:"跳高可能不行,要是跳低肯定没问题。"问怎么个"跳低"法,回答是"跳高是从下往上跳,需要技术,没练过。跳低是从高处向下跳,比如说你能从二楼跳下去没事儿,我就能从三楼跳下去也没事儿"。他适合的就是这种跳低。

目睹过他站到单杠上一跃而下，落地无声。春游时在香山崖间跳来跳去如履平地，但一次在宿舍里一跃而到上铺，结果床板砸下，下铺的张旭东险些被压扁。

老邹并非长跑高手，可有一次达标考试居然第一个到达终点，差点儿把自己累死。问他干吗这么玩儿命，答曰有留学生跟着一起跑，怎么也不能让外国人第一。这就是诗人老邹。

生　病

老邱因为喝了一杯至少放了二十天以上的水而得了痢疾，一米八几的大个子变成了长长的一根面条，被几个人架着送进了校医院。不久，张旭东得了肺气肿。再往后，笔者又得了两次肺炎，其中一次还住了院。不知道是不是跟这些事有关系，六大爷也开始到医院去频繁做 X 光透视，大夫说他没什么事，他不信，不时还要去透视一下，最后也没透出个所以然来，但他就是觉得自己呼吸不那么畅快。

"喘气儿不就是么回事儿嘛，"老邱说，"你还要多痛快？"

孙伟波得了肝炎，被通知回家休学一年。据说，他的父亲是一个心地极善的军官，看到自己的儿子生病在家，就觉得儿子是占着茅坑不拉屎，有那么多人想进北大念书，可你呢，占着一个北大名额却在家里待着，于是，就劝儿子干脆退学，把自己的名额让给别的孩子。可能是话说得厉害了一些，老孙又得的是肝病，容易恼怒，悲剧就这样发生了。

一天，老孙突然离开家，像是要去做什么事。大概父子连心吧，父亲就让人开车跟着他去了，老孙上公共汽车，他们就跟公共汽车，老孙换乘电车，他们就跟电车，这样一直跟到西直门附近，目标跟丢了。这时，父亲突然感悟到，老孙大概是要做什么事情，就赶紧跑到铁道附近，在那些乱七八糟的道岔上寻找着儿子的身影。过了一会儿，一列火车远远地开来，快开到跟前时，面色惨白的老孙突然出现在铁轨中间，正视着火车向自己开来……

这是文八二发生的最悲惨的事件。老孙是一个极聪明、功底扎实的同学，下得一手好棋，字也写得漂亮，只是不爱与人接触，在校时天天待在挂着蚊帐的上铺，谁也不知道蚊帐里是个什么样子，你要跟蚊帐里的老孙说话，都很难知道你是对着他的头在说呢，还是对着他的脚。他只有打饭时才下来，常常买回很多饼一类的可以放几天的东西拿进蚊帐，为的是能少下来几次。

献　血

献血之前，把献血年级的所有人召集到一起开动员大会。一个被称为"邢大夫"的女大夫给大家做动员。她说："有人说，取血时用的针就像毛衣针那么粗，是不对的。"人们马上安静下来等着她说应该是多粗。

"比毛衣针细点儿。"

一片哗然。

接着，放映讲献血知识的电影。一开始是一个头上缠着绷带的伤员被抬进医院的镜头。坐在我旁边的老魏大声说："这是邢大夫装的。"周围立即一片爆笑。

老邱一心想献血，为的是换些钱来吃，可偏偏体检不合格。也有些人生怕自己的血让人家抽走一点儿会怎么着，就想法让自己不合格，但最后还是合格。

献血当天，外系某高大猛男一见血就直挺挺地向后倒去，被送至北医三院治疗，据说摔成了脑震荡。

同班某兄不良反应情况不详，我看到他时已经躺在临时床上，用一小吸管啜饮枕边一饭盆里的葡萄糖水。

另有某人不良反应不详，据说护士一看不对赶紧举起血袋，让刚输出的血流回此人体内，还不够，又取来一袋当即输入，才见好转，但补助照拿。此事疑有演绎成分，笔者目击的只是那人脸色苍白地躺在临时床上。

看电影

李玉龙成了影协会长之后，问我们放什么电影好。我们就说放《智取威虎山》和《沙家浜》，李玉龙真就照办了。

当晚，大食堂里人山人海，上面演，下面唱，好不快活。当时谁要是能多想一步，就能发明后来的卡拉OK。

李玉龙有一本事，就是国内同声翻译苏联电影的第一大腕儿特给他面子，随叫随到，我们也因此看了不少苏联当时的好电影。

李玉龙毕业后下落不明，毕业留言册上他留的地址是香港某地，可大家又听说他曾出没于北京和他的家乡贵州。

假地震

最后一个学期的一个雨夜，夜半突然一个炸雷，震得整个32楼直抖，不知谁喊了声"地震"，顿时楼内大乱。

笔者从众跑至楼下，见众人挤在楼门口看着外面大雨滂沱的样子，谁也不往外迈步。张华锋冲了出去，光着脚丫在雨地里，回头一看没人出来，就又跑回楼里。然后，都知道没有地震，各回宿舍，回味刚才一两分钟之内发生的事情。

434 宿舍的地上，从里间到外间门口十几米的地上，有一位老兄只留下了一个脚印，就是说，他从床上一抬腿就跨到了里外间的交界处，第二步已经出去了。张华锋说他听到谁说了声"地"，后面的"震"字就听不到了。

某人提着松紧带已经失灵的内裤行走不便，眼看前面挤满了人，就大喝一声："不要慌！"趁众人一愣，这位老兄早从人堆中窜了过去。

某人的女友住在一间别人实习走了的空宿舍里，半开着门缝大喊男友的名字，其男友早已逃到楼下去了。

笔者和老魏住在一间别人实习走了的空宿舍里，我跑了之后却没见老魏的影子，回来寻他，他还躺在床上。

"要是真地震呢？"

"我认了。"老魏说完，一拉被子，接着睡觉。

关灯事件

北大常有一些自发的群体活动发生，规模较大者能聚集起全校学生的半数以上，俗称"闹事儿"。有意思的闹事儿是三年级时候的"关灯事件"。

那年不知是谁怎么想起来的，说是为了让好开夜车的人和不好开夜车的人互不干扰，学校决定 11 点钟全校宿舍熄灯，但有昼夜教室开放。其实这算不上什么大事儿,可是,就为这事偏偏闹了个全校性的自发抗议活动。

关灯第一天,预备熄灯的铃声响了,突然校园大哗,很多人涌出宿舍聚集到校园里,成百上千人就在宿舍楼之间涌来涌去,喊着什么听不太清楚,意思就是关灯不好,不能关。

因为没想到会有人闹事儿,而且觉得这样的事情没有太大意思,434全宿舍的人都躺在床上懒得动弹。过了一会儿,便听下面有人齐喊:"32楼大草包!"才知道整个32楼都一样懒。接着,便有小石子之类的东西扔到窗户上。接着,楼道里出现有人走动的声音,再听,有人向下泼了几盆水。这下可热闹了。我们赶紧从床上爬起来下楼,不为别的,怕人家找上楼来以为是我们泼的水,弄不好再打起来。反正要是几百人一起说要打你,你是说不清楚的。

到了校园里在人群中转了一阵,在锅炉房附近看到一群人正围着当时的校团委书记吵嚷着,正直而勇敢的团委书记大声据理力争,笔者听到的一句是:"这不是马克思主义的态度!"

不许叫板

后来又有一次更厉害的闹事,好像是"九·一八"什么的。事已经闹到学校感到紧张的程度了,可是32楼好像没多少人去,每天热热闹闹地就跟平常一样。

最紧张的一天晚上,很多人都闹到校外去了,学校让各系劝说同学要理智,可32楼里好像一直就是那么理智,该多少人还是多少人,吃了饭待在宿舍里说说笑笑。笔者看到一直负责中文系学生工作的张剑福老师从楼梯上走上来,好像看到楼里的情况很放心,没说什么就轻松愉快地走了。

可是，32楼的弟兄们终于还是卷到事情里去了，那是因为一个住在三层的一年级学生在三角地写了张大字报骂人家参加闹事儿的，更要命的是还说自己会几下拳脚，谁要是不服就来比试一下。不知这位老弟想过没有，在三角地拿字说话是要负责任的，马上就有若干人找上门来跟他理论。因为他是中文系的，所以系里高年级学生就软的硬的一起上，把外系来找他理论的人打发走了。但把外人劝走之后，"内人"就开始教训起这个"生瓜蛋子"来。你知道什么呀就对人家说三道四，跟人家叫板！人家哪个不比你明白？……最后是：中文系没你这样的！然后就关上门痛打了他一顿。笔者没看见怎么打他，但听说打了不止一顿，而且说到最后也没打服他。由他去吧。

还是这次闹事过程中，开全系大会时系主任讲：出去（指去闹事）固然不好，但没有出去不一定就说明是把事情想明白了。是不是对一切都漠不关心了？真要是这样，更不可取！中文系的很多老先生最怕的就是他们的学生失去活力。其实不用这么担心，笔者感觉大多数人的心态是：漠不关心是肯定不会的，就是不想跟着别人屁股后面乱跑。有些活动的组织者说不出让人信服的道理，路数跟那位骂人家闹事者、并跟人家叫板的小老弟是一回事。用我们团委书记的话说就是："这不是马克思主义的态度！"

文八二的女生

文八二的女生被当时校园里很多人认为是相貌的普遍水平最高的，有很多追求者。但本班男生却好像无动于衷。

据张旭东说，一次有人听说他和董玥同班，"那表情就跟我和毛主席同班似的。"另有多名本班女生均受到过类似的仰慕。

终于有一本班男生决意追求同班一女生，结果遭到婉拒，于是情绪一落千丈，不时借酒浇愁。一日躺在图书馆前草坪上被同学扛回宿舍，脚上只剩一只鞋。

班主任明示"恋爱影响分配"，名声不错的文八二女生大多成了外人的女友，但笔者还是偷偷把一名文八二女生老武留给了自己，至今没有离婚。

另有一对同班男女生日后也成伉俪，而且恩爱至今，这就是远在大洋彼岸的张旭东和汪静。

因历史的局限性，那个时候与女生接触实在太少，有关女生的事情知道得太少，没有什么趣事可写。但我一直相信，文八二的女生确实是最好的。她们毕业以后大多过着宁静的生活，至今没出一个风风火火的"女强人"，这总说明一些问题。

434 宿舍

32楼434宿舍是一个套间，里外间一共住了十名同学。老邱、大队长和我住里间的上铺，大队长的下铺是老魏，我的下铺是张华峰，老邱的下铺是老杨。外间住着诗人邹玉鉴和从不写诗的六大爷等四个人。大学四年里没有任何变化。

里外宿舍刚入校时做过一两次卫生，以后就再没扫过地。

最初门上贴着"请勿敲门"，后来改为"实在有事请大喝一声"，再后来门就一直开着了，因为门坏了，没有三四个人一起下功夫就关不上，除非放假回家，平时没人想费那劲。

很多人都喜欢到这肮脏的地方来做客，谈笑风生，不亦乐乎。后来，张华峰升任"五四文学社"社长，邹玉鉴成了诗社社长，434 就多有学生当中的高干、社会上知名作家和走火入魔的文学青年光顾了。宿舍主人也能以礼相待，大多能成朋友，只有太让人讨厌的客人才会被赶出去，情况极个别，多为那种疯狂地想成作家、什么正事也不做跑到北大要吃要住的人。

"这里面可能有天才，"忘了是谁说的，"但天才已经多得招不下了。"

赶走客人并不是真的当场轰将出去，而是告诉召来某客的人说："这家伙不是东西，以后不要让他来了。"然后就再见不到那人来了。434 的人多视同宿舍为一家，客人总是外人。自家人有话可以直说，并不会因此影响关系。

老邹的一个吹笛子的朋友因为一来就要吹笛子，很烦人，就被宣布"不是东西"，以后少来。老邹还背后替人家说情："人家是专业吹笛子的，吹得比我这不专业的不是好多了吗？我吹你们都觉得可以，人家吹怎么就不行了？"结果老邹的说情奏效，那个人又来了几次，但不吹笛子，改吹箫了。

和张华峰对床的老魏曾有一次看到一个坐在张华峰床边等老张的女作家等到很晚很晚还不走，就对人家说："我现在可要洗脚了。"

"那你就洗吧。"女作家说。

"是呀，跟你说一声，这不是礼貌吗？"

434 弟兄

434 的弟兄们无一例外地全是心地善良之辈，又各有特点。

老魏正直坦率,有着全宿舍最干净整洁的一张床,常盘腿坐在床边,打开抽屉上的小锁,从里面取出一根烟抽着,说些有乐儿的话。比如说,他说去图书馆总说是"我去北大图"。他说如果只说去图书馆,那人家就不知道你去的是哪家图书馆。

跟谁都不在乎的大队长比较怵他这个下铺。

"把脚拿上去!"老魏一喊,大队长就会把搭在床边的脚拿上去。

"我看你干脆洗洗脚吧!"

大队长就会去洗脚。

六大爷淳朴随和,怎么跟他逗也不会急,但他不会主动跟谁开玩笑。不过有一次还是给大家从外面捡回一乐儿。他从教室的书桌里发现了一封情书,就用纯正的东北话念了起来,并加上了东北方言特有的衬字。

"你看那高山(不介),它烂了。你看那大海(不介),它干了。我的心(不介)……"

老邹成天琢磨诗,还要把写好的诗对着恰好在宿舍里的人朗诵,赶上谁是谁,让人家端坐在他跟前,瞪着眼看着他朗诵,完了还得发表一下意见。老邱因为天天躺在宿舍里,是最经常被他弄起来听他朗诵的一位。而且每次老邹都要让老邱坐在一个墙角里,跑都没处跑。别的人差不多都有类似经历,一般听完了都说:"嗯,挺好。"但老邹绝不满意这样的反应,一定要让你说得再多些。有一次,老魏被按到了听诗的位置上,听完后,老邹开始发问。

"怎么样?"

"不知道。"

"你看这节奏怎么样?"

"嘛叫节奏?"

"那你说说旋律吧!"

"嘛叫旋律?"

但老邹得大奖的一首诗我们却至今能一起背出前面的十几句——听的次数太多了。

大队长写诗确实不同凡响,但他是纯属写着玩儿,就跟过去念书人没事儿练字,看着写好的字玩味一番然后扔掉一样。从没听他让谁对他的诗发表意见,更不要说朗诵了。他真正感兴趣的是国学,国学功底之好是同辈人中少有的。他写的诗后来得到北大不少诗人的很高评价,想来也和他的功底有关。

他每天忙着去上古文献或是历史系的课,有没有学分不在乎,就是喜欢。他和古文献专业的很多人是朋友,因为他们更能说到一块儿。大概是在宿舍里缺少谈学问的气氛吧,他在宿舍多是玩玩闹闹地瞎乐呵,高兴了就大声唱,让他真唱又不会了。

在近日看到的一些回忆文章里,老邱被描绘得过于怪异,好像是一个就知道喝酒、玩闹、语不惊人誓不休的"现代派"怪杰似的,这不准确。老邱长着天下一流的好脑袋,好学博学,才思敏捷,看问题深,悟性极高,出口成章,动起笔来行云流水,只是很少听他"跟真事儿似的"在那儿和谁侃文学,我想,大概是他觉得那样没劲,与他的心情不相配。

"老邱你怎么不写点东西玩儿?"

"干吗?"

"那你天天干吗?"

"活着。"

多少年来,我一直清清楚楚地记着上述所讲的有关他们的事情的全部细节,并一直认为:文八二很多出类拔萃的人物毕业后都发回老家去工作是令人遗憾的,一直待在北京的我每次见到他们,都会有一种良心不安的感觉。同学们凑在一起说起这事都觉得心里不舒服,一直到现在也是一样。

老邱和大队长说他们是自己愿意回去的,但我还是很固执地认为,学中文的留在北京工作是再好不过的了,可能这样想有些庸俗。

434的十名弟兄里,除了张华峰、北京籍的刘晓林和见势不妙赶紧考了个研究生的我以外,老魏、六大爷、老邹、老杨、老猫、老邱、大队长七位好弟兄毕业后均未能留京。十人中仅一人占了外地留京指标,这样的比例是所有(全校?)宿舍中最低的。但多少年后说起文八二来,这个宿舍里的人和事又是给人留下印象最深的,这是我一直引以为自豪的东西。他们给了我很多教益,和他们在同一个肮脏的宿舍里欢天喜地地生活了四年是我今生的荣幸。也许也有过不愉快的时候吧,那根本不值一提。

现在,我正在兴致勃勃地给孩子们做着动画片,时常感到,动画片里的有趣之处在根子上多来自434弟兄们在十几年以前留给我的某种感觉。可以说,在434的经历是我最可宝贵的精神财富。

[王川:男,1964年生于天津,1982年考入北大中文系,1986年毕业。1989年获中国社会科学院硕士学位。现为北京青青树动漫科技有限公司董事长兼创意总监、编剧、导演,主要作品有《魁拔》系列、《学问猫》系列、《飞天小猴王》、《小明和王猫》等。]

我的生死北大

阿 忆

一

从北大图书馆南门回本科生宿舍区,有一条穿越燕南园的近路。上中学时我就知道,燕南园是北大圣人居住的别墅区。那时,我认定中文系是我的最佳选择,知道了燕南园60号别墅住的是语言学泰斗王力先生。

王先生学越南语时,已经七十二岁,但越南语却成为他熟练操纵的第七种语言。这让我无法不自惭形秽。我十四岁开始学英语,却认为实在太晚了。

我知道王力先生,是因为他编注过厚厚的四卷《古代汉语》。我一直不知道王先生要花多少时间记忆,又要花多少时间才能写完这部巨著。究竟有多少汉学家曾受益于它,谁也无法统计。使我大吃一惊的是,这四卷书为王先生带来了惊人的版税收入。刚入学的第十天,中文系指派高年级学生王川带我们拜谒王力先生,路过燕南园南边的工商银行,王川说,这银行半数存款是王先生一个人的!

进60号楼之前,王川叮嘱我们,见王先生时,"切忌手在脸上乱摸乱抠"。这句嘱咐,让我觉得王先生十分神圣。等到我作为高年级学生带新生拜谒前辈时,"不得乱摸乱动"也成了一条铁打的戒律。我痛恨一切把这句话当耳旁风的人。我们隔着半个世纪的风雨,去参拜长者,除了毕恭毕敬之外,别无他选。

王先生家最让我垂涎三尺的,是客厅墙上挂着梁启超写给先生的条幅。另外还有一幅水墨画,是老舍夫人胡絜青画给先生的。

先生家到处都是书,包括厕所,因此60号别墅显得拥挤不堪。后来我发现,因为书而拥挤不堪,是所有学者的家居特点。前不久受香港传讯电视之托,在朗润园采访八十七岁的季羡林先生,老人家的两套单元,全部被书刊充斥。

我入学时,王力先生已超过八十岁。他既是老人,又是孩童。王先生曾拉住我的手说:"听说你们班出了个陈建功……"大家窃笑。陈建功是七七级学生,当时已因《丹凤眼》和《飘逝的花头巾》蜚声文坛,而我们进校时已是1983年。

提起"文化大革命",王先生十分委屈地说,当时的红卫兵还没有我们大,却伸手戏摸他的光头,先生从没受过此等委屈,认为这比让他死还要可怕。

由于身体原因,王先生已深居简出。但当年的中文系元旦联欢,先生还是被搀扶着出席了。我实在不清楚,毛孩一帮,群魔乱舞,先生何以看得津津有味,笑逐颜开。

上二年级时,我突然想到,为什么不写一写燕南园主人们的晚年,写写他们如何在阳光雨露下颐享天年?我怕别人赶了前,没打招呼便直奔60号楼,按了先生的门铃。先生下楼后,坐进沙发。当他确知我没有预约,便无论我问什么,回答只有两句:医生不让我多说话;你没有预约。

没有想到,十年后我自己也成了被人经常造访的小人物,而我最不喜欢的，也同样是不速之客。你必须尊重他，否则，他会传你闲话，但他打乱的是你几天的一连串计划。

不过，没等到我悟出此类同感，王先生已经作古，终年八十六岁。

二

上中学时，我们去北大玩耍，途经燕南园一段残垣断壁，我见一位十分矮小的老人，静静地坐在青石板上。看到我们走近，老人挂起拐杖，慢慢绕到残垣之后，隔着那段残破的矮墙，递过一枝盛开的花朵。

同学们一定是被老人家浪漫的举动吓坏了，便加快脚步，慌张地跑掉了。我只好一个人走上前，站在矮墙外，双手接过小花。我看见老人的嘴角在动，我知道，他是在努力地微笑。

直到考上北大，我才知道，老人家竟是美学大师朱光潜。但我无论如何无法接受，那位写过鸿篇巨制的朱光潜，竟会是如此矮小的老人！他中西合璧，学富五车，身高却只有150厘米。

那些年的中午，每逢我从图书馆抄近路回宿舍，总会看到朱先生独自静坐在青石板上，目光中充满童真，凝望着来来往往的后生。

先生对后生的爱，听着让人动容。那时，许多家境贫穷的学生时常到先生家索要钱票。先生乐善好施，家门大开，从他悟彻一切的目光中可以知道，朱先生不问得失，完全是一位打碎了算盘的人。

大三的时候，我从燕南园独自穿行，途经那段残垣，先生又一次隔着矮墙，送过一枝小花。

直到今天，我一直偏执而迷信地认为，那不是自然界中一枝普通的花朵，它分明是人类精神之树的果实，是一代宗师无言的暗示。在即将熄灭生命之火的岁月里,先生不断越过隔墙,把旷世的风范吹进晚辈们的心灵中。

朱先生病故时,是八十九岁。听闻先生乘鹤西去,我驱车回家,把那部夹着两朵小干花的《西方美学史》点燃,心中默念着——

先生之风,山高水长。

三

王瑶教授是我所见过的先生中,寿命最短的一位。但他七十四岁时,记者还误以为他会长寿。

记者问他:"您长寿的秘诀是什么?"

王先生答曰:"秘诀有三:抽烟,喝酒,不锻炼身体。"

王瑶是朱自清教授的研究生,完全继承了朱先生的遗风。他从不给研究生上课,而是像朱先生那样把学生们请到家里喝茶,他自己则像朱先生一样抽着大烟斗。朱自清有长寿眉,后生也曾以为他会长寿,但他体弱多病,只活了五十岁。据说,王先生所有研究生也都个个继承了王先生的衣钵,信奉"抽烟·喝酒·不锻炼身体"是长寿之本,因此大多体弱多病。

1996 年,我为央视大型系列专题片《香港百年》做总撰稿,每星期要去港澳办文化司审节目。谢伟民是王先生的博士生,在那里当处长,我见他不吸烟,便责问他如何发扬先生的健身法则。谢处长立即辟谣,说先生以身作则是真,但弟子全部效法是假。

不过,如此浪漫的讹传佳话,我简直不忍截断,所以至今仍热衷于以讹传讹,不在话下。

王先生溘然长逝时,恰是他发表长寿宏论的第二年,终年七十五岁。

四

大三的时候,我对中文系厌倦到了极点,闹着要转到法律系。正是这时,我们开了一门新课,是民间文学。可以料想,我对此类课程该是多么厌烦。

开课大约四周之后,我才勉强听了一堂课,原因是听说授课教师是屈育德,她是金开诚先生的太太。当年"金开诚"是一个闪闪发光的名字,他不光是语言学家,而且是社会活动家。他的太太该是什么样子呢?

事实上,第一次上屈教授的课,我就被吸引了。但吸引我的不是她的民间文学——她讲的话,我一句也没听进去——我只是望着这个女人发呆。

听说金先生娶屈教授时,屈教授是北大第一美女。但眼前的屈教授,已被疾病改变成另外的模样。在残酷的政治迫害中,屈教授祸不单行,患了咽癌。长期的痛苦完全覆盖了她青春时代的美丽容颜,也差不多打碎了她的发声器官,她竟以鼻音方式为刻薄的学生们讲了十几年课。

记得1985年隆冬一个极为严寒的早晨,天刮着凛冽的北风,本来就不乐意忍受屈教授难听的鼻音的同学,这下就更不愿意离开热被窝,去教室上课。那一天,屈教授在教室里耐心地等待着,但百人教室只稀疏坐着七名学生。她没有像往日那样点名,把没来的人登记下来。她望着窗外的风,低声说:"有七个人,我也会来上课。即使只有一个人,我也会来。不过,如果一个人也没有,我就不会来了。但,这不可能发生。"

当时,我们在座的七个人都很难过,课后讲给没来的同学听,大家都后悔了。

我有一个夙愿一直没有完成,我想亲口告诉她:"我敬爱您。"

1989年4月15日,屈教授咽癌扩散,与胡耀邦总书记同一天病逝。

五

考进北大的时候,中文系的骆一禾和法律系的查海生刚好毕业。骆一禾分到《十月》杂志社,查海生分到中国政法大学。

那时,骆一禾、查海生、西川,并称"北大三大诗人"。

刚跨进校门,我和臧棣找到西川。他当时尚在西语系英语专业学习。后来,英语专业扩大成了"英语系"。但很长时间里,我们都没有见过骆一禾和查海生。

实际上,西川作诗,远远高于骆和查。但或许真是未谋面的人更能引起广泛好奇,所以骆一禾和查海生一直遭到师弟们更高的迷信。

骆一禾的诗我没有一首喜欢,但我仍然着迷地想知道他的事情。后来,中文系八一级有一个叫张玞的女孩作了骆一禾的女朋友,我便格外注意张玞,想知道喜欢这样女孩的男人该是什么样子。

1989年5月,我终于见到骆一禾。那时,我已毕业,在祥云公司作饮料销售经理。骆一禾和我之间,只隔着厉伟。厉伟是厉以宁教授的儿子。只要厉公子不和我说话,我便仔细端详骆一禾。

他是典型的文弱书生。我没想到的是,我见他第一面,也是最后一面。聚会中,骆一禾太兴奋了,他竟欢叫着,瘫倒在张玞怀里。很快,骆一禾被抬上三轮车,在张玞的护送下,穿过密布的人群,消失在我们的视线里。

后来知道，骆一禾是脑溢血突发，抢救过来后成了植物人。不出一个月，器官衰竭而死，年仅二十六岁。

见到查海生是什么时候，我记不起来了，只记得他是极其普通的一个人。如果把他放在北大某个食堂，他会和大多数学生一样，无法引起特别的注意。他绝不可能像西川和臧棣那样容易被人认出来。不过，他写下的几首好诗，在被金钱突然搅乱的岁月里，一直被人传诵着。比如《面朝大海，春暖花开》。

查海生是典型的穷人的孩子，他有敏感的心和脆弱的神经，在诗的领域里，他幻想着"喂马，劈柴，周游世界"。

最后一次见到他，是在中国政法大学讲师宿舍。他在墙上挂了块几近破碎的灰布，声称是太阳。凭直觉说，此时的查海生已出现严重的精神障碍，他完全置身于幻象之中。

1989年3月，查海生在山海关卧轨，撒手人寰。

六

1985年秋天，凡是中文系老生，大概都知道有个东北来的新生，名叫褚福军。原因是他真真切切，不耻下问，毫无北大学生那种与生俱来的狷傲。无数次，我被他在水房里、厕所中、楼道间问个不停。后来，他得知我在法律系听课，就连那边的事，他也想知道，而且常常在大热天里，钻进我的蚊帐。

他乐于助人，也像他酷爱提问一样，很是知名。

后来，我常在校园传抄的诗集中看到"戈麦"的名字。戈麦的诗，写得很多，意象当然先进，但坦率地说，没有一首我喜欢。我只是十分羡慕那些不断写诗的人。事实上，那时的诗已蜕化为少数精神贵族的田园，其中的耕耘毫无利益可言，因此我喜欢这个叫"戈麦"的人。

我没有想到，戈麦就是褚福军。我很难相信，一个热情澎湃而乐于助人的人，在诗的领域里，竟是百断愁肠。

我辞掉公职后，有相当长一段时间赋闲在家，时常回北大坐坐。有一次正在喝茶，褚福军闯进来，高声通报一位同学病故，由他召集追悼会。这个时候，褚福军也已毕业，但和许多北大学子一样，喜欢时常回校看看。

一年后，我在另一间宿舍喝茶，褚福军又闯了进来，高声报告另一位同学在成都与歹徒搏斗，遇刺身亡。他要召集大家，再开一次追悼会。

整整一年后，我正在家中写《青春的敌人》，我们班的诗人王清平打来电话，说戈麦投水自尽了，问我参加不参加追悼会。我犹豫了一下，最终没有去。

如果我不亲眼见到他进火葬场，感觉上，他会一直活着。

我不能相信，一个热情洋溢的人，怎么会死！

我又怎能相信呢？

七

北大经济学院在我上学时，只是经济系。现在的经济管理系，当时只是经济系的一个专业。当时经济管理专业有一个大名鼎鼎的活跃分子，名叫葛维列。

葛维列的眼镜度数一定不浅，因此显得眼珠略略突起。我和他认识，是在校团委。我在宣传部当常务副部长，他在社团部当副部长。

毕业后，我自告奋勇，去了经济前线，在残疾人占 54% 的北京大宝化妆品集团做总经理助理，他却四平八稳，留在社团部，当了专职部长。

90 年代一过，我决计离开商海，回到文化圈儿施展拳脚，葛维列却恰好离开团委，去美国读 MBA，回国后投入商潮，创办了"中帝公司"。

我们再次会合是因为我和同班同学宓鸿在北京电台主持《京华人物访谈》直播，我们急需访谈对象，而葛维列恰好因为把美国硅谷一种高妙的股市仿真培训模式原封不动挪到中国，一下子成了各报头版的新闻人物。

直播结束后，葛维列请吃饭，大家议论纷纷，涉及北京电台 16 点至 18 点为什么会空置无节目，那时段，股市刚刚收盘。葛维列决定投巨资，开发这个空白时段，于是有了今天京津股民每日必听的《今日财经》。

《今日财经》后来如何运营，我几乎一点不知，只是在直播间经常碰到宓鸿和葛维列。那时，我已经转到午夜节目《人生热线》，后来又脱身给《女友》杂志写专栏，再后来被央视弄去。葛维列的消息越来越少，但听说，他的摊子越铺越大，情况喜人。

90 年代过后，北大团委的主要官员大多辞职经商，而且很快都成了叱咤风云的巨商。我在《人生热线》时，曾专门为他们作了一星期的热线特别直播，即《儒商夜谈》，葛维列是所谓"北大儒商"中重要一例。

1995 年，《女友》杂志全文转载了这次令在校学子欢欣鼓舞的谈话。第二年，《读者》杂志决定从《女友》摘转此文，要我给每位儒商的讲话起个题目。我给葛维列的那篇采访起名为《怀揣梦想》。

但实际上，此时的葛维列，已负债 6000 万，中帝公司被迫放弃

《今日财经》的经营。

1996年深冬,甘肃省把《读者》杂志寄到央视节目组驻地,我正在重看葛维列的《怀揣梦想》,宓鸿惶惶打来电话,说葛维列已在北京官园宾馆吞大量安眠药自尽。

我相信,在所有北大出来的巨富中,葛维列头脑中涉及奢华的意识最少。他的全部想法只是干成几桩大事。他是这些人里唯一一位没有购买私人汽车的人。

八

过去,从学五食堂北侧向西,有一条通向货运场的小路。每年新生入学,行李就从这条小路,用三轮车,拉到本科生宿舍。奇怪的是,我入学那年,没有接站老生。于是,我就像老生一样,在一连几天的细雨中,一趟一趟为同班新生拉着行李。新生们总是远远跟着,只有一个胖女孩,在车后奋力助推。她就是我们班的舒春。

老实说,这个班让我失望透了。大家都很沉闷,毫无集体意识。能让我喜欢的只有少数几个,舒春就是其中一位。

几天后,我拿着自己的相机和胶卷,带着大家去西校门拍入学照。大家依然三三两两,彼此离得很远。舒春跑到我身边问:"你是不是很伤心?没有关系,让我来改造他们!"说完,扭搭扭搭跑远了。

四年级时,我们班的确成了彼此温暖的集体。不夸张地说,舒春功不可没。每次开班会,大家多是站在一边观望,畏缩不前,总是舒春左右摇摆,奋力跳舞。她的舞,跳得不好,但让我十分感动。

舒春是这个时代少有的那种女孩子。她不大专心学业,倒十分精于烹饪,做菜又香又快。我们班53个兄弟姐妹,都吃过她的佳肴。后来，她与物理系高年级学生谈恋爱，毕业后就势嫁给了他。他被我们班男生戏称为"舒妹夫"。我和舒妹夫很快成了莫逆，经常在一起酒肉穿肠，烟雾缭绕，吃的当然是舒春烧的饭菜。

舒妹夫毕业后，留在校团委，作政策研究室的专职主任。像所有知识分子一样，两人饥寒交迫，却恩爱有加。舒宅其乐融融，成了北大团伙的集散地。那时，最让人吃惊的是，舒春竟从胖女孩，蜕变成窈窕女子。

90年代过后，舒妹夫跳入商海，加盟 Price Water-house，为美国经理提包，尔后步步擢升。日子因为富裕开始颠沛流离。先是舒妹夫赴香港长训，舒春在北京守身。后是舒妹夫调往新加坡，接舒春同住，双双换了绿卡。

但仅仅一年，舒春郁郁寡欢，充满心事地只身回到北京。

像从前一样，她盼望的还是同学们能时常聚会。不同的是，她的这种爱好比以前更加炽烈。好像好多话都窝在心里，希望通过同学亲情来冲淡它。遗憾的是，老同学们都已过了三十岁，正是事业上拼命的季节，没人抽得出时间来陪她。

1997年元旦前，老同学曹永平说，石景山有个拜佛的好去处。舒春便强烈要求我载着他们同去。除了朝泥樽土偶行跪拜大礼之外，舒春还花了重金，请守佛人指点，主要是点拨家庭秘籍。守佛人如何点拨，我们不得而知。舒春把他拉到旁边的房子里，比比画画，听了许久。

出来时，舒春沉默不语，一脸严肃。

实际上，那天从车窗里向她匆匆挥手，竟是永别。

以后，我们再没见过。中间她分别呼过我们，但大家都太忙。事后问起来，我们中竟没有一个人给她回过电话。

不久，舒春返回新加坡，去找舒妹夫。舒妹夫恰在内地出差，让舒春扑了空。

1997年3月，新加坡警察发现舒春在宾馆里已悬梁自尽。此时，舒妹夫仍在福建办事。舒春举目无亲，死的时候，一定是孤独极了。

突然接到丧讯电话的时候，我正准备从家中返回央视驻地，不知缘何平添一股怒火，我便开着吉普车，在灯火辉煌的长安街上狂驰，泪水不断打在方向盘上。我敢肯定，如果我们抽出哪怕一点点时间，给她一点点关爱，舒春绝不会死！

我跑上专家公寓的阳台，眺望万家灯火，听滚滚车潮，冥想着那个曾在三轮车后助我一臂之力的女孩子。秋天的细雨曾经粘湿她的头发，她曾奋力跳舞，曾在炉火边忙前跑后，常常是同学们都已酒足饭饱，她还没有上桌……

当我从噩梦中一天天醒来后，凡遇北大同学呼我，我一律火速回复，不敢怠慢。我不知道是不是如此，我们那片园子里出来的人，智慧而脆弱，一点点呼唤可以使他飞扬，一点点漠视便会瓦解他的生命。

1998年1月北京知春大厦

［阿忆：男，1964年生于北京，1983年考入北大中文系，先后获北大中文系文学学士、北大法学院法律硕士，曾任厂长助理和销售经理，先后在《北京青年报》、《翻阅日历》杂志、北京人民广播电台、央视和凤凰卫视做撰稿人、策划人、主持人，著有《青春的敌人》《香港百年》《风雨北大水木清华》《忆闻》等著作，现任北大新闻与传播学院广电系副主任。］

诗歌的联系

麦 芒

还远远不到怀旧的时候,也还远远不是总结的时候。网仍然沉在流动的水中,没有必要马上拉起放到岸上。

人和艺术一样,与历史总是存在着一种若即若离的关系。当人先于他的艺术变成历史,僵化也就开始了。

我在北京大学生活了十年,从 1983 年到 1993 年。但从终极意义的刻度而言,这也许仅仅是人生短促的一顿,不完全重合于历史外在的时间。我常常想:这十年到底带给了我什么呢?人物?风景?内心隐秘?性的愉悦与无所事事的快感?所有这些能被笼罩于一个大而无当的词的阴影之下吗?这个词就是……"个性"?

之所以将"个性"加上问号,是因为这个词颇带嫌疑。一方面,在当下时尚传媒的连篇累牍的渲染之中,它早已成为某种陈词滥调,可随时被金钱掏空替代。另一方面,在众多更新进的(不一定是光指年岁)90 年代的诗人作家中,一些在他们看来更高级和更切中要害的文学观念似乎也已完全可以粉碎个性。个性,一个虚妄而已,戏仿塞菲里斯的诗句来说。

如果不是个性,那还会是什么?知识吗?我觉得我时至今日仍然舔着茫然无知的酸果。不过可以肯定,"知识"之树已经从脚底长入了我的身体，并正在向上顶撞着我的胃，提醒我迟早要对自己有个判断。可这我也做不了主。

那么就避开"个性"与"知识"吧，让我限制一下范围，戴上第一人称的面具，简单谈一些因诗而联系的别的人事。

1983年秋进入北大中文系的时候正赶上了所谓的"清除精神污染"与批判"三个崛起"的运动，朦胧诗的影响却因受此牵连而深深扎下根来。我们八三级文学专业共有差不多五十名新生，约三分之一是来自各省市的高考文科状元。一入学就有人张罗办起了班级文学壁报。男生住在32楼四层，壁报就出在当时住十个学生的大寝室416室。于是大家写稿，大多是中学生作文性质。影响最大的还是诗，旧诗新诗都有。我当时主要仍迷恋于旧诗，律诗、绝句和词都写，从中学带来的习惯，冥顽未化。但真正引起大家小范围注意与争论的还是写新诗的几位同学，都是来自416室。

一位是清平，论年龄排行我们称他老王。诗如其人，一开始就显得老练，语调平和沉稳，风格却极易被分辨出来。从那至今行不更名坐不改姓，诗中签名清平，朋友呼之老王，极富威信。

另一位是臧力，名字孔武有力。他当时的诗对于我来说是完全陌生的，因而我所感受到的冲击力也最大。还记得他那时有诗一首名为《鱼尸》，其中有两句好像是这样的："死亡是随时的节日／连亲友也都疲于送葬。"这种出死入生的细腻感受能力显然是符合他在日常生活中常常高人一头的印象的。

还有一位是徐永，本名徐永恒，四川省当年高考文科第一名。徐永显然是当时最活跃最自发的诗人，经常不厌地写到四川，各种细节与玄想，尤其擅长于在作品中体现出他对女性由少女到少妇这一生命过程的关切。他多变的风格容易被粗心的人误解为缺乏成熟的稳定性。

殊不知在此背后有着一种真正的诗歌作为生命自然生长的能力。

最后,出现在我的视野之后的还有一位来自福建的漂亮小伙子。他当时可能和我一样,尚未全力投入新诗创作,但他注定是北大未来同时招朋友与女人喜爱的响当当的天才人物。他因故在入学当年秋天休学一年。等到他第二年重返中文系时,他的天赋悟性与创造才能不可遏制地以花花公子的形式全面迸发出来。他被朋友喊做小蔡,起初在诗歌中以恒平闻名,后来在一系列关于艺术与生活的小说中简单地以蔡命名,把自己完全崭新地塑造出来,这个艺术家主角最终进一步自称为圣徒蔡。他在自己包括诗歌小说一切在内的创作上也都开始堂堂正正毫不回避地署上全名:蔡恒平。他本身就是一个独成一体的值得珍视的时代故事,相信很多别的北大朋友都有他们各自对此的体会。

很快,臧力、徐永他们开始牵头发起班级诗社,最后命名为"江烽诗社",参加者有十数人之众,老王当然成为中坚人物之一,我也因几首拙劣的旧诗与幼稚的新诗被臧力拉劝入伙,从此上了诗歌的梁山,一逞叛逆逍遥的快意。待到次年小蔡归来,他虽人在八四级,也被理所当然地让臧力发展进来。也就在这个时候,江烽诗社筹备组稿,油印出版了一本诗歌合集。我记得徐永等人还兴冲冲地在校园三角地卖过。

以入北大为界,上述这些人就因为诗歌的原因成为我个人精神上最感血缘联系的兄弟朋友。我早期天性上就对这种兄弟情谊有着一种极大的需求,在群星璀璨的光芒下写作诗歌非常能够满足我的这种天性。

不过,很显然,我的想法也许一点也不独特。因此下面我又要将"我"这个第一人称的单数改换成第一人称复数的"我们"。

我们当时仍是处在一个特定的时代,社会解冻的过程仍在进行之中，到处是初出茅庐的青年三五成伙跃跃欲试，清新的气息开始在灵魂中弥漫。文学，尤其是诗歌，呈现的是个人与社会共同自由发展的美好远景。某种类似于文艺复兴的呼唤牵住了我们的鼻子。人能感到每天都在蜕去旧壳换上新的身体。具体表现在诗歌上就是：在北大的诗人既与校外各路人物有着广泛交流，又在校园之内各个年级与系别之间保持着良性竞争与互补的关系。部分是由于年轻，诗人远非如后来常人所想象的是孤立颓废的存在，相反，他们是对于现代人类社会孤立颓废存在状态的先天克星。团结仍然是他们诗歌背后的共同主题。

也就是在这种背景下，我们并非全然被动地接触到朦胧诗的影响，骆一禾、海子和西川也依次向我们展现了他们的存在。当时有两个文学组织起到了重要的聚集群英的作用，一个是中文系的油印文学刊物《启明星》，另一个是全校范围的五四文学社，但基本上两者都是由中文系文学专业的本科生主持，与研究生毫无干系。特别是自八二级文学专业的张旭东和张华峰分任《启明星》主编和五四文学社社长（他们同班的北大奇才、号称"恶和尚"的缪哲随即也蜚声于北大文坛）之后，中文系本科生居住的 32 楼四楼荟萃人物一时之盛。接下来便是臧力先后担任《启明星》主编和文学社社长两职（小蔡后来也任过文学社社长），充分显示了他作为批评家与组织者的才能。当时众人狂飙突进的不言而喻与不约而同的想法是，就对于当代中国文学前途身体力行的把握与贡献上，研究生（博士为甚）最愚蠢，本科生（也就是我们）最聪明。

作为后话，没想到数年后我们中有的人（如臧力、我和小蔡）便背着自己的诅咒相继踏上了这条去聪返愚的道路。于是我再次落脚到单数第一人称的"我"上来。

好像是 1985 年秋五四文学社在当时的勺园地下厅的一次诗歌朗诵

会上，臧力（时正用笔名"海翁"）的一首《瘸猫》被人就着昏暗的烛火用沙哑的耳语念出。也就是在这次晚会上，一个留长发带野性活力十足的小伙子格外引人注目。不久，很可能是在时任五四文学社社长的张华峰的介绍下，我正式认识了这个在俄语系八四级学习的号称有藏族血统的成都小伙子洛兵，尽管在他刚入校时我就好像在臧力那里读到过他的一些早期诗。

关于洛兵，他在北大的逸闻一直不断，小蔡在他写的一篇关于北大生活的小说中好像也提到过一二。不过也正是这个当时以"杜拉"为笔名出现的诗人洛兵组织起了他自己的燕浪诗社，联合起以外语系学生为主的众多诗作者，形成了对中文系在北大文坛上霸权的某种抗衡。而且最终他在后来的中文系也赢得了相当多的跟随者，从而或多或少地打破了中文系与外语系创作之间因文学观念的差异而产生的隔阂。

在1985年秋出版的《启明星》第十期上，江烽诗社社员们的诗作齐齐亮相。徐永还特意为此专辑写了信心十足、不卑不亢的前言。从此往下，中文系似乎每隔一级都会有四五个写诗的同仁在《启明星》上集体露面，这好像也成了一个不成文的传统。

到了1987年临毕业之际，臧力、老王、徐永和我一起商量决定出一本四人诗歌合集。那段春末夏初的时间是一段愉快的时间，集稿、跑印刷厂、校对，夹杂以玩牌聊侃，诗歌成为喜悦的源泉。诗集出来定名《大雨》，好像是徐永的主意。然后我们四个人一起拉着它们在北大校园以及北京其他几所大学叫卖，如小商小贩一般。也不记得到底卖掉了多少。

干完这件事，就该本科毕业了。徐永是我们四人中唯一离京的人。他回到了他所不能忘怀的四川，稍后却仍然寄来一阕手抄今人旧词:"大雨落幽燕……一片汪洋都不见,知向谁边?"我于 1988 年冬在成都匆匆再见过他一面之后,至今无缘重逢。

再往下写就已是另一个阶段的人和事了。

比如说在 1987 年 12 月的最后一天午夜,贺照田带着一个人来到我的宿舍,介绍说这是老六。真名褚福军的老六几年后成为诗人戈麦。

比如说同一个下半年我认识了与我来自同一座城市的北大哲学系研究生罗声远,他曾是少年乒乓球冠军与篮球高手,我们一同在南方家乡与其他朋友一起度过好些滋润心灵的寒暑假期,而我也是在他那里初次读到了马可·奥勒留的《沉思录》。

1991 年秋冬之交,在戈麦刚刚自沉后不久,一个清晨我又听到了声远在长沙卧轨自尽的消息。1992 年初我站在他的新坟上洒酒祭奠。

比如说,1989 年 3 月底臧力脸色苍白地来到我正在兴致勃勃地玩牌的宿舍沉默半晌对我说:"你还玩牌呢,海子自杀了。"

比如说骆一禾在那个春天纪念海子的聚会上,站在 29 楼与 30 楼之间象征着民主与科学的 DS 雕像底座上高声吟诵圣琼·佩斯的话:"诗人,就是那些不能还原为人的人。"一禾也许没有意识到,连同他自己在内,他们,无论是否诗人,现今都已是不能还原为人的人。

生命与诗歌向我们显示了死者眼睑向下紧贴住湿淋淋的泥土所感受到的那份冰冷的沉重,向我们显示了个体存在被生死的界线截然分割的不可逾越的空白。然而也正是他们短暂的一生,不一定是完全通过诗歌,教给了我们生命与诗歌面向成熟时所能给予的共同的安慰,也提醒了我们一切必须时时重新从头从脚开始。

我在大概是 1993 年初本来是应北大校刊之约为西渡选编的北大诗集《太阳日记》所写的一篇简短介绍就题为《诗歌的安慰》。这篇文字后来好像没有被我送出,只停留为纸上初稿。

我在这里一个字也没有提到女性,这并不是意味着她们在往事与诗歌中不占据重要位置。相反,我是想要向她们表示尊重和敬意。在没有找到更好的表现时机与形式时,我不打算轻易涉及这一主题。然而这一主题也是与我所谓的安慰与联系的主题紧密相关的,两者都是为生命继续前进的目标所驱使。

我也继续戴着人称的面具前进。

十年磨一剑。这剑尚未真正磨成。

[麦芒:本名黄亦兵,男,1967年生于湖南常德,1983年考入北大中文系文学专业,1991年至1992年曾任《北京大学研究生学刊》主编,1993年1月在谢冕先生门下获中国当代文学博士学位,同年移居美国。2001年获得美国加州大学洛杉矶分校比较文学博士学位。自2000年起至今任教于美国康州学院。著有中文诗集《接近盲目》和中英文双语诗集《石龟》。]

47 楼 207

孔庆东

"北大往事",本来是我计划中的一部长篇的名字,现在忽然有人以此为名编一本书,那我的长篇将来出版时拟改名为《狗日的北大》,以表示我对北大无法言说的无限挚爱。当然,也可以叫《挨千刀的北大》或《老不死的北大》。我先把这些漂亮的名字公布出来,算是霸占一份专利,倘若有人侵犯了我的冠名权,那我将把"北大"二字置换为他的尊名。

现在,特从我的这部巨著中抠出一小节,作为北大百年校庆的一份贺礼。这一小节属于最最平淡无奇的部分之一,因为那些比较精彩的乐章,我是舍不得在这个年头拿出来暴殄天物的。这里讲述的,只是 80 年代最后几年一条楼道里的一群研究生的凡人逸事,我尽量每个人都说几句,因为他们中的大多数都与我久违了。我讲讲他们的一些无伤大雅的隐私,不是为了笑话他们,而是以此深深怀念我们共同奋斗、共同忍耐、共同享受、共同消磨过的那段神话般的岁月。

我 1983 年从哈尔滨考入北大中文系,住 32 楼 416,那段岁月我将专章讲述。现在话说转眼到了公元 1987 年,我本科毕业,考入本系现代文学专业,跟钱理群老师读研究生,这便动迁到了 47 楼 2072 室。

47楼是80年代新建的几幢研究生楼之一,坐落于燕园的南隅,从八卦上讲,属于"死门",主大凶。不过我当时不懂八卦,相信"人定胜天",结果终能死里逃生,得以今日坐在"生门"这里饶舌。

这几幢研究生楼的形象和设施,在当时是颇令学生满意的,体现了党和政府重视知识分子的诚意。每座楼均为六层,每个楼门内的每层分为相对的两个单元,每个单元里有五个或七个宿舍。

47楼207单元住有中文、东语、俄语三个系的研究生二十人。2076是水房和厕所,不过有一次竟收到一封信,寄给47楼的2076号的刘洪波先生,大家以为是恶作剧,便有人拆信阅读。写信者是一位云南小姐,信中含羞带怨地倾诉了对"刘洪波"先生的思念,并说欲近日来京,问刘洪波"既然有窃玉之勇,有没有藏娇之屋"。我们读后齐声谴责这个化名刘洪波的家伙,实在给北大丢脸。那封信后来不知下落,但我始终怀疑"刘洪波"可能就是207中的某个人,这小子在云南偷了点荤腥,既不敢担承,又想留点余地,于是就给人家一个假名假地址,既不会牵连他,他又能看到信,以决定下一步怎么办。207的哥们儿现在大多已有了妻室,要他们站出来承认大概是不可能了,于是我又怀疑是208的那些哲学系的小子干的。

下面我分别介绍一下207的二十位哥们儿。由于介绍的目的在于描述当时的人文气氛,并不在于为具体的人树碑立传,因此将其真名隐去,姑作假语村言。

先说2071,此室住的是四位东语系蛮子,分为两类。朱、毛二人原系北大毕业生,现读波斯语专业,所以长得跟西亚人没什么两样。老朱高大肥硕,活像一架立起来的波音747,头脑聪慧,谈吐诙谐,性格憨厚。他吃饭用的家伙与其叫饭盒不如叫钢盔。由于经常游泳,加上谦虚,所以有些驼背,估计砸直了的话,能有一米九。此公家住北京，不常住校，来则必到我处谈笑一回。四面敬烟、八方借火，人人乐于调侃，唯其臀下之床板嘎嘎作响。毕业时多数床板有裂纹，盖皆蒙老朱之赐也。老朱常穿一件滑雪衫，装束严整，尤其是冬天戴尖帽穿厚靴，推门而入时，活赛中东恐怖分子。别看他乐乐呵呵，在学习上实则律己甚严，除了英语、波斯语，还会法语，好像还会什么语。于是后来就娶了个法国妻子，看上去很贤淑。到法国干了几年，现在又回到中国为促进中法友谊而辛勤工作。我和老朱在一起开过很多玩笑，特别是1989年秋天他讲的那些笑话，永远留在我的记忆里。

小毛姓毛名嘉，自称山东人，但任何人一眼看去，就可断定他是个胡人。毛嘉不到一米七，但体格匀称结实，体多毛，因此酷爱到游泳池去展示，不舍昼夜。他发现我肚皮发福之后，兴奋异常，积极带领我做仰卧起坐，并引众人围观。后来又非要指导我游泳，我提出每次游泳前必须给我买一个大磨坊长面包加一瓶可乐，他一口答应，但只兑现了一次。其余的我都记了账，要他一并连本带利偿付，他总是答应，至今仍在推脱，每次国际长途中，这都是必涉的话题之一。

毛嘉是全盘西化的受害者，除了爱游泳，还爱打网球，做健身。他的嗜好全是资产阶级那一套，比如说听交响乐，一盘接一盘，还很讲究版本。我原来对交响乐只是听着玩玩，后来看他实在孤单可怜，就有时陪他听听，条件是他去买二斤鲜草莓，洗净摆好。他的欣赏水平当然高出我许多，但表达上不如我，我对老柴、老贝、老莫的评析每每令他大笑之余加上一句"没错儿"。他送给我一盘《欢乐颂》，那是在我很需要力量、很需要友情的时候，我常常听。

毛嘉还爱汽车。没事儿就画汽车解闷，被我怒斥为"手淫"。所以后来我一看见他画汽车，他立刻塞进抽屉，羞涩地说："手淫，手淫。"然后加一句："他妈的！"

毛嘉有洁癖，百事干净，特别是一天到晚洗衣服。他在一个盆里洗一件，其余的泡在另一个大盆里哗哗地冲着。我一听见水房里哗哗的瀑布声，就心疼得直愤怒，冲出去喊："毛嘉！北大的水费都费你身上了！给我闭上！"后来我不大听见那瀑布声了，原来他专门挑我不在时洗衣服。

毛嘉很单纯，但特别爱听我们这些中文系的胡说八道，他是个优秀的倾听者，一个幽默感非常出色的欣赏家。我和他的许多对话都是扮演某种虚伪的人，既有古典喜剧的情调，又渗透着后现代的反讽意味。用模仿的方式戳穿各种艺术骗局，是我们共同的爱好。比如我想让他破费时，就模仿《茶馆》中刘麻子的话说："咱一共还有多少块现大洋？"看见他点钱时，就说："你留着这么多同样的花纸有什么用？送我一张留个纪念吧，就要这张四个老头的吧。"毛嘉经常说"中文系的人太坏"，但那语调很像少女说她的男朋友"你真坏！"

毛嘉去伊朗游学一年，我送他一首《满江红》："小小毛嘉，有几个风流夙愿。一心想，天鹅落地，蟾蜍赴宴。月下联诗惊浴女，花前赏景闻娇喘，更哪堪湖畔共吟书，声声软。人之出，性本乱，学外语，吃洋饭。望长城内外，行尸百万。孽畜洗衣真费水，瘟鸡中暑鸡生蛋。待何时还我面包来，年年盼。"毛嘉在伊朗洗了一年衣服，觉得不值得叛逃，就又不羞不臊地回来了，遭到我等一致呵斥。

毕业喝酒那天，毛嘉第一个哭了。头抵在楼道的白墙上，睫毛上挂满了泪珠。他劝我一定要练喝酒，怎么能一杯啤酒就醉了呢？

后来，毛嘉娶了个小有名气的女孩，到英国去工作、读书了。最近来电话问我是否可以用"外国花纸"偿付我的面包，我说可以，但是要加倍。

朱、毛之外，另两人是林和吴，都是从部队来的，学越南语。

林、吴都是广西人。林长得矮小精壮，大脑门，大眼睛。锻炼身体的方式与毛嘉相反——自我摧残式。他的拿手项目是长跑，从北大跑到昌平。我开玩笑说："地球是圆的，你一直跑，就能到越南，再跑，就从南门回来了。"每次回来，他都比早上出去时小了一圈，满脸放射着回光返照的神采。然后买一只鸡腿，煮在电热杯里。一觉醒来，又是一条好汉。大家都不甚赞成他的长跑，但很羡慕他的鸡腿。因为我们每月的助学金只有七十五元，轻易不敢请女孩吃饭。而林、吴二位享受中级军官待遇，每月的津贴从部队上成百成百地寄来。可惜他们却不利用这钱去请女孩吃饭，都存起来给了后来的夫人，这大概就是"纪律严明，保障有力"吧。

小林锻炼身体野蛮了点，但骨子里很内秀的。喜篆刻，刻了些"长相思""忽忘我"之类的。也学写诗词，与我交流。由他们身上，我认识到，军人的内心实际是很脆弱、很多情的。小林那充满吃苦精神的憨憨一笑，是我不能忘怀的。

吴好像在部队的职位比林稍高一些，所以据说略有些脾气。但我从未感到他有什么脾气。老吴不善与人交流但又渴盼交流，所以经常振作精神，非常潇洒地加入谈笑阵营，最后不得要领，胡乱打了一圈招呼又讪讪而去。老吴常喜穿低领小背心到各屋游走。若有人讽刺他说话女声女气，他便以胸前黑毛证明他是真正的男子汉。后来我说，堂吉诃德的女朋友也是胸前生有黑毛的。老吴说我们是嫉妒他。我们赶紧说不嫉妒，是羡慕，我们恨不能浑身生些个才好。

老吴是有些个怕羞的，所以大家跟他开玩笑均注意节制。可是老吴并不注意大家的心情。他一进屋就热情地向每一个人问寒问暖，但其实你根本用不着回答，因为当你回答时，他正在关心另一个人。屋子里都是他一个人的声音:"你好!怎么样小伙子?不错吧?"对于众人的笑声,他经常问:"怎么啦?为什么?"后来我对大家说:"老吴再来时,咱们什么也不用说,一齐喊首长好、为人民服务就行了。"但老吴又经常令人望之不似首长,据传他早上醒来时,十二分慵懒地伸出一只黑色玉臂,轻声细语道:"小林,扶我起来!"我想,老吴居然也有这般的黑色幽默,他一定不是一个简单的给人带来快乐的人,他的内心也别有一番大千世界吧。

2072位于楼道的中心,住着我们四位中文系的。这里是整个207单元的会议室、休息室、娱乐室、吸烟室、饮水室、吃饭室、接待室、收发室……四个人中我自己当然不用介绍了,除了吹牛,一事无成,算个半好不坏的读书人吧。其余三位都是学文学理论的,黄、李和江。

黄是湖南才子,十六岁入北大。看去不甚用功,但悟性极佳,每考必捷,象棋和扑克玩得极好,水平与我不相上下而比我细致。我们俩联手打牌,打遍北大无敌手,即使牌运极差、形势极危时,我俩也稳如泰山,能够抓住仅有的机会,反败为胜。当彼之时,长气缓出,四目相视一笑,乐何如哉!李和江联手打我二人,三年之中鏖战不下百次,竟从未取胜!李、江二人每每吵闹、时时切磋,终究无可奈何花落去。环视今日北大,再无黄君这般最佳搭档,每次打牌,均思之不已也。

黄从本科时起,混迹于校园诗坛,至研究生时已薄有诗名。时或有天真少女及不天真少女前来叩教。黄神情倨傲,不给其以可乘之辞色。盖其年少心高,且有隐痛存焉。曾有一夜,久不归宿,吾急寻之,见他低头环楼而行,吾强拉之归。平日看他装束奇特,有嬉皮士之风,实则另一番追求在心头也。我最佩服他的不是诗,而是他对西方小说的通读。我在他那里抢着看了许多西方小说，受益不浅。毕业后，我暂离北大，他继续读博士，竟成为北大外语学得最好的人——把外籍女教师学成了自己的妻子。现在身在美国的黄老弟，你还写诗、下棋、打牌么？

李是河南人，妻室在邢台。老李相貌英俊但呈劳苦之色，生活能力极强，能帮助别人干一切活儿，办事认真，思想实际。偶尔有非分之想，但终于作罢或失败，令人起同情心的一笑，颇类唐老鸭性格。初来时思念爱妻，常写家书。写到高兴处为我等朗读，其中有一句："我从早到晚、朝三暮四地爱着你！"差点把我们笑死。老李写文章绝不涂改，有错字就挖掉，再用小纸块写好贴上去。

老李教给我许多生活常识，我看着他那骨节分明的大手，觉得他真像大哥。其实老李身体不如我魁梧，但他身无余肉，每块肉都能劳动。比如玩哑铃是我的强项，但老李只做一个小臂屈伸的动作，做一百次，我也努力做了一百次。可老李奋起神威，又做了二百次，我不敢做了。老李举着哑铃向众人示威。我知道到了晚上，他的胳膊会疼得要死。夜里他果然在上铺翻来覆去，但却愉快地哼着走调的小曲。

老李回家只要几个小时，所以经常找借口回去，什么封窗户啦、搭炉子啦。但他同时又是个尊重一切规章制度的老实人，我就不时捉弄他。一次他回家几天，我找了个研究生院的信封给他发了封信，含含糊糊地说他在北大的事闹大了。他一看信就吓坏了。来了以后听说没事，那种如释重负的快感，人人都感受到了。

我和老李更近的友谊还是在毕业后，这里就不说了。下面说说江。他是广西人，已经三十岁了，瘦高、善良，有股仙气，我们便叫他江半仙。每天夜里他负责关灯，但谁也没看见过他是怎样关灯的。

总是他说:"别他妈说了,睡吧!"于是就一片黑暗。后来我们知道他是用脚关的灯,所以不用起身。但我留意了许多次,也从没看见他是怎样伸脚的。从武侠片里看到一种武功叫"无影脚",也许两广一带的人都会吧。老江的长辈里有师公一类的人,他自己也会看看手相什么的。他说我要注意"防火",我的许多坎坷都与火气有关。现在我也常常提醒自己这一点。

老江和老李一样,都是经常倒点小霉、有点小苦恼的人。老江刚来时托运的行李,就被野蛮装卸过,毕业时也在分配问题上无端生了许多波折,但结局是不错的,善人自有天相。他三十二岁寿辰时,我送他一首七律:"人生相会似飘蓬,难得京华聚客星。卅载风云沉酒底,百年坎坷入沙汀。樽前一吐痴儿怨,身后谁知倩女情。且视仁兄增马齿,老来携手唱青冥。"

老江这种真正的南蛮,总爱吃点精致的。他把我夜里吃两个馒头的事,写信描述给他的夫人。他夫人大为惊诧,觉得馒头这种东西居然能吃两个,而且在夜里,实在是只有东北人才干得出来。老江总是买小炒,但他的饭量很小,能吃一半就不错了,剩下的便被我们这些虎狼之辈扫掉了。老江高兴时便给我们讲如何吃蛇吃猫吃老鼠,讲捉来老鼠养得肥肥的,一只鼠可换三只鸡,鼠肉一口咬上去,香嫩得赛过西施的舌头……那时大家没什么钱,每次聚餐都记得很清楚。

老江现在是广西出版部门的一个领导,到北京来经常请大家吃饭,他还记得有一次我用一块钱买了一大堆烂梨,大家吃得连梨核都没剩。每次打牌赢西瓜,买西瓜的都是老江、老李,吃得最快的是黄,那真是刘伯承元帅说的:"吃一个,夹一个,看一个。"而老江,吃两块就要去撒尿了。说来也怪,老江每晚主张早睡,而他自己偏偏早睡不了,因为他躺下一会儿,便要出去撒尿。撒尿回来先喝一茶缸水再躺下,刚要睡着又须出去……天长日久,老江虽然睡在上铺,但上下床的动作练得十分麻利,有时卖个乖,一条腿就能蹦上蹦下的,仙气十足。可是有一天夜里闹地震,老江一翻身蹦下来,叉开两条鹤腿奔下楼去却发现脚已经摔伤了。

2072 的三位兄弟,都给过我很大的帮助,他们的故事是说不完的。现在说说 2073。这 2073 的四位哥们儿组成了文学专业的一个完整阵容:古代文学的大春,现代文学的大光,当代文学的大力,文学理论的大河。这个宿舍有几个非常显著的共同特点。第一个特点是眼睛都睁不开,一律眯缝着。大春的眯缝给人一种认真钻研的感觉,看东西专注而长久,不看明白不罢休。据说在食堂排在女生后面买菜时,他能把脑袋伸到前面,再侧过去看人家的脸,因此在北大女生中有"老学究"的美誉,大家不以为怪。大光的眯缝是友善,同时具有一种妩媚感。大力的眯缝是器宇轩昂,类似关公的丹凤眼。大河的眯缝是谦卑,眯眼的同时咧嘴一笑,让人人都感到自己是站在高处。

第二个特点是学习外语空气浓。每人头上戴着一副耳机,坐在四个角落唧唧复唧唧,不知道的还以为是特务培训班呢。大春原来是中学英语教师,大光的托福考了北大最高分。因此这个宿舍成了当之无愧的"英语角"。

第三个特点是基本不打水。每个宿舍都有自己的"打水体制"。比如我们 2072 是无为而治式,谁有工夫谁打,一次打满四壶,人人自觉,壶壶不空。2073 是轮流值班制,每人负责一天半,四人共计六天,星期天轮空,这样每人只要挨过自己负责的一天半,就净等着喝别人打来的水了。所以,一到值班之日,那位老兄便到 2072 来喝水,其他人没水喝,更要到 2072 来。老江曾多次反对他们这种无政府主义创举,但结果是引起别的宿舍也来"利益均沾"。有的哥们儿端着茶缸进来,一拎起壶是空的,顿时很气愤:"你们也太懒了,快去打水!多打几壶,我喝完茶要吃方便面,一会儿还要泡脚。"好在47楼离开水房很近,提四壶水上四楼也不失为一种锻炼,所以打水、喝水也成为2072的谈笑素材之一。

大春的年纪仅次于老江,也三十多了。这位北京老兄多才多艺,有学有识,这样的人不能成为我们社会的栋梁,实在令人叹息。

大春在中学任教多年,对学生极好,学生家长很感激他,说一定帮他调动工作,不再当老师了。大春百感交集,决心考来北大。对"文革"及十七年文学艺术的熟稔,使他与我经常有共同的话题。

大春精力充沛,怀着一种"向'四人帮'讨还青春"的激情,他把日程排得满满的,一天听八节课是常事,有时甚至听十节,晚上归来还要到2072总结他一天的收获。大春头脑清晰,逻辑性强,两个小时的讲座,他用二十分钟复述得条分缕析,因此很多讲座我们不用去听,只等大春的概括就行了。无论你请教大春什么问题,他开口就说:"你记着,就这么两条……"他有本事把任何事都总结为两条。因此我给他取了个外号叫"两条"。

大春听完讲座一定要再三追问主讲人,有时问得人家捉襟见肘。有一次李泽厚讲演,我听说有两个学生一直追问到海淀。我说那两个学生肯定一个是贺照田,一个是大春!后来别人告诉我正是。

大春做事永远有计划、有理论根据,但又不枯燥,很有幽默感。那时我们关心他的终身大事,他总是说:"没问题,这个学期拿下来!"到了最后那个学期,真的拿下来了,他找了一个小有名气的女博士,因此我们戏称他为"博士后"。

大光的外语好,所以西化思想也比较严重,经常宣扬资产阶级生活方式，特别主张女尊男卑，令我等封建余孽不能接受。我们一般人总喜欢表现自己是男子汉，而大光虽然身材魁梧，却勇于表现软弱的一面，甚至故意以女性姿态来搞搞幽默。比如他经常慢悠悠地说："我这几天身子不大舒服。"一次在 31 楼西面打羽毛球，一球击出，大光没有接住，扑倒在地。他抬起头来说："我一看你向我扑过来，我就知道一切都完了！"大光还不时捉弄老李，用兰花指点着老李的鼻尖说："你这个小白脸！"老李特制布帘一幅，挡在座位外。大光探头进去，吓得老李要死要活的。我与大光同专业，常一起探讨。在老舍研究方面，我受他很多启发。

大力也是校园诗人，与黄一起，号称"北大双璧"。大力与我同窗十载，可述之事甚多，这里干脆省略。研究生三年岁月中，他遇到一件十分伤心之事，但他挺了过来，表现得很有气度。那段时间他经常来 2072，谈谈笑笑的气氛，相信对他不无裨益。

大河是最能吃苦耐劳的那种人，刻苦生活，刻苦学习，刻苦锻炼。北大有很多银杏，我们只知赏其美色，而大河捡了很多银杏果，晒干了卖给药店。我曾和他比赛用十个指尖做俯卧撑，他输给我两个。但从此他一连许多天趴在地上苦练，看着他颤抖的十指，我说："别练了，我输了。"

大河是懂得幽默并创造幽默的。有一次他看我写的打油诗"撒尿东篱下，悠然见南山。南山不知北客愁，一味冒青烟"。大笑之余，他说这诗不是无聊之作，里面是有寄托的。还有一次他实习讲课，用他那掺有河南味的西北口音讲小说人物语言，讲到女主人公对男主人公说出了"惊天动地一句话"，大河伸着一根手指头，眯缝着眼睛说："我要你要我！"大家笑不可止，一连传诵了好几天。

2074 住的也是四位中文系硕士生。民间文学的陈，语言专业的叶、张，古文献专业的马天水。

陈热情随和，知识面广，尤其熟知二战史。战争与革命，是我与他的日常话题。在许多历史细节上，他记忆得非常清楚。老陈有一个口头禅"疵毛"。好像很多场合都能用，表示不满也说"疵毛"，表示很有意思也说"疵毛"。所以我有时候干脆叫老陈"疵毛"，说"疵毛真疵毛"。

叶是踏实肯干又不失聪明的东北人。他是我的围棋老师。我自幼下象棋、军棋、跳棋，叶为我讲述了围棋所包含的至深至广的人生哲理，于是我开始看棋书、棋谱，毕业时居然受两子侥幸胜了他一盘。现在围棋已经成为我最大的人生乐趣之一，虽无时间下，也关心围棋赛事。有一次居然胜了一位业余四段，虽然他未尽全力，我也确实感到了自己棋艺的提高，围棋对我的学术研究和整个人生都产生了深深的影响。

叶常常是我们2072来得最早去得最晚的来客。有时我们没起床他就来了，有时我们躺下了他才走。我俩下棋时，有时会被老江驱逐出去。有时听见他走出2074，黄赶快把我们屋的门关上，叶便使劲敲。他似乎是个不会发怒的人，所以大家总拿他开玩笑。我也曾把一个酒瓶塞进他的被窝里，或者把他的夜宵藏起来。他有时就无奈地笑笑。像他的棋风一样，平正、扎实、讲道德。我很想退休后找他做邻居，每天一盘棋，下到日偏西。

张是2074的潘安，眉清目秀，皮肤白里透红，每天练哑铃，另外还要喝点葡萄酒，吃点什么补品。舞跳得最好，比黄要正规，又比大春活泼。与张的几次交谈，促使我反思做学问的意义问题。我发现，即使在同样的条件下，人也可以有很多选择。那时我正在写一篇萨特评传，我用了很长时间去思考关于自由的问题。子曰：三人行，必有我师。我想：每个人都可以是我的老师。

马天水所学的专业是颇有些夫子气的，但这家伙却十分诙谐，属于调皮捣蛋的夫子。安徽凤台人，那里当年闹过捻子，所以不大安分。人不高，但肉极瓷实，掰腕子罕有敌手，我须用一只半手方能掰住他。常与叶等去踢球，故而总爱动手动脚的。夜里饿了，便喊："谁有方便面？"找到一包面，再找到一个饭盆，到 2072 的电炉上一煮，再加上老江剩下的半个小炒，边吃边咂嘴说："快活，他妈的，快活。"吃完把盆一放，扬长而去。他经常找我和毛嘉调侃。我和马天水用山东口音为毛嘉说媒，叫毛嘉"闺女"，让"她"嫁给一个叫刘瘸子的财主，说人家刘瘸子一张口就给了一头大青骡子。天长日久，全楼的人都模模糊糊地知道毛嘉跟一个叫刘瘸子的人有什么瓜葛，弄得毛嘉哭笑不得。

夏天的夜晚，我和马天水、毛嘉经常爬到楼顶去玩。楼顶偶尔有弹琴或谈恋爱的，一般都很安静。四望灯火明亮，爽风徐来，我和天水不断讲着各种笑话、双关语，讲得毛嘉芳心乱跳，又想走又想留，一副半推半就的样子。毛嘉给天水起了个外号——"恶棍"，见面就说："这恶棍！"一天夜里，我迟一点上去，见他俩站在楼边，面对48 楼，我喊了几声都不回答。我走上去一看，原来 48 楼六层的一间水房里，一个大姑娘正在洗澡。我们三人扯开喉咙"嗷嗷"地起哄，那姑娘听见声音，竟然转过身来，面对窗户，动作故意分外夸张。这一下，我们全都晕菜了，立刻溃不成军，逃到一边也。天水说："妈妈的，成何体统。"毛嘉说："肯定不是北大的。"我们本来是上来联诗的，这一下都沉浸在奇观中，于是装出一副假道学的样子，大骂一通世风不古。天水平日里最爱模仿阿 Q 的一句："女人……妈妈的。"此时他说了很多遍。

此后一连多日，天水夜夜都要上楼顶，说是"太热，妈妈的，凉快凉快"。我对毛嘉说："你知道守株待兔的故事吗？"毛嘉说："知道。从前有个研究生看了一回脱衣舞，从此就天天不读书了，天天去守候着，结果节目再也不演了，学业也荒废了。"我俩天天在水房模仿电影《铁面人》中的台词说："戏早都收场了，你还在这儿谢幕！"天水怅惘地说："不演了，妈妈的。"天水有一习惯动作，一拳捶胸曰："我恨！"此时，不禁做了一遍又一遍。此事便是我赠毛嘉词所云："月下联诗惊浴女。"

真正的联诗集中在毕业前夕，那时因为找工作不顺，人人苦闷。我们找了一个大本子，用毛笔在上面写打油诗以移情泄恨。天水是写打油诗的高手，几乎每天都来涂抹一气。其实，越是像天水这样外表嬉皮的，内心感情越丰富，我反复向毛嘉论述了这一真理。天水从中也别有一番隐痛，最后也只有自我解嘲地捶胸顿足说："我恨！"毕业时他哭了。我曾为毛嘉讲过金庸的《天龙八部》中的四大恶人之一的南海鳄神岳老三，我说这是个非常可爱的恶棍。天水身上就有岳老三的影子，当然是说性情，在导向上，天水绝对是一流的。

2075住的人比较杂。两个中文系的：语言专业的娄阿斗，当代文学的小叶丹。一个东语系的胡传魁，还有一个俄语系的吴用。

娄阿斗精明而秀气，外语和电脑俱佳。他做北京土语的语音分析时，我曾帮他鉴别。他是理工科出身，考虑问题理性线索极强，做任何事都有明确的目的和程序，注意搜集保存材料，注意合理分配时间。也听音乐，用电脑自己设计信封。他的电脑还为我算过命："得宽怀来且宽怀，何用双眉锁不开。若是中年命运济，那时名利一齐来。"

小叶丹是有妻室的，不怎么住校。说话有点结巴，故不太与大家交谈。但我发现他与夫人说话时非常流畅。而有的人在夫人面前却结结巴巴。心理因素的力量大矣哉！

小叶丹是 207 个子最高的，也有点驼背，但是瘦，故我给他的外号是"摸着天"。小叶丹说话少但并不冷漠，乐于助人，是个善良的大个子。

胡传魁很魁，脑袋和身子都是方中带圆，总是笑着说话。他经常穿着蓝白色的旧工作服，摩挲着两只油污的大手，到处干活。他最爱干的活是收拾自行车，天天擦洗、膏、补，把车伺候得舒舒服服。47 楼人人都见过这位身穿工作服的师傅在楼下按着车子大干的情景，这几乎成了 47 楼的一景。除了自己的车子，别人的活他也乐于帮着干，他有一整套劳动器材，人不闲着。他若出门，十有八九是到导师和老乡家干活了。在为他人服务中，老胡得到了莫大的满足，他说："咱们楼道的彩电，是我从研究生会搞来的！"说时充满了自豪。我给他取外号"笑面虎"，他颇不满意："我这么善良的人怎的是笑面虎？"我说："'笑面'就是善良的意思，'虎'就是能干的意思，所以叫笑面虎。"他就用八棱锤一样的大拳头给我一下。

吴用是我的老乡，是个大黑胖子。在他们俄语系是个风云人物，但在 207 这里，他很随和。他经常跟我或者大春比肚子。夏天穿着条短裤，一座肉山似的踱过来。我管他叫"花和尚"，他憨憨地一笑。他最擅长的功夫是用两个脚趾头夹人的腿肚子，夹住后再一拧，比大鹅还厉害。每当此时，他高兴得如同刚刚拔了垂杨柳似的。花和尚也爱跳舞，他号称只跟他老婆跳，说是熟能生巧。他送给我一句话令我终身受益："对有些事情要冷漠。"我为此而感谢他。

207 群英谱到此告一段落。其实 207 还有许多可歌可泣、惊天动地的故事。不过不能白告诉你，谁要是准备面包或者花纸，再找我联系。最后，录一首 1990 年毕业前夕写的打油诗作为结束：

同住三载情意长,一哄而散走四方。

强忍双泪面含笑,却道天秋好个凉。

[孔庆东:男,1964年生于黑龙江哈尔滨,祖籍山东费县。1983年考入北大中文系,1996年获文学博士学位。现任北大中文系教授。]

上坡路与下坡路是同一条路

蔡恒平

· 本文献给曾经在北大 32 楼创造故事的兄弟们 ·

现在我回想起在北大生活的四年时光，就会产生一种无可名状的感觉。这种感觉曾经多次伴随我度过许多孤独的岁月。直到今夜我才如此清晰地感知到那些被酒精和烟卷长期摧残的躯体，那些为性欲和情感所折磨的灵魂以及他们营养不良的面容和悬在空中的精神。当我在昏暗的台灯阴影下读到赫拉克利特这句无比智慧和透彻的箴言：上坡路与下坡路是同一条路，我知道我终于可以表现这种令人痛苦的感知了。我之所以称之为痛苦的，那是因为在以下的文字中我的叙述是一种赤裸的真实。在内心深处，我情愿将此导向或者假设为一种虚构。在更深刻的意义上，这实际上确实是一种虚构。

我看到我的朋友范此刻正推开宿舍的门走过来。我扔给他一支烟，或者是他扔给我一支烟，然后我们就躺在床上打量着烟气在空中构成的图案和幻象。我们谈到聂卫平连克日本超一流棋手的辉煌奇迹，然后再幸灾乐祸地说等着看高丰文的足球队在首尔现场表演——现眼。我们哈哈大笑。床吱吱作响。

但我在内心深处已经升起了一股犹豫的情绪。我望着躺在对面铺上抽烟的范，不无疑惑地问：范，你不是分配去广州了吗？怎么还在这儿待着？

范无限同情又无限轻蔑地看了我一眼：我说蔡，你又被哪个女人给弄得面目全非，连自己都不认得了？离毕业还有两个月呢。谁也不知道要被分到哪儿去。我一直以为你是老手了，不会像程和韩那样迟早让女人给毁了。现在看来你也被弄糊涂了。想着点，兄弟，活着比什么都强。

范在这四年里不时以这种口气对我说一些似是而非的话，就是没有说动过我哪怕一回。范在智力上无可挑剔，但自称懂得生命的精义以及对我以这种姿态说话，都只能说明他对生命懂得很少。用程的话（大概是程的小说里的话吧）说是：他还没有隐私呢。虽然这未免显得刻薄，但没有隐私这一概括真是妙不可言。

我在心里暗暗这么腹诽范的时候，他正得意扬扬地摇晃着那双远近闻名的臭脚丫。远近闻名的原因除了生理上的臭之外，主要是因为他经常在足球场上射门的一刹那优柔寡断、犹犹豫豫，结果丧失了许多破门得分的良机。程在一篇小说中甚至说范曾把球踢进自己的大门。据我所知，这是程作为一位文学青年所特有的想象力、创造性以及修辞上的夸张。因为不管怎么说，范的脚底功夫还是相当细腻的，尤其是那几下来回带球过人的绝招使他一直是中文系足球队的主力中场。

说到吃喝玩乐，诸如玩玩桥牌、围棋、麻将、六人升级以及从青岛传过来的"勾级"等等，都绝对离不开范。这除了因为他玩技纯熟上乘之外，还因为在玩的过程中范经常才思横溢、妙语连珠、黑色幽默、可口可乐。当然也肯定少不了程、韩和我，还有王。

我不想再这样在肚中品评范的级别。我们毕竟是多年的老哥们儿了。我找了一个话题：快八点了，咱们该喝酒去了。韩和程呢？他们干吗去了？最后这句是天津腔。跟我的朋友张学的。张是天津人，比我们高一年级。关于他的故事以后肯定要提及。他是配角中的主角。

程已经有两天没见着了，韩他妈的可能还在对面屋里睡大觉。我看咱们别着急，躺着聊聊巨愉快。范的臭脚丫优雅地摆动着，表明他已进入自在的境界。

我没有对范的建议表示反对。但我感觉到了一种巨大的不安在我心底涌起。程别他妈的犯下什么事了吧？我这么说的时候，感到相当虚弱。

程不会犯下男女的事来，只要不是男女的事，别的什么都没事。

这句话再清楚不过地表明了范的幼稚、偏见和一种本能的恐惧感。男女之间的事只要处理得法就肯定增加生活的愉悦感。范无法先验或者超验地明白这样一条规则：对应关系的男女只服从心灵的非智性的支配，这使许多事情变得好办而不是相反。但是这需要天才、从容不迫和经验。在这方面范的智力帮不上他什么忙。浪子都是天生的坏子。

不过我没有对范透露这一想法。对不同的朋友，我有不同的谈论话题。比如说我就可以和韩畅谈上述想法。韩在这方面无疑具有很高的悟性，是个天才。这从与他交往的女孩人人都喜欢他这一事实可以得到证明。另一个有力的证据在于：他从没惹上什么麻烦。

要是我和王聊天，我们就聊古书、版本、逸事和金庸。使我记忆犹新的事起码有如下两件：第一件事是在一个很长的时期内，我和王每周必定在远近闻名的燕春园痛饮一顿。在喝酒的过程中，我们几乎用上了无数的人和书。王佩服王国维的《宋元戏曲考》、陈寅恪的天才、钱锺书的《管锥编》和清代的所有朴学大师。我在表示了谨慎的赞同之外曾经含蓄地提醒过他关于学问和思想的区别和界线，显然这对他不产生影响，因为直到不久之前在他给我的信中依然宣称不需要理论。

这些都不是重要的事情，重要的在于王的酒量是硬撑出来的。他先入为主地认定自己能喝。经过几次小心翼翼而近乎大胆的冒险之后，他就区分不清是否曾经欺骗过自己，而事实上他也确实居然撑出来了，能喝几口而且爱喝。我目睹了他这一危险的心路历程，并且从一开始就预言这种精神作用的物质基础肯定是不可靠的。这种危险性终于在一次痛饮之后暴露无遗。

那是一个大雪飘飞的冬日，我们决定去海淀的扬州风味餐馆"黄鹤店"喝点酒御寒，同时借此消磨令人难堪的漫长的冬夜。王在酒桌上就已经显示出了醉态，但王的这种醉态我们已司空见惯，因此谁也不当回事。回去的路上他和韩走在最后边。根据韩后来的叙述，王起初话特别多，而且是用他的家乡话——福州话对韩慷慨陈词。福州话是闽北方言区的代表语，保留了许多上古音，与北方方言差别巨大。

韩是河北人，王的话他一句也没听懂。但是王当时根本想不起这些事来。韩说那时他意识到了问题的严重性。因为虽然王以前喝多了也吐几句福州话，但绝不像今晚这样滔滔不绝。因此韩打定主意想尽早把王弄回宿舍。但是当他们步履蹒跚地折腾到一条叫老虎洞的小胡同时，王终于不省人事地躺倒在一片洁白的雪花之中，睡得无忧无虑。

喝醉的人特别沉，韩急中生智，花五元人民币雇了一个过路的大嫂看着王，自己回来报讯。韩后来解释说是担心狗用舌头舔王的脸，况且，韩笑了笑说，躺在一个叫老虎洞的地方总归让人不放心。等我们用担架把王抬到医院后，诊断的结果把我们最后一点酒意都给吓醒了：王严重酒精中毒，再晚半个小时就麻烦了。

校医院郑重其事地把我们副系主任给叫来之后才开始清洗王的肠胃。按照校医的说法是万一有意外，有个头儿顶着。事后我们曾经谈起如果王那天不幸逝世，我们只好打起背包齐赴王家，让他母亲在我们当中挑一个当儿子，或者轮流当儿子。由于王在这个倒霉的晚上的前一个晚上刚刚喝醉吐过，并且十分荒谬地跑到五四足球场边上的乒乓球桌上睡了两个小时，所以我一直对王的这种精神表示钦仰。

如果我没记错的话，第二天程笑眯眯地安慰王的话是：大难不死，必有后福。我肯定是说：你要是今天咬咬牙再喝几两白的，那一准长出海量来。范的态度比较暧昧，他说这不算什么。我猜测这里的潜台词是炫耀他曾经历过比这更厉害的事。后来程告诉我，范有一年暑假在他家玩时确实有一次喝过了头之后像野兽一样嘀嘀乱叫，在大雷雨中沿着公路狂奔了两公里路，最后只好用一根绳子把他固定在公路边的一个修车铺里，车铺的主人表示理解，并免费提供了烟和茶水。我不知道程的这一说法在多大程度上是可靠的，但是范未免太自负了。他说这句话的时候肯定是忘记了韩喝醉后曾经企图拗断铁制床架，结果把一个枕头给活生生撕裂了和程喝醉后把别人的女朋友当成自己的女朋友这些事实了。当然范的这句话也完全可以理解成对王的一种鼓励。只有韩满脸苦笑，他抱怨说昨天晚上可把他给累惨了。接着他建议说，以后最好是乘大家都在场的时候中毒，那样人多好办事。

这件事使王的知名度无限升高，听说他后来为此写了一份检查，据说在检查中他责备了酒的低劣，提醒有关部门应当立即着手发行优质酒，同时强调最近一段时间他一直身体不好，在检查的最后他似乎是保证以后只喝好酒，并且只在身体好的时候才多喝，另外还引申出这样一条经验教训，他终于深刻地认识到了加强体育锻炼的必要性。

作为一种现实性的传奇，这件事业已成为北大中文系饮酒史上的经典性杰作，对此我们都为王感到高兴。可以与之媲美的只有我在毕业之前的某一天创下的奇迹。

那天我从上午 9:30 开始感觉到隔夜的酒劲发作并开始呕吐，这一吐一直持续到下午 6:10。整个过程长达九个多小时，总共吐出两瓶罐头（一瓶枇杷、一瓶橘子）、两瓶汽水、一瓶矿泉水和若干杯白开水，其间共有二十一位友人分四拨来看望我并推荐了各种民间秘方，最后是我的朋友君熬了一碗大米粥，外加一包榨菜给治好的。

多年以后，我始终无法忘却那天她那飘逸的黑裙子和令人感动的关怀，历历在目的是她在屋里忙碌的细碎的脚步，又优雅又急促，是来自她眼睛深处无言的劝告和对我的未来的担忧。虽然我是一个没有未来的人，但我确实被深深感动，我想我肯定会一直记着她。

那次吐酒之后的几天之内我一直生活在一种双脚飘浮在地面上行走的状态之中。那真是一种使人忍不住想对往事进行忏悔的状态。我记不清我当时是怎么想的了。

另外不久以前一个叫熊的挺可爱的小伙子酒后突然大量吐血送医院急救的故事也不坏，但是否能够成为经典作品还有待于时间的检验。

另一件记忆犹新的事是 1984 年冬天我和王连续一个月合租金庸的武侠小说的难忘的经历。至今我仍能清晰地回味起从北大到海淀良友租书店来回的路上雪花扑打在面颊上的感觉。此后我和王之间无休止的话题之一就是谈论金庸。我们一致同意这样一种看法：金庸是不世出的奇才。同意这种看法的还有我的朋友邱和老王。

邱有过许多令人尊敬的纪录：一是靠两瓶白酒打发了一星期，这一星期内他没吃别的东西，只是躺在床上看武侠；二是他在桥牌上达到了大师的造诣，并以使用心理战和诈术著称；三是他工作之后赌债累累，为逃避债主失踪了三个月，这三个月他是在云南度过的。据他后来说他闲逛到火车站时正好有一个人要出让一张去昆明的票，他就顺便去玩了一趟。他在苍山洱海之间具体怎么混的谁也说不清楚，但肯定是干过一次拦路抢劫的剪径勾当。结果未遂。

老王也有过三天三夜躺在被窝里连续不断地看金庸的纪录,底下我肯定还要提到这两个非同寻常的家伙。

我跟程的话题一般是关于旅游和先锋文学。程游历过许多地方。他玩过新疆、西藏,玩过西双版纳和海南。大江南北、名川大山他如数家珍。在这漫游的过程中他练就了一套关于如何蹭火车的高深学问。有一次他开玩笑说他欠铁道部一大笔钱。他进出各大火车站如履平地,如到百货商场闲逛。毕业之前他率领我们五人集体蹭车去石家庄看望百无聊赖的邱,在那儿打了两个通宵的"勾级",消费了无数瓶啤酒之后连石家庄是什么样都不知道就又集体蹭车回北京,我们没花一个子儿的车费,而且他沉迷于这项活动之中,即便他兜里揣着火车票,他也要找一个便门溜出来,我因此对此表示过尊敬和钦佩。

程一度热衷于浪漫主义文学,但很快就改写实验小说了。离开北大之前他很可能是写出过《遮着头的自画像》和《阿坦布拉高的回忆》这两部小说。前者来源于奥地利表现主义画家埃贡·席勒的一幅画,后者是一首吉他曲的标题。这多少透露出程的猎奇和唯美倾向。他原来准备把一篇叫《城市假面》的小说当作毕业论文,他的指导老师一再追问他的写作动机,但是程自己也弄不清他有什么动机和意图,因此程只好告诉他的指导老师他写作时没有任何已知的东西,只有叙述和想象的冲动。最后他的导师干脆让他自己写评语。程是否加以拒绝我不太清楚,这无关紧要。

程在文学方面是个天才,但在生活上他表现为令人担忧的固执和冲动,我猜想他很有可能如范所预言的迟早要让女人给毁了。程最富魅力的不是他的旅游经验和小说而是他搜集改编的民间文学,这包括顺口溜和民间故事。为了证明这种魅力,我准备各举一例说明。

(1)顺口溜。四大红:山庙的门杀猪的盆大姑娘跑马火烧云。

还有四大白、四大玄、四大累、四大抠、四大瓷实之类。

（2）故事。时代：明代。（我想程选择这个朝代肯定别有深意。我们大家都知道明代是历史上最荒淫无耻畅谈床笫之事的时代。）

人物：一对新婚夫妇。一个县太爷，一个听房者，还有一个隐含的不出场的人物是县太爷的大姨太太。

故事的开头是个俗套。无非是一对新婚夫妇在新婚之夜从床底下揪出一个听房者并扭送至县衙门。县太爷别出心裁地决定让听房者当天到县太爷卧室的床底下去听一听，能听出名堂来就放了他，否则将课以重罚。

第二天县太爷升堂坐稳。惊堂木一拍。

呔！兀那汉子，昨夜你可听到什么？

回大人，奴才什么都听到了。

你且讲讲老爷一更天在干什么？

老爷您一更天在批文书。

胡说！老爷向来不在夜里批文书。

老爷息怒。奴才听见一更天时大奶奶在床上叫：老爷，你怎么还不上来呀？奴才猜想老爷是在批文书。

也还有些歪理。再讲讲老爷二更天干什么？

老爷您二更天在吃螃蟹。

怎么批了文书又吃螃蟹？当真胡说八道！

（以下略）

县太爷听得心花怒放。当场放了听房者。

我记得当时我们也都心花怒放。后来所有听到这个故事的人都心花怒放。我猜测故事肯定经过了程的加工处理，我是指在叙述方式和关键性词语上，程是在一个漆黑的夜晚给我们讲这个故事的。从那以后，我们一致认为民间文学的定义应当改一改。尽管所有的人都会当面指责我黄色下流、低级趣味，但我想所有的人都会爱听。这个故事以其含蓄、机智和幽默而压倒所有的同类故事。我这么说是有点根据的，不是空口说瞎话。刚从河南商丘归来的老王前几天得意扬扬地告诉我，在商丘那帮结过婚生过孩子的大姐老嚷嚷着要来点荤的，他就用这个故事把她们都给镇了。

我和韩的谈话无边无际，但我们只谈生活，不谈思想，不谈艺术、哲学以及艺术哲学。我们经常站在楼道口往下打望。见到漂亮的女孩儿走过就开一些善意的玩笑。她们很多都愿意主动配合我们。我们一叫，一吹口哨，她们就会扔过一串媚笑来，偶尔还有一个飞吻，也有骂我们为无赖小痞的。我们一概善良地哈哈大笑。

韩对生活充满别致的见解。他尽量将生活简单化，结果就发觉生活中没什么大不了的事，因此生活过得不坏。为了消磨对于他来说总是显得太多的时间，他也玩玩拳击什么的，还练过一会儿大成拳。我提醒过他玩火者大多自焚，他若无其事，经常出手教育一些他看不顺眼的人。

随着范的臭脚丫来回晃动，那种不安的感觉在我全身蔓延。肯定出事了。我提醒范。别忘了去年也是这个时候张和冯临毕业了咽不下一口气去抄别人的窝。张堵门冯动手，把人打得一塌糊涂，结果差一点被开除。

可是现在他们活得比咱们强多了，范反驳我说。你的预感太差劲。要是我是你，我就悠着劲儿抽根烟，聊点有趣的，然后等到九点多去佟园吃羊肉串喝啤酒。什么事也没有发生。什么事也不会发生。直觉预感之类的东西可不是人人想有就有的。你可能还不配有。

我深知范又想激发我和他进行一场玄之又玄的争论。以往他百无聊赖时常这么干。不过他提到佟园使我立刻想起程很可能正和一个叫杜拉的小伙子在佟园吃羊肉串喝啤酒，也可能是葡萄酒，但肯定不会是白酒。他们对白酒不太在行。然后他们在未名湖边滋事生非。他们经常酒后在未名湖边滋事生非，结果是被打得头破血流，我看到程两眼血红，像一只野兽一样扑上去。一块板儿砖正好砸在他头上。血从百会穴汩汩流出，就像他刚喝过的葡萄酒。我从床上一跃而起，满含惊恐地对范说，程在未名湖边被人拍了一板儿砖，血奔流而出。

范心平气和地劝我重新躺下，最好再吸一支烟稳稳神。他解释说吸烟能驱除幻觉。这句话里隐含的前提是他认为我已经产生幻觉了。果然他接着说略萨说过连续七个晚上性交是要得肺病的。这当然太夸张了，他顿了顿，但是纵欲过度肯定会产生幻觉。如果我不是那么了解范的底细，我一定会以为他是一位历经沧桑而今金盆洗手的智慧的老江湖。

我忘了说一点，范对拉美文学有着异乎寻常的兴趣。他经常引用略萨、马尔克斯、胡安·鲁尔弗的话来表达他对人生的看法，并公然宣称他有一种博尔赫斯式的不真实的感觉，因此，他终将成为博尔赫斯那样的大智者。

为此，确实历经沧桑无所不通的老江湖邱曾语重心长地教育范不要再拉美了，否则后果不堪设想，因为你还不懂得批判地吸收，这是邱活用经典句式的杰作之一。

与邱的高妙的讽刺手法相反，我一向是对此予以过分肉麻的夸奖。但是今天晚上我无心这么做。我清清楚楚地看到程躺在未名湖边的血泊中，血像葡萄酒一样奔流而出。

范依然无动于衷，他提起我们在佟园的那次难忘的经历。自从有了佟园，我们去燕春园的次数就大大减少了。那一次我和范还有韩说好了去佟园小酌。我兜里钱不多，不敢大喝，点菜的时候服务员没能找到菜谱。别的客人正在用。我摆摆手让他别着急，我告诉他佟园的菜谱菜价我全记得。我神态优雅地点了三个菜和九瓶啤酒。这些打死了也就二十元左右而我兜里有二十多元。服务员被我的记忆力和老练镇住了，韩和范也被我镇住了。

我可能是被自己的才华冲昏了头脑。当服务员十分客气地送上菜并十分恭敬地问我是否再来点别的时，我一挥手说再来条鱼。我们喝得十分痛快，韩和范不时夸奖我的才华，并不时为此干一杯，结账时服务员满含笑意地说就四十元。

我十分巧妙地弄清了服务员没算错账，又怀着万分之一的侥幸心理十分镇定自如地询问韩和范是否带有拾元一张的票子，我对服务员解释说我兜里拾元的票子只有两张。毛票倒有不少，为了不给他增添点钱的麻烦，最好给他四张拾元的。

我十分高兴地得知韩和范凑巧兜里各有一张拾元的票子。服务员对我为他着想的做法表示感谢，并真诚地希望能再次为我们效劳。说真的，我很想给他一笔小费并祝他生活幸福。

那天晚上的戏剧性使我们在回来的路上十分兴奋。那是一个细雨的春夜，连空气都清新得充满挑逗性。我们是如此兴奋以至于我们当中肯定有一个终于冒犯了一个迎面走来的小姑娘。回忆这一切让我心里痒酥酥的，我大概是笑了。

范对我这种笑容很熟悉。他知道我又回过神来了。事实上我的预感在那天晚上被证明是可笑的，因为九点刚过韩和程就先后懒洋洋地进屋来催促我和范去佟园喝点啤酒。我们喝得十分痛快。面对满桌的杯盘狼藉，我突然深深感到聚散无常人生如梦并且盛筵必散。我荒唐地觉得突然老了十岁。

我依稀记得喝完之后我碰到了君并和她彻夜长谈。君是一个善解人意的美好的女孩。我在一个风雪交加的元旦狂欢之夜传奇般地结识了她,并传奇般地相互爱恋。我相信我和她一起度过了一段完全可以称为幸福的时光。那天晚上我酒后对她阐明了我必将速朽,我没有过去更没有未来,今天也更残漏尽。最后我们洒泪而别。我其实不应该在这里过多地提及她。我将以她为主角写一篇故事,题目也许就叫《传奇的另一种说法》。

[蔡恒平:网名王怜花,男,1966年1月生,福建福安人。1983年考入北大中文系,后休学一年,进入中文系84级,1991年获文学硕士学位。现居北京,为职业经理人。著有《古金兵器谱》《江湖外史》《谁会感到不安》等。]

十年一觉

陈平原

一场秋雨,一层凉意,东京大学校园里的银杏开始飘落,进校门便是一地金黄。如果恰逢正午的太阳,景色颇为壮观。报载北京前两天下雪,想来北大校园里的银杏早已凋零。银杏有大小,一地金黄的时间也有先后,可两座校园确有不少相似处,难怪初来时老有梦里曾相见之感。

客居异国,不免思乡,忽忆起杜牧诗句:"十年一觉扬州梦,赢得青楼薄幸名。"并无杜牧的才气和艳遇,也难得"烟花三月下扬州",只是凭空觉得"十年一觉"四字惊心动魄。

屈指算来,从第一次到北大寻梦,到东渡访学,刚好十年。人生能有几个十年?更何况适逢从"而立"走向"不惑"!倘若不是此次偶然的出游,造成一种时空的距离和陌生化效果,当不会如此清醒地"追忆似水年华",也不会如此真切地感受到十载燕园梦的飘逝。

十载燕园梦,自是以读书为主。在《我的读书生活》中,曾分析四种类型的学友。论及学友间各有所长,见识大致相当(学术观点不同无所谓),或合作,或竞争,谁也不欠谁,谁也离不开谁的"互补型"时,举的例证便是与钱、黄二君的合作。这段描述只是举例,不免略去前因后果。说起"燕园雅集",主要应归功于他们两位。不只是当年我见识无多,聊天时多带耳朵少带口;更因我之进北大,全靠二位"提携"。

八三年初春,我第一次坐上北行的列车。那时并没打定主意进北大,只是觉得北京的初春很有魅力。刚来时万木萧疏,才几天工夫,路边的柳树便日新"夜"异,迎春花也不甘寂寞起来,一切都显得生机勃勃。相形之下,南国的四季常春反而乏味。当然,北京令人心醉的,还有琉璃厂的古书和故宫的红墙黄瓦。

这年的深秋,我第二次跨长江过黄河,目的是为毕业后进京工作探路。当时联系的单位是中国社会科学院。进燕园拜会子平兄时,被劝知"一定得见见老钱"。在"钱老师"那间十平方米的小屋里聊了一个下午,临别时呈上我刚完成的《论苏曼殊、许地山小说的宗教色彩》。据说当天晚上十点多,读过文章,老钱便急匆匆赶去找子平,商量如何劝我转投北大。

事后,老钱真的说服王瑶先生出面,要求北大破例接纳我这中山大学的毕业生。功亏一篑后,王先生又毅然决定把我收为他(也是北大中文系)第一个博士研究生。如果不是子平的热心引见,老钱大概不会如此认真阅读我的文章;而不是老钱极力推荐,我也难得闯进这已经颇为拥挤的燕园。

为了使我的学术风格更能为北大教授们所接受,老钱多次去信指导;再加上另一位朋友朱晓进帮助打听有关考试的各种具体事宜,那阵子我每周总有一两封北大来信。同学间纷纷传说我在北京有女友,老师们也有所耳闻,都说我急于离穗"可以理解"。于是,我提前半年通过硕士论文答辩(那一届硕士生各校自行规定学制,北大两年半,而中大则三年),收拾行装,进京赴考来了。

正式拜在王瑶先生门下,"钱老师"便成了我的"师兄"。遵师兄之命,改口称"老钱",这样聊天时方才无拘无束。那时我初闯燕园,人地生疏,钱、黄二家便成了主要聊天场所。唯一不同的是,到子平家聊天还能"蹭饭",张玫珊烧菜手艺甚佳;而老钱的夫人不在身边,面对"永远的煮面条",还不如到食堂打饭。开始是两人两人聊,后来发展到三人一起聊,且越聊越专业化,居然聊出个"20世纪中国文学"的命题来。

这命题最早是老钱提出来的,就专业知识而言,他远比子平和我丰富。八五年春天在万寿寺召开的现代文学创新座谈会上,是我代表三人就此设想作了专题发言;此后整理成文公开发表,又是由子平执笔。可熟悉我们学术背景和研究思路的朋友都知道,躲在幕后的老钱才是这"三人谈"的核心。有趣的是,我们三人虽说都是"文革"后北大培养的研究生,可年龄相差很大(老钱大学毕业那年我刚进小学)。就因为联名发表文章,统统成了"青年评论家",老钱平白无故地被降了一级。好在他颇有童心,不以为耻,反以为荣。

就在"20世纪中国文学"这一命题走红时,不少出版社前来约稿,希望就此设想撰写专著。不是完全不动心,也曾有过大致的计划,可很快发现自身根基不稳,不想仓促上阵。于是急流勇退,写我们各自的专著去了。不想一年后,老钱又"卷土重来",说是缩短战线,就弄20世纪中国小说史。这回人多势众,开会时一本正经,还得准备发言提纲,不像以前聊天那么洒脱了。忙了两年,我负责的部分终于完成了,还颇获好评。只是第二卷以下千呼万唤至今未出台,大有虎头蛇尾之嫌。除了政治环境的制约,更重要的是,诸君都有较强的学术个性,在一起交谈很愉快,合作起来却不容易,尤其是希望写成一部"有整体感"的著作时更是如此。

最后一次的"三人行",倒是我牵的头。1988年春天,人民文学出版社约我编林语堂散文集，我谢绝了。无意中提起可分专题从文化角度编选20世纪中国散文，倒得到了出版社的支持。大热天，三人又挤在老钱那间堆满书籍的小屋里"集体读书"。忙了一个暑假，总算有了初步的眉目。一开始只是希望得到一套文章可读且印刷精美的小书，做下去便成了撰写20世纪中国散文史的准备。相约认真写好各书的序言，为日后的研究，留几个足迹，埋几根桩。

这套小书的编选经过及理论眼光，在《漫说"漫说文化"》一文中已有说明。需要补充的是，1989年政治风波，使得后五本书险些流产。等到出版社表示愿意继续出版时，子平兄正打点行装准备远游。原先由他负责的《生生死死》和《神神鬼鬼》，便转到了我头上。虽说尽了最大努力，仍有点心虚：倘若由子平编选并作序，或许更精彩。值得庆慰的是，这第三次合作没有中途鸣金，十本小书好歹也算"战利品"。

子平走后，我和老钱仍常在一起聊天，可就没了当年一聊就聊出个学术课题的豪兴。或许，那种侃大山式的"学术聊天"，本来就只能属于80年代。除了心境及学术思想变化外，还有一个潜在的因素："二人转"不如"三人谈"能激发灵感。前者往往是谈拢了容易趋同，谈崩了无法回旋。有了第三者的存在，谈话的格局便变化莫测，像万花筒一样有无数种组合方式，远不只是"合纵"或"连横"。

真不知日后三人重逢，是否还会像以前那样，为了某个学术观点争得脸红脖子粗。记得老钱一激动就提高嗓门，被戏称"余音绕梁三日不绝"；子平擅长以柔克刚，你越着急他越慢条斯理地酝酿他的"警句"；我则老是事后诸葛亮，关键时刻笨嘴拙舌的。

有这么三回学友间的"如切如磋，如琢如磨"作点缀，更有那么几本小书作为"同学一场"的纪念，十载燕园梦因而显得不太苍白，也不太凄清。

人生在世，大概总免不了有"十年一觉"的感叹；我能把这声"感叹"埋在未名湖边，也算是一种幸运。

〔陈平原：男，1954年生于广东潮州，1984年在中山大学获文学硕士学位，同年考入北大中文系，1987年获文学博士学位。现为北大中文系教授、博士生导师。主要著作有《在东西方文化碰撞中》、《中国小说叙事模式的转变》、《二十世纪中国文学三人谈》(合著)、《二十世纪中国小说史》第一卷等。〕

记忆的诱惑

王 枫

历史作为群体的记忆，从来只是现实的一部分。当然，有意无意的漏记和误记比比皆是，更可以说这构成历史的主体，但是否如梁启超所言，无非是"一大相斫书"（《中国史学萃·中国史界革命案》），或像狂人那样消解"年代"，并"从字缝里看出字来"（鲁迅《狂人日记》），姑且存而不论。即便排除恶意的动机，历史记载也是通过层层筛选的幸存者，加入并干涉我们的现实生活。不过也不能因此就认为历史只是现实的虚构，这正如煤和石油，我们既不能把它们等同于遥远年代的森林，也不能因为它们已不复是森林而否定其作为矿藏的现实存在。何况它们同样燃烧。

个人的记忆也可以看成历史，只是因其缺乏物质性而更加不稳定，更加脆弱和可疑。记忆的背后都有对应着的遗忘，这类似于现代物理学中所说的物质和反物质。同时，记忆作为当下生存状况的一部分，它可能显得非常遥远，就像星光，我们所看到的是多少年前从星体上发出的，依照传统的时间观念，我们是与一个由距离决定的层层相叠的"历史"共处，但这又是今晚的现实。

某种记忆从暗处推搡而出，本身就是一种诱惑的产物。它被赋予某种心情，或许它又被叙述了。心情确乎存在，但不被叙述，并且常常叙述的自信掩盖了心理的动机，而不去追问为什么会有这种记忆，或者记忆为什么被唤醒……甚而至于被唤醒的为什么是"这一个"，而不是别的。由此看来，如果记忆不是文学的，那至少也是文学化了的，它是"主情"的，充满戏剧性。

一、歧　忆

1984年我入北大，1988年离开，80年代的北大在我这儿掐头去尾。前后的转折点都没赶上，感受也就容易流于平和甚至平淡。但这并不意味着我否认崇高或者拒绝那个时代的思考，一个时代的特殊气质是无法抹杀的。

我记忆中的北大很热闹，那是一个本科生占绝对主导地位的年代，这和90年代有点区别。当然我的判断并不十分可靠，可能是由于所处位置的缘故。不过很多特征确实不一样，三角地的商业广告并不太多，除了电影海报，这是可以肯定的。何况现在三角地已经不存在了，因而那块小地方无疑是80年代的某种象征。当时三角地的广告有许多是形而上的独白，虽然并非每个时候都是如此。我以为那是青春期的北大，纵然浅薄，也令人感动。

入学在秋季，首先想起的也总是北京的秋天，那确实是很好的季节。现在似乎不这样了，春天的风沙在减少，秋天的日子也在减少，比当年热得多的夏天总是被比当年暖得多的冬天很快地接上，让人反应不过来。也许是天气的缘故，很多秋季的仪式现在已经消失了。我模模糊糊记得每年到这个时候，总有成群结队的远足，这一点很多北大人应该都有记忆。我不知道别人怎么看，我以为那倒像是年轻人的狂欢，我并不否认大家都是认真的人，但我更愿意把它看成节日，它符合年轻人的天性。

接下来是冬天,照例也有很热闹的内容,尤其是西历新年前后未名湖的冰面上。北大有未名湖,这可真是值得感激。去年元旦有位念旧的老同学来了,非要到未名湖看看不可,重回北大后我已经不去了,这次算是陪员。先爬上钟亭,那是当年我们闯祸的地方,如今围着校警,很煞风景,但还是不打扰他们工作的好。往下看,湖畔到处是烛光,影影绰绰,像是张岱笔下的西湖三月三。恍惚间,我觉得这又是十年前的北大了。冰面上好大一圈人,拉着手唱歌,这也像当年。毕竟还有不曾变化的,我想。不过我并没有加入,而是小心翼翼地从圈子外绕过去,作为时光不曾倒流的证据。岸边的冰似乎不十分牢靠,我很谨慎,同时也很感慨——当年是不会这样的。不过前几天邻屋的一个朋友一脚踩进冰窟窿,让我不无心慰,气候确实变暖了,我怕得有理。

其实,我本不想多谈大家都感兴趣的话题,我只是认为80年代的北大和我当时的年龄十分吻合。当然,这种说法很可疑,或者倒置因果,有人会说你不过是接触到北大与你相似的一面,这也对,但我姑且这么顺着说下去。

我记得当时学生宿舍楼周围的地上并不长草,光秃秃的,我住的32楼北边就是如此。顺手扔下的东西,会显得特别刺眼,到乱砸酒瓶的时候,简直成了战场的废墟,第二天清晨在被窝里准能听到清洁工人的骂声,不过这也是不常有的事。青春期总是有闯祸的冲动,我想不是不能原谅,当然对那些工人是感到抱歉的。

那时各类小点缀很多,不记得哪一年,也就在这楼前,有个外国学生顺着墙攀岩,看客自然不少,保护绳就挂在四楼一个宿舍的窗户上,及至好不容易上去了,楼上楼下一片欢呼。这是春天的事情吧,因为应该是树叶稀疏的时候，大家看得见。

到夏天，窗外一片绿色，各种声音从叶缝间透上来，我总坐在窗台上吃饭。有一阵子，29楼每天晚饭时有个"笑林广播电台"的播音，我猜想那是无线电系的学生，因为扩音的效果很好。他们有三个播音员，一个叫氨基酸，一个叫维生素，还有一个似乎是半导体。他们每天播音大约半个小时，庄谐杂出，我觉得他们是很聪明的。

29楼边上只有31楼是女生楼，因而格外得到关照，动不动就给哪个寝室献歌，于是几座楼间一阵欢呼，中间几声尖脆的女高音大概就是那个寝室的。他们从来是自弹自唱，不找理由地献歌，不像现在北大广播站模仿外面电台的"生日点歌"之类那么肉麻。我觉得他们很随意，一点不涉骚扰。有一次要献给某某寝室的播报惹来31楼的一片哄笑，后来从乱糟糟的女声中听出似乎那个房间是水房还是厕所。

电台维持了大约一个月，居然没人管，后来我一直感激北大的这种气氛。当然最终有关部门去劝止了，让人扫兴，但听说双方很友好，那也就很好了。

我想诸如儿童玩泥巴、小孩打架、年轻人胡闹之类都是天性的发抒，一个人留下几块小时的伤疤是很正常的，秩序每每试图消灭各种小事故，不免让人讨厌。好在这种努力总不能完全成功，尤其是80年代的北大，像个野小子，生性好动，一不留神准往门外窜。那时满校园各色独行侠，怪人之多之奇现在想想都觉得匪夷所思。尽管有时会因受干扰而感到头疼，但时间的淘洗为我留下的只是他们的"痴"，这成为我记忆中最愉快的一部分。

比如我班上有位"卧侠"，四年躺下来，全海淀租书点里已找不到他没读过的武侠小说，这可能是全北大的纪录；与此"坐而论道"形成对照的是同楼道另一位白皙稳重小伙子的"作而行之"，有一次不知怎么喝醉了,在楼道里大打其游身八卦掌,勒令所有的门关上,这项法令实行了整整两个小时;他的同屋还有一位不以侠而以情见长的,在《知音》上发了一则征婚启事,于是每天信件有十几封至几十封不等,而他的兴趣似在文采才情,这位"选家"有时会在中午拿上几件到树林里高吟低哦,间或也和人讨论修辞方面的问题。

还有一位是我的同屋尹兄。他和我的作息时间截然相反,我一般夜里看书,以天亮为度;而他每每闻鸡起舞,四五点钟就起床练剑。令人惊叹的是,在本科生宿舍那么逼仄的地方,他居然能手握长剑悄无声息地舞上一套。我的上铺蔡兄有夜起的习惯,他的绝技是能从空中飞下并准确地把脚套进拖鞋。有一天清晨他睡眼惺忪地跳下来,自然也就踏入了拖鞋,此时尹兄正急回身,似乎是"白鹤亮翅",剑尖的寒光便在蔡兄咽喉处颤动,两人都猝不及防,于是"定格",那情景是我本科四年中很经典的一幕。

不过还是少说为妙,久不联系,不知道如今他们是什么样子,是否还愿意让人提起这些异行。况且,十多年前的旧事,现在回想起来,早已像是和我自己不大相干了,连阳光都是黑白的。据说梦境是没有颜色的世界,其实记忆也正像是色盲者眼里的事物,总显得有点悲哀。那个年龄总有那个年龄的生活,一些无法逃避的事情,美好,然而无望,来了,又去了,于是你似乎垮了,但过后发现自己还是浮起来了,喘着气四处看看,天地无色,于是有了另一种人生观,收拾起四处游走的心思,随波漂流,不知道哪一年会被冲到岸上,让一位美丽的拾贝者看见,拿走。

记忆本质上是一种异己力量,它像一个残酷的诱惑者,为你提供现实中某种企望不可实现的证明。据说现在世界越来越小,人类在克服空间的困难方面确实能力无限,但对于时间,凡人是没什么办法的,或者说简直是毫无办法。同时存在的两个人可能分属于不同的时间，那么也就是两颗星球那么遥远了，尽管你认为有共时的活动，甚至瞬间可以交流、对话，但仍然无法逾越命定的虚空。

好莱坞大片中曾有超越光速使时光倒流的拟想，可是爱因斯坦明明告诉过我们光速就是极限。于是我所能做的就是坐在因光线昏淡而显得阴暗的屋里，注视着窗外明亮阳光下灿烂的笑声。

在朋友的桌上见到金庸的《白马啸西风》，闲极无聊之下重看了一遍，夕阳落尽时翻到了最后一页：

> 白马带着她一步步地回到中原。白马已经老了，只能慢慢地走，但终是能回到中原的。江南有杨柳、桃花，有燕子、金鱼……汉人中有的是英俊英武的少年，倜傥潇洒的少年……但这个美丽的姑娘就像古高昌国人那样固执："那都是很好很好的，可是我偏不喜欢。"

合上书，想想李文秀的心情，忽然觉得有点凄凉。

二、存而不论

北大校园作为一个社区在中国已经存在了近百年，因为特殊，它显得有点古怪。和其他高校相比，老大帝国"大学"的衙门气似乎一直没有消失，有一种踱方步的感觉，也因而气派大。这里年轻人的眉宇间都有些英气，但仔细想想，乱糟糟的什么人都有，像垃圾场，总之是鱼龙混杂。

大概历代北大人都对母校有点不满，当然同时也拥有自豪感，尽管并不像 20 年代清华国学院学生对于母校的崇敬。离开了多少会有些怀念，对现实环境的厌恶也容易让人想起北大的好处，于是母校在心目中的价值逐年攀升，这大抵也是距离产生美之一种。

不过时隔十年我重返燕园与这种心情关系不大，我并不觉得自己是天欲降大任的"斯人"，况且单位还是一个可以晃来晃去过日子的好地方。当然，对工作兴趣不算大，也不大容易做成什么事，但"是不能也，非不为也"的借口大可安慰自己。于是乎可以接着晃来晃去。白天在单位晃，晚饭过后在自己的两大排书架前晃，"随缘"抽取几本书乱翻一气，困了就睡，第二天几点起床那要视夜里看到几点而定了。

民元后周作人有个"卧治时代"（《周作人回忆录》），我工作的六年则是"卧读时代"。所为不同，其"卧"则一也。

这种日子总的看来还是很舒服的，衣食无忧，五斗米有了，折腰不折腰的事情自然就不忙考虑。不过饱暖之余有时也有点心慌，觉得在这环境里自己究竟是一个奇怪的人，虽然可以老是晃来晃去、晃来晃去并且别人还算尊重你，但长久下去也不是个了局，总不能一直这么"市隐"。

这样就慢慢地想起那个乱糟糟的北大来，离得远离得久了，好处也格外吸引人。北大虽不乏我们那时老说的痛苦的天才和快乐的猪，但对我这种"半间不架"的也可以"存而不论"，把自己"存"在北大倒是挺好的，人杂，书多，而且照样可以晃来晃去。

不过这也只是念头而已，时不时想一下罢了，日子还照样过，况且考试那玩意儿实在不愿再去领教了。后来有机会到北京出差，自然地呼朋唤友，同时也到北大走走，见见老师。其实也没有几个老师认识，但至少班主任夏晓虹老师是记得我的，这样顺便也见了陈平原老师，按理算是师公，只是没人这么叫。我们上本科时他刚好来读博士，那时博士在北大可是稀罕物儿，与硕士不大一样，中文系他是第一个，而且入北大后与夏老师由恋爱而结婚我们是眼见的，因此虽然当时不知出于什么心理，班里公论说学问以夏老师为佳，但也还是没人把他引为同学或年兄。

见了以后，也就聊聊天，我素来说话办事没个准头，于是话题也不知扯到哪儿去了。大概是谈到了想回来之类，这是从北大毕业的人都会说的话，重点在"想"而不在"回来"，我未能免俗，姑且学舌而已。陈老师突然接口道："那就回来一块儿读书吧。"这不免出人意料，同时让我有点感动，怎么是"一块儿读书"呢？当然随之也就大为心动，他既然说"一块儿读书"，似乎不必非得做学问不可，而且可以不用再去单位晃来晃去了，改成到图书馆、书店里晃，确实是很舒服的事。

不过待我回北大已是两年后，这一方面自然是由于我懒洋洋的习惯，凡事先"搁置"，怎一个拖字了得；另一方面也是为了让父母在心理上适应我的二度远游，我的再次大变动，确实让他们为难。

父母对我向来没什么信心，偶尔我做成什么事情似乎都有点出乎他们的意料。很小的时候我就跟着母亲的学生"支农"，学插秧割稻，大一点到父亲的分校去体验环境，因为当时我眼见的前途是上山下乡，家里对我的能力实在是忧心忡忡。后来当然是可以读书了，但我一级一级地考上好学校并没有给他们增添什么信心，到考大学时，母亲以为在福州市内随便上个什么学校就挺好了，这有不愿让我远行的意味，但更多还是以为也就只能这样了。父亲的野心稍微大一点，他认为福州没什么好学校，还是去厦门大学为好，没想到我一溜烟考到了北大。

当年为什么要上北大，现在已经记不起来了。去北大前我连福州都没出过，不能排除"闯天下"的宏大动机，但我是个想不远的人，从没有做大事业的冲动；其次大概有点"胜利大逃亡"的意味，母亲是小学教师，我就读的中学是父亲的单位，考试成绩从来是父母早我知道，犯下什么事那也是说什么也逃不了，恰巧那正是我的"反叛时代"，脑后起码有七八片反骨，因而挨罚就格外地多，每逢此时总想能溜得远远的就好了，不过我从来是好了伤疤忘了疼，不像妹妹有长时间的压力，考大学那一段正好勤奋了半年，离伤疤格外地远，不大会有外逃的心理。

最大的可能还是当时凡事皆拧着来的性格起了作用，非得自己拿主意，打开高校目录，自作主张地填了北大中文系。这绝对不是出于对文学的向往，完完全全是因为方便，它排在第一个。一看下面还要填那么多志愿，觉得不胜其烦，把表格交给父母，然后睡觉去。

父母将信将疑，在第二志愿以下采取了许多补救措施。不料我真考上了，他们挺高兴，觉得儿子运气不错，倒也不是一无是处。比起现在都市里那些痛苦的小天才，我父母的低要求真让我觉得幸运，值得终生感念。当然我的优点并非只是运气，至少他们就给我遗传了一些好东西。我父亲是个责任感非常强的人，而母亲由于出身的问题，长期受到非常具体的阶级压迫，也锻造了她好强的品性。这两点到我身上虽说一律二一添作五地打了折扣，好歹还保留了一点，所以能做成点事。此外也只好乏善可陈了。

到北大真就没人管了，这有点始料未及，连续三天在校园里迷路，对我的人生是个绝妙的写照。没有压力也就无从反抗，于是我转而进入了"豪放时代"，比如痛饮酒而不能熟读离骚，让千里之外的父母担足了心。所以后来母亲不时抱怨说，北大把我给"教坏"了。

如今要回北大，父母觉得我的动机不那么单纯，无论我说得多漂亮，演讲得他们心服口服，他们还是不免嘀咕，对我的宏伟叙事不感兴趣。一般而言，每个阶段父母对我都有个中心任务，大多数情况当然是升学，然后是工作，此时又有了转移，竟然是——媳妇。父亲深知我办事拖拉的毛病，此事没给足提前量，以致我渐入"没人要"的行列，他们一直深自后悔，如今我又要"溜"，难怪他们大起疑心。

见我色厉内荏的样子，父母又有点不知道该不该希望我考上。而当时远在日本的陈、夏二师也不尽放心，夏老师当过我四年的班主任，尽管她无为而治，对班上每个人大体还是有所了解的。他们两位很给面子地评价我"不会考试"，以至于成绩出来后，他们在长途电话那头还颇怀疑"看错了行"。今年惊险万状地考上博士，他们两人远在千里之外的美国，接到"报帖"后陈老师回信称赞我："看来你是员福将。"我做事从不肯决一死战，所谓姑妄一试，他们对我所作所为也只能听天由命，这种"顺天命，尽人事"的配合我是很喜欢的。

再入燕园，老马识途，迷路是不会再有的。不过时隔十年，人事之变化还是让我有点迷惑。住在校园紧西头的47楼，边缘化看来是难免了，同时，从小学到大学我都属于班上年龄很小的学生，如今却突然变成"老大"之类，算又是加了一层边缘化，这个可有点味道不正。

好在我尚属乖觉，推己及人地想一想，大处也不会出错。比如前两年搭古典文献专业的便车去敦煌，名头是"带队老师"。走前深自反思，想想当年读本科时研究生是个什么形象，不禁有点悚然。那时在我们眼里，硕士居然是一批"傻帽"，没什么学问又拿腔拿调，专爱在本科女生边上蹭来蹭去，盖属黄鼠狼一流。这一想之后自己也就老实了，沿途逢山开路，遇水搭桥，坚不承老师之名，遇有高论则唯唯而已。只是老实过了头，让他们觉得无趣。不过一趟下来，倒真觉出差别来，他们已经相当接近于可口可乐和汉堡包的一代了，比如高兴时喜欢说"好酷""好爽"，这是我万不敢出口的。

大事不糊涂，小事有时就难免托大，自以为熟门熟路，倒也出过些尴尬事。读硕士有导师，不像本科那样大面积圈养，这种师徒制也带来了一些特殊的礼仪，尤其是导师有名气，与人初次见面，来者总要盛赞你导师，顺便恭维你。平原师学问名气都不小，于是也有人问我师承，曰陈平原，来人便有一番美辞，开始我入乡未能问俗，循例客气道："哪里哪里。"来人不免愕然。后来明白了，但仍然不能习惯与人"切口"，干脆默不作声，以至于让人觉得莫测高深，那也是没有办法的事。

其实硕士三年"入正题"的时候并不多，闲散惯了，一时难以收心，不过也许本性如此，也就无从改起。入师门后当然知道不能再随缘读书了，得"做学问"，但积习顽固，床头书如零食一般不能让人不伸手，书桌前正襟危坐的时候并不太多。杂书读多了，谈起话来就串来串去容易走题，写论文也熬不住想编派几句进去。师门聚会，只要我在，就形同搅场，自己没什么收获，还耽误师弟师妹们的学问，不过深自反省之后，下回必然重演。

周作人回忆在东京时鲁迅给钱玄同起过"爬来爬去"的绰号，因其"与太炎谈论，两手挥动，坐席前移"(《鲁迅在东京·诨名》)，许寿裳则更直接说"谈天时以玄同说话为最多，而且在席上爬来爬去"(《亡友鲁迅印象记·从章先生学》)。陈师家没有日本式的草垫供我手足并施，但那"爬"的意味还是很有一点的。学生宿舍空间狭小，不足以供我晃来晃去，如今改为爬来爬去，倒也不无小补。

如此爬了三年，硕士毕业，接着居然能吃下考博士的苦头，连自己都有点佩服。其实也并非有什么大志，只是觉得到社会上依然很显得古怪，北大怪人多矣，轮不上我。宿舍搬到 39 楼，正住在本科生和硕士生之间，算是又加了一层"半间不架"，看来局面确实越来越可笑了。但要紧的是仍然可以"存而不论",其他一切皆当从缓。先再存它三年再说,至于三年后存不住了该如何是好,那是下个世纪的事了,此处也先存而不论。

[王枫:男,1966年10月生,福建福州人。1984年考入北大中文系,1988年毕业后进入福建电视台工作,1994年重回北大学习,2000年获现代文学博士学位,毕业后至今,任教于北大中文系。]

师　事

天　波

写下题目,自己先吓了一跳:居然已到了忆旧的年龄,居然抖起胆子要忆北大的旧。

急忙打开皮箱,翻出临行前妻子夹入行李里的小圆镜,将自己"政审"了一番。不知是镜子放歪了,还是没把自己摆正,半天才把脑袋放在镜子里。头发自然长乱得如一团荒草。想来这些天穿行于校园的林木之间,定是骗了不少做窝过冬的鸟。没办法的事。美国的剃头刀宰人实在太厉害,三上两下,一星期的生活费便无影无踪,也难怪许多美国人哪儿都长毛,就是不敢长在头顶上。

再看下去,原来前赴后继的青春痘,不知何时已不见再冒出来,看来岁月已使脸皮厚了许多。看着看着,自己的尊容已被一圈圈的波纹隐去,映于镜面的已是燕园的湖光塔影、师长同窗、饮食男女……

好在一切都依然清新动人,好在北大不老。

人常说北大出"三才":人才、天才与怪才。人才在北大已是普通,天才也不在少数,可为人所津津乐道的往往是怪才。北大有怪学生,自然也有怪先生。这多半与北大的传统有关。在社会上,说你怪多半是说你不正常,而在北大,说你怪却分明是在夸你不寻常,正可谓一方水土养一方人。

许渊冲先生是我在北大的首课老师,主讲英汉互译。说起来,许先生进入燕园的时间,比我们这帮八四级的学生也早不了多少。他原为洛阳外国语学院(即解放军第二外国语学院)的教授,据说曾任副院长,照现在的军衔,应不小于大校。许先生调入北大的原因,他自己从未讲过,做学生的也不便多问。倒是某次课间,有学生偶然提及,许先生给了个说法:"为什么?因为那里的院长总是老子天下第一。"

我听了觉得可乐,小声嘀咕道:"您是副院长,也算天下第二么。"

不想许先生听得分明,摇头道:"哪里,哪里,他老婆天下第二。"全班忍不住笑作一团。

许先生自然不甘做老二,更不愿做老三,许先生要的是天下第一。

许先生专攻汉诗西译。译诗极重格式韵律,属喜欢戴着锁链舞蹈的那种。他对韵脚讲究到刻薄的地步,自称"诗不押韵死不休"。他当时已有多部译作问世,尤以《毛泽东诗词选》的英法译本为人称道。许先生先留法,后留英,英法语言功底难分伯仲。译诗往往是双管齐下,一举两得,在翻译界实不多见。许先生自己也颇为得意,一不留神就骄傲一番,且也不管人前人后。

记得某次上课,他带去了自己留存的一本《毛泽东诗词选》,扉页上赫然自题:诗译英法第一人。我们这些从小就被师长教训要以谦虚求进步的学生,如今看老师自己为自己骄傲,常常私下议论,偷偷替老师不好意思。我还在心里为老师打圆场:许先生自己的书,题上几个不谦虚的字,外人也不会看见,不算太过。可不久我就发现许先生实在不需要这么个台阶下。

有一次要到许先生家里去交作业,那时,许先生已从暂住的勺园搬入畅春园的寓所。我还从来没去过。战战兢兢敲过门,许先生已迎到门前。走进厅里,一幅类似中堂的书法条幅,遮了半壁河山,定睛望去,呜呼,居然又是"诗译英法第一人"。是哪位书法家的大作已记不清楚,反正有题款印章在上的。

许先生虽孤傲,但对后辈学生却十分宽容。发现作业上的佳译,往往褒奖有加。哪怕只是个别的词句,他也会只夸此点,不及其余。一般说来,老师对自己的学生过溢一点,应属普通。但许先生评点作业,总爱触及旁类,爱做比较,且经常拿名家的译作做靶子,出口伤人的事在所难免,经常是一堂讲评课下来,所谓德高望重的大家已被他轰倒一片。据说为此许先生开罪了不少学界大腕,以致在博士生导师资格评审上穿了不少的小鞋。即使如此,他也毫无收敛之意,依然是学生某某的译文超过了某某,某某的译文驴唇不对马嘴等等,虽然许先生自己一再称对诗不对人,可惜那些被点名对号的人,少有几个能对诗不对人的。

未上许先生课之前,早有上届好事师兄特别嘱咐:上许先生课,万不可坐前两排。问之原因,却是诡秘一笑:姑妄言之,姑妄听之。

一般来讲,学生上课,离讲课人的距离同喜欢这门课的程度成正比。学生坐后排,往往是想躲开老师的视力范围,好一心二用,比如看武侠小说,写情书等。后来自己有了做老师的经历,才知道那实在是自欺欺人。老师站着,你坐着,老师居高临下,哪有不发现你在下面搞小生产的道理,只是不愿揭穿你而已。

坐后排的另一个好处,就是能极为方便地在课间开小差。可许先生的课是通共才十几个人的小课。"地下活动"与"开小差"等于公然冒犯，不可为也。再说，许先生的课应该是上乘的，不坐前排的缘由应另有讲头。

于是，我上课前不远不近坐在了第五排，太近了怕辜负师兄的告诫，太远又怕搞不清究竟。

许先生走到堂前，并无太多开场白，直入译事信、达、雅。许先生虽已七九六三之年，却声若洪钟，胸腔共鸣，与四壁谐振于一体，讲到激扬动情之处，每每喜形于色。抑扬顿挫之间，难免唇齿失于严密，往往流星迸发，大珠小珠洒落堂前。碰上英语爆破音如 b、p 之类，更如春雨骤落。前排用功之学生，多为女孩子，不好意思拂拭颜面，只好任凭老师洗礼。只是自此之后，许先生课上，再无人敢以身试法，前三排空无一人矣。

许先生译诗讲形式美，对自己的名字也搞"形式主义"。记得初读许先生的译作，发现下面的署名为 X.Y.Z，心想出版社的校对实在太不认真，连译者的名字也会搞错，许渊冲三个字对译过去应为 Xu Yuan-Chong，字头缩写应为 X.Y.C 嘛。后来在作业里也发现了批语后的 X.Y.Z，才知道是许先生自己所为。问之原因，答曰：X.Y.Z 看着听着都顺畅；X.Y.C 则次序不对，形式不美。听来言之有理，好在 Chong 与 Zhong 在老外听来区别也不大，再说 X.Y.Z 确实标新立异，好看、好听又好记。

某日，我去二院的系办公室私干。刚进院中，便听见许先生的轰鸣之音，走近一看，许先生正脸红脖子粗，手中的一叠报纸已抖得哗哗作响。听了半天，才知道问题出在许先生名字的次序上。

原来，许先生自订报纸数种，每日来系自取。办公室分发时，在顶角上注"老许"二字，以便分发。可正是这个"老"字，惹得许先生动了真气。

"我已多次申明，不要再写老许，怎么再二再三？"许先生道。

管分报纸的是个女同志，已年过半百，自然觉得许先生小题大做，争辩道："不写老许，写什么？"

许先生一时语塞，情急之中，瞥见了门口进退不定的我，一把拉过："彭，你说，你们叫我什么？"

我急忙作答："许先生。"

女同志反唇相讥："好！好！好！叫你许先生，许老，许教授。"

许先生回击道："叫什么都可以，就是不可叫老许。"

双方一时僵持不下，最后经系里协调，达成了协议：不写老许，也不称许老，干脆去了"老"字，再没了次序问题。

我心里觉得许先生也太过认真。出门后，许先生像是猜到了我的心思，说道："你不知道，'文革'前人们称我许先生，'文革'中，成了臭老九，改称老许了。"

原来症结在此。

许先生性情直爽，急人快语。遇欣喜之事，必喜形于色；有不满之时，必溢于言表，且往往当场兑现，不留情面。

许先生讲英汉互译时，患有眼疾。那时学生交的作业，不如现在有电脑可打印得整整齐齐，字体也可大可小。作业的手写体千姿百态，有时自己都难以辨认，真是难为了老师。先是他自己坚持看，后终于坚持不住，便请他正在读英语研究生的儿子代看。儿子看了作业，自然负有讲评的责任。许先生必到场督阵，常常是表情肃然，坐于一隅，俨然一个考官。其公子只好硬着头皮开讲。许先生坐在那里，总是大动声色，不满之处，大摇其头，数次站起又坐下。未过几个回合，老先生终于忍无可忍，"腾"地站起，自己上得阵来，道："还是我来讲吧！免得你我都受罪。"说完，自然又是"口若悬河"。

算来离开北大已十载有余,许先生已是古稀之年。但愿许先生课上仍是前两排空无一人。但愿许先生梦中不再被人叫"老许"。

[天波:男,河北沙河人,1981年考入南开大学外文系,1984年考入北大国际政治系,攻读国际文化交流双学士。曾就职于中国外文局北京周报社。]

北大片段

洛 兵

北大对我来说，意味深长。随着时光流逝，很多记忆和感觉渐渐散去，留下最多的，还是一种淡淡的温馨。

校园永远是那么安宁。38楼前的合欢一到夏季，就要灿烂地开放，红艳艳的，一片又一片，把人弄得很朦胧，很感伤。这是我想到的第一个风景。湿漉漉的眼神，汗流浃背的羽毛球，紧张的拥抱，躲闪的离别。远近高低的合欢，就像一团团忧伤的火焰，烧光了那些故事。

珍珠梅开在春天，没有香味，一开一大片，好像谁也管不了，这有点像我，但人家总是老老实实开，老老实实谢，不声张不闹腾，比我要强得多。

丁香是很香的，有白丁香，紫丁香，开着五瓣的小花，漫不经心地舒展着，却是那么香，以至于女生们经过，都俏丽了几分。

比这些花更早的，其实是迎春，但是关于迎春的记忆，都和我或者死党们的几次大醉有关。暂且不提。

我们经常在俄文楼上课。楼前绿荫如海，红玫瑰在花园里娇媚着，玉兰在蔡元培面前舒卷着，很多高大的松柏都在塑像前的一块空地上华盖亭亭，绿得沁人心脾。有些时候我会觉得，如果再来一次，我变成一个乖学生,那么一定会选择这里,踏踏实实来上课。只有这样的氛围,才会让一切都不会被打扰,才会让一个某些方面异常早慧某些方面异常晚熟的我,安静地学习,安静地成长。

北方对秋天是很敏感的。枫叶和黄栌反应最快,几天就换上金黄橙红的衣服,很是醒目。这种景色是醉人的,尤其在什么路边,一溜红藤从某座古老的楼上搭下来,老叶子就罢了,那些新叶,红得透明,红得娇艳欲滴,能一直红到我的心里。这时候,仿佛有人在我耳边痒酥酥地说,天冷了,该加衣服了,该找个人恋爱了。

到了冬天,空气变得很干净,比秋天还清新,因为要下雪。那些年还不像后来的日子,一供暖,就开始闹霾。冬天就要有冬天的样子。未名湖结上了很厚的冰,上体育课的时候老师就带着大家去滑冰。湖边散步的男生女生,就艳羡地望着。班上有个女同学就是在学滑冰的时候受伤的。当时人来人往,几个冰球队的小伙子在她面前显摆,呼地冲过来,刷地冲过去。女生吓得一倒,以为那些人要扶她一把。那几个人的确想扶,但是大家都想扶,都伸手,冬天又穿得厚,互相一挡,她就重重地摔在地上,把膝盖摔伤了。这不是什么了不得的伤,不用住院。全班都排着队,去35楼看她。那时候男生还可以进女生楼,只要到了十一二点老老实实出来就行。有个男生喜欢上了她,但是不敢说,只敢写信。女生是北京的,男生写了信,还贴航空邮票,我们就笑他,他就买了一瓶"大二",也就是大瓶的二锅头,到图书馆草坪上把自己灌了个四脚朝天。很多年以后,班上再聚,女生竟然说,当初不知道这件事。男生说,即使说了,也没用啊。女生就反复地说,你要说啊,你不说,我怎么知道呢,你怎么不说呢。

回家过完寒假,新的学年就开始了。北方的春天有的时候很好,有的时候很不好。很好是指满天飘动的杨花柳絮,映衬着相对冬天来说非常湿润的空气，显得很柔和，很让人蠢蠢欲动。满校园的花都开了，到处都是花，感觉每天在花丛中生活，会有几分仙人仙女的神韵。大家的衣服也从厚厚的军大衣、厚棉袄，换成了艳丽的毛衣、绒衣，人也精神了许多，兴致勃勃地找各种事儿来干。整个校园都在一片嫩绿的生机中蛰伏着，微笑着，兴冲冲地看着我这样不安分的孩子茁壮成长。

我在北大的一些故事，大都开始于春天，也结束于春天。很多诗，也是在春天写成的。那时候，仿佛受到艾略特的暗示，总觉得春天必须用来给某种情绪殉葬。不知道有多少人成了我的牺牲品，或是相反。总之，年轻嘛，有的是青春，一定要用来挥霍，一定要用来浪费。

我们班在春天会去很多地方游玩，尤其是颐和园、圆明园。但是他们不知道，我刚入学时，就一个人偷偷去逛了天坛、故宫、陶然亭、动物园、长城、地坛、北海……我看上去很容易让人亲近，实则内心比较孤僻。我喜欢一个人去到某个陌生地方，不停地走，直到走入一种类似于禅定的冥想状态。

很多年之后，我去各地演出，也是这样，如果时间允许，我会随便走上一条大街，在所有不认识我的眼神中，漫无目的地走下去，直到夕阳西沉，直到再也走不动。这不是一种仪式，而是为了体验一种缥缈的存在感。正如北大，她是那么清晰的存在，然而在我的记忆里，她又有一种难以言说的陌生。但是很奇怪，我一直走着，她一直看着。她一直在那里，我却一直没有离开。

夏天是最火爆的。火爆的是人，也是天气，也是打都打不完的蚊子。每个学生基本上都有一顶蚊帐，从春天一直到冬天都挂着，平时可以把自己隔离成一个小世界，夏天可以用来挡那些小吸血鬼。蚊子基本上是比较善良的，咬了就跑，不多咬，不会把人咬疯，最多咬得气急败坏。这一点不像以后有些合作者、掮客和穴头。蚊子还比较实诚，钻进蚊帐的本事很大，只要有一丁点小缝隙就能想办法挤着窝着拱进来，吸完血后就什么都忘了，挂在蚊帐顶端回味，消化，让丢了血的那个家伙过来一巴掌拍死。它们不会在乎这个。它们繁殖力惊人，否则不会在地球上存在多少亿年。

夏天是最潮湿的，水房和厕所不太干净，里面滋生了许多这种小东西，窗外又是各种花花草草，更适合它们纵横驰骋。我走过38楼靠学一食堂的边缘，全是学生们从楼上扔下来的酒瓶子和别的破烂东西，从混凝土楼裙边往外就是一片湿润的土壤，积了厚厚的一层绿苔，盎然滋生出几株怪模怪样的不知道什么菌。这肯定是有毒的，否则生物系那帮孩子就拿去吃了，我想象出一个男生战战兢兢伸出手，突然，呼啦一声，飞起一大片凶残的蚊虫，那种景象，该是多么精彩的盛况啊。

更热的时候有那么几天，基本上睡不着。我就一个人去未名湖边溜达。很奇怪，这一带蚊子比较少，最多也就咬两口，再不多咬。我坐在路灯下面，有时候靠着山，有时候靠着学四，有时候靠着一体，看着各种飞虫小咬在路灯下快乐而疯狂地跳舞，根本想不到十几年后，这么郁郁葱葱油绿绿肉乎乎的夏天，会成为一年中最不好过的季节。

尽管如此，校园也依然美丽，依然安详，有很多享誉天下或者稀奇古怪的人和物，到处都是传说和传奇，路过的很可能就是真正意义上的学问大家。这是我非常钦佩的，虽然我一向认为要自己创立一门学问，让别人以后来研究我。但是别人能达到这么渊博的地步，有的还学贯中西，我就非常向往。我想我这一辈子是不可能做学问的了，那就争取做别人做不出来的事情；如果这一点还做不到，那就认认真真做自己，别被带偏，别被改变，就行了。

那时候，北大俄语系的教学条件非常好。经常上课都在五四操场旁边的电化教室。换鞋，更衣，一个学生一副耳机，放着俄语原文片，练习听力和会话。苏联片子很好看，苏联人的艺术修养很好。这一点我很清楚，但是不知道为什么，我就是从骨子里不喜欢这些东西。我羡慕那些西语系、英语系的家伙，他们可以学习英语、法语、德语、西班牙语，那么的自由奔放热烈火辣，那才是我想学的。但是有一天我想：我要是真去了西语系和英语系，我会喜欢吗？我会喜欢这么上课，一天到晚背单词，起个老外的名字就高兴得跟什么似的吗？我会喜欢明明是中国人非要装作老外的做派，以此换取一种有利于学习的语言环境吗？外语学了到底用来干什么呢？最多只是工具吧，最多用来欣赏原文小说诗歌散文的时候更准确更享受吧。俄罗斯是个了不起的地方，还是我父母极端崇拜的地方，觉得是天堂，但是对于我来说并非如此。俄罗斯一年到头冰天雪地，国土广大但是酷寒阴沉，民族众多但是矛盾重重。我学的俄语笑话一点也不好笑，学的俄语歌除了一首《共青团员之歌》以外，全是小调歌曲，充分说明这个国家的人总是生活在一种辽阔阴冷的俄罗斯母亲大地上。

后来我的抵触进一步加强了。有个苏联外教，上课的时候英俊洒脱，风度翩翩，下课就跑到我勤工助学的地方喝得二麻二麻，对我们班的班花动手动脚，差点跟我打起来。后来，他们在离开北大的时候，还在勺园住处展现出了米兰·昆德拉在《生命中不能承受之轻》里描述的苏联战俘之风采。

当然，再后来，苏联就重新变回了俄罗斯。

但是，很久以后，在我各种演出，尤其是那种室内演出中，我都喜欢用一首俄语歌结尾。这首歌的名字叫《伏尔加河》。

歌词大意是这样的：一个七岁的男孩，出生在伏尔加河畔。两岸稻麦飘香，棉花像雪花一样飘落，他的祖母对他说，你要记着，这是你的故乡。后来，他离开家，去寻找诗和远方，经历了许多艰难险阻，路过了许多忧伤爱情。他的母亲对他说：不管怎么样，你的身后，有一条河，在等着你。再后来，他七十岁了，再也蹦跶不动，只能回到伏尔加河畔。依旧是两岸稻麦飘香，棉花像雪花一样飘落。一个七岁的小男孩，在江中一艘小船上，唱着他当年唱过的那首——《伏尔加河》。

2017年12月8日北京—长春途中

[洛兵：男，藏族，藏名扎西次仁，1967年生于四川成都。1984年考入北大俄语系。1986年获北大五四文学大奖及未名湖诗歌朗诵会创作一等奖。1993年，诗歌《晚钟》入选《中国诗歌年鉴》。1990年开始音乐创作，代表作有《你的柔情我永远不懂》《梦里水乡》《回来》《吟游》《天外》等。1999年开始出版小说、散文、诗歌，结集《秋风十二夜》《天外》《路过你，谢谢你》等。2010年，从幕后走向台前，在全国各地举办个人演唱会，命名为"吟游"系列。]

诗歌与骚动

郁　文

1985年秋天我从上海复旦大学附中毕业，考入北京大学中文系中国文学专业。

复旦附中学生文学活动很活跃，我受影响在中学阶段就开始学习写作。一些知名的老师如卢元、过传忠、步根海等也热心地指导过我们。不少同学的作品就是经他们推荐公开发表的。

进入北大以后，我知道了有个五四文学社。当时中文系男生都住在32楼。我们八五级新生和八二、八三级住四楼，我住410室。

不久我拿了一首题为《街心花园》的小诗，到432房间找当时文学社的负责人、文学专业八二级的张华峰。那首小诗的原稿我现在没有了，只记得写的是一个老兵在街心花园看人下棋的感受，棋子是木头做的，胜负既分摆好棋子后便可以重新来过，可老兵的断腿是再也不能续上了。

张华峰的态度很友好，当然也可以看得出有几分以老大哥自居而刻意显示的大度和宽容。他把他的两个同学张旭东、邹玉鉴介绍给我。张旭东也来自上海，算是给我引认同乡；而邹玉鉴是文学社的诗歌组长，当时在北大是一位颇有影响的诗人。就这样我成了五四文学社的一员，没有想象中的那种填表格、发证书的仪式。

我和张华峰也建立了友谊。他过生日的时候，还请我去喝酒。记得是在颐和园附近的一个小酒店。当时一起喝酒的除了我，还有张旭东、邹玉鉴、蒋朗朗、邱小刚、缪哲等十来个人，都是八二级的。因为我的头发剃得很短，头又大，他们给我起了个绰号叫"小和尚"。

我写了一些十几行的短诗，在校刊上发表过。我还参加过一次未名湖诗会。

当时是交了一首诗，给邹玉鉴他们审核，通过以后他们安排了一个女孩子做朗诵者。那个女孩子名叫柯映红，来自福建，是英语系八四级学生。记得她拿着我交上去的那首诗稿来找我，使我颇有受宠若惊的感觉。

我那首诗的名字叫《相思树》，说相思是长在血脉里的一棵树，却不会开花结果，所以我愿意把它砍斫下来，用它搭一座桥，让相思着的人们可以自由地来往，使银汉从此不再迢遥。这首诗还有一句题记，是辛弃疾的"斫去桂婆娑，人道是，清光更多"。可怜的是吴刚，砍斫了三千年，人间的清光，并没有增多。

柯映红说她很喜欢那首诗，也觉得写得挺适合朗诵的。可是真到了朗诵的时候，柯映红显得很紧张，应该说，没有朗诵好。最后得了鼓励奖。尽管如此，我仍然很感激柯映红。她给了我很大的信心。

在我后来写的诗中，"桂树"这个意象一再地出现。这是大学一年级的事。

二年级开始的时候，同学们之间相互有了了解。在未名湖畔，大家一起谈谈诗，是一件"美得不能胜收的事情"（一位同学在毕业后写给我的信中这样说）。

在一次这样的谈话中，有个同班的女同学读了我的一些诗后，认为我的诗"有一种很忧郁的气质"，使我大为吃惊。

另一位同学（当时并不同班）保留了我那时写的一些诗的抄件，并且在1991年来上海时把它们交给了我。他叫褚福军，一个高高大大的北方汉子，却有着超乎寻常的细腻之情。我当时深受感动。可惜他竟然永远地走了。

但主要的交流是在几位"诗人"之间进行的。八五级汉语专业的龙清涛、编辑专业的陈国平、古典文献专业的李晓彤在同学们中间渐渐有了"诗人"的名声。我们开始有了一定程度的交流。在家写了认为"可以"的诗，会拿出来看看，这中间我主动的交流可能要多一些。而这一年我最大的收获是跟八三级文学专业的王清平成为好朋友，这也是我在北大四年最大的收获。

清平是苏州人，也能说上海话。由于他的年纪比同级的同学大几岁，大家都叫他老王，我则一直叫他清平。他有许多非常"经典"的故事传诵在同学们中间。这些故事有些是真的发生过的，有些则属子虚乌有，是同学们根据老王的性格和为人编造出来的，但听起来很像他。讲得多了，清平也默认了那些故事的合法性，所以我也无从分辨哪些是真哪些是假。

比如"老王指路"的故事，说清平在学三食堂至南校门的那条被称为"北大的王府井"的水泥大道上，回答人家"坐332路车怎么走"的问题时，一本正经地说："你呀，出了南门往北走。"——出了南门往北走，那不是又回来了吗?！这个故事的真实性有问题，不过，清平不辨东南西北倒是实有其事。

"老王还车"的故事说清平借了他上铺同学孔庆东的自行车去王府井买书，回来后盘腿坐床上看书的孔庆东问他车停哪儿了。清平认真地回答说:"在王府井。"孔庆东听了差点没从床上掉下来!这个故事很可能是真的,因为清平的车技实在不怎么样,勉强骑到王府井,一看那里人多车杂,不敢骑回来是完全可能的。可怜了孔庆东还要坐车去王府井骑回自己的自行车。

清平为人大度随和,同学们经常拿他开玩笑。在食堂吃饭时,我们经常给他找"哥哥"和"弟弟","哥哥"总是七个,而"弟弟"则不限数目。清平也不以为忤。

他的故事有很多,真可惜这不是我这篇文章的主要内容,要不我也会"美得不能胜收"的。我和他在很长一段时间内几乎形影不离,一起吃饭,一起看书,还一起打牌。烟和饭菜票几乎是"共产",当然,我共他产的时候居多些。

我和他的交往始于他们寝室的"诗会",发起人好像是孔庆东或徐永恒。当时我接到邀请,忝居座末。诗会上念诗的主角好像也是徐永恒。他的笔名叫徐永,是四川人。和清平、孔庆东住一个寝室,416,在我们那层楼的中部。每次去参加诗会,我总是坐在清平的床上。一开始是无意识的,后来就成了习惯。奇怪的是我和他在一起的时候,不大谈诗,只是相互交换着看新作。

二年级第二学期发生了一件影响了八五级很多人的"大事",那就是八三级毕业前没有按惯例把他们编的《启明星》(不定期刊物,一般一学期出两期)交给八四级编,而交给了八五级!系里也同意了。当时张剑福老师和八二级留校的蒋朗朗找我谈话,让我当主编。我找了龙清涛、陈国平、李晓彤、沈涛、孙翔做编委,一本正经地把《启明星》当作文学杂志来办。

原先的《启明星》是中文系的系刊,兼发一些中文系学生的文学习作,篇幅也不大。我接手后开始向全校乃至外校学生组稿,并且内容成分变为单一的文学习作，篇幅也增加到二百二十页左右。为此，系里还找我谈过话，说我"偏离方向"，且在经费上给予了一定的限制。好在刊物出来后比较受同学们欢迎，从老师们那里也得到了一些好评，《启明星》作为北大最有影响的一本文学刊物的地位从此确立，在其他高校间也有了一定的影响。

当时北大一些"有影响的"诗人、散文作者、小说作者几乎都在《启明星》上发表过作品。一些新的名字也开始出现并逐渐引起了大家的注意。如第一期上的杜莉莉、龙清涛、李晓彤、陈国平等。而清平给了我们最宝贵的支持。他写了一篇题为《乱谭——为文八五诗友助兴》的文章，对我、龙清涛、陈国平、李晓彤等人的诗作作了一番亦庄亦谐的点评，使我们一干人深受鼓舞。我在卷首语里则特别提到了杜莉莉的名字，认为她的散文清丽脱俗。

在接下来的几期里，我开始有意识地整理起北大新文学十年以后的诗歌风格和成就，相继推出了一些重要诗人的专辑。当时好心的老师提醒我不该这么做，应该把版面留给更多的同学，一个人占很多篇幅不好，我也为此承受了一定的压力。不过，《启明星》已经有了一定的影响，每期出来后同学们都争相购买，对我这种做法也算是一种肯定。

有一个阶段，我们甚至有了给一些重要的作者发一些小稿费的能力，这应该说是一个奇迹。编刊物占去了我不少精力，但同时也刺激了我的写作欲望，有时不分昼夜地写。因为抽很多烟，夜里经常咳嗽，搞得同寝室的同学对我颇有意见。

那时清平是我最主要的读者，大多数诗他都读过。后来我在整理大学日记时，感到一阵后悔：有一个时期我好像就在疯狂的边缘，那时我认为诗歌就是一切，是崇高的事业。由此产生了迷狂和偏执。日记里留下了不少偏激的话语，好像别人不理解我。其实不是这样，那种状态谁也无法理解。实际上是，那时我无意识地对不少同学造成了一定的伤害，我对他们也谈不上理解，今天我对其中的几位仍怀有深深的歉意，每每思及，心中总是耿耿难平。

当然，作为一名班干部，我对不少同学也提供过真诚的帮助，我并没有刻意要伤害任何一个人。但是，当时一位很关心我并得到我的尊敬的师长却极大地伤害了我，使我对人与人之间的信任产生了极大的怀疑。不过现在想来，他当时也有他的难处，在刚刚经历了残酷的"文化大革命"之后，要求他像老北大教授那样对待学生是不切实际的。虽然至今我未和他有过任何联系，但今天在我心中，他仍然是值得我尊敬并应该为他对我曾经的帮助而得到我的感激的。

说这些话好像离题，其实与我的文学活动很有关系。因为在那以后，我对文学尤其是诗歌越来越保持警惕之心，认为它不仅可能使我周围的人受到伤害而且也会使我受到伤害。

我曾站在疯狂的边缘，青春期的骚动不安加上诗歌差点使我毁灭。诗歌不应该有这么重要的地位，它只是生活的"余事"。现在诗歌于我是一种信仰，靠得很近，但已不是时时意识到它的存在。所谓"种树书成闲课女，卖文钱到好留宾"，如此而已。

在意识到诗歌可能对我有害之后，我渐渐远离了北大的文学圈子。《启明星》主编的位置我主动让给了我的同学龙清涛。我开始翻译一些外国的诗歌，其间得到了北大英语系沈弘及汪卫平老师的帮助（他们是一对夫妇，都是杭州人。在我献血的时候，汪老师还在生活上关照过我，至今思之，犹觉温暖）。虽然还是五四文学社的负责人之一，也参与组织如文学艺术节、未名湖诗会（记得还得过一次一等奖）并接待过一些外地及外校举着各种诗歌旗号的诗人们，但总的说来,"只在其间掠过",并没有留下很深的印迹,于我如此,于人也应该如此。

[郁文:本名姚献民,男,1985年考入北大中文系,毕业后进入上海百家出版社工作。曾任上海企鹅书店总经理。]

生命与学术

王岳川

"节日"将时间的奥秘向我们敞开。

北大百年的日子到了,总想说点什么,然而以有限的几十年的生命体验去言说一百年"大史",显得有些乏力。最好的办法,还是叙说我自己与北大的一种学术与生命的联系的"小史"。

现象学给了我一种透过喧嚣、时髦、热闹的场景去看背后的真实事情的新角度,从而使得我有可能以真实的心态去看真实的人生。因为在"面对事情本身"之时,朴素与真实就会显现。

事实上,"学术与生命"的选择,不是自我们这一代起,在北大,这早已是一代代学人被其撕扯和纠缠的问题:或处于学术与政治之间,或徘徊于学术与仕途之中,或以生命去换学术,或以学术张扬生命。正是不同的选择使学者走上了各自不同的学术道路,并抵达各自不同的生命境界。

一、向往北大

就我自己而言,学术是一种生命的表征,而个我生命是为学术而存在的。我已进入不惑之年,应该说离"知天命"不太远了,何谓

"知天命"呢？每个人都有自己的解释，可是大多数说法不得要领。在我看来，"知天命"就是四个字——"向死而生"。

世人都厌恶死亡而想无限地延伸自己的生命长度。在拒斥存在大限的"先行设定"之时，思想就不仅仅是书本上的死文字，而变成了一种生存的智慧。我以为，不管是东方大哲还是西方大哲，"向死而生"都是其真正参透生命意义的绝对尺度。

回忆的重要性在于，它可以使自己不断返回生命中那挥之不去的节点。在我不太长的生命中，已是两次面对死亡，而且也目睹了我的朋友面对死亡或走向死亡。我想，我写下这些纯个人化的文字，并非其与北大有关，也许，在有些人看来是一点关系也没有。但作为北大人，我却感到其中有着深切而内在的关联。不妨说，没有与死亡的觌面和对生死的彻悟，我也许就不会有如此坦然的心境。因此，就小的方面说，向死而生，是每一个人必得进行的"哲学操练"；而就大的方面说，北大百年总是处在风云变幻的关口，又何曾不是向死而生的呢？起码，在诗人自杀之后，死亡成为北大人经常谈论的一个话题。因此，从我是怎样与死亡面对面说起，似乎也具有某些"合法性"。

应该说，我们这一代人的命运是充满苦难的。几乎从我们出生的50年代中叶起，我们就面对了一次又一次生与死、铁与火的斗争。在自己尚不太长的生命历程中，学术的奠基竟是从拒斥"文革"那荒谬年代苦难岁月的思想压抑和文化剥夺开始的。在这种奠基中，生命的苦难使我在其后的学术研究遭遇困境时也受益良多。

1969年，我高小毕业，就被当作"上山下乡"的"知识少年"下到了农村，工作是放牛。在一个完全陌生而不能理解的境遇里，面对硕大的牛，我感到身无所依的"恐惧"。这最初的恐惧在我以后的读书生涯中得到不断的印证，在我的思想进程中成为某种难以抹去的背景。

"恐惧"和"寂寞"是一个人须臾不可离的东西。现代人喜欢热闹，追求享乐，是可以理解的。但恐惧是人类对于不可企及不可确知的未来的一种本真担忧，过去千载悠悠已逝，来日千年又默默而至，在这夹缝中的人们现在活着，岂能毫无隐忧？忧虑使人思索，思索预示着命运的深度。

当年，我置身于绝对陌生、绝对孤独的境遇里，那是真正的被抛弃被遗忘的状态，但这绝对隔离状态也给了我思想的大自由。那个时候虽然还小，但面对超出自己体力与智力所能接受的外在环境，我不得不开始"胡思乱想"。也是在这个时候，我与自然成为真正亲密的朋友。面对自然，只有真诚，在这里，我领略到亲切、和谐、美丽、崇高，也曾领略到死亡临近的恐惧。

记得春天，我牵着牛走到河边草地，有清清的水，青青的草，牛吃着草，宁静而安详。我躺在草地里，仰观蓝天白云，感到无上的幸福，那种幸福真实而纯粹。我相信我聆听到了天籁，一股暖融融的感觉浸润了我的全身心，我觉得我应当有所表现：在这天地之间必须有音乐，以使我的心灵与这天籁应和酬答。于是，我用一根竹子钻了几个孔，做成一支笛子，我便真成了一个逍遥于牛背上的牧童。这个时候，我忘掉了自己孤苦的境遇，感到天地万物的瑰丽和温馨。

终于有一天，当我依旧横笛牛背时，我被摔下了山崖。我丧失了知觉，静静地躺在崖底的草丛里。这一天，我体验到了死——真切的死和虚幻的生。很偶然，却是我生命的一个转折，我发现生命中一种拂之不去的沉静与默然已然铸形。

我因伤从乡下返城后，开始了我的中学读书生涯。中学五年，在这真正可以读书的时候，真是如饥似渴，有一种拼命的姿态。一次偶然的机会，我读到了"禁书"《青春之歌》，对北大人身着布鞋长衫、系长围巾的潇洒和书卷气非常神往。也许,正是这种不是理由的理由使我埋下了进北大的初衷。在北大读书也许是我一生的宿命,我想。

二、学术积淀

1977年冬,我参加了高考。但未能实现北大梦而进了四川大学。在高兴之中又隐隐感到理想"未完成"的遗憾。

考试使我终于完成了人生的一个仪式,"文革"中那与书无缘的时期成为了历史。大学的读书已不仅仅是狭义的读书,而是带有一种思想启蒙、人格唤醒和心灵震撼等革命性因素在其中。读书成为自我灵肉蜕变、自我生命唤醒升华的一个契机。

在大学期间,每日十几个小时昏天黑地狂读诸子、经史,尤好老庄。苦读苦背为我大学生活的唯一"活法"。这段时期,几乎只看"国学"书而陶醉于这种鉴往知来之学,真相信"天不生仲尼,万古长如夜"——精神是照亮生命盲点和世界暗夜的光。

泡图书馆成为我大学的"日课",我曾数次进入号称藏书300万册的学校图书馆大库。个人经年累月又能看几摞书?写几许文章?在知识的海洋前,一滴水是易被"忽略不计"的。我想,凡事有道,读书亦有道。于是慢慢摸索读书门径:泛读,精读,读经典,读对经典的阐释和论战,读善本,读善本提要,补"小学"(文字训诂),补史(史识、史料、正史、野史);从疑处疑,也从不疑处疑,从跟着说到自己说,力求说点新东西,并不惮于不成熟。在生命和学术的凝聚含藏的几年苦读中,我意识到有一种新的素质即超越了个我视域而关注人类问题的眼光慢慢地从生命中升起来。

大学毕业后,我被分配到国家教委工作。"北大情结"使我除了工作以外，每过一二周必去北大和北图，总想对先秦至明清的思想史逐一下一番功夫，却总感到心气不足功力不逮。有一次来到冰天雪地、狂风呼啸、空无一人的未名湖，静静地看静静地坐静静地思静静地感受大风的鼓荡，猛地体悟了"独钓寒江雪"的寓意，坚定了进入燕园深造的念头，并最终实现了这一愿望。

考入北大，兴奋之后，冷静下来深感学术上需更新知识结构，发现新时代学术问题，以进入学术前沿语境。在我看来，读原著是做学问的起码基础，转向西学必须有良好的外语，于是，在翻译并发表了十余篇译文以后，开始着手翻译 Robert R.Magliola 的 *Phenomenology and Literature：An Introduction*，对我来说就成为顺理成章的事情。对原著逐字逐句的斟酌使我得以透过语言直接切入思想层面，明白了语言不是思想的"皮"而是"思想"的对等物，同时，得以通过现象学，进入存在诗学、解释学、接受美学、解构主义为线索的学术审理和自我知识系统的补充。我花了一年时间译出这二十万字以后，自感对英文学术著作的读解能力大大提高了，而且思维框架也有了新的拓展。除了译书以外，还写出了一部二十五万字的《艺术本体论》并留校任教。

到北大已整整十四年了，这些年可以说几乎没有一天停止过阅读和写作。但回首学术历程，又分明感到自己跋涉的艰难和现有的成果之间仍有不少距离。我不由得想到，做一个学者确实是太难了，社会的、个人的、经济的、政治的、学术的、生活的总体压力，足以使许多人离开这片清贫的"是非之地"，但也使身无长物的寒士默默地留在这块土地上坚韧地耕耘。这或许可称之为"知其不可为而为之"吧。

我要说的是，历史的巨大误读使我们这代学者甚至几代学者早已丧失了狂傲的资本，我们只能踏踏实实地通过面壁数十年去找回学术尊严。历史终将说明："这一代"在历经青少年时代的痛苦以后，还将经历更多的精神裂变和学术建构的痛苦。这是无可避免的了。

在世纪末回望20世纪，不管是将学者分为四代、六代，还是七代、八代，一个无可争议的事实是："我们这一代"终将是"过渡的一代"，即承接上半世纪学人和下个世纪学人的中间环节。我对学术的"青黄不接"和这一代的"杂色纷呈"不敢盲目乐观，同样对自己已走过和将要走的学术道路不敢稍怀懈怠。当然，总体上说，"这一代"在经历了很多以后，也能出现一批不错的学术著作，因为，这一代所历所思所记所求，只能由自己的笔写出来。说到底，我们只能为自己已经和将要寻找的意义而写作。

我选择了学术，学术也选择了我。北大的确重新塑造了我的生命和思想，使我能告别昨日之我而成为今日之我。进入北大，我充分感受到了北大的精神魅力，感受到了北大的学术召唤，也感受到了北大人和作为执教北大的教师的分量。因此，要与时间赛跑，正确地选择自己的学术道路，而不为一切时髦或偏执的思想导入误区，不为稻粱谋或是简单的日复一日的学术操作而耗费光阴，正确地认识自身的知识缺欠和文化身份的合法性问题，从而将补课作为自己的漫长的学术道路的自审意识。

这些年，我的学术旨趣的变化，实际上是我知识结构、心理结构和心性视野的内在调整，也是我对自我思想的清场。我关注时代，但不关注时髦，而是关注在时髦的当下被抛弃被遗忘的学术思想和隐蔽不彰的学术问题的根源。因此，关注当代仅仅是在"问题意识"层面上，而超越时代和学科领域的制约。不断扬弃旧的知识结构，寻访历史的思想残片并进行个我揪心问题和历史灵魂的对话，是我个人学术调整的真实意图之所在。我总不愿服从于现代科层制度将人命定在一个职业框子中，而是想把自己定位为一位具有较广视野和学术品位的思想者或者追问者。

三、生命意志

然而，就在我拼命努力阅读中，在自己无数个通宵达旦的写作过程中，我感到病魔的阴影正在体内膨胀。

1994年酷暑，我终于在一摞厚厚的校样前病倒了，三天不吃不喝，发着高烧，到了最后被送进医院时已高烧40摄氏度。在那生命沉浮的一个星期，可以说是经历了非常艰难的每时每刻。医生面对我的久烧不退已束手无策，说是绝症的有之，说是败血病的有之，说是肺炎的有之。当我在医院躺到第八天的时候，我邻房的熊伟先生在那天晚上因心脏衰竭而逝。第二天，我也因药物无效高烧到41摄氏度而发了病危通知。

那个晚上，医生在我已经幻听的耳边说："就看今天晚上你是否能挺过去了。"我感觉到，意识一点点地在眼前消失，光线渐渐昏暗，疼痛也仿佛脱离皮囊般地慢慢淡化，辗转呻吟了很长时间的肉体轻轻安静下来，一切都变得宁静安详。我似乎慢慢进入了一个乳白色管道，在其中轻轻飘飏，最后一切归于乳白。

凌晨五点，浑身大汗淋漓的我忽然清醒过来，感觉到意识在一点点恢复，生命的意志从脚底一节节地向上升腾，眼睛在慢慢地开启一个新世界的窗户。终于，我分明听见了清脆的鸟叫声，我感受到生命重新回归的那种大快乐，并为此而感动莫名。天渐渐亮了，我第一次感觉到空气是这么清新，树叶是这么翠绿，晨曦是如此充满魅力和生机。护士来查房时，也抑制不住高兴地说："你还活着！"是的，我还活着。这就够了。

经历此次大难以后,我更真实地感觉到一种宁静安详之气、一种深沉博大的仁爱之心在胸中升起。同时,我更珍惜生命中的每一时刻。因为我切肤地感到,生命在一个最不起眼的寻常日子就会悄悄地从你面前消失,它从不先发预告而来去匆匆,总是让你吃惊于你对生命的漠视。因此,一切痴心地想活过百年的人都应该明白,生命是不可能预知的,它就在过程之中。

我爱惜生命的方式就是加倍地使用它,更努力地去"压榨"它,使它产生超越生命本身的能量和思想。因为生命本是一种松散的状态,但生命必须被意志塑形,必须给生命一种喷枪般的喷口——平静散漫的水经过喷口才会变得有力量,才会在坚硬的花岗岩上切出刀痕。

于是,这些年,我愈加沉默,愈加回归内心,愈加心平如镜地笑看世界的生生灭灭与此起彼伏的各种"热",心无旁骛地专注于自己的著书立说,每日在壁立的书架前用心去抚摸每一本书,与大哲们交谈。我感到两次目睹死亡对我的启示超越了书本的教诲,它告诫我,生命在于它的强度,而不在于它的长度;生命的意义在于不断地攀登和追问,而不在于坐享其成;生命的价值在于不断地超越,而塑形明日的新我。可惜,人们仅仅看到某人功成名就时的荣耀,看到某人在闪光灯下光彩夺目的一瞬,看到某部书、某种成果问世时的披红挂绿,却忘了他在艰难跋涉的过程中面对苦难与死神搏斗的辛苦,忘掉了他在时间隧道里积压了数十年而终于喷薄而出的一切前因后果。

就此而言,生命确实是由"不惑"而走向"知天命"的,而且这不是由外在的灌输,而是每个人灵魂的自醒,只有如此,我们每个人才会在"死亡的边缘处"相逢。在那个时候,消除了一切差别,仅仅作为一个大写的人进行对话。因此,一切西方大哲,康德、黑格尔、维特根斯坦、海德格尔,一切东方大哲,老子、孔子、庄子、孟子等,都是我的同时代人,我们都面临最后一个根源性问题——生死及其意义问题。

面对死亡,语言已变得不那么重要,不管是语言游戏说,还是语言焦虑说,还是语言书写说,都仅仅是生命的一个方面,而不是它的全部维度,仅仅是生命所显示的冰山的一角,而不是它全部的风采。生命在我们每一个人的脚下,在我们通过阅读和他者进行对话的领悟中。

无疑,从向往北大到走进北大,北大作为我生命的一个坐标,已经彻底改变了我的命运,使我的生命和它的命运紧紧连在一起。北大成了我生命中一种挥之不去的情结,成为我生命的一部分。

我千次问自己之所以一直留在北大的原因究竟是什么。我想只有一条,那就是学术。我们能够安然在北大教学言述的唯一理由也仅仅是学术。身居斗室,过最简朴的生活,面对学术的日益滑坡,我想每一个北大人都会以自己全新的努力去获取自己的学术尊严。因此,学术与生命由个体的问题必然会成为一个学校或者成为一群学者生死存亡的大问题。

北大之所以成为北大,也许正在于它成了中国 20 世纪知识分子的命运的缩影。正是这种命运使得一代代学者不断地向着一个既定的目标,不为世俗所动,不为金钱所诱,不为一切"他者"扰乱地前行。在此,我看到一批更年轻的真正的学者,仍然在向死而生,在"学术与生命"这一问题面前做出了自己的回答。

四、飘逝的是永恒的

在我的记忆中,我还从来没有看到身边某位青年学者像他那样将生命和学术联系得如此之紧密。他不是在时间中写作,也不是在写作中去界定时间。他的生命就是写作本身,而他的写作就是他生命的延续,也是他生命意义的阐释。

面对这样一位青年学者,我充满了敬意。

在北大燕园认识史成芳,那是多年以前他刚刚考上比较文学所研究生的时候。这是一位个性鲜明的青年。他曾经被上海一所著名大学录取为研究生,然而当他去复试的时候,看到这所大学与他想象中的大学府有一定差距,于是,他未入学便毅然退学了。第二年,他报考北京大学——他心中的学术圣地,而且以优异的成绩考上了。

他来到了未名湖畔。他之所以选择北京大学,之所以要真实地进入自己心里所希望和构想的学术圣殿,答案只有一个:他是为学术而生。正是这样,我们得以在燕园谋面。

他的腼腆、寡言和清瘦,都普通得不会给人留下太深的印象。然而,当你注视他的眼睛,那眼睛里边的深沉思考和因思考而闪烁的火花会使你为之震撼。我正是通过这双眼睛读到了史成芳的历史和他心灵的世界。

我们曾经在校园里面散步,除了谈学术,也谈人生。我为他的坦率,为他对事物本质的洞悉以及对爱情的执着而深深感动。他的硕士论文的答辩,以及他博士论文的开题报告和答辩,我都是委员之一。他总是清晰而又谦虚地叙说自己的观点,有力而又内在地申说自己的诗学体系。他对德法哲学诗学下过一番苦功,苦读海德格尔、伽达默尔、哈贝马斯,苦读利科尔、德里达、利奥塔德。每当心有所得,便滔滔不绝,眼睛闪着惊人的光彩。然而每当遇到疑问,受到挑战,他又深深地低下头,继续沉默和攻读原著。在与大师们的思想对话中,他不仅进行着知识结构的更新,而且进行着心灵的重新塑造。多年通宵达旦、没日没夜的苦读和苦写，使他的健康状况一天不如一天，终于，传来了令人沉痛的消息，他得了癌症。

这是怎样的一种命运！

当人们面对死亡的时候，首先遭遇的是生的渴望。然而，这位年轻的学者却将生死置之度外，仍然深情地眷恋着学问，不管是在化疗期间、住院期间，还是在回家养病期间，都书不离手，读书成了他生命活着的唯一理由，学术成为他生命存在的最好证明。

在学问大面积滑坡的90年代，在精神普遍被物质击败的时候，正是这位学者的精神证明了执着于学术的合法性，也证明了精神存在的不可颠覆性。史成芳是我们身边的一个平凡的人，是一个病痛缠身的普通学者。但是，他的精神击败了病魔，他在与病魔的斗争中感受到，生命的意义在于不断扬弃和更新自己的灵肉，在于将灵肉存在之思转化为精警的思想文字。可以说，正是学术使他的生命得以延续，正是未完成的学术使他的精神不断地向前延展并遏制了肉体的病魔。

在漫长的两年多的时间中，他终于以顽强的毅力和锲而不舍的学术态度完成了一部三十多万字的博士论文。当沉甸甸的论文送到每一位评委手中的时候，我们感到它不仅仅是知识所锻打成的思想链条，更是一份学者的心灵史的展露。于斯，我明白了"向死而生"的全部含义，并通过它的本质直观到我们很多人存在的苍白。

这篇以生命锻铸而成的论文，显示了作者对"宇宙时间"和人的生命"存在时间"以及"诗学时间"总体解决的雄心。我深切地感受到，史成芳是在面对显在的时间，即过去、现在、未来去指涉的它的两端的无穷延伸，即"过去的过去"和"未来的未来"，即"两端的虚无"。也就是说，在把握生命（即时间的矢量）的同时，他已经预示了生命两端的无穷的虚无，他是面对这种虚无或面对死亡而震醒了自己，从此不再渴望以不死去达到永恒。

我曾在《艺术本体论》中说：彼岸的无限最终被此岸心灵的内在的无限所消解，生存的时间性和空间性被克服，生命的意义不在于生命的长度，而在于生活、生命意义的充盈，在于生命力的高涨迸发状态。个人生命的机械延长也难达到永恒，与永恒生命力沟通的时刻恰恰是人生诗意化中那些忘我陶醉的瞬间。正是史成芳的对这种诗意的瞬间奥秘的感悟，使他终于获得了与历史上的哲人诗人们灵犀相通的总体体验性（或者说是谢林的"同一心境"）。事实上，当史成芳带着他这部厚重的论文，同时也带着他身上的切口、绷带和药瓶庄严地坐在博士论文答辩席上，当他从肿瘤医院悄悄地出来，浑身虚汗赶到北大接受校长授予的博士学位时，多少人流下了感动的泪水。

五、未完成的结语

就在我写这篇文章之前，惊悉北大一位二十几岁的博士生突发脑溢血死亡，在这之前，他已通宵达旦地工作了好几个星期，拼命读、拼命写，耗尽了他的心力。不是学术剥夺了他的生命，而是贫困剥夺了他的生命，他的生活仅维持在最低水准，导致他的身体状况每况愈下。

当今社会，有人可以一掷万金，有人贪污受贿达几个亿，但是一个真正的知识分子却仅有少得可怜的处于贫困线上的一点经费维系自己的基本生存，同时，还要拿出自己省吃俭用的微薄积蓄去购买价格飞涨的学术书籍。也许我是"以生命走向学术"又"以学术张扬生命"的一个类型，那么史成芳博士就是属于"生命与学术互换"或"生命作为学术的证明"的一个类型，而这位更年轻的博士生，却是"以生命告别了学术"。如果他的生活稍好一点，如果他生存的基本条件再高一些，如果他的病痛能够早一点得到人们的关注，如果他不是如此通宵达旦地耗尽自己生命的灯油，那么，我们可以想象，他的聪明、他的智慧、他对事物的洞悉，以及他宽广的学术思辨能力，将使北大再增添一位优秀学者。然而，他死于生命的清晨和学术黎明之前。何其痛哉！

我焦虑叹息的是，这一群所谓的"青年学者"，有四十多岁、三十多岁、二十多岁的，却是最年轻的在学术最艰难的时候最先离我们而去。也许，学者最大的错就在于没有预知却在"透支"着生命。

因而，学者们更应该好好爱惜生命，因为生命是我们学术的唯一支撑，是保障我们学术之车能够飞驰起来的车轮。同时，我们仍然需要关注学术，因为作为学者，生命的意义就凝聚在不懈的学术思考中，也只有学术思考可以给无数的生命以更高层面的意义。生命与学术是一个永不可分的整体。

北大将步入她的百年诞辰。我作为北大的同路人，作为北大中的一员，也深深感到她的叹息和她智慧地预示的明天。但愿"向死而生"的学者们一切都会好起来，但愿"学术与生命"永远处于一种良性的互动之中，但愿"精神的魅力"永远存在于我们每个人的心中。

> [王岳川：男，1955年9月生，四川安岳人（原籍重庆市合川区）。1977年冬考入四川大学中文系，毕业后分配至国家教委工作。1985年考入北大中文系，1988年获硕士学位并留校任教。1991年晋升为副教授，1993年破格晋升为教授。1994年被列为"北京大学中青年学术骨干"，1997年成为北大博士生导师。主要学术著作有：《后现代主义文化研究》《艺术本体论》《二十世纪西方哲性诗学》等。]

燕园学诗琐忆

西　渡

想起北大,也许多数人首先会想起未名湖的湖光塔影、图书馆和教学楼的灯火、三角地的集会,但对于我最值得怀念的却不是这一切。我在北大没有谈过恋爱,所以湖光塔影对我并非那么刻骨铭心。我也不是一个勤奋的学生,图书馆、教学楼不是我常去的地方,在这方面我对北大心怀愧疚。至于三角地的相互辩难,时过境迁,已很难拥有当初那份激情和狂热。作为一个把生活的乐趣主要寄托于诗歌的人,我最难忘怀的倒是在北大学诗的经历。

虽然在母校四年中,我并未写出什么值得骄傲的作品,甚至学会写诗这样的说法也显得勉强,但在我学习写作的整个漫长过程中,北大四年对我显然是至关重要的。在这段时间内,我形成了关于诗的最主要的观念,这得益于在北大的广泛阅读和朋友之间的相互切磋,我的诗歌的基本面貌、趣味和倾向也潜在地形成于这个时期。因此,我的回忆将限制在与诗有关的人物、友情和事件的范围内,并以此表达我对北大的感激和纪念。

在北大发生的第一件对我有纪念意义的事是在学三食堂门前买到《新诗潮诗集》。我还记得那天中午我从学三端着饭盆出来,经过三角地,看到几个高年级学生推着平板车在卖书。我凑上去一看,是一套白皮的《新诗潮诗集》(上、下),外加一本黄皮的《青年诗人谈诗》,三册售价共五元,不禁大喜过望。我当即向同学借钱买了一套。这套书使我如获至宝。这是 1985 年 9 月初的事,距我跨进北大校门不足半月。在进入北大的头一年内,这套书和赵毅衡译的《美国现代诗选》、商务印书馆的《理想的冲突》,是我用功最多的几部书。

正是这套书的编辑说明中的一段话,使我感到自己没有走错校门:

> 我们经常能感到一种期待。每当我们从四面八方回到学校——一所举世闻名的高等学府——时,这种信息更为集中,因此,我们有如此优越的条件,这项事业对于我们义不容辞。更何况,在今天,我们已听到文学繁荣的足音。

我开始对北大信息和资源的优势抱有期待和信心。那时我同样天真地相信一个文学繁荣的时代已经到来,并且渴望投身于这一时代,在其中留下自己的身影。直到今天,我仍然认为这套书的出版,不仅在北大,而且在全国都有重要意义,它迄今仍然是对朦胧诗的历史成绩的最好检阅和总结。

在我们这个一向忽视历史资料积累的国家,这套完全由学生编选并由学生社团主持出版的(该书为北大五四文学社"未名湖丛书"的一种,但其后这套丛书再未出版新书)、总篇幅达一千个页码的诗集就显得尤为可贵。我当即写了一篇题为《为新诗潮欢呼》的文章,颇令周围同学惊愕。

当时要想使一般刚入学的新生接受朦胧诗还是有困难的。我试着为周围的同学解释其中的词句和诗意。后来我了解到,戈麦在同一时期也正给他周围的同学做着同样的工作。

不久，五四文学社在三角地贴出广告招收新会员，我即以《欢呼》一文和几首诗参与角逐，结果落选了，这是我在北大遇到的第一个挫折。当时五四文学社的社长是邹玉鉴，诗歌组组长是洛兵（现在是颇有影响的歌词作者），但是参加评选的作品并未直接送到这些掌握权力的文学社官员手中，因此他们是否读到我的作品，不得而知。

后来我以《流浪者》一诗参加 1987 年底的未名湖诗歌朗诵会，得以认识洛兵。洛兵曾说："认识西塞全是因为《因为关东》，认识西渡全是因为《流浪者》。"但我后来也一直没有参加五四文学社，也没有参加其他任何正式注册的社团。

不久，西语系一班人组织燕浪诗社，招收会员，我也送去了几首诗（当时，西语系和中文系男生都住在 32 楼）。燕浪诗社的社长是林东威，会员有彼得、BC-1、桃李等人。洛兵（俄语系）、张伟（国际政治系）也是燕浪社的成员。

燕浪社的作风有些粗放，林东威给自己取过一个笔名 D.S.B，意为"大傻×"，上述 BC-1 意为"白痴 1 号"。在诗的风格上也异于主要为中文系控制的五四文学社，以口语化、世俗化为特点，接近所谓的第三代诗歌。但他们对诗歌怀着同样赤诚的热情。

彼得的《爱情的语言如此简单》，BC-1 的《情歌》《打麦谣》是当时北大传诵一时的佳作。这些作品现在看来仍是出色的。

张伟（笔名石丑）的作品在未名湖诗歌朗诵会上每次都引起轰动。张伟皮肤粗黑，长得像个猩猩，在台上摇头晃脑朗诵起来，很容易获得一种滑稽的效果，加上他诗歌中又具有幽默、戏谑的成分，朗诵效果极佳。可贵的是，他能把一种抒情性与上述喜剧、夸张的因素结合起来，相当感人。但脱离开朗诵，他的诗就显得粗糙了点。我在《太阳日记》中未收他的诗，主要由于这个原因。这种极端做法反映了我当时的诗歌理想，现在却不免使我懊悔。张伟 1988 年毕业后去了海南，一年后回来，已胖得我不敢认他了。

桃李长相奇特，加上口音重，朗诵会上常引起哄笑。

我的诗送去不久，有人领我到林东威的宿舍，熙熙攘攘挤了一屋人。林东威对我说，我的诗写得不错，但燕浪只接受外语系学生，他认识中文系的臧力（当时笔名海翁，后用笔名臧棣），诗写得很棒，愿意为我引荐。后来林东威是否带我去见过臧棣，我记不清了。

北大这些写诗的人中，我先认识的倒是外语系的这几位。林东威的话当时令我很感动，他的鼓励对于刚刚落选五四文学社的我是一种安慰。

洛兵，笔名杜拉，俄语系八四级学生，四川人，有藏族血统。洛兵对他的笔名作过解释，"杜拉"在俄语中有两个意思，一个是"傻瓜"，另一个是"上帝"。

洛兵是当时北大最重要的诗人之一，名作有《火貂——致 R》等。后来我编《太阳日记》未收《火貂》一诗，可能是当时未找到底稿，或者我选了，却被出版社删去了。

洛兵有朗诵才能，与张伟同为朗诵会的名角（中文系控制了五四文学社，朗诵会上最活跃的却是外语系学生。北大最杰出的朗诵家西川也是外语系出身。中文系中徐永、麦芒、程力也能朗诵，与张伟、洛兵同时，影响和受欢迎程度却有所不如）。

洛兵的诗最引人注目的是一种铿锵的节奏，仿佛是踩着节拍写的，朗诵起来坚定有力。

洛兵善吉他，能自度曲，经常在北大登台演出——他后来主要向着音乐作词的方向发展，可以说是早有"前科"的。

洛兵为人热情，打招呼像跟人打架。一次我和他一起去女生宿舍，敲门之后，他一把把我推进门去——他的作风大概就是这样，精力充沛得惊人。

传闻洛兵有些放浪形骸，酒量很大，对上课的胃口却要小得多。临毕业时俄语系忽然要开除他。很多同学签名反对——开除一个有才华的学生确非明智之举——这其中很多是中文系学生，包括我本人。但在这种事情上，没有一个学校会听从学生的意见，洛兵终于还是被开除了。

但洛兵并不是一个玷辱了母校的学生。他的诗为北大的诗歌花园增加了一个有独特风格的品种，而且还亲手培养了不少新人。在燕浪诗社诸人毕业离校之后，他在外语系另组了一个诗社——社名我记不起来了——挖掘出不少新人，像熊挺、高峰枫、伊泓等。他扩大了北大诗歌的影响范围，在中文系之外形成了另一个诗歌圈子。据说洛兵是手把手地教他的新社员写诗的，因此这些人进步很快，在这方面，他的热情是无与伦比的。

当时在北大最负盛名的诗人除上述提到的外语系诗人群外，中文系中有臧棣、邹玉鉴、缪哲、清平、徐永、麦芒（当时用笔名野渡）。邹玉鉴和缪哲当时已是四年级学生。邹玉鉴是五四文学社的社长，缪哲则是诗歌组的副组长。

我印象中邹玉鉴老是穿一件风衣，戴眼镜，两个硕大的镜片很突出，每次五四文学社的活动都由他主持，在他身边总是拥着一群人（其中包括我的同级同学郁文，后来接任过五四文学社社长），俨然一位校园明星。

邹玉鉴的名字因"地震事件"而被更多人记住。事情发生在1986年夏天，当他行将毕业离校之际。他在山东老家的女朋友怕他做陈世美，赶来学校盯梢。其时钱钢的报告文学《唐山大地震》正风靡北大，而且盛传不日将有地震发生。某夜,值风狂雨暴,雷电交加,忽然楼道里响起"地震啦!地震啦!"的叫喊声,将一楼人从睡梦中惊醒,纷纷然往楼下逃窜,其尤甚者,直下四楼,一头扎进狂风暴雨中。这其中就有邹玉鉴。可怜这位邹兄的女朋友惊醒过来,楼道里扰扰攘攘,身边不见了男友,只穿一件小褂跑出门来,在男生宿舍的楼道里"玉鉴、玉鉴"地喊着,一声声凄凄切切,不知是何滋味。

地震不过是一场虚惊,醒过神来大家看看彼此的光身不禁哑然失笑。后来听说这事原是几个毕业班学生的恶作剧,这几人打牌打得晚了,凑巧外头风雨大作,就想出了这么个点子。从此"玉鉴"的故事在中文系广为流传。

邹玉鉴的诗当时名头颇大,现在看来却过于简单了。

缪哲与邹玉鉴同班,两人性格、为人却迥然有异。缪哲的诗名不出中文系,但从现在来看,他仍然是北大最有特点的诗人之一。他的讽喻、睿智的诗歌在北大没有继承者,因此一直未受到应有的重视。缪哲很少参与外界的活动,这也限制了他的诗名。

我跟缪哲有过一点交往,对他的为人和学识深感钦佩。

我记得八二级文学专业的毕业纪念册上,开首一篇名文,即出自缪哲手笔,而且是古奥的文言文。记得最后一句:"千古不朽者,文八二是也。"

当时我有一个老乡在学生会做事,打算出一本刊物《北大人》,请了当时在念国际文化双学士的彭天波做编辑部主任。彭也是一位诗人,跟缪哲相熟,邀他去帮忙。我因为这位老乡的关系,也在彭的麾下,因此得以认识缪哲。

缪哲,高个,头发不多却蓬乱,脸色偏黑,牙齿因为久经烟熏火燎,亦呈酱色。不大说话,说话时有一副相当浑厚动听的嗓音。当时印象最深的是彭天波每次写了诗都要请缪哲修改,甚至彭参加未名湖诗歌朗诵会的作品也是经缪哲删削的,但缪哲本人却从未参加过朗诵会。

缪哲对我很关心,但我那时还没有勇气和他讨论诗歌。缪哲毕业后分配到河北电视台工作,后来调入河北社科院。一次他回北大,给我留了话让我去臧棣宿舍找他。我去了。这似乎是我第一次面见臧棣。在两位北大主要诗人面前,我战战兢兢,汗不敢出,只是洗耳恭听。那天我似乎幸运地吃了臧棣一只苹果。这是我在校期间关于臧棣仅有的一点记忆。臧棣本科毕业后,在北大又上了三年硕士,硕士毕业后分到中国新闻社,离我和戈麦的单位都很近,不过直到他从福州实习回来,我和他还相当生疏。他回来不久,我在一个聚会上碰到他,他跟我打招呼,我有一会儿竟想不起来他是谁。

对北大诗歌来说,与《新诗潮诗集》的出版具有同等意义的一件大事,是由臧棣(海翁)编选的《未名湖诗选集》在1986年上半年的推出。臧棣的《未名湖诗歌面面观》一文刊于诗集卷首。这篇文章为北大诗歌总结出了一条可信的发展脉络。在这本选集中,海子、骆一禾、西川、清平、陶宁、海翁、缪哲等主要诗人的诗占有十分醒目的位置。

我认为,在北大的诗人身上始终存在三个可以辨认的传统:一个是西方现代诗歌的传统,另一个是80年代以来朦胧诗的传统,最后是北大诗歌自身的传统。通过这本选集这么一个传统第一次被总结了出来,也就是说从此北大诗歌有了自己的"经典"。也许这个传统过于狭窄了,对诗人的发展会有某种制约和限制。北大以外的诗人或多或少都持有这种看法。但我想说的是,这种限制并非全然不利的因素,对一个初学写诗的人来说,它将有助于培养正确的眼光和纯正的趣味。

何况，北大的传统始终是以开放为特征的。在海子、西川、骆一禾、臧棣、缪哲这些诗人身上体现了极为鲜明的个性特征，他们的艺术旨归也各不相同。我认为北大的传统恰恰有助于初学者辨认出自身潜在的个性并在不断的写作实践中把它发扬光大。那种认为北大的传统限制了诗人个性的看法，恰恰是对这一传统的本质缺乏洞察。就我自己而言，我一直是这一传统的受益者并对它心怀感激。

随着新同学之间的互相熟悉，我们这一届中文系学生中几个写诗的人渐渐走到了一起。郁文、紫地、西塞和我四个人到校南门边儿上的一家照相馆照了相，组成了蓝社，时间大概在1986年初。

蓝社的核心和灵魂人物是郁文，彼此之间的联系都是由郁文完成的。很多人以为我们四个人一直是同班同学，其实一开始我们四个人分属四个班。郁文在文学专业，西塞在古典文献专业，紫地在汉语专业，我则在编辑专业。一年后，西塞和紫地转到文学专业，又一年，我才转入文学专业。当时白鸟也在汉语专业，不过他一开始并不是蓝社成员，郁文说他还有待观察。

清平的文章《乱谭——为文八五诗友助兴》也说我们同在一班。这是第一篇批评蓝社的文章，而且出自当时北大主要诗人之一的清平之手，对蓝社成员的写作热情是一个很大的鼓舞。清平所以写这篇文章，大概得力于郁文的游说。那时郁文和清平已是很熟的朋友。

郁文有很强的交际能力和组织能力，进校不久，他就和一批高年级的学生混熟了。也正是由于郁文的努力，中文系的系刊《启明星》很快转到了八五级手中，郁文担任主编。

《启明星》在郁文手上有了几个重要变化：一是扩大了篇幅，由原来的每期一百面扩充到二百面左右，使之能容纳更多的作品；第二是使之成为纯粹发表北大学生自己作品的园地，对外系学生同样公开，但不再发表北大以外的作家和诗人的作品，使北大特色体现得更加鲜明；第三，推出了一批重要诗人的专辑和诗论专辑。徐永、清平、麦芒、恒平、西川、海子等专辑的推出，产生了相当大的影响，使藏棣在《未名湖诗选集》中确立的北大诗歌传统得到进一步澄清并使之壮大了。

一大批诗人通过《启明星》走上了写作之路，除了八五级这几人之外，八六级的雷格、蒙夫、橡子也是在这一届编委手上就开始发表作品并为人所注意的。

郁文，本名姚献民，上海人。他的性格中有一些令人捉摸不透的地方。譬如，同学中没有人知道他的确切年龄，因为他提供过好几个互不相同的年龄。临毕业时，他一再跟大家说要去英国留学，在大家的毕业纪念册上，他留的却是日本的地址。但多少年过去了，他仍然在上海一家出版社做编辑。他在我们班同学中头一个结婚，头一个有孩子。他给孩子起名叫姚万枝，他说是因为在母亲怀她期间，做父亲的抽了一万支香烟。后来又听说他为了与妻子离婚，自断一指，到后来又听说他其实并没有离婚。一些同学对他颇有微词。他经常半夜起来写诗，而且不停地咳嗽，把一屋人都吵醒。当时他的写作热情之高，确实无与伦比。他曾经一晚上写出一本诗集！

我和郁文性格反差很大，虽然是多年诗友，却并无深交，但是有两件事，使我一直对他怀有好感。

我的笔名，有一半是他起的。当时他组《启明星》13期的稿子，蓝社成员的作品第一次在上面亮相。我当时用的名字是"陈渡"，他让我把姓改为"西"。他的理由是，北大以前有个诗人叫西川，北大地处北京西郊，因此大家都姓西吧（当时他已给李晓彤起名西塞）。我听从了。西渡这个名字我还是满意的。但是紫地没有接受他的建议，坚持用自己起的名字，而他本人最后也没有姓西，却姓了郁。

第二件事，有一年我父亲路过北京来看我，在火车站和我错过，自己找进北大，遇到了郁文。他很热情地接待了我父亲，在一家餐厅请我父亲吃饭，并竭力在我父亲面前夸奖我，听得我父亲高兴得不得了，多年后还跟我念叨这事。

1990年初为了编辑《北大诗选》，我向郁文约稿，他给我回了一封信。他首先不客气地批评了我编诗集的计划，认为大家应该把精力放在写作上，少做这样徒慕虚荣的事，并对诗集的出版前景表示悲观，他对我的眼光也持怀疑态度。他在信中对北大诗歌作了一番品评。他认为北大诗歌以海子为源头，海子以后，西川最佳，西川以后，臧棣最佳，臧棣以后，郁文最佳，郁文以下，无足道者。他预言西川以后必享大名，另一诗人程力将以小说名世，臧棣才华虽高，但书卷气太重，不能得大名。对八五级诸人的评价是：西塞虽有好诗而才情不足，白鸟才情有余而没有好诗，紫地思锐而境小，西渡以清词自许而自误最深，戈麦则小荷才露，尚须假以时日。信末，他以警诫的语气问道：兄等今欲选何等人也？他是怕我编选失当而成为北大诗歌的罪人。他的一片好意，我是心领的。在编《北大诗选》时，我严格以诗艺为准绳，绝不敢有一毫徇私。

西塞是当时北京高校中最受欢迎的诗人之一。他写诗很受徐永的影响。此外的来源是聂鲁达，他继承了后期聂鲁达明朗抒情的成分，他曾说徐永在诗中将情人、兄长、父亲的身份融于一体。西塞自己则努力在诗中扮演一个具有男性气概的情人形象。在某种程度上，西塞其实是一个性格脆弱的人，不坚定，容易被环境左右。他的诗对在校大学生来说很亲切，很适合这一年龄段的青年人的感情需要。西塞喜欢采用民间素材（他有一组诗刊出时题为《在民间的天空下》），具有一种富于民歌韵味的抒情风格。他对民歌风格的偏爱曾经感染了我，促使我阅读了大量青海花儿和陕北民歌。西塞写过不少好诗，《桌上的黄金花》获首届北京高校诗歌朗诵会一等奖（在这一届朗诵会上，我以《梦中的纸马》获三等奖，我记得是在清华举行的，西川、海子、老木、骆一禾等担任评委）。可惜一毕业，他就完全放弃了写作，很快在东北老家结婚生子了。

紫地的诗很像唐宋小令，含蓄、凝练，滋味隽永。他的诗跟现代世界几乎没有关联，那种精微的感觉似乎要把我们带入一个虚幻的古典世界中去。他的诗当时曾令我非常着迷，我抄录过不少他的诗。我还写过一篇题为《迷人的礼物》的文章，对他的诗表示赞赏，刊于《启明星》第17期上。紫地一直在北大念到博士，现在是汉语中心的教师。但他后来却写得少了。在北岳文艺出版社的"文学新星丛书"中，紫地的诗竟在一位"小女诗人"的名下刊出。我那篇文章也被盗用来称誉这位年方二十的"女诗人"。

白鸟是我们这些人中经历最坎坷的一个，本名熊大勇，大连人。上学期间在感情方面大概受过些挫折。交友的胃口和酒量一样大。一次喝醉酒时，在宿舍内以头撞墙，几个人拉不住。终于乘人不备，用烟头在手腕上烧出一个洞。两次胃出血被送进校医院。一次也是喝醉了酒，和数学系的几个学生打了一架，背了个留校察看的处分。毕业前夕，他因故被劳教两年，但在狱中仍然坚持写诗。我编《北大诗选》的时候，在"马嘉"的名下收了他两首诗。他出来后，我曾写信问候。他回信说他喜欢"马嘉"这个名字，以后写东西就用它了，并给我寄来了他在狱中的部分诗作。这是我最后一次读到他的诗，不知道他以后还写没写？

前半年一位外地的同学打电话来，说刚见过他，头发都掉光了，

面相也完全是个老头。而他还不满三十岁。我将永远记住他是这些诗句的主人:

> 将军面前这些褴褛的士兵
> 目光呆滞。他们每次冲锋都把
> 一些人永远留下,下一次不知
> 是谁,橄榄枝拂过时
> 才知道胜利就是可以这样站着
> 勋章仿佛敌人的头颅
>
> 活着的士兵整齐庄严
> 像我不甘寂寞的诗句独自吟咏
> 我夭亡的诗句和死去的士兵
> 同样都献给光荣
> 我和将军暗中想法一致
> 死去的比活着的更好
> …………

我相信这些诗句放入当今任何一本诗歌选集中都是优秀的。

戈麦始终不是蓝社的成员,而且和我一样,也始终不是五四文学社的成员。他本名褚福军,来自黑龙江边境的一个农场(萝北县宝泉岭农场)。他开始在古典文献专业,主要兴趣却在经济学。我跟他熟悉起来是在 1987 年秋我们一起转到文学专业以后。

据他的兄长褚福运先生后来向我介绍,戈麦上中学时文理俱佳,高二分科时,受这位爱好文学的兄长的影响选择了文科。但在高考前夕忽生懊悔，并欲降级改学理工，以为发明创造有利于社会，在这"经世致用"的思想影响下，戈麦当时报的专业是经济，结果却被中文系古典文献专业录取。因对古典文献专业的兴趣很淡漠，后悔未上辽宁财经学院，甚至想弃学再考，在长兄的劝说下始到北大报到。在北大，他同时上中文系和经济系的课程，并希望转经济系，后因故未果，因此很沮丧了一阵子。但他对文学发生兴趣却是很早的事。

事实上，在我们同时写诗的几个人中，他是最多才多艺的一个。当时班上有一位姓陈的同学在学二胡，每天端坐于楼梯口练习，但是几年下来技艺惜无长进，一如白居易所谓"呕哑嘲哳难为听"，同学戏之曰"锯"。有一次班上聚会，这位同学自告奋勇为大家"锯"了一曲，举座皆掩嘴窃笑。完了戈麦说，让我试试。甫一扬手，一室肃然。惜我未参加这次聚会，不知道戈麦拉的是什么曲子。但此前没有人知道戈麦会乐器，此后也再未见他碰过乐器。

这件事很能体现戈麦性格之一斑。他将自己隐藏得很深，因此他的个人生活没有人了解，我虽是他交往较密切的朋友，但他从未向我谈起过他的私事。

戈麦上初中时已写过一些小诗，并写过一篇题为《放牧》的短篇小说。课余喜读武侠、侦探小说，曾习武术、拳击。对体育的爱好一直保持到上大学和工作以后。他的身影经常活跃在篮球场和足球场上，因此他的体格相当强健。他也能下棋，象、围棋都是系里的强手，因此得到一个"褚八段"的外号，后来大家干脆叫他"八段"（当时中文系来自东北的男生有八人，他排行第六，又常被叫作"老六"。因在同学中显得老成持重，还常可听到叫他"老褚"，事实上就年龄而言，他在同学中是真正的"小褚"）。他看人眼光最准，常有人说他"眼最毒"，毕业之际他对同学所做的预言大都为后来的事实所验证。有的同学甚至不敢看他的眼睛,因为被他一瞅,自己的庸俗就暴露无遗。

戈麦也是通过《新诗潮诗集》接触到朦胧诗的。他在自编诗集《核心》(1989年)的序中说:

> 我从来没有想过,诗应当和我发生联系……即使在八五年的秋天,当我第一次接触到《新诗潮》上与过去的文学传统不同的泛现代主义篇章的时候,当我一页页地向一些年纪同样不大的朋友解释其中的词句的时候,这种强烈的理解力仍然没有令我全面兴奋地走向它。

当时他还沉浸在他的"经济救国"情结中。但正如臧棣所说的"天赋之债"是最难理喻的,这种"强烈的理解力"迟早会使他成为一个诗人。终于"生活自身的水强大地把我推向了创作,当我已经具备权衡一些彼此并列的道路的能力的时候,我认识到:不去写作可能是一种损失"。戈麦在这里所说的"生活的水"是否暗示在这段时间内他的生活中发生了某种变故?但出于上面提到的性格的原因,如果确有某种变故发生,我们现在也无从了解。

1987年秋天,戈麦、杨光和我三个一起转到文学专业,这也是他开始走向创作的时期。他最早的作品大概是西塞先看到的(是否戈麦主动给西塞看的,不太清楚,但这是有可能的,因为西塞一年级时与戈麦同班),觉得不错,推荐给了《启明星》。

他最初用的名字是"白宫"。这年冬天的未名湖诗歌朗诵会,他以《金山旧梦》一诗参加。后来他改用"松夏"作笔名,用这个名字发表的作品有《冬天的对话》《二月》《结论》《瞬间》(发表在《滇池》上题为《艺术》)、《太阳雨》《克莱的叙述》等。

我第一次注意到他的诗是《冬天的对话》:"想起冬末／在故乡的酒店中／躲避风寒",寥寥数语就把我们带进了北方冬天的特殊氛围。

"戈麦"被用作他的笔名还在大学毕业之后,他最早在 1989 年 12 月出版的《启明星》第 19 期上用"戈麦"这个名字发表了《九月诗章》和《十月诗章》两首诗,诗写于这年的九月。

我觉得戈麦每换一次笔名,诗艺上都上了一个台阶,在"戈麦"这个笔名中他找到了自己——某种坚实、严峻的东西。有人把他的早逝和他的笔名联系起来,认为"戈麦"这个名字不吉利,"戈"为兵器,施于"麦",分明意味着杀戮。这是否冥冥中的安排呢?但我不愿这么想。我宁愿相信他的生命本来是可以挽回的,某些人的冷漠对他的死是有责任的(我对戈麦的死一直有负疚感,某种程度上他的死换回了我的生——因为他死了,我在道义上就有责任活下去)。

1988 年春天,戈麦撰写了长篇论文《异端的火焰——北岛研究》,系统评价了北岛的创作和心理历程,获该年度北京大学五四科学奖本科生唯一的二等奖(一等奖空缺)。目前正在翻译戈麦诗集的日本学者是永骏先生认为该文"分析透了北岛的诗语言"。这篇论文崭露了戈麦的批评才能。批评对他来说完全是无师自通了,而且一开始就显示了成熟的丰采。

这年夏天,我们参加毕业实习,为北京市文化局作民间曲艺调查,本来安排我和郭新孝去平谷,我向系里提出和戈麦一组,经同意后被安排去房山。事实上,我是被戈麦身上某种东西吸引了。他经常显出一种自嘲的态度,使我感到迷惑。这种态度在这个年龄的学生中是很少有的,因此我很想对他有更深的了解。

在房山,我们住在当地的一家电影院里,白天骑车到乡里采访,晚上回来正赶上电影院放电影。我从小就是电影迷,再坏的电影,只要在电影院里坐下来，就一定看到终场，戈麦却不愿意把时间浪费在看电影这种无益的事情上。出于对我的客气，这段时间戈麦陪我看了几部电影。

临从房山返校时，我邀他一起去房山的几个景点转转，他只和我骑车去了一趟周口店，再邀他去别的地方，就不肯了，说要赶紧把调查结果整理出来。一天早上，我起大早去赶房山开往十渡的公共汽车，当我误了车返回房间的时候，他已经干开活了。我开始了解了他做事的认真劲儿，也明白他为什么能写出《北岛研究》这样的论文了。那个调查报告主要是由他执笔的，后来开了稿费，他却坚持与我平分。

我们在房山访问的民间艺人中，有一位懂相术的，提出要为我们看相。出于对命运的敬畏，我拒绝了。戈麦却同意了，但是他到底对戈麦说了些什么，我却一点印象也没有。哪承想数年后戈麦就匆匆走完了他的一生。在那所电影院的附属宿舍里，戈麦重写了《秋天的呼唤》《节日颂歌》等诗，这些诗已表现出令人瞩目的风格。

1988年秋天中文系男生从32楼搬到38楼，我、戈麦、西塞、丁冬（本名杨光）、贺照田、郭新孝被分在一个房间。这六个人全是从外专业转来的。我们六个人，除贺照田专攻文艺理论外，五个人都写过诗。郭新孝更不得了，那时已写过长篇小说，每次给女朋友写信，都要留下底稿。我和戈麦住对床，都是下铺，中间隔着一张桌子。他读到我当时写的《当风起时》《梦中的纸马》等诗时，告诉我最近的东西写得有起色了，并向我提出《当风起时》头一段的"灯火熄灭的走廊里"一行与全诗情调不合，问题出在"走廊"一词，应该换一个更开阔的词语。这行诗我后来改过几次，一直不能令自己满意。直到戈麦去世，也还保留原样。我实在辜负了他第一次的批评。前两月整理旧作，我才将这行诗改过来，不知道他对我的改写能否感到满意？

1989年初,大家都在为求职奔波。因为我模仿海子写过一段诗(当时有人说我的诗已达到与海子神似),戈麦劝我去找找海子,让海子帮我发点东西,或许对找工作有些帮助。但我终于没有去找海子。现在回想起来,我们那时的想法未免天真。很难说海子是否会对一个模仿他的风格写诗的学生有好感。有些名诗人是对"模仿"感到愤怒的。

好像是4月1日,西川到北大,报告了海子的死。记得当时我刚洗澡回来,见西川在宿舍,屋子里静悄悄的,没有人说话。杨光把一摞稿子递到我手中,我一眼看见第一页上西川的手笔:海子(1965—1989)。一阵钻心的疼痛攫住了我。杨光悄声告诉我:"海子自杀了!"我私下里一直认为终有一天我将与海子在微笑中相认,没想到这机会竟永远失去了。

海子的死对我震动很大。我那时已停笔一些时候,写诗在我上大学时已不是一件体面的事,在灯红酒绿的映照下,文字生涯毕竟过于黯淡了。即使写诗的朋友聚在一起,也很少谈诗,倒好像写诗是一种生理上的缺陷,需要时时加以遮掩(这种风气的养成与西塞多少有点关系)。

海子的死(那时被说成以身殉诗)使我重新拿起了笔。从那时起,一种对生活的虚无主义态度开始在我心中形成。相对于诗歌,生活变得毫无意义。海子之死同样对戈麦产生了影响,他相信海子是完成了他自己的。他认为生命的质量是以密度来计算的,而非长度。这时他写下过这样的诗句:

> 一根空空的麦秆中/一只被捕获的蚊子梦见/徒步走向麦垄的人/高喊:生命太长。

这是我们创办《厌世者》的基础。《厌世者》的成员始终只有我们两个，也是这个原因。

五四文学社为海子遗属组织了募捐，并于 4 月 7 日举行了朗诵会。地点是在 29 楼和 31 楼之间的空地上。骆一禾在五四纪念碑的台阶前讲了话，那次骆一禾给臧棣留下的印象是"天才的演说家"。骆一禾用一种柔和的、低语似的调子说话，但那声音却抵达了听众的心里。"朗诵是以无名的方式进行的"，大家有次序地上去念诵海子的诗篇，悲痛使每个人的声音获得了一种真实的魅力。我念了《打钟》，这对怯于在公共场合抛头露面的我来说，在平日几乎是不可能的。

这次也是我第一次见骆一禾。但第一次马上成了最后一次。甫隔一月，骆一禾在广场突发脑溢血被送进天坛医院，不久即溘然长逝。对北大诗歌来说，这是一个黑色的春天。

纪念海子的朗诵会戈麦未参加，他因事回山东老家去了，临走前，给我留下十块钱，让我捐给海子遗属。

对毕业班同学而言，在经过一个大喜大悲的夏天后，巨大的失落感和前途的渺茫无着落，在临离校前被归结为抑制不住的泪水。我并不是一个感伤的人，但在一片哭泣声中，也禁不住涕泗滂沱。而戈麦是唯一忍住不哭的人。在同学的纪念册上，戈麦留下了很多即兴发挥的警句。他给陈朝阳的留言抄录了弗兰西斯·史加弗的诗句："在神圣的厨房里／我的睡眠的家中／拖着瞎了的夜晚／我把世界抓在手中／如今我老了／我能用诗句丈量出生活。"在"志趣"一栏，他写的是："崇尚暴力，无事生非，无病呻吟，无事可做。"他在我的纪念册上写的是："是自由／没有免疫的自由／毒害了我们。"志趣栏上写着："狩猎、滑雪、爬山、赛车、阅读、胡说八道。"

对我在校期间的写作影响最大的诗人是海子，但我却与他缘悭一面。对海子的发现，于我是一件大事。1988年春节，我留校未归，从郁文处借了几种油印诗集看，其中有海子和西川的《麦地之瓮》。我深为海子冰雕般晶莹、玲珑、克制的语言所折服。我认为海子这一时期的语言实验为汉语诗歌开辟了一种新的可能。这种雕琢的语言与海子后来在长诗中采用的滔滔雄辩的语言截然不同。一般论者较多地关注海子后期的长诗和抒情诗，但早期海子那种雕琢的风格更令我倾倒。

海子的语言有几个阶段的演变过程。早期诗作以《亚洲铜》《打钟》《房屋》《孤独》《歌：阳光打在地上》《马》《春天》等为代表，具有上述冰雕风格，冷寂是其主要文体特征，中经《果园》《鹿》《莫扎特在安魂曲中说》《自杀者之歌》添入了一些温暖的色彩（但未改变基本的雕琢特征），至《怅望祁连》《七月不远》等诗，雕琢的风格逐渐退化，最后演变成一种直抒胸臆的、火一般燃烧的、炽热的语言。

从早期以冷寂为特征的诗歌语言到晚期炽热燃烧的语言这一跨度极大的演变，海子是在四五年时间内闪电般地完成的。这种演变在诗人的心理上会产生何种影响也许值得考察一番。

我在1988年前后写的诗深受海子早期诗歌的影响，用词、气氛都刻意模仿海子。我学诗的过程可分几段。第一段受艾青、弗罗斯特，也包括徐永的影响，倾心于一种朴素的抒情风格，我最初的几首诗《悟雨》《春归》等，是这一段留下的痕迹。《悟雨》曾得郁文认可，认为这首诗使我成了北大重要诗人之一。第二段，受海子影响最深，注意雕琢词句，追求一种凝练、冷隽的效果，这一段的诗包括《歌谣》《梦中的纸马》《春天的自杀者之歌》。第三段受到臧棣、西川、戈麦的综合影响，外承瓦雷里、里尔克、塞菲里斯等西方现代诗歌大师，尤以臧棣影响为大。

1988年在清华举行的首届北京高校诗歌朗诵会上，前排的评委中有一人喝醉了,走路摇晃,似乎就是海子。我暗中认为在这次朗诵会上我能以《梦中的纸马》系列末奖,与海子担任评委有关。这就是我与海子唯一的一点缘分。

1987年对北大诗歌甚至对北大来说都是一个重要的年份,这年元旦前后,举办了第一届北大艺术节,使得这一年成为北大多年来艺术气氛最浓、最活跃的一年。这期间,有几件事值得一记。

第一件事是:北岛、多多、顾城三位朦胧诗的代表诗人在电教报告厅与北大同学举行了座谈会。北岛持重木讷,面无表情,话少,但条理清晰。顾城着浅白色中山装,戴一顶白色绒线帽,白净脸蛋,巧笑动人,舌生莲花,是三人中最能说会道的。我记得有一张条子是要北岛回答的,北岛还在沉吟,顾城已接过话筒,"这个问题我替北岛来回答",张口滔滔不绝。不过,顾城说话的时候并不看听众,而是抬头望着空中的某处,他的声音也仿佛从某个极远的地方传来,仿佛山涧中幽咽的泉水。给人的感觉仿佛不是顾城在说话,而是某个温柔的精灵通过顾城的嘴在说话。我敢保证连顾城自己都被那声音迷住了。当时因丁玲主编的《中国》停刊,盛传北岛因此退出了作协。有人就此问北岛,北岛说他辞去了作协诗歌组的某个职务,但并未退出作协。北岛虽然在开场白中讲他们一向处在台下的位置,忽然坐到台上,很不习惯,而事实上,朦胧诗那时已被官方接纳了。北岛、顾城都是作协会员即可证明。在座谈会开始后很长一段时间,多多一个条子也未得到,这对多多的自尊心是一个打击。这位朦胧诗最杰出的诗人,那时还不被人重视。即使在《新诗潮诗集》收入他大量诗作以后,这种状况也未改变。多多起来要走,被北岛拉住。有人向多多提问了:"多多,你为什么要用这么个笔名?是否和一个个人悲剧有关?"这比没有问题更糟。多多讲了几句话,大意是他本来很尊敬大学生,他来这里，是抱着交流的愿望的。但是座谈会的目的显然不是交流，它更像一种仪式，对北岛、顾城来说是一种致敬仪式，对多多来说就是一种冷落的仪式。当时麦芒好像问了北岛一个关于理想主义的问题。北岛的回答是：理想主义也许过时了，但理想永远不会过时。当时中文系八六级的橡子是个激进分子，站起来说诗歌是狗屎，碰到这样的对话者，北岛几个大概始料未及。

第二件事是举行了崔健演唱会。这是崔健第二次在北大演唱。崔健第一次来北大时，听众的反应相当冷淡，引起张辛欣对北大学生的愤怒和轻蔑。这次崔健受到了热烈的欢迎，可以使张辛欣满意了。这可能是中国第一个摇滚之夜，崔健唱了《一无所有》《苦行僧》《让我在雪地上撒点野》等歌。嗣后北大便成立了"崔健后援会"，成为崔健的铁杆支持者。

在此前后，黄建新的《棋王》《黑炮事件》，陈凯歌的《黄土地》，田壮壮的《大阅兵》，张艺谋的《红高粱》先后在北大上映，北大也成为这些导演检验新片、寻找知音的一个基地。上映《红高粱》时，张艺谋到场讲了话。《红高粱》激起了很大反响。当时此片令我兴奋不已，回宿舍向同学极力赞扬，不想却受到围攻，把我贬为"原始主义者"，气得我直咬牙，从此我再不跟这班哥们儿谈电影。后来这部电影在柏林拿了头奖，赞扬的人才多起来了，当然也还有少数坚定的反对者。不过，我对此片中巩俐的表演却不敢苟同。《红高粱》获奖后，巩俐曾被邀来北大，我未到场。

这届艺术节设立了五四文学奖，诗歌奖授予了多多，这对那天备受冷遇的多多是一个欣慰的结局。小说奖授予了徐星和残雪。

当时来北大参加艺术节的还有很多外地的文学团体：贵州黄翔率领的"天体星团"（让人联想起撒旦率领的天使军），四川的"非非主义"，上海的"城市诗派"。单个的，像王小龙、杨炼，也都在北大抛头露面。奇怪的是，北大"三剑客"（海子、西川、骆一禾）一个也未到。

"行为艺术"作为一个概念，也是在这一次输入北大的。四川的诗人马哲和中文系八四级的学生王伟政穿一身怪里怪气的服装爬上学三食堂的南屋顶，在墙上刷了几个大字："长城长江黄河中国"。

对北大诗歌来说，这一年还有一件必须提及的事儿。臧棣、清平、麦芒、徐永于本年毕业前刊印了四人合集《大雨》。这本16开的诗集，由徐永设计封面，麦黄作底色，朴素而不失大方。这本诗集标志着这四位作者的诗艺正稳步走向成熟，并为他们的也为北大的诗歌许诺了一个丰收的未来。

［西渡：本名陈国平，男，1967年8月生于浙江浦江，1985年考入北大中文系。大学期间开始写诗。编选诗集《太阳日记》《彗星——戈麦诗集》《北大诗选》等。著有诗集《雪景中的柏拉图》《草之家》《鸟语林》等。现在中国计划出版社工作。］

谁比谁活得更长

杜　丽

小学毕业了，我拿回家的成果让父母吃了一惊：一块铺在课桌上的大垫子，全部用糖纸层层糊成，其厚度几乎相当于一册课本——真难为我攒了那么多糖纸。这件浩大复杂的制作，历时几年，全是我在上课时间内独自完成的。至今妈还常提起那个糖纸垫子。"就是当柴烧也得烧些时辰。"妈说。

可我的成绩一直是第一。从小到大，我没尝过第二名的滋味。在上大学以前，除了学习，我什么都不会。不对，缝扣子我会，缝儿针就打个死结，后来妈拆衣服的时候，扣子怎么也拆不下来。

方圆多少里之内都流传着我的名字。高中时，我登峰造极，离第二名越来越远，总分甚至高出将近一百分。一时间仿佛没人能够再教我，老师们全都不管我了——在英语课上，我一边演算着疑难习题，一边听着英语老师犯的语法错误。我离同学们越来越远，离真实的生活越来越远。我是那样孤独，没事的时候，我就在脑子里把《中国历史》上下册、《世界历史》上下册从头到尾默背一遍。什么地方有个插图，什么地方有几个注解我都心明眼亮，课本在我脑子里打开着，一页一页往下翻，我自己都害怕了。这哪是人过的日子。我盼着高考快快来，高考再晚来一步，我兴许就疯掉了。

那种畸形、病态的中学生活，我一想起来就后怕。假如再归还我的少年，我宁可门门功课考零分，宁可不上大学，宁可填不出所有历史年号的答案——只要让我过一回健康、自然的生活。那本是每一个孩子生来就该有的、人人一份的——我的脑子里装满了各种习题的答案，可就是不知道那个最最简单的、人人皆知的答案：生活。

所以，不管我考多少分，都是永远不及格。高中时班里已有人在恋爱——我背得下牛虻死前写给琼玛的信，也明白罗彻斯特和简·爱是怎么一回事——书里面的爱是那样天经地义。可是我却搞不懂身边的恋爱。他们的成绩成双作对地下降。他们究竟在人背后谈些什么，干些什么？我对他们又鄙视又羡慕，和他们相比，我实在是太可怜了：我甚至没有暗暗喜欢过哪个男生。我的那根弦还在睡大觉。

1985年7月7日，我高考的第一天，爸爸戒了烟。从此他再没抽过。爸爸的烟瘾是极大的，我和弟弟妹妹曾费尽心机帮他戒烟都没成功过，可这一回，是爸爸自己提出来的——孩子要上大学了，不得不考虑经济问题。在小县城里，一个不吸烟的男人还能指望有什么朋友吗？爸爸年轻时就好交际，呼朋引伴，高谈阔论，家里总是烟雾缭绕。这一下，家里冷清多了，爸爸推掉了一切应酬，减缩开支到了最低程度。用他的话说就是，他的烟"咔嗒"一声停了。

靠了爸爸的烟钱酒钱，我和妹妹先后上了北大，又先后抽起了烟——我们真不愧是爸爸的女儿，烟瘾一个比一个大。我们还互相友爱，你替我瞒这个，我替你瞒那个，都永远是父母的好女儿——直到爸一次来京时偶然发现了一个满当当的烟灰缸。

上了北大我才开始生活：从前都是白活了。学习好没什么大不了，我们班来自各省市的同学，个个都是拔尖生，高考成绩比我高的有好几个。尤其是，上了大学我才明白，对女孩子来说，值得炫耀的东西太多了：聪明，漂亮，乖巧，妩媚，见识广，能力强，会唱歌，会跳舞……学习只是其中的一桩，而且好像还是顶次要的一桩。可除了学习，我哪一样都不具备，哪一桩都不会。假如我没有从前倒也罢了，假如从来就没人夸过我，我还会有什么失落？

原来我是被骗了。原来只有我一个人蒙在鼓里。原来我上了一个大当——为什么从来没有人告诉我如何做女孩？如何讨人喜欢？如何和男孩子打交道？

从大二到大三，有好几个外专业、外系的男生转到我们班：贺照田、杨光、龙清涛（笔名紫地）、陈国平（笔名西渡）、褚福军。1986年9月，大二刚开学，班长杨军带了一个中学生模样的男生来女生宿舍，说是新从汉语专业转来的，要做我们的学习委员。我和他说话的时候，隔着杨军，两个人的脑袋侧来侧去，说的话断断续续。这男生叫龙清涛，八年后，我和他结了婚。

八年间，两人彻底地闹崩就有三四次，最难的是分书。每次分完了书，我会东跑西颠，上下求索，将他有而我没有、我又特别心爱的书设法买到弄到偷到要到。不久，书又合在一起，这些重复的书又一一卖掉送掉。读研究生时，有一次分完书后过了几天，他又来我宿舍要买我的一些属于我但对他更有用的书，讨价还价之后，算好了账，付完了钱，外面下起了小雨。既然已经分手，他就没有资格也没有必要在我的宿舍里待着。我拿了把伞护送他和他买的那捆书回他的宿舍楼，出楼门后，一阵风吹来，雨点斜着飘过来，我赶紧压低伞去遮挡书。这景象被我那时的女友、哲学系的成瑞华在窗户后面居高临下看了个一清二楚。第二天见了我，还没等我诉说分手的痛苦，她就撇着嘴说："骗什么人啊，就看你那个小媳妇样儿，鬼才信呢！"

大学同宿舍共是六个女生，那五个分别是：英莲、英姿、玉琪、明娟、小艾。英莲和英姿一个来自东北，一个来自山西，两人都姓杜，名字写在信袋上，路过我们宿舍的男生一看那名字，就在门外问是不是姐妹俩，更有人唱着"十八岁的哥哥惦记着小英莲"远去。

我和玉琪成了好朋友，常挤在一张床上说悄悄话。玉琪要生男孩，我要生女孩，她的儿子叫小早，我的女儿叫小晚，那时我们指腹为婚，发誓要做亲家——两人还都没有男朋友呢。现在，我没有玉琪的消息，也不知小早生了没有。

我们三个姓杜的女生有个排行，英莲老大，英姿老二，我最小，分别是杜大小姐，杜二小姐，杜三小姐。1995年一年里，杜大小姐和杜二小姐都生了大胖儿子，英姿的儿子叫刘狗蛋儿，又叫刘美蛋儿——光是英姿叫儿子时的模样就让我妒忌得要死。英莲的丈夫老王聪明绝顶，要给儿子起个特别的名字——爹妈没给自己一个好名字，儿子的名字可含糊不得。时下复姓是潮流，他就叫儿子王杜若。我曾提出反对意见，不知现在王杜若到底叫什么？

我结婚后买洗衣机时，不知该买小天鹅还是海棠，一问，小天鹅是无锡的，海棠是山西长治的——刚巧是英姿的老家，听着自然觉得亲，就买了海棠。海棠很好用。

说起来我们班第一个生孩子的是上海的老姚，我们都还在寻找进入社会的感觉，他的女儿就呱呱坠地了——他给女儿取名姚万枝，因为，万枝妈怀孕期间，万枝爸吸了有一万支香烟。老姚叫姚献民，笔名郁文，也写诗，他把自己看成这帮诗人的领袖。

1987年10月31日，晚上七八点钟的时候，北京突然下起了雪。这场雪来得那么突然，人们简直一点儿准备都没有，雪片儿就急切地洒下来，不一会儿就变成了一个银白的世界。雪下得无声无息，直到睡觉前还不停，我们都怀着莫名的激动入睡了，等着次日早晨看雪景。

11月1日晨，等我们拉开窗帘，那场雪已经无影无踪，消失得干干净净，一点痕迹都没有留下，那样不真实——也许清晨气温只升了一点点，那么厚的雪就全化了。在去上课的路上，我们都若有所失，上课的时候恍恍惚惚。后来，我们系那几个写诗的男生几乎每人都写了一首诗，题目都叫《第一场雪》。

1989年夏天，我大学毕业，留下来继续读研究生。根据国家教委的政策，先得到基层锻炼一年。我们系去的是北京青云仪器厂二分厂，地点离北大很近，就在双榆树青年公寓对面。我和武汉大学中文系考来的范智红被分在钳工班，分别跟着两台冲床捡零件。冲床永远发出"咯——噔""咯——噔"的声音，说话得扯着嗓门使劲喊。钳工班有六七个人，几乎个个都是结巴——据说与冲床的声音有关。在我那台冲床上操作的是个长得相当帅气的小伙子，叫贾精兵，一笑一口白牙，长得像今天的张德培。他见我担心耳朵被震出毛病，就把他发的耳罩给我用，这下我更听不见别人讲话了。

小贾只有初中毕业，没什么好炫耀，他最爱说的就是带我免费逛动物园，说他爸是动物园的工作人员，他从小在动物园里混，从来不买票，人熟路熟。

还有就是穿西装的事："小、小杜，你、你别看我现在这样油渍麻花的，等星期六，一洗澡，头、头发一吹，换上我的西装，走在马路上，你保准认不出我来。"

离开工厂后，有一天我坐332路汽车，在魏公村附近，见一西装革履男士飞车而过——我一眼就认出那就是北京青云仪器厂二分厂钳工班的贾精兵。

1992年春，我们研究生面临毕业分配，有个叫张虹生的男生找工作不顺心，在回北大的路上骑自行车冲进了北京动物园，被管理人员连人带车扣下。后来，放了人，不放车。张虹生想起了小贾的话——我还以为他只想带我一个人逛动物园呢，敢情全都许过诺——就跑去给他打了个电话。小贾在隆隆的机器声中说：这事儿包在哥们儿身上了。张虹生在自己待过一年的车间里等小贾下班后（上班时间不准外出），两人一起七拐八拐进到动物园。小贾冲烟摊一抬下巴：你去买包烟。到了管理处，小贾一哈腰，说：×伯，我是贾××的小三儿，我的哥们儿……张虹生及时地递上了希尔顿。那×伯一挥手：车在那边，推去吧。

我听张虹生讲了此事。原来当年小贾不是吹牛，还真能不花钱进动物园，他整天在隆隆的机器声中想入非非天花乱坠是有根据的——他至少比北大研究生有能耐。

在工厂期间，我们大学的同学游进死了。游进是四川人，毕业后分在四川人民广播电台。1989年年底，他也得下基层，临行前和几个好友在成都一家餐馆喝酒话别，遇上坏人调戏女服务员，游进上前制止，被捅了一刀，还没送到医院就断了气。他淳厚、风趣，笑起来朗朗有声。仿佛前不久他还在班里的新年晚会上演小品，笑倒一大片，毕业还不到半年他就没了。后来他被追认为四川省新闻工作者标兵。

1991年秋天，我们班的又一个男生、写诗的戈麦失踪了。后发现他自沉于万泉河中。戈麦内向寡言，我几乎记不起作为同班同学和他有什么交往，只记得大学毕业后一次班级聚会上他说我嗓音听不出性别。他生前的好友西渡将他的诗作整理出来，交漓江出版社出版，责任编辑是我们系八七级的女生张谦。诗集叫《彗星》，象征着他天才而短暂的一生。这时，我才好好读了他的诗，被他诗中的光芒折服。书的后面有西渡、臧棣、桑克、徐江等怀念戈麦的文章，读后我才知道戈麦在孤独中写作的情况。

1993年春,我去南方出差,刚巧西渡回浙江探亲,便结伴同行。西渡给我看了戈麦的三篇小说遗作:《地铁车站》《猛犸》《游戏》,我读后大为折服。到南京后,我们设法找到王干,希望能交《钟山》发表。后来,《地铁车站》发在《钟山》1994年第5期,后面两个王干送到《山花》,好像是在1994年第9期上发表的。

1992年春,我到人民文学出版社找工作,正拿出简历来自我推销,见一胖墩墩的小伙子戴着一顶极棒的灯芯绒棉帽走进来,觉得有些面熟。这时,二编室副主任丛培香说:王清平,快来见见你的校友。

原来他是王清平!在北大时,他是有名的苏州才子,笔名清平,傲气得很,我只在路上被人指点着见过他——一个清秀瘦削的高年级学生。知道他分在人民文学出版社,但怎么变得这么胖?

据说,那天我一走,清平就在办公室里感叹:她就是杜丽呀,比前几年可是老多了。后来我跟他住一个楼道,这话传到我的耳朵里,我几乎要找他拼命。

在北大时,清平有几句诗流传颇广,无人不晓:

落山的太阳神奇的月

大饼烙好看下雪

你要抒情你就抒情

我肚子饿了我要吃大饼

语不惊人死不休,真不知这老兄是怎么想出来的,一定是从武侠里得的灵感吧?——他是中文系的资深武侠迷,尤爱古龙、温瑞安。他若是开一堂武侠课,恐怕得讲上好几年。他自己也写武侠小说,我听他读过好几个开头,精彩之极,但都没写下去。他在出版社大院的宿舍,活脱脱把北大男生宿舍给搬过来了:桌上搁着一年前的煎饼果子,床底下塞着几百双臭袜子——他说自己从来不洗袜子,在街上拣那种十块钱五双的买,穿一双扔一双。在他的宿舍,我生平第一次见到了乌黑锃亮的枕头——炼半斤八两的油应该没问题。

最绝的是墙上写在泛黄纸上的一首五言:

  倾杯对箫鼓
  拔剑无生死
  少年愁梦里
  红袖不解诗

我乍一看以为是毛主席的书法,再细一看,又是不同,那字、那诗都一定是神助——清平说是酒后泼墨而成。我看那幅字大有收藏价值,诗则会流传百世。

在大学里,有一天,我看帕斯捷尔纳克的《日瓦戈医生》,日瓦戈医生将死前,在电车上,看到几个正在发育成长的人一个靠着一个以不同的速度向前走去,他想到"不知谁的命运能超过另一个人的命运,谁比谁活得更长……"我在这句话底下画了横线。

1988年5月4日,是北大校庆九十周年。整个学校都在狂欢。晚上,我一个人在校园里游荡,碰上高年级的学姐易敏,她和几个作家班的学员在一起,我也跟他们一起去喝咖啡。其中有女诗人伊蕾。我早已听说过她的名字。第一次见到她本人,在咖啡厅暗红的光里,我被她的脸震慑住了——二十岁了,我还从未见过这样一张被磨损的女人的脸,那脸上有一种被痛苦、被屈辱、被岁月毁坏的无形的痕迹,有一种无意识的、不自觉的痛楚与冶荡。只可惜我当时太小,无法领略那张憔悴的脸上动人的美。相反，坐在她的对面，我替她害羞：她这样堂皇地坐在那里。

很晚我才去读她的诗——1995年4月12日，我在书店里买了一本1990年出版的她的诗集：《女性年龄》，我翻到后记，第一句话就是："我好像天生就老了。"我为什么没有更早地读到？

有一种颜色叫铭黄

杜 丽

如今,知道铭的人已经愈来愈少了。大学的校园是一艘流动的客船,外人看来,船上豪华热闹,数十年如一日,永远客满,座无虚席;其实,上上下下,你方唱罢我登场,乘客早换过不知多少回了。有的人在船上晃一晃就不见了,不见了也就算了,而铭,她的名字却芳香不散,至今还在少数人口中播弄着、叹息着,成为一个艳丽的传奇。

现在的校园不比从前,放眼一望,学子们个个山清水秀,走在一起分不出赵钱孙李,很像是批量生产出来的,花色品种变也变不到哪里去。也有个别人惊世骇俗,如须发披覆等等,惜乎过于皮相,做得吃力,看着也累,没有超出大众的想象力。而铭,她既敢出奇又能制胜,真正鹤立鸡群。她个子极高,骨瘦如柴,肤色棕黑,像一根从非洲运来的刚上岸的木雕,散发出强烈的风味。她穿手缝的宽衬衫,留着过长的头发,走起路来细脚伶仃,衣袂飘拂,宛如一面凌厉的风中之旗,给人惊鸿一瞥的印象。等你定下神来再回眸细看,她已绝尘而去,一副女巫的派头,极不真实。大学是智慧所在地,高个子本来就罕见,何况是女生,何况是中文系的。没有人说铭漂亮,但见过她的无一不说:"真特别。"这已足够了,有的人天天打照面,一想起来眉眼间还是朦胧着一片云,半天也显不出五官来;而铭,她是大红纸上的黑墨字,酣畅淋漓,力透纸背,望上去触目惊心,一笔一画都毫不含糊。

铭多半是独来独往,偶尔身边有个男伴往往也是珍奇品种,非庸常之物。铭从不和校内男生出入,倒不是因为他们都矮她一截说话须仰视她,而是没人能与她搭配,她这个韵脚太危险了,谁能压得住。让佳人乘牛车真真折煞风景,不乘也罢。

铭好似不食人间烟火,偏偏客人又极多,登门找她多半不在,坐在寝室里巴巴地等,要占用大家多少陪谈的时间。所以她们在门上贴"黄铭不在"来自卫。四个字全是从报纸的大标题里剪凑出来的。这好比未等人开口先堵住对方的嘴,等于说,要找黄铭,到大街上去找好啦,可见铭与寝室同学的关系有多糟。

客人见了此条,好像一连串伶牙俐齿的话劈面过来,吐吐舌头,不敢叩门,抄着裤兜在走廊里游荡,吹吹口哨解闷。冬天也就罢了,夏天就不免有碍大家凉爽,女生们进出水房,个个翻着白眼,上床午休了,还要愤愤地说上半天,可见铭给周围的人带来了几多不便,几多烦恼。如果没有铭,哪来这些嚼口香糖的男士,如果没有这些厚脸皮的男士,大家该多么心平气顺、相安无事。况且,铭,干瘦干瘦,要什么没什么,晒衣竿一条到底凭什么嘛,大家想不通,午觉也睡不安稳。

客人游荡一阵便打道回府待改日再来,有耐心的等到半个月亮出来,铭也从楼梯下一级一级升上来,接过水果之类顺手放在桌上,又一同出去了。同室人围桌而食,就着刚才的一幕当佐料,吃得有滋有味,讲得咽喉发干。

铭并非总是难觅踪影,有时她会在你眼皮底下一闪而过。一次我在图书馆四楼自习，偶一抬头，看见窗外一个穿铭黄色上衣、紫色长裤的女孩正穿越草坪，这么蛮不讲理的配色不是铭会是谁。当时恰值正午，人极少，玻璃窗是一个画框，框住了亮丽耀眼的铭，她刺目地走在绿底上，像凭空一声刺耳的铜钹，让人忍不住代草坪对她说声抱歉，抱歉这种毫无准备的底色难以配合她的颜色，来不及呀。画框也很粗笨，动弹不了，只框住了她那么一瞬，她已走出框子外了，留也留不住。铭走过的地方，是白茫茫的一片空虚，任什么景物也塞填不上。

铭出丑也辉煌。一次我在路上见一黑衣男士骑车飞跑，铭踩着一双猩红色的高跟鞋一歪一跳在后面追，追不上了，大叫一声，一只鞋子抓在胸前哗地飞了出去，活脱脱扔出了一颗鲜活的心，分外好看。课间广播音乐大作，强悍的音乐配着这一场面，上下课的人以为撞上了拍电影的，看傻了眼。壮观虽壮观，后来还是有好长一段时间我在路上总是避免见到铭，怕自己会心虚脸红。

毕业前铭去南方实习，和同班一男生结伴而行，回来后刚进门，男生的女友哭哭啼啼找来了：把他还我吧，你还稀罕吗？铭从旅行袋里拎出一包手纸来，轻轻丢在门外，笑着说：咦，谁稀罕了，本来就没借过呀。那个女友回去病了一场，啧啧啧，铭的心肠真是硬。

毕业后铭在一家报社做夜班编辑，她剪掉了长发，剃成了平头，两只大圆耳环荡呀荡，空洞无依，她穿着男式衬衫，没有曲线的瘦长个子，楚楚动人，她发出娇冶的光，照亮了周围好大一块地面。这是我最后一次见到她。

后来铭便断了消息。有人说她去了欧洲，有人说，不对，没走成，她整了容，当了模特儿，有人在一次博览会上见过她，她只当不相识。我个人比较喜欢当模特儿这种说法。

铭开始用黄铭这个名字时,我问她怎么讲,她信口说,有一种颜色叫铭黄,黄得不能再黄了,黄得一点就着了。这话不知真假,就像铭这个人,她存活在人们的叙述中,而真实的她谁又知道在什么地方冷笑我。

[杜丽:女,1967年11月生,山东莱州人。1985年考入北大中文系,1992年获北大中文系文学硕士学位。毕业后至今任职于人民文学出版社。]

想念王毅

余世存

离开北大七八年了,时间越久,感觉越模糊。北大已成为人生中一个寻常的驿站,经过了,如此而已。往事堪回首,但绝没有别人那种情热,能够挖掘出无尽的精神的魅力。把在北大的经历提升到一个激动人心的高度虽然美好,我却怀疑其真实性。

1986年,我考进了北大。当时,一切还新鲜、生动。那个年代还是浮躁的文化启蒙年代,人人怀抱理想,对民族、社会怀有希望、责任和热情。弗洛伊德、方法论、存在主义哲学、现代派、朦胧诗,等等,在学人中间如节日里新异的节目引起了人们阵阵狂欢,一切还像鲁迅所说的好的故事,一切都像梦一样。

我那时还不像今天这样平常地打量北大,虽然刚进校园就对北大失望,觉得平常得跟想象中的太不一样,但说实话,我那时还很自卑。的确有一个大而热闹的北大,我的北大却是又小又幽静的。我是一个无文化的不知深浅的乡下人,在知识、学问和真理的环拥里手足无措。我总觉得自己是偶然的闯入者,是混进北大的不合格者,与城里同学那种海阔天空的自信完全不同,我内心里惊恐不安,总觉得也会偶然地被开除。

在这样的梦境里,我在北大生活了一年以后还弄不清校园里的东南西北方位,我只记得宿舍、食堂等有数的几处建筑。那种感觉和存在状态在卡夫卡的小说里有真实成功的表现。

我的北大生活是一个平常的故事,以至于我到社会上后每次想起北大,竟回忆不起一千多个日日夜夜有什么完整的故事情节。无非是读了点书而已,要说做学问、追求真理正义等等还远远未入门。倘若说有什么交深一点言深一点的师长,就是我的英语老师王毅了,可惜与王先生的接触太少,她也很快去了美国,1989年以后,我们的往来失去了延续。我在经常怀念王先生时也就只能记起她的"吉光片羽",王毅成了一个象征。

说也平常,我跟王毅有缘,是觉得她跟我的一位中学老师后勤先生有某种相似。

刚进北大,真觉得像放鸭子了一样,有了自由,没有人管你,换句话说,没有人关心你。用幽闲症和荒漠症来概括这样的存在实在有点儿对人不尊。反而同学橡子写的诗给人印象较深:"没有一个男人/以父亲的名义/迫害你。"我就在这种状态里经验每一分分秒秒,自我冲撞、奔突、寻找出路。

后勤给我开了长长的一串古今中外文学名著,希望对我有所帮助,可我怀疑,看那种东西(我内心里还残留着中学的文学作品是闲书的印象)能保证不被北大开除吗?

上英语课时,眼前一亮,一位年轻漂亮的女老师在台上超然地立着。梳着马尾巴,穿一身红,据同学橡子回忆说,偶尔也穿着红皮鞋。她的神态很像后勤,虽然没有后勤那种男性的气度,但情态神肖,手按着讲义,嘴紧紧抿着,头转向两边,似乎眼睛透过每一边的窗户都看见了远方。算不上睥睨、顾盼之类,只能说是超然(而你如今所在即是你所不在)。

等正式上课开讲，我知道了她的名字。我仿佛在远离家乡千里之外的大都市里找到了亲切熟悉的人。

但我忘记了怎么知道她的住处，怎么去她那儿的。我只记得在一个秋日的下午，我坐在 21 号楼她的宿舍里听她说话。她建议我多读美学、哲学著作，而不要流连于文学本身，并借给我朱光潜的书、莱辛的《拉奥孔》、罗素的《西方哲学史》。她感慨地说在思辨层面上，中国人太差了。后来，我就去她那儿借书、还书，并逐渐自己去图书馆寻找同类的书，古典哲学、美学的世界向我敞开了，对流行的弗洛伊德等等热门话题、读物反而没有什么了解。

也记不清到王毅住处去了多少次，总是我去了以后，她放下自己的事情，跟我聊天（放下自己的事情为你祝福）。她是北京市人，从景山学校考到北大，并留校任教的。还记得一次去她那儿，她病了躺在床上，大红的衣物裹着（哎，休洗红，尽管人在岁月中），跟我谈起考大学的事，她问我考大学容易不容易，我说没感觉，她笑了，说她也是。她当时从景山中学上北大也是轻轻松松的，不像人们把考大学当作生死战斗一样，不过，我们的教育问题太多了。她还问我家里的情况，惊讶我家有六个兄弟姐妹。她说她家人少，所以从小就对外界有无尽的兴趣。在跟王先生的谈话里，我感到轻松、自在，那里既有师长的宽厚，又有年轻女性的温暖、亲切和随意。

来年的春天，第二个学期开始时，我再去王毅宿舍，她告诉我她要去美国读书了。她说她是去读教育学，她的理想是要管理一所大学，做一个大学校长。那个时候，她说她有很多话跟我说。可惜她忙于出国琐事，一时之间也不知道如何跟我说。例如中国的教育问题，例如我的道路问题。那个时候，她才对我说起英语，她抱歉地说以前没有关心过这个问题，劝我一定要学好英语。

我也忘记了自己那时是否已如现在这样自认为有点理性。分析那个刚到北京半年时间的瘦小单薄的我（我那时爱用"画地自狱"或"无人闻问"之类的词自况），前路更何之？是否有了一种茫然、失落呢？是否形成了一种对王毅的恋念之情呢？我不知道，但是，王先生对我是很好的，我们第一次接触时，她根本没有城乡分别、性别以及专业分别，径直地引我去读一些有用的书；在随后的交往中，她又在聊天中让我随意又平常地对待我们的来路出身。是的，重要的是从来路到去路的过程，这个过程是否体现了平易的物理和健康的人情。不消说，王先生是"消解"或说"解构"了我的自卑情结。我一直这样理解王毅，她是一个非常好的老师，是古典的传道者，是一个以精神来影响周围的导师。自觉觉他，自度度人。其实，并不需要觉、度有多么完美，只要我们每一个人都以自己最好的方面来影响人，我们的生活世界就有可能和谐、靓丽。

王毅走之前，我去了几次没有找见她，我想送一件礼物给她，我买了一本相册，我想填一首词。在找到她的前一个小时，我还不知道写什么话。还记得在春寒料峭的风中，我在16号楼前的空地上冥思苦想，最后终于将一首词填完写在相册上。然后跑到21楼找她时正遇上她回校取最后一点杂物，我把相册交给她，她道了一声谢就匆匆离去。再详细具体的情节可就记不清了。我现在已忘记了词的内容，以后也再没有写过古诗词。我倒还记得在1992年曾写过一首题为《怀念王毅》的诗：

从小女孩到无穷的恋者
从兄长情怀到人类忧郁

比感情更热

比理智更冷

说出她的名字

她永远离我而去

在青春的内部

是故事的完整

很快就收到了她自美国寄来的信，她在信里说在临别时收到我的礼物非常感动，她说她像经历了一种古典的她曾经以为不会再有的情感，她说人世间确是有真实的感情的。她的言词就像是我们与那些曾以为不会再有的真实美好的情感猝然相遇，我们在惊喜地接受里而说出客气的感谢。在随后的信里，王先生再一次谈到了离别，她说她已有了另一种心境，如果时光倒流，她会请我去吃饭或去喝茶，会跟我好好聊聊的，可惜她此前一直在国内生活，还跟国内一样有一种做人的拘谨、保守。隔了十年的时间，我还记得王毅的这一说法，虽然今天的中国已开放得快与世界同步了。

我们就这样通着信，我忘了我都写了些什么，大概有些伤感的话，因为我记得王先生曾由我的信谈到了她的一个感受，就是个人的忧郁应该与别人的联系起来，她用了"人类忧郁"这个词。王毅的信则多半谈她的生活，在她的教育学读完时，她谈到她还想读管理方面的课程。她依然在信里多次提醒我要多读文学以外的书，一再问我的英语成绩。

我曾虚荣地请她在寒假时写信寄到我家乡，我在湖北农村跟父母过春节时如愿地收到了一封来自美国的信，大队干部来送信时，我的父亲和我都很自豪。

在我回到学校时，她又托人给我寄贺卡，并寄给我一张她在旧金山海滨拍的照片，是黄昏海天苍茫之间的一只鹰的形象。这张照片我一直珍藏着，90年代以来我在北京先后搬家十几次，王毅给我的信全部丢失，而这张写着"世存惠存王毅拍摄1988年1月于San Francisco海滨"的照片还在。

我们的联系在1989年中断，那时似乎该她学成回国的时候，但夏天过后我们就再也没有了联系，我给她写过两封信，都被退回。曾有几个朋友去美国，我托他们找王先生，但都没有结果。不知道她现在如何，还像以前那样在寻找，在启蒙，待人"又深刻又朴素，又诚挚又高贵，又纯净又微妙"吗？

以后的日子里，我多次想起王毅，对她充满感激。我对母校北大的感念也是因为有这样一个平常的故事。我写下这样一个故事向北大致意。

[余世存：男，1969年生，湖北随州人。1986年考入北大中文系，1990年毕业。先后做过中学教师、报刊编辑，曾任《战略与管理》杂志执行主编，主持过十年之久的"当代汉语贡献奖"。主要作品有《非常道：1840—1999年的中国话语》、《老子传》、《大时间：重新发现易经》、《东方圣典》（主编）等。]

穿越冰山

橡　子

我不知道我是否已经到达了一个新的高度,从那里,我可以透过烟霭的笼罩,来俯瞰我过去的生活,对它做出是非和对错的判断,来认识它的意义和它昭示的命运痕迹。我不知道。

一个名人说过:过早地回顾自己的人生也许并不是一件好事,因为它意味着你可能已经失去了独自前行的勇气。这个名人就是我。但愿我将要写出的这些文字,并不表明我渴望从往事的幻影中寻得慰藉。我希望这篇偶然被你翻到的东西,对你是有益的,尽管实际上可能相反。

1986年夏天,我以低于分数线一分的成绩被录取到北京大学中文系。这个消息对于当时身处逆境的我,始终带有梦幻的性质,它来得太过突然,以致我不能完全相信它的真实性,直到我第一次走出闭塞的、自得其乐的乡村,踏上拥挤的火车,惴惴不安地把双脚搁在北京的土地上。

刚入北大的我,像一头被安置在动物园里的野兽,又像被移栽到皇家园林的野生植物,不胜其宠,忧郁,孤寂。人来人往,闹哄哄的气氛我全然不觉,也不知道饥饿,就这样,我度过了最初的几天。

第一次重大活动是瞻仰未名湖。当初填报志愿时,我倾向于武汉大学,因为武大依傍着东湖,可以游泳,可是我的班主任告诉我:北大也可以游泳,北大有个未名湖。于是我去看可以游泳的未名湖。

小道曲曲弯弯,小山遮遮掩掩,七弯八拐之后,未名湖静静地出现在我面前:岸边的柳树经历了一个夏天之后,已失去了绿叶初绽时的青春耀眼感觉,多了两分憔悴,湖水酽绿,既不明媚,也不清澈,触目的是湖中间的水草。我吃惊,我失望,当时我没说什么,五年后我这样叹道:

> 这哪里是什么"湖",分明是池塘。

当时我就以这种心情为大名鼎鼎的未名湖作了结论。我期待太多,所以失望也多,那时我无法估计这小小的"池塘"在每个北大人心目中的地位和价值,我也没有足够的能力看到湖之外的湖,水之外的水,塔之上的塔。

这种失望感是大学初期生活给予我的全部感受,一种总体心理气氛,一种判断。北大的学生宿舍区是一色的四层楼房,其建筑风格是简单、实用和质朴的最高体现;就是教学楼,也古雅不足,老派有余。那时由于我仅仅停留在生活的表层,所以生活于我来说是那么平淡无奇,无人管束也无人闻问,与想象中的大学生活相去甚远。

当然,大学生活也有一些令人惊奇的东西,那是生活的本质偶然的显露。刚入大学时,我是一个地地道道的土人,最令我叹为观止的,是那随处可见的对对情侣:大道上来来去去的相依相偎,自习教室里打打闹闹嘀嘀咕咕,湖边长椅上草丛中耳鬓厮磨难舍难分,还有许多我们看不到的地方,也层出不穷地上演着这类爱情戏——天哪,那时我一门心思地坚信,北大是地球上情侣密度最高的地方,也是爱情最浓密的地方。有时候,你莫名其妙地听到夜色中传出一阵笑声,令空气变得更加醇稠。那时,每当我迎面碰上一对情侣,我总是忙不迭地避开,仿佛是我做了什么见不得人的事。

对北大人最初的感受是鼻子比眼睛高——鼻孔往上扬,眼睛朝下看——后来一个朋友教给我的、经典的轻蔑表情。大家都那么高傲,没有什么人在话下,没有什么事在眼里,多大的问题,只要拿眼皮轻轻一夹,便可化解于无形!这种情形使我的自尊心大受挫伤。我好像是一个代表,一个抽象的承受者,我为骄傲和轻蔑所苦。

有一次,我到澡堂洗澡。北大的澡堂堪称上帝的创世记之所,或是世纪审判之所。赤裸,拥挤,混杂,去掩饰,去高傲,再加上水汽弥漫,人声嘈杂。那时我还不懂两三个人是可以共用一个水龙头的,所以当我对一个行将把我挤开的高年级同学说"我在这里"时,我是很理直气壮的。这位同学当时用轻蔑的、酸溜溜的北京腔调对我说:"懂这儿的规矩吗?不懂学着点!"就这样,我在浑身的肥皂泡中,上了大学时代第一堂最深刻的人生课,它的全部真理概括起来就是三个字:

学着点!

这三个字和开学典礼上校长丁石孙先生(后来为我们所敬仰)所说的"你们要好自为之"有相同的含义,尽管二者的出发点不同,善恶意义不同。其实,有时候生活的道理往往难以区分善意与恶意,它通过痛苦或真挚表达出来,为的是同一个目的——学习生活。

学校对新生还是比较照顾的,总是尽量给新生安排一些活动,让他们从各个方面了解北大。给我印象比较深的,是西班牙马德里市向北京大学赠送塞万提斯铜像的仪式。仪式在勺园的一片草地上进行，在热烈的掌声中，塞万提斯，这个一手持剑、一手拿书的文学骑士，漂洋过海之后，站立在东方大地上，就像《堂吉诃德》无腿而行，风靡世界，在我们之间流传。在这个仪式上，我见到了北京市市长和马德里市市长，还见到了两个洋人——当时的美国大使洛德先生和他的夫人。还有一个老太太，一身黑衣，瘦小的身材，慈祥和蔼的表情，这个外表看起来如此平凡的老太太，竟就是《堂吉诃德》的译者、《洗澡》和《干校六记》的作者、钱锺书先生的夫人，杨绛先生。

我们参加这些活动，一方面开阔了眼界，培养了自豪感，一方面也在我们心中形成了一种优越感和骄傲情绪。有时候，我们仿佛觉得自己参与了历史，北大所有那些辉煌的功绩都有我们的一份。

要无一遗漏地说出1986年的秋季和冬季所发生的一切是不可能的。那是个思想活跃的时期，各种思潮在燕园汇聚、打旋儿，各种各样的人物在燕园走马灯似的来来去去，兴奋与骚动，困惑与求索，要叙述这一切，就像一首歌所唱的那样：我从哪儿开始？

介　入

在找到那条我们通过它可以进入生活的通道之前，我们始终是生活的局外人，是一个旁观者和评判者，尽管我们每天都在吃饭、睡觉、学习。我们只是活着，并没有在生活。

我渴望介入。

首先我关心的是校园里的文学。刚开始的时候，我通过三角地的橱窗、学生刊物和"北大校刊"来了解校园文学，我承认当时的感觉是困惑、抵拒多于欣喜和赞佩。上大学之前，除了一些古典的、经典性的诗人作品外，我读过的最现代的诗歌选本是春风文艺出版社出版的《世界抒情诗选》（后来我才知道这本书的编者是我同班同学雷格的爸爸）。我对现代派、新诗潮一无所知。我所看到的和我所熟悉的诗歌方式大相径庭。老实说，我很少读得懂他们的诗。我有些气愤，诗歌怎么可以这样？同时我也很惊奇：诗歌居然可以这样！

开学不久，北大五四文学社开始招兵买马，我有几分不安地去报了名，报名时交给当时的诗歌组组长洛兵两首诗：《看舞》和《介入》。作为一个土人，从小生活在男女同学几乎隔绝的世界里，因此对男女可以公然亲近的交谊舞非常好奇。有几个周末的晚上，我和一个叫臧云鹏的同学接连去学七食堂看人跳舞，纯粹地看，既没有想学的念头，更没有试图去跳一曲的打算，因为看起来跳舞"实在是太难了"，不大可能学得会。而那些意兴正浓、香汗淋漓的舞者，那些在一曲已终一曲将起间拿着猎枪四处张望的猎鹿人，是那么让人艳羡。这种羡慕、这种胆怯在我身上一直延续了很久，直到大学四年级，我的舞跳得还算"过得去"时，我仍然经常缺乏勇气去邀请陌生的女孩。这便是《看舞》。至于《介入》，由于它不长，我把它实录于下：

当我像一阵三月风

吹向你们

我发现

一整个春天都受到伤害

我光裸的枝头

再一次落叶

并第一次发现

我的田野尚未播种　仅是

一片空白

但我毕竟是风
我毕竟会酿成风暴
以不可一世的豪气吹来
使你们颤栗

它写出了一种困惑但并不茫然的心态，还流露出少年人的猖狂来。诗是交了上去，但等待是没有结果的，很长时间以后我才终于肯定，我是被五四文学社拒之门外了。这在当时，有一些尴尬和失落，但我并没有因此而对自己失去信心，它对我后来的道路产生了截然相反的推动作用，这在以后还要说到。

被拒绝的耻辱促使我另起炉灶。我也果真在班上搞起了一个沙龙式的文学小团体，大家不定期地聚会，朗诵并议论各自的作品，有时还在三角地展出我们的作品。但那时我们是太不成熟了，很多时候，我们不知道该谈些什么，无人指导，无人督促，有些女同学被邀请到场后，独居一隅，不声不响。这种可怕的不成熟和可怕的缄默终于使我们的小团体出现了先兆性流产，并最终解体。两三年后，小团体中的几个同学按辈分当起了五四文学社的领导，只有我，仍然是校园文学中的在野党。

这时有一个叫"北大文学研究会"的新团体接纳了我。这个团体的创办者和负责人是计算机系的一名博士，个子高高的，长得仪表堂堂，心地比较善良，广结人缘，颇有些神通和道行，经常穿着一条毛了边的旧牛仔裤，小说写得有些像海明威，他叫严勇。团体中还有一个负责人是个双学士，一个好人，富有才气，却又为才气所伤，有些懒散和软弱,却很好来往。这个名叫彭天波的家伙留着长发,戴着变色眼镜,脸色有点灰暗,显示出身体可能藏有内疾,他爱说粗话,又能写一手漂亮的文字,活像个颓废主义者。他后来成了我的朋友,对我产生了不小的影响。

这个文学团体人数不多,但颇有几个有才气的人,也经常举办一些活动。严勇让大家定期交一两篇作品,选择好一些的,复印出来,大家传看,然后集中讨论,有时讨论还挺热烈。有一次在三教202教室讨论,突然灯灭了,大家还是继续高谈阔论,并且在暗处彼此打量,那些面孔还有些陌生,有些神秘。这种气氛令当时的我很有些兴奋。

有时大家伙儿也组织出去玩儿。给我印象比较深的有两次,一次是在福海边的小松树林里,大家玩造句游戏,主谓宾、定状补随意拼接,效果之怪异令人捧腹,如"某某和某某在阿兰·德隆的皮鞋里喝汽水"之类,某些后现代的诗人真该从这里得到启发才对。那时正是冬天,福海里的船在岸上沉睡,周围除了一身正气、满袖清风的老松树之外,就是遍地的枯草,丝毫没有什么看头,但大家依然兴致勃勃,玩的就是那种感觉。曾获得过北大十佳歌手称号的陈戈靠在一棵树上,怀抱吉他自弹自唱,状极优雅而潇洒,令人艳羡不已。

还有一次是在冬末,地点是在樱桃沟,一星半点的花儿也没有,景色灰暗,路边的山沟里有一线线的冰。在那个曾经是白鹿书院的小屋的空地上,大家跳起舞来,刘怀昭自告奋勇地来教我,但除了让我踩了两脚之外,她没有获得一丝一毫的成就感。现在想想奇怪得很,那种季节的樱桃沟,有什么可玩的?有什么值得来劲儿的?冻得要死,累得要命,下山的时候居然还美美地唱"打着一只小雨伞"什么的。我们玩的是青春,是能够自行造境的少年情怀。

1986年是很热闹的一年,文艺界非常热闹。特别是诗歌界,群雄蜂起，遍地尘烟。以《深圳青年报》和《诗歌报》为主要阵地，一批青年诗人推出了"中国现代诗歌大展"，各种诗潮波翻浪涌，诗歌派别林立，"撒娇""莽汉""超低空飞行"等，不一而足，有的诗歌显露出"开拓鬼魅世界的狂热"。与之相对应，官方在北京召开了"新时期文学十年研讨会"，总结十年来文学创作与研究的得与失，当然唱赞歌的是大多数，但唱反调的也不乏其人。同时，在理论界，西方半个世纪以来的诸种思潮在中国大地上呈历时性或共时性地上演，令人耳眩目迷，让文学青年们既兴奋又不知所措。

就在这个时候，北大举办了第一届艺术节。严勇是组委会成员之一，这为我们参加艺术节的各种活动提供了近水楼台之便。我们去听诗歌朗诵，看到杨炼的大皮靴闪闪发光，刑天的头发随时像要爆炸，某个被我忘了名字的女诗人穿着一身黑衣，念诗念到激动处泪光闪动，既悲切又好笑。我们听"非非"们大倡其空前绝后的诗歌主张，听他们用成都方言朗诵"A 或是 B"；我们也趁机捞到了不少免费的电影票。

我现在还记得那时参加的一次诗歌座谈会的情景。那天，北岛、多多和顾城被邀请到电教楼报告厅，与诗歌爱好者和"学院派"诗人们座谈。不知道出于什么原因，他们三个人有些拘谨，全然没有诗坛大将的松弛感。北岛解释说，这种他们坐在讲台上，大家坐在高出讲台的座位上的"座谈"会令他紧张；多多则不失幽默地说，他怕和大学生讲话，因为听众的水平太高，他不知道该讲什么；顾城看上去像个大男孩，戴着一顶曾经流行的军用大绒帽。那天，北岛用他冷峻、沉郁的语调，讲述了他和几个哥们儿在 1976 年前后创办《今天》的经过，他们在《今天》出笼前那个晚上一起喝酒痛哭的情景，讲得很感人。但他在谈到所谓的"后新诗潮"和已经被人喊出的"打倒北岛"

时，却没有表现出足够的风度、足够的宽容和足够的自信。

多多那天说了些什么我已记不清了。顾城像个小童话朗诵者，他细细描述一颗稚嫩的心如何同草呀虫呀打成一片的情景，他不厌其烦地用诗意语调讲述大自然的某些细节，他也触及十年动乱中所遭受的苦难，不过那苦难的全部苦难性已经被他柔和的语调化解得所剩无几了。

诗人自白之后，是答听众问。一张张纸条递了上去。北大人在这种场合总会表现出自己的高傲和刻薄。有一张纸条这么问顾城：你到底是男的还是女的？顾城倒还很有涵养，他用柔和的语调回答说：我们中国人有一种思维：非此即彼。不是白的就是黑的，不是好的就是坏的，不是男的就是女的，不承认也不相信任何过渡性的、中介性的东西。其实，对一个诗人来说，是男是女很重要吗？当时听众的反应我已记不起来了，如今想象起来，应该是有一片掌声抑或嘘声的。相反，北岛的某些回答就不怎么地道。有一张纸条问北岛：你是不是还没有找到自己的坐标系。北岛说：我没有上过大学，不懂什么叫坐标系，是不是就"坐"在那儿、"标"在那儿？这个答案显示出极强的自卫意识，过分敏感，以致显得有些中气不足。

我也递上了一张纸条，结果，我自己被人哄上了台。上台就上台，也没什么大不了的，我就站在北岛旁边，对着大厅里一双双闪闪发光的眼睛侃了起来，而且主要矛头是对准校园诗歌中的那些重形式、玩趣味的倾向。我这一侃不要紧，惹得主持人严勇直拉我的军大衣，给我递条子：谈与北岛他们有关的话题！直到现在，想到有这么一个机会给缺血的校园诗人心上刺一刀，就觉得来劲！这是个开始，预示着我后来对自身角色（校园诗人）的一系列反叛。

那年我还认识了几个很有意思的贵州诗人。有一天，三角地一带出现了几个卖诗的人，嚷嚷着要"打倒北岛"，号称他们的诗歌理论是无理论，并欢迎所有诗歌爱好者加入他们的"诗歌天体星团"，真是好生热闹。于是我也去买了一份诗报，躺在床上读了，觉得很玄奥，颇有气势，可惜读不懂。买诗的时候，看见有一个瘦削的中年人，表情很激动，带着刚谈恋爱的年轻人的那种神经质，时不时目不视人地喊上那么两句。看看他的眼睛，觉得他的双眼被激情烧得发红，从此有了很深的印象，觉得这人特别诗人。

过了没几天，我们文学社搞活动，居然就是跟这群"天体星团"的诗人们座谈。说是座谈，其实是听那位红眼诗人（后来知道他叫黄翔）做演讲。双方刚交换完基本情况，黄翔就激动地、大声地讲起他无理论的理论来，讲到动情处，他的手指头几乎顶住了我们的鼻子尖，他的唾沫星子则如满天花雨，遍洒出版社小院。他说，我黄翔14岁就在《诗刊》上发表作品，如果我肯和他们合作的话，我早就大名鼎鼎了。现在瑞典皇家文学院诺贝尔文学奖提名里，中国诗人就只有我和北岛。我认识北岛，北岛前些年写的诗还有点意思，最近的作品就很差劲，比如《白日梦》，写的是什么？如果我见到了北岛，我要当面质问他……

令人惊讶的是，这群诗人中有个神情娴静的姑娘，看样子和黄翔关系非同一般。她看了我们文学社几位女孩子的作品后，淡淡地说："嗯，比较清新。"就这么一句，弄得我后来都患上清新恐惧症了，彭天波评论说：什么是清新？就是浅显嘛。她的名片上写着她的名字，很诗人的名字：秋潇雨兰。

还有一位诗人值得为她写上一两百字。好像也是在1986年底，有关方面召开了一个全国范围的青年作家研讨会，贵州一位小有名气的女诗人应邀参加。她顺便到北大来拜访一位朋友，并碰巧向我问路，恰好她要找的人和我有些来往，这样我便认识了这位从高原上冲下来的女诗人。说"冲"下来也许并不合适，因为她衣着清洁、大方，相貌清秀，肤色很好，举止谈吐也很文雅，比较容易引起男人好感的那种模样。她送给我一份非正式出版物《现代诗歌报》，上面占据整整第一版的是她的组诗《黑色沙漠》。那时读来，并不甚懂，只觉得诗中真有许多黑色情绪，及至后来懂得，便感吃惊，吃惊于这么一个文雅的女孩子，怎么能写出那种直指灵魂中最阴暗部分的诗歌来。她的那组诗在写性、写丑方面，比美国的自白诸女将毫不逊色，她的这组诗是国内女性诗歌中出现自白倾向较早和较典型的一个，至于其他几位女诗人（如伊蕾等）是否或多或少、或自觉或不自觉地受了她的影响，那是别人考证的事了。

北大首届艺术节还给我们带来了一个很明显的收获，我们文学社（改名逆光文学社了）利用艺术节经费中的边角料，编印了一份打印刊物《蓝太阳》，它的编辑工作基本上都是由我来完成的。彭天波为它写了很绕口、也很精彩的代发刊词，其中还收有他的几首得意之作——《落难岛》《秋水》《长头发》等，《长头发》后来发表在海外华文刊物《秋水》上。其中有我两首诗，《小屋》后来被眼尖的马朝阳收入《中国当代校园诗人诗选》，天知道他为什么看中了这首诗，我应该感谢他。

苦　闷

苦闷是心灵的渴望无法满足的折光，是一种消磨灵魂的慢性病，它潜伏在发黑的灌木丛中的某个地方，伺机向生命的阵地进攻。

最初的兴奋与骚动过去之后，苦闷像阴雨天气一样，没有警示，没有预兆，悄悄地向我们笼罩而来。生活失去目标的焦虑感困惑着相当一部分北大人，对国家大事的关心以方式的失败而告终，青年人的热情四散流失，空虚开始了它所向披靡的征服。

我没有统计数字可以表明，厌学已经到了什么程度，但三角地的广告栏上，商业广告明显增多，买卖和赚钱成了大学生们的热门话题，许多学生宿舍经营起香烟和方便面，甚至做起兑换美元的生意来。学生中间出现了四大派系——麻派、托派、旋派和鸳鸯蝴蝶派。麻将热在书桌上悄然兴起，虽然我们很难相信，智商颇高的大学生会狂热地迷恋麻将这种大众娱乐，事实上我们却不得不承认这样一个事实：许多优秀的天才在牌桌边腐烂。我也打过几次麻将，后来不玩了。但有一帮同学乐此不疲，甚至成立了"麻协"（麻将协会）、"麻联"（麻将联合会）、"麻总"（麻将总部），并设有几名麻将常委，他们管打麻将叫"开会"，围绕开会制造出许多趣闻逸事来。有一个同学，身列常委，有时也良心发现，想铜盆洗手，做个干净的人，于是请一书法高手写了一幅字——"竹战伤身"，贴在床上，可不料这打麻将跟吸毒一般，是有瘾的，再者也受不了麻友的嘲弄——"怎么着？想从良、立牌坊？"——便又双手一拍，重操旧业。

考托福出国的人也像草地上的蘑菇一般多了起来。外国，这个广泛、模糊的概念，这个隐约而诱人的字眼，像一块磁铁，而托派诸男诸女则如铁了心的大头针，眼着着头重脚轻地倒飞出去。更有那些不幸没能如愿的人，则发誓"要把骨灰撒到大洋彼岸"去，听起来有一股风萧萧兮易水寒的味道。

山边湖畔，弹琴的人也多了起来。别以为那是些音乐爱好者，那不过是鸳鸯蝴蝶派的诸蝴蝶在结伴栖息：淑女们作斜躺状，宛如一把把音色或柔媚或哑涩的吉他，男士们则作环抱状，上下其手，十指乱飞，有弹得精彩的，则其声嘤咛，有弹得笨拙的，则其声嘈杂。鸳鸯们在饭堂里相互喂食，只有这样才能把质量恶劣的饭菜吃出香甜来；蝴蝶们自习时必得枝枝相交通，叶叶相覆盖，否则公式定理便不能入脑入心。

回想起在苦闷中度过的日子，一片模糊，没有什么峭拔独立的东西，没有什么令人长久难以忘怀的事件，只有一种漫长的感觉，那种睡了醒来，醒来再睡，直至噩梦连连的感觉。实际上我们也确实是终日睡眼惺忪，夜晚玩得太晚，闹得太晚，白天就全部用于高卧，那两年我所见过的早晨的太阳是屈指可数的，偶尔见过一回，只觉得世界美好，人生健康得不得了。那时候，我们都成了"九三学社"的核心成员。

不知道和当时这种氛围有无关系，我同班的两个同学先后患了精神方面的疾病，一男一女，全都是为爱所困，各自上演了一部壮丽的"情惑"。

女同学L的情况我不是太清楚，但大体上属于剃头挑子那种类型，她爱上了我们班的男同学T，并理所当然地认定T也爱她。L平日腼腆得很，极少和男同学说话，我敢肯定，和她从未对话者不在少数。爱情使她勇敢，她一次次去找T，寻求反应，直到把T弄得不胜其烦。有一天，我们几个男生正半仰在床上，跷起脚来侃大山，L女士呼地推门进来，速度飞快地说了句什么，又旋风般地冲了出去，在我们错愕间，L女士竟又抽身回来，对T先生说："别以为我爱你！你想错了！"T一脸苦笑，无以为答。这是我有幸看到的唯一一次现场演出，最精彩的一场据说是武戏，双方大打出手，L女士甚至把凳子当导弹使了。后来，L女士被诊断有某种精神病，无奈休学了。

刚开始听说W兄与C小姐在恋爱的时候，我觉得肯定是民间新闻机构出了问题，因为就我所了解的情况看，他们俩压根儿就不可能坐在一起说上十句话。W兄来自陕西，矮而壮实，十足的乡土气息，而C小姐是正经八百、根正苗红的北京人，有才气，写得一手好散文，心气也比较高，他们俩要真的爱上了，那才叫"这世界变化快"呢。

尽管我百分之百不信，但W兄却一口咬定C小姐是爱她的，他对此坚信不疑。于是他开始了自己锲而不舍的追逐。早晨，女生尚未起床，他就去敲宿舍门，那劲头像是要把人家堵在被窝里。头回人家莫名其妙，二回三回大家怕了，听见敲门声先问是谁，一旦听出是他老兄，就全装傻，不理。可这一点也无损于W兄的满腔激情，他把历史教科书上学到的蒋介石围剿红军的那些招数全使上，围追堵截无所不采纳，甚至无师自通地闯进了C女士家里。谁受得了这个呢？C女士于是避之唯恐不及，哪敢再承诺什么、辩白什么？但这种消极的躲避反而给W兄提供了一线光明，他用自己的逻辑为生活寻得了一种解释：C女士玩弄了他的感情，现在要抛弃他了。于是他合情合理地做起了受害者。

我和C女士有些来往，相互看看近作什么的，因此到她家去过两次，她妈是散文家，有时和我挺聊得来。一天晚上我去敲她家的门，她爸竟犹犹豫豫地没敢开门，后来还是她妈听出了我的声音，放我进了门。我一听说这事，心里有点生气，那时我还不知道W兄是犯了病，只认定他是胡搅蛮缠，因此升起了责任心，决定要管一管。说来也巧，一出门，走了没几步，我就看见了一个熟悉的黑影，赶过去一瞧，赫然正是W兄。他见到我，好像知道犯了错误似的，低头不吭声，老老实实跟我回了学校。

闹剧在继续，却无人闻问。那时的北大就处在这样一个状态里，事情没闹得很大时，是不会有人来管的。W兄的症状在继续。有一天晚上，我和几个同学跑步回宿舍时，突然看到一个人影匆匆地奔向南校门，我条件反射般地惊叫一声："是他！"赶上去一抓，那人转过身来，一点不错，正是他。那时已是夜里十一点钟，公共汽车早没了，W 兄看样子是准备徒步进城去找他的女神了。

在出版社旁边，我和他站在黑影里，展开了一场严肃的对话。那时我发现常识和逻辑全然无用了，一个被爱烧灼得失去了常态的人，完全远离了俗世的思维方式。他脱离了所有的大前提，忘却了社会标准，也完全漠视人们的习惯看法，他从自己的感觉出发，从情绪和超体验出发，运用省略前件或后件的推理方法，得出了他所需要的结论。那时我突然觉得，我自己活得是多么合乎车辙，多么中规中矩。当时，虽然我的口气依然严厉，却已经失去了"真理在手"的优越感了，我模模糊糊地想到，我以一个"正常人"的思想方法去干涉一个超越（脱出？）世俗的灵魂世界是多么缺乏说服力。

后来，W 兄用他怪诞的方式，向我展示了他的日记。他用颇富诗意的语言、梦幻的情调记述了他如何感知到一个人在爱着他的过程。他写到他坐电车时，如何突然听到 C 小姐的声音穿过时空在召唤他了；他写到曙光之中，他的女神 C 怎样身披霞光从大海中上升，好像神话中生自泡沫的阿芙洛蒂忒；他还写到了我，我的规劝和诱导，最终他以"去他的"三个字总结了我的努力。看完这一切，我这个正常人感到惊愕、感动，又感到几分接近真理的幽默。

事情终于闹到了辅导员出面的地步了。看样子，迟老师在和 W 兄对话时也充当了一个失败者。于是我们带他去北医三院，经过检查，医生判断是什么神经反应阻碍的疾病。但我有一种奇怪的感觉，认为这是占统治地位的思维方式对另一种不合规矩的思维方式的宣判。W 兄后来也休学回黄土高原了，但他后来恢复得比较好，于是当了八级的学生，成天背着个小书包，走起路来一颠一颠地再听一遍《文学概论》。

送W兄去检查一周后，我和辅导员迟老师去取结果。骑车经学院路时，一列火车挡住了我们的去路，就在那会儿，迟老师问了我一个问题："咱们班上你最佩服谁？"我愣了一愣说："谁我也不佩服。"当时我看到他眼中流露出一种不以为然的神情，他大概以为我的回答不过是自傲，或是矫情，或者是一种策略性的回答吧。火车开了过去，我们继续赶路，没有时间再去思考。

许多有意义的事情都发生在冬天，一个冬夜，应该是基督教的圣诞前夜吧，一帮同学要去教堂看迎圣体活动，这里边到底是好奇的成分居多还是空虚的成分居多，我现在也说不清。开始，我没想去参加，后来终因无聊得很，于是骑着单车，和另外一个女同学奔教堂而去。那时已经很晚了，我们也不太熟悉北京的街道，骑车东奔西突，却始终找不到西什库。问问路上的寥寥行人，也不甚了了，大概是现代人比较忽略精神集市的缘故吧。又冷又饿，浑身冒冷汗，等我们好不容易找到西什库教堂的时候，活动已经结束了，没有人理睬我们，除了路边卖羊肉串的假维吾尔大叔。我们从门缝里瞧了瞧教堂内部，看见了什么？现在已经忘了，没有什么内部是可以轻易看清的。

这事过去了许多年，但我一直觉得它带有寓言的性质。我们人生的朝拜虽然时刻遭遇寒冷、饥饿和迷路的威胁，我们也战胜了这些威胁，我们最终面临的、获得的仍然经常是骗局。后来我以这件事为题材写了一首诗叫《此夜》，把对基督的朝拜和对纪念碑的参拜作了对比，最后感叹道："埃及的风很凉／十字架上找不到／传说中的笑容。"这首诗后来发表在《飞天》上。

由于1986年底发生了"学潮"，1987年有关方面决定，让我们新生接受为期两个月的军事训练，地点在承德北部山区的某兵营里。也就在这之前的一段时间里，我得了十年的肾病又频频发作，去校医院检查，搞不清楚到底是什么毛病，于是给移交到北医三院，若干次跑下来，终于发现输尿管有结石或肿瘤，左肾已因积水、长期过压而变成多囊肾了，故经常发炎疼痛。由于这结石或肿瘤是阴性的，在 X 光照射下不显影，故而多年来一直藏匿着未被发现，我的病也就被当作肾盂肾炎治了十年。至于究竟是结石还是肿瘤，需要进一步的检查。

就这样，我获准免受军训。开始我有些欣幸，觉得自己可以免受"摧残"，慢慢地，我感到实际上正相反，脱离群体，脱离大家都将参与的某项活动，才真正是摧残。那些日子，同学们兴奋地忙碌着，收拾行装，打背包，试穿发下来的老式军装，并为裤子的肥大而大笑不止，还故意穿上这种老冒衣服在五光十色的校园里游荡，而此时我却作为一个旁观者受着旁观者的落寞和孤独。终于，在一个雨声淅沥的清晨，我送走了叽叽喳喳的同学们，目送蓝白相间的校车把他们拉出校门，然后独自走回凌乱的宿舍。我永远都忘不了当时的情景：光线昏暗，雨声瑟瑟，宿舍空空荡荡，因收拾行李而散落在地上的纸片和破自行车一块儿躺着。我差一点落下泪来。两天后，我没有等到检查结果出来，便匆忙回了家。

1987 年年底，我第一次参加了由五四文学社主办的一年一度的未名湖诗歌朗诵会。这次朗诵会留给我的厌恶感觉是那么深，以致我很长一段时间都忘不了。

因为是第一次参加朗诵会，我非常兴奋。一天晚上，我满怀激情地写下了一首充满郁悖之情的朗诵诗《嚎叫》，为了表达那种渴望用嚎叫来打破沉寂和窒闷的心情，我不惜沿用了艾伦·金斯堡的诗名，在那首诗里，我列举了那些令我难以消化的城市现象，控告"远处的电车吃人不吐骨头",惋惜美已经随万里风蓬飘逝,讥讽校园诗歌软绵绵的水骨头,最后用不肯屈服的声音高叫着:忍受追寻所带来的痛苦。为了充分表达这种情绪,几天里我反复地练习,直到嗓子沙哑。

我所渴望的时刻到来了。节奏强烈的音乐响起来,我的朗诵声传向每个听众。我知道我是成功的。但是,我的心里一直充满忧虑,因为过来人告诉我,五四文学社搞这类评奖活动时,从来都是提前把奖项分配完了,论资排辈,而几个高年级学生评委不过是装装样子,领几个评委费而已。对这个说法,一开始我并不相信,但结果证明是真实的,我"荣获"创作三等奖,其他各项奖如人们猜测的那样瓜分完毕。那时我是那样单纯以致觉得深深地被刺伤了,我为庄严的北大和庄严的诗歌感到痛心。从此我更加远离北大诗坛上那帮称兄道弟、拉帮结伙的诗歌同志们。从此我也更痛恨这种名声在外、其实难副,如将朽的老树桩一样的大社团。现在回想起来,那种激情未免好笑,但在当时,心里是有一种很深的刺痛的。

朗诵会上我拂袖而去,拒绝领奖。过了两天,组委会委托我们班的团支部书记、一个讨人喜欢的小女孩送来了我的奖状,而我,满脸通红地当着她的面,把奖状撕得粉碎。又过了几天,当时的文学社社长、瘦高苍白的某先生找我谈心,他先是夸奖了我一通,然后解释说,由于北大文学社团较多,协调困难,奖项很难分配,像我这样低年级的同学,只能得三等奖云云。当时我很不客气地说:"你不要再解释了,你们这帮人我已经看透了!"他只好怏怏地拍了拍我的肩膀,离开了。

那时我是怎样的年轻气盛,"不知好歹"。

1987年下半年,我接受了膀胱镜检查,患过泌尿科疾病的人都知道,那是一种痛苦的、不人道的检查方法。当我躺在检查台上忍受着痛苦的时候，"大白狼"们却在喋喋不休地谈论中秋节会发些什么东西。结果出来了，断定为结石，需要手术切除，住院单上写着：病情较重。我惴惴不安地拿着住院单去住院部，一位老太太和蔼地问我："现在就住院行吗？"当时我心慌意乱，一点主意都没有，忙说："过几天。"就这么一句话，让我等了半年多。

转　机

> 苦闷，苦闷是我的遗产，
> 我的喉咙的伤口，
> 我的心在世界上的叫喊。

拉格克维斯特的这几句诗慢慢地我念得少了。当我们一方面更清晰地意识到自己的处境时，一方面也被这处境融化。苦闷成了生存的一种基本状态，成了令人缄口不言的东西，像是凝结成块状的夜色。

苦闷的症状在1988年显得更明显，但大家在苦闷中活得也挺好。我是比较幸运的，一场沉重的打击给了我一个契机，使我得以从苦闷中挣扎出自己的头来，呼吸几口清新的空气。

1988年3月，我终于住进了北医三院，和两位老人住在一起，突然我就成了一个病人，身上的病号服把我和健康人的生活隔离开来。开始几天我过得很好，没有太在意，以为做个小手术就完了，因此借了好几本书去医院看，还一个人悠闲地打围棋谱，一副疗养的样子。自得其乐的日子过了没几天，主治大夫通知我：由于我的左肾已经基本失去功能，要行切除术，以免经常发炎。听到这个决定时我傻了，站在病房的窗前哭了起来。我才二十岁，可我就要成为一个残缺不全的人,这对一个热爱自己的人是一个巨大的打击。它并不仅仅意味着从此我要凭独肾来维持生命,它意味着我要改变自己的生活方式,要放弃某些我所热爱的运动,意味着生存状态的不平等,意味着精神状态的缺损。这个打击来得太突然了,当时的我很难接受这个事实。

我在一个类似生死状的手术文件上签下"同意"两个字,文件上列举了可能出现的事故:伤口感染,麻醉意外等。好像有许多意外张大了嘴等待着我。在手术前,我的可怜的父母赶到了北京,他们目送我被推进手术室。躺在小推车上,我穿过一道又一道门,最后被安置在手术台上。两个护士把一根管子"咔嚓"地捅进我的脊椎间隙,开始麻醉。令两位护士气恼的是,我的某些部位顽强地抗拒麻醉,她们以为我在装蒜,于是训斥我几句,接着加大剂量。随着手术的临近,我越来越紧张,全身悚栗,像屠宰台上的一头小动物,把手术台弄得吱吱响。他们把我捆了起来,接着大夫们鱼贯而入。他们发现麻醉顺序搞错了,手术要先切结石,再摘除左肾,麻醉师们却先麻醉了腰部,于是在我尚有知觉时,他们果断地划下了第一刀,我清晰地感觉到手术刀吃进皮肤的疼痛感。

"为了救治我,他们要先杀死我。"躺在手术台上我想,只要我能活着出去,一定要快乐地生活,绝不再为任何事烦恼。我活了过来,尽管身上多了两道长长的刀痕,像一棵石笋一样,我活了过来。

一个看过我全部照片的朋友说:手术后,你的表情比过去改变了许多。我点了点头,那种张扬凌厉的东西被一种恬淡的微笑代替。有些东西在不知不觉地发生变化,尽管我不知道这缓慢的变化是什么,也不知道这变化是好是坏。假如我们能清醒地察觉生命的变化,并操纵着它,像引导渠水一样引导着它,那该多好啊。

身体恢复得比较快,除了脸上笼罩着一层虚弱的苍白之外,看不出有多大的不同。5月的一天，八四级本系的一位同学找到我，让我在他写的一台话剧里演一个诗人的角色，他说他觉得我最具有诗人气质。不知是被这句话打动，还是对演戏这一行有好奇心，我答应了他。那出戏名叫《迷宫》，以圆明园为基本背景，写几个男女大学生的性格冲突。我的戏很少，在圆明园的黎明中浪漫了几分钟，激昂了几分钟，和应该美丽的女主人公有大约三句对话，从而使诗性在她身上产生了一点点影响。我背台词背得很认真，结果，我们班的女团支书说：你还不如像平时一样说话呢，那样更像一个诗人。

戏演得很简陋，编导演以及顾问都是一色的中文系学生，没有一个人有专业经验，一切都是自己瞎琢磨，琢磨到差点把全部剧本都推翻了，搞得演不下去了，只好又回到蓝本上。有一点值得庆幸的是，大家都很热心，很卖力，像干一件很崇高的事业，在五院二楼的小会议室里不厌其烦地说着那几句话，我也不厌其烦地激昂着，直到话剧上演。

演出那天，八四级的女化妆师把我的脸搞得红红绿绿，让我着实受了同学们一番戏弄。戏演得不算失败。我上台刚念完两句台词，就听到观众中有人说："这是个诗人。"天知道他是用什么语气说的这句话，我把它当作赞美消受了。

跑这次龙套对我至少有两个意义：一是让我通过扮演一个旧式浪漫诗人形象，加深了我对诗人这一人生角色的理解；二是脸上的油彩和慷慨的陈词把我从手术的阴影中解救了出来，帮我从生活的寒意中摆脱了出来。生活有时像是一座冰山，充满寒冷，又用它的透明蛊惑着你，让你碰壁。而某些偶然发生的事件使我们得以穿过这种寒冷和透明的阻碍。

手术后不久，在一个阴沉的天气里，我和老家来的人在南校门照了一张相片。相片上，我头发长长，喉结突出，瘦削峭拔。我知道我并未失去生命中那些昂贵的东西：对生活的热爱和自信。我开始摆脱由神秘感所带来的对他人的依赖，摆脱了"新生"这一让人退缩和避让的角色，我有了自己的见解，并不悖于走向光源。

1988年8月，《飞天》大学生诗苑发表了我的三首诗——《那夜》《寻》和《此夜》，编辑给加了一个总标题，叫《冷焰》，这个标题取得非常恰当，很能概括和形容我的写作方式、语言方式和情绪方式。我感到这是个很有判断力的编辑，只可惜后来没有继续和他联系，但《飞天》1989年3月号上还是发了我一首诗：《劫鸟》。

《冷焰》是我上大学以来，第一次在比较有影响的刊物上发表的诗歌作品，这或多或少给了我一些知名度。自那以后，我不断接到一些诗友的来信，或交流诗作，或约稿。

我说过，那次手术尽管很厉害，但它不但没有切断我生命的洪流，反而使它的奔流变得更内在，更沉静，因而在本质上也更激荡。这表现在诗歌上，就是长诗《从河流开始》的诞生，它标志着我对诗歌有了新的理解。

有一天，我在图书馆期刊阅览室读到了一首写圣劳伦斯河的长诗，当时深受震动。这首我从未接触过的诗，用我病后的眼看来，给我病后的心造成了很大的震荡。一股歌唱的冲击像温暖的河水一样不断拍打着我的灵魂，使我有一种强烈的渴望，要颂扬，要祈祷，要抒情，要呼叫。这种冲动简直是抑制不住的，它那么富有力量，以至一下子把我带出了个人情感冲突的小圈子，突然进入到一个广阔无垠的、充满希望和爱心的世界中，一个新的大地好像在我眼中显现出来，不断召唤着我。

那些天，我除了吃饭睡觉外，整个身心都沉浸在诗歌的潮水中。我不知疲倦地翻阅有关植物、动物（包括昆虫）、地理知识（岩石的成因及构造、富有特色和象征意味的地质奇观）的书籍和画报，从这些东西中不断产生新的灵感和激情。从写下第一行诗"我攥紧手掌如同攥紧这条河"开始，我一直处于创作的冲动之中，有时甚至半夜爬起来，在黑暗之中摸索着写作。为了达到某种效果，我安排每个段落的行数都"别有用心"，把行数转化为阿拉伯数字，并进而转换成简谱时，它就形成了这样一种熟悉的、略带忧伤的调子：

$$1 \cdot \underset{.}{7} \underset{.}{6} \ 3 \ 2 \ 1 \ \underset{.}{7} \ \underset{.}{6} —$$

然后以火光，以热情的自我焚烧为终结："火点燃我，火照亮宇宙的拱顶。"在这首诗中，"我"这个个体时而与河流合而为一，时而和民族以及生养民族的空间（即国土）合为一体，"我"的命运与河流的命运始终交叉，以显示人类的命运攸息相关。这首诗，后来获得了《青春》月刊主办的第二届全国大学生新诗大赛优秀作品奖，被评为十首最佳作品之一。

从大学二年级起，我和北大校刊开始有了联系。说来也很偶然，我的一位朋友、校刊特约学生编辑方某约我给校刊写篇文章，篇幅最好在千字以内。当时我觉得一篇千字文还不是手到擒来？于是一蹴而就。文中，我借一个女生之口，分析了校园里一方面恋爱现象普遍，一方面男女交往又极不正常的局面，给趾高气扬却又心虚气短的北大人小小地刺了一针。编辑铁夫拿到稿子后，把首尾两段背景介绍作为累赘给砍掉了，这样一来，《自信的呼唤》就成了一篇女性向男性发出的檄文。文章在校刊发表后，校刊编辑部收到了不少信件，还接到了一些电话，接待了一些来访者。其中有一位绅士号称要教训教训橡子，还有的整个男生宿舍的公民们联名邀请"橡子小姐"去做客，也有的针对这个问题展开了争辩。据铁夫和校刊主编讲，一篇短文引起这么大的反响,这在北大校刊近年来是罕见的。我想,这里面除了该文直指某些人心灵中最脆弱的部位的原因外,大概还有作者性别转换的喜剧性因素的影响吧。

好像是 W.S. 默温有首短诗说:一旦有人知道你会拉琴,你就得拉,拉上一辈子。我就是这样。《自信的呼唤》发表后,校刊的编辑们就认定我是适合于写这类杂文的,于是便常常催我写。这时我和铁夫已成了好朋友,朋友之邀,总是不能拒绝的,于是我便断断续续在校刊上发表了许多"短小精悍"(短小也许,精悍未必)的文字,把自己的一些观察和思考毫无保留地讲出来。

除了《打破陶罐》《关于女生》《祝你康复》等尖酸刻薄的文字外,我也写了一些轻松的散文,抒发些青春的快乐、忧郁和感伤。这些在今日看来令人脸红的文章在北大范围内为我赢得了名声,带来了一点点成功的喜悦感,也惹了些小麻烦。经常有人指着我的鼻子说:"你就是那个橡子?"仿佛是我假冒了橡子这个名字,而不是橡子假冒了我。也许,文章给人的印象总是和作者给人的印象不一致吧。

1989 年年初,空气的窒闷更加明显,但生活在这种空气之中的人并没有什么特别的感受。不过,生活的枯寂和贫乏总是可以感觉到的。那段时间,我们经常喝酒,喝醉了便掏心挖肚地说些知己话,醒来后又讳莫如深。再过一段时间,苦闷在心中积得厚了,又去喝酒,借以释放自己。堕入这种恶性循环之中,我们自己也心有不甘。

那时我住在 40 楼 309 室。我那屋的兄弟们有个爱好,熄灯后开卧谈会,内容多半为俗文学、民间故事,有时话题俗到极处,大俗近雅了,乐得不可开交。有一天晚上,不知怎么的,大家提出来,说找一帮爱好文学艺术的,活动活动,折腾一下子,也算是活人不让尿憋死。说着说着激动起来,没一会儿,便把小团体的名字给取出来了——

"123文艺联盟"。取这么个名字，一来是为了揶揄五四文学社，二来表示这个联盟凡事从小做起，人员也不要太多；另外，"123"也是简谱中的哆咪咪，跟音乐也沾了边。

头脑发热，说干就干。第二天，由我起草的招收成员启事便贴到了广告栏上。令我们大吃一惊的是，报名者分外的多，几天工夫，人数就超过了一百！敲门者络绎不绝，有的甚至整个宿舍的同学集体报名。这种状况既让我们兴奋，也使我们惶惑，因为事情的发展和我们的本意相去甚远。我们当初不过是想找几个朋友，建立一个小圈子，没想到一下子拉出个大部队来。而报名的同学又提出了许多高要求，总的看来，他们是希望"123文联"能大大改变沉闷的生活现状，提高生活的质量，制造欢乐和生机，这对我们不啻是个考验。

那时我真明白了骑虎难下的滋味。可是已经没有退路。于是我粗略地将报名者划分为几个组（诗歌组、小说散文组、音乐组、绘画组等），给每个组指定一个负责人，准备在条件允许的情况下开展活动。

"123文联"的成立大会是在三教召开的。那天，我以创办者和联盟主席的身份，煞有介事地作了一个简短的演讲，我引用帕斯捷尔纳克的一句话来解释成立这个民间社团的目的，"只是要活，只是要活下去"，活得更好。交谈过程中，一个女同学对我说，我所说的"只是要活"的目标太低，太基本了，应有更高的目标。我解释说，我知道在目前的环境下，什么是可能达到的，而什么容易流为梦想，所以，我宁肯把目标定得低一些，实际一些。

一个得不到学校当局扶持的社团，要开展活动是非常困难的，因为它面临着场地、经费等多方面条件的限制。3月，我还是尽快地开始组织活动，一次不成功的文学座谈会开过了，由一位进修教师开设的民间音乐系列讲座正在筹备中（主讲者王雪农是民乐乐坛上的琵琶高手），组织了几个节目到人民大学参加艺术节会演等。一个重头戏是我们正在编导一台话剧。

剧本最初由四川内江人氏张仁灏负责编写。我对写作的难度估计过低，而对剧本的期望值则过高。待我看完大体成形的初稿后，我感到很不满意，情不自禁地说了几句不恭的话。没料想我说话的时候，仁灏兄正在帐内高卧，听个正着，一怒之下，他撂挑子不干了，我只好提起笔，拿起剪刀，着手修改。

并不十分齐整的演员班子组织起来了，甚至在五院排演过几次，正在这时，一场未曾料到的风暴突然刮来，北大立刻成了旋涡中心，所有的计划、安排都被彻底打乱，演员们卷入风暴之中。于是，这台名为《边缘》的话剧便宣告流产了。

经过那场风暴的冲击，"123 文联"再也没能缓过劲儿来，成了一个在许多人心中留下淡淡回忆的幻影，好像它从来不曾存在过。组建"123 文联"是我的一次尝试和努力，也是我的一个失败。但是，一次失败事件并非没有意义，我认识了许多新朋友，其中一些人到现在仍然和我保持着深厚的友谊。

临近毕业的日子不堪回首。未名湖突然变成了一个强大的磁场，令人难舍难离。那时，我以拥有的第三只眼看见，在真实的未名湖之后，还有一个多么圣洁、永恒的精神故乡！于是我放声大哭，在倾盆之泪中离开了那块灵魂的家园。

我想起了惠特曼的一句诗，此时，用它来作结尾也许是合适的：

　　我不知道我怎样从你那里来，也不知道我和你将到哪里去，但我知道我来得很好也将去得很好。

吹尽狂沙始到金

橡 子

我有多年没见到他了。大学时代我和他睡上下铺,他的缄默和我的张扬曾是 40 楼 309 室这枚硬币的两个侧面。

他有一个响铮铮的名字——郭广强。由于他曾创办"大寂画社",英语系几个和他来往密切的女孩子便叫他"大寂",这个名字对于他倒是挺适切。

刚进北大时,有一种新奇感,新奇感一过去,就陷入失落之中。中学时,我们都是出类拔萃者,是所有目光的焦点,一到北大,发现大家都很了不起,谁比谁也强不了多少,一下子就失重了。

高中时想象大学生活一定很浪漫,可一旦进入其中,却发现也不过如此:读书、吃饭、睡觉。我不是那种富于开拓精神的人,我是指在生活中,所以我不善于"寻找生活",总是觉得无聊,渐渐养成了睡懒觉的习惯。我那时特别怕过周末,一到周末,会玩的同学或去未名湖边"弹琴",或去学三食堂跳舞,我就闷着,有时和几个合得来的"闷友"喝酒去。第一次在大学过元旦,系里办了晚会,几个小节目一过,便把桌子推开,一对对男女就在那里婆娑起舞,我和我们班其他几个同学大受刺激,看到自己班的女同学被人邀请走了,自己却毫无办法。从那时起我和大家决心发奋练舞,舞不惊人死不休。当然后来是学会了跳舞,可是已经晚了,女同学们纷纷由大锅饭转向吃小灶。于是我们班男女同学的关系便陷入这样一种尴尬境地中,女同学怪男同学太羞怯、胆小、不主动,男同学骂女同胞"臭要面子",孤芳自赏。最后结果是肥水流了外人田,自己班上一对儿都没发展起来。

那时中文系的同学把无事串门称作"寻找生活",一到晚上,便在楼道里挨个踹门,屋里若是没有"生活",转身便走,走之前端起桌子上的水偷喝一口;若是发现屋里有点什么乐子,就在那儿磨蹭一个晚上。那时所有的人都处于一段空白之中,有一些向往,却又没有找到自己的道路,都有一些徘徊无助的感觉。

也就是在这段苦闷的日子里,大寂开始作起画来。先是画些粗糙的水墨山水,画面大多是些嵯峨的山石,有许多不平之气。有时也来一张大泼墨,并染上些淡绿的宣传色,来暗示一些生机。这些画尽管并不高明,却受到同学们的褒奖,于是大寂更起劲了。每到周末,窗外很热闹精彩而屋里阒寂落寞之时,大寂便铺开一张宣纸,握一支低级的狼毫,或抹或点,或皴或染,一个漫长的夜晚便打发了。

有的民间刊物便请他设计封面,校刊上也开始刊出他信笔涂来的刊头画或补白画,都能为版面增添一些趣味,大寂的名声也开始响起来。有时,他正在宿舍和哥儿们苦闷,响起敲门声,有陌生者进来,起初以为是文学青年,一问,却原来是慕名来与大寂切磋画艺的。因为有大寂在,这个宿舍经常获得"比女生宿舍还干净"的好名声,其实不过是在显眼的地方多了几幅大寂的字画,掀开窗帘一样掩起来的遮羞布,床上还不一样乱?

到后来,大寂觉得翅膀硬了,索性找几个同仁,办起了一个大寂画社。

> 美不一定就是形式上的完美。当残缺之美被配以古代的稚拙或原始的粗犷之时，我们便可以瞥见日本鉴赏家十分珍视的寂趣了。
>
> ——铃木大拙

大寂为他的画社取的名字真够古怪，念起来满嘴的禅味。你看那些五四文学社、学海社什么的，多么堂皇！你却大寂起来，也不怕人找麻烦。作为画社的标志画或吉祥物，大寂画了一幅工笔画：一个面目祥和的菩萨，手中拈着一芽绿枝。这也许和佛祖拈花的典故是有所区别的，黑漆漆的寂静中，却有一线绿的生机，大寂便是非寂，也是非非寂，这里面的意味，除了大寂自己，还有谁能明白？

但是大寂的画中，禅意却越来越浓厚了。他绝不是概念式地表现禅家思想，他的画本身就是一首首禅偈。两个秃顶的老头坐在古树下对弈，浑忘世外之事，旁边一堆枯叶小火寂寞地舐着装水的泥壶；一个秃顶的丑汉子蹲在一只鹅的旁边，仿佛在和这生灵进行心灵对话；一簇五彩的菊花，一坛满溢的酒；一个行吟者站在水畔石上，昂首向天，风吹拂着他干翘的胡子，枯瘦的面颊。他也画老鹰，但画出的不是鹰的凶戾和奔放，而是鹰的孤独。

大寂的人物画中从来没有出现过女性，这是很奇怪的，但也在情理之中。

"三条腿的蛤蟆不好找，两条腿的姑娘有的是。"这是大寂一段时期内的墙上铭。激愤之中，也许更多的是一种冷透骨髓的忧伤。两条腿的姑娘固然有的是，但找一个能和你相爱的两条腿的姑娘，又谈何容易？

刚上大学时，大家常在酒后相互坦白中学时期的罗曼史。大寂有过这么一段吞吞吐吐的自述：

我和她是一个班的,我是男的,她是女的,我们俩的成绩是班上最好的,不是她第一,就是我第一,有时我们经常摽着劲儿。也说不上是我们俩有什么秘密,其实基本上算是没什么关系,只不过在高三的毕业晚会上,她悄悄地跟我说:看你这小男孩挺好玩的,送你一支钢笔吧。她还送给我一本《雪莱诗选》。

　　她性格很活泼,和我刚好相反,她有许多朋友,我只是其中的一个。她的伯父是我们中学的校长,因为我成绩好,校长也挺喜欢我,有时有意无意地把我跟她牵扯到一起。

大家于是起哄,说这还不算秘密?说不定是娃娃亲,肯定有隐瞒的部分。大寂就无辜地辩解说:真的只有这些。

宿舍里每一封来信都受到严格的怀疑,尤其是字迹娟秀者。一封自南开寄给大寂的信因为封面太女性化受到检查,当类似信件频率加快时,同学们对大寂进行了审讯,逼供之下,大寂招了:她就是那个她。于是这一对被重点培养起来,或出谋划策,或煽风点火,或提供经验咨询。终于,在多方面促成之下,那位南开小姐抵京探亲。同宿舍的哥们儿都"嫂子"起来,躲进里面的套间,把外屋让给他们俩。谁知大寂和南开小姐面对面嗑了一下午瓜子,没说一句完整的、有苗头的话。据说南开小姐临走时,骂了一句"北大人真他妈的"。

这件事给爱情投上了一层淡淡的阴影。过了不多久,大寂在生日晚会上大醉酩酊,三日不曾进食。"南开"跟他吹了。没奈何同学们只好为这只闷壶另找出路。幸好两条腿的姑娘有的是,大寂在发奋练舞的过程中认识了一个叫小亚的姑娘,学外语的,性格极好,又聪明又讨人喜欢,还很懂事。看得出来,小亚对大寂也很有点意思,经常来看他,陪他出去玩。有一次小亚对我说:大寂有一天和她在未名湖转了好几圈，没说一句话，但她觉得和大寂在一起，即使不说话也不觉得乏味。我一听，心想，这样好的两条腿哪儿找去？就责成大寂务必抓住战机，主动出击。

小亚是北京姑娘，大寂和我到她家去过一次，回来后说：她家条件太好，给他一种压抑感，他受不了那份刺激。完全一副小知识分子的迂劲儿。他还一个劲儿地为自己辩解："我并不是旧情难忘，真不是，只是……"后边没词儿了。其实他就是旧情难忘，只是自尊心使得他不愿承认罢了。小亚很痛苦地感觉到了这一点，也渐渐地来得少了，节日时送点小礼物过来，依旧很讨人喜欢，看着真叫人为大寂可惜。

这注定是一场"曾经沧海难为水"的悲剧，可谁知道呢，命运这时却在策划一场破镜重圆的好戏。南开小姐偶然来京，也就顺便来看看故人，她受到了北大人很随便也很亲切的欢迎，她看到了"闷葫芦"已成长为北大首屈一指的校园画家、书法家，更为重要的，她也许感受到了那颗痛苦的心中暗藏着不尽的等待和炽热的深情，使她觉得性格的沉默和内向并不足以损害爱情，她于是亮了绿灯。这时大寂的狂喜是无法言喻的，他的墙上铭换作："心中有个恋人，身外有个世界。"

> 闲暇时很怀念北大的旧时光，我怎么也忘不了哥儿几个围在一起煮白菜汤吃的情景，现在又到季节了是吗？忘不了大家一起坐在未名湖的石舫上唱歌，忘不了……
>
> ——摘自大寂的来信

大寂后来交谊舞练得不错，成了班上的小舞星，一般场合都能应付。尤其爱跳迪斯科，大冬天的，常常跳出一身的臭汗。他的舞跟他的书法一样,有一点拙味儿,但一点不笨。

　　大寂性格内向,但他却是一个很好的玩伴,什么活动都少不了他,包括干坏事在内,算起来他也算劣迹斑斑吧。他人缘极好,几乎不曾和同学红过脸,所以哥们儿也都敬重他,他的生日成为班上的盛典,每次他过生日,大家都要趁机去燕春园或佟园狠撮一顿,哥们姐们喝得晕乎乎的,一块儿唱军训时学会的《连队之歌》《打靶归来》什么的,每次都要撂倒几个,每次都有某个苦闷的兄弟酒后涕泗横流地大吐心里话,次日早晨醒来一脸的难为情。他的生日本来是十二月一日,不巧的是后来世界卫生组织把那天定为"艾滋病日",他于是只好改过阴历十月三十。

　　大寂因为嗓子不够美好,且性情有点羞涩,所以很少唱歌。我们毕业的前一天晚上,英语系八八级几个女孩子陪他和我去湖边玩,也带有一点送行的意味,女孩子们在石舫上唱了许多支歌,最后唱起《友谊地久天长》,大寂也跟着大声唱起来。离校前一天,他在宿舍墙上贴了一大张纸,一反往日谨严的习惯,很狂放地写了一首词,似乎是李叔同的,起句是"披发伴狂走"。他留恋北大的心情应该比我犹有过之。他本来极少性情外露,这种大声歌唱和狂书"披发伴狂走"大概都是内心流露的方式吧?

　　　欲求有成,一须爱好,二须精练,三须百折不回。

　　　　　　　　　　　　　　　　　　——日本茶道规则之一

　　"我治印时间不长。有一次去参加闻一多纪念会,碰到一个烟台老乡,是搞篆刻的,他把闻一多的诗词章句都刻写在石头上。他送给我一本篆刻方面的小册子,我于是也搞起篆刻来。"

大寂的话永远如此简单，你绝不要指望他对你滔滔不绝。有一段时间他着魔般地迷上了金石，整天就见他在地上磨石头，然后"四只眼睛"盯着手中的石头雕刻，边刻边吹粉屑，大家笑话他把嘴都吹尖了，地上也满是石粉。结果呢，他捧出一小本《涤堂印存》，上面全是他治的印语。同学或朋友来求印者络绎不绝，有时他都忙不过来。

大寂画社曾在三角地的橱窗里办过画展，结果橱窗的玻璃被砸破，大寂的两幅画被偷走了。这件事大大抬高了他的作品的身价。

大寂喜欢石头，出外游玩时总是忘不了要拣回几块石头。他还嗜书，为买书花了不少钱，搞得有时出现财政赤字，他的床头也堆得高高的，一旦垮下来，高卧的他和低卧的我都有生命危险。在他的书中有一本谈治印的，印语中有这么两句颇有深意："千淘万漉虽辛苦，吹尽狂沙始到金。"这是谈治印的，但是人生和爱情，又何尝不是如此呢？

[橡子：本名蔡方华，男，1968年生，湖北蕲春人。1986年考入北大中文系文学专业。现为北京青年报评论员，公众号"团结湖参考"创始人、主编。著有诗集《致命的独唱》《我看见浪花如此朴素，辜负了花的美名》、长篇小说《脆弱》《水果》、散文集《王菲为什么不爱我》等。]

北大混史

蒙 夫

轻易不进书店,那天心情不错想起自己也是识文断字的人,就进了心情不错饺子馆斜对面的那家书店,不料抬眼就看见一本书叫《在北大等你》,光看名字就知道是一帮感觉不错的毛孩子骗钱兼害人的玩意儿,气得我火冒三丈,四肢百骸数月不爽。正好又有一帮文化人想用《北大往事》赚吃喝,并且碰上了我的枪口,我就说一说混在北大的事出一出邪火。

先说我是如何混入北大的。说来简单,我不过就是当了一回"高考暴发户"。高中的时候害数学老师的单相思,一上数学课就心猿意马,弄得大小考试都仗着上小学时打下的底子勉强及格。同是我这位数学天使,聊天时没心没肺地说你别考理工科了,考文科吧,于是我就咬牙报了北大中文,不料一上考场竟然如有神助,数学并且只有数学还考了满分。

再说我在北大是怎么混的。在北大四年,倒也看过一些西洋景,像崔健叫嚷《一无所有》,张艺谋兜售《红高粱》,作家班乌烟瘴气闹燕园,如今说起来都成了过眼烟云,真正值得一说的倒是我身边的男男女女,时不时弄出些声如蚊蝇之言,阿猫阿狗之举,虽远非发聋振聩、惊天动地,我却时不时被吓上一跳,日久即见潜移默化之功。

甫入北大，先被文八二的老王讲的故事吓了一跳。老王已经毕业还赖着没走，晚上过来串门，信口捏造说，他们班有个同学，不喜上课，专一苦读棋谱，置棋于宿舍墙角，有好手闻风来斗，他连床都懒得下，令对手依言而行，若干招即斩人于一箭之遥，往往他宣布"你输了"时功力差的对手还一头雾水。不读棋谱时就回家逍遥，其父乃一老革命，常痛斥其占着茅坑不拉屎，耽误了革命群众的孩子上北大受教育。终卧轨而死。

现在我们知道，这个故事袭自《棋王》（当然我这么说冒了被老王拉住对簿公堂的危险），但其结局却成了海子之谶。这个故事对我产生了多方面的影响，我为什么不爱上课，不爱上自习，不愿去图书馆"占座"，就是不愿抢了别人受教育的机会。四年中我只起了一次大早，天色未明就悄悄逼近图书馆，门一开就被人流裹挟而入，胡乱找个自习室的座位就放上笔记本（据说不能放书，放书有被"顺"的可能）。这种现象叫作"占座"，与圈地、殖民等有异曲同工之妙。那时候北大的课桌与生员之比是不成比例的，图书馆自习室的座位就更少，何况还有青年教师、中学生子弟一起裹乱，我就曾屡屡被一帮中学生围殴一个或几个大学生的情景吓上一跳，心想这个傻哥们儿不知道越文明武力越弱的道理，以为读了书还能替天行道。

说到不爱上课，这就有了考试时的喜剧场面，每到考试的时候，我总是"师生对面不相识，笑问考场在哪厢"，好在老师大多不搞工分制，能来参与考试的就是好同志。我说"大多"，你就可以猜到我吃过工分制的亏。哪个老师哪门课这里宜粗不宜细，总之我考完那门课后感觉特别好，以为能得高分，不料却不及格，一打听才知道该老师早就把一半的分数匀出去了，具体做法就是，如果觉得课堂上学子稀疏零落，就给每人发一张白纸，把当堂所授变成题目，令其做成答案交上来,这样干的结果就是我这样从不上课的考死了也不会及格。不知道这样做有没有制度的原因,比如说学生上你的课不踊跃就说明你水平差,评职称时就得考虑这个因素,所以就得保证出勤率。当然更应该从老师对学生高度负责的角度来考虑。不管从哪个角度考虑,工分制的要点就是不能事先告诉学生你什么时候发白纸,否则就不灵了。这一点当年我曾经写进了备忘录,预备将来做学问,做了学问后做老师,做了老师后万一课讲得不好学生不爱听就给他们发白纸。不料后来我没有做学问,现在也就不用预备白纸。

说到做学问,你已经知道我有过做学问的抱负,这个抱负还是有些来由的。我的混入北大吓了自己一跳,这个前面已经说过了。挟鲤跳龙门之余勇,混入北大后我整天想的就是如何再吓自己也吓别人更大的一跳,想来想去莫如汲取人类文明的一切积极的和不积极的成果,独力构筑一个庞大的理论体系,做一代宗师,或者但开风气不为先,如此好像才不枉人生一世草木一秋。想好了就做,于是我虽然不去图书馆占座,却也天天泡图书馆,随便找个开架阅览室,胡乱抽本书就看。如此废寝忘食,夜以继日。不料那一年恰好流行方法论,那一年后来就叫作"方法年",许多成名未成名的文化英雄、学界精英都跟我一个想法,却又不肯像我这样下功夫,板凳坐个十年冷,而是匆匆忙忙就把乱七八糟的洋垃圾一股脑儿都趸了来,信息论,系统论,结构主义,精神分析,闹哄哄你方唱罢我登台。弄得我有些不屑与之为伍。

正在这时,文八四的老刘又吓了我一跳。那天晚上从图书馆回来碰上醉醺醺如沐春风的老刘,就问何事这么高兴,老刘说刚刚脱手一套体系,惊问新体系长什么模样,老刘大着舌头说,拆构主义。现在我们知道,后来又有后结构主义、解构主义陆续趸进中国,老刘吃了知识产权的亏,一气之下跑到中关村卖电脑,而我也从吃这一跳后不再弄体系。后来有一次在中关村偶遇老刘，旧话重提，老刘一本正经地说，钱锺书先生说了，没有哪一个所谓的体系能够历久流传而不土崩瓦解烟消云散的，能留下一两句话就不错了。大意如此。倒也能自圆其说。这件事对我的影响还有，时至今日我还保留着凡事都要给出一些解释，力求与众不同的习惯，弄得同志们都以为我没受过什么教育。

我构筑体系的事就是这样。罢手以后，我苦闷、彷徨，并且差点呐喊。我重新思考前途、命运等人生课题，并且发现我面临着走红道、黑道、绿道、黄道，加入会派、麻派、托派、恋派等选择，换句话说，就是选择一种 kill time 的方式。依我喜欢构筑庞大体系的脾气，我决定每一条路都走一走，每一帮派都入一入。

我加入托派的历史最短，最多两三天的光景，以至于与我最相熟的人都不知道我还曾是个托派分子。该派组织零乱，纪律散漫，与我热爱秩序的天性不合。派中人都是一些千里独行的好汉，平素沉默寡言，凡人不理，对身边芸芸众生的见识浅陋、举止粗鄙常生悲天悯人之情怀，倒也颇有不同凡响之处，却是与我"四海之内皆兄弟也"的抱负不合，所以我苦于寻找不到真正的同志，偶尔撞到，都是一些"请不要用我的录音机"的硬汉子。其实众好汉原本都是好孩子，怪只怪该派的竞争机制比较完善，而出国的机会有限。该派定期举行武林大会一样的仪式，届时京包线两侧各大院校的所有托派分子群贤毕至，玩一种"拿号"的游戏，拿了号才有资格考较埋头苦练多日的功夫，考较过关后就分头去城东南的美国大使馆周围昼伏夜出。说起来煞是辛苦，绝非常人所能扛得下来。我虽然也非常人，但不一定非得扛下来才知道，所以我就没有在托派多混。

麻将作为我们对世界文明的一大贡献，我在没认识到这一点时就练就了童子功，所以一夜之间麻将在大学校园流行开来（个中缘由专家学者多有论述，尚无定论），我自然而然成了麻坛领袖（当然是在一定范围内的）。因为是国粹，所以群众基础极广，所以麻派里面帮派林立，仅我那层楼道就有麻总、麻联、麻协、麻委等自成系统的几大组织，均是委员会制，设专职秘书长召集人，满楼道吆喝"开会啦"，从"一缺三啦"一直吆喝到"三缺一啦"。很是尽心尽责，所以人选很难物色。当年在校刊上描绘并批判这种情景的那位同志其实是谁也不跟他玩的那种人，远不像我身兼好几家的常委、理事，一应邀写文章就是欢呼麻总成立、庆祝麻联一周年之类。麻坛的好多常委、理事如今摇身一变都已身居要职，那个刚贴出"竹战伤身永不再碰"的戒条就又连续作战一昼夜的成了记者部主任，那个每打错牌就嚷嚷"大亏"因而外号就叫"大亏"的成了集团公司副总，那个总是抓错牌因而外号就叫"相公"的后来玩股居然一吃一个准，那个抓牌打牌都哆哆嗦嗦的甚至成了知名学者，唯独我牌风正派、稳健，所以至今一事无成。

那时候我不仅在几家麻将组织担任领导职务，还在许多冷僻、艰深的民间社团身居要职。那时候毕业分配难刚露端倪，大家开始讨论高分低能现象，有人编北大高考状元不会自己剥鸡蛋的段子，有人提倡"社会实践论"，所以此类社会实践组织如雨后春笋，供不应求。这里需要说明的是，我虽然身兼数职，但只是集体活动时到场站脚助威，并没有像主要领导人那样过问谈心之类等过细的工作。而且我到高年级时急流勇退，金盆洗手，沉溺于诗歌与爱情而无暇他顾了。

爱不爱的就不必多说。说到诗，正像加拿大小说家斯·柯克说的那样，后来我把全部时间用来研究诗歌，不管其是活的、死的，还是半死不活的，我两耳不闻窗外事，每天勤奋地研究语言文字达十六个小时。甫一毕业，我就把诗歌统统忘光，发现自己一无所知，一无所长，就这样大摇大摆地混出北大，结束了"屁股由你往死踢"（PEKING UNIVERSITY）时代，开始以所谓"北大高才生"的面目混世。现在我除了一事无成，还是那样到处让人吓上一跳，更多的是做出吓了一跳的样子混着。

［蒙夫：男，1968年生于江苏，1986年考入北大中文系。现在北京某机关工作。］

怪斋笔记

雷 格

师 道

子诚先生入某教室授课,遇相识之女弟子A氏,颔首致意。A答之。邻座雷某见状,亦频点其头。先生猝然不备,满面通红,反身而走。

果 报

汤某性急懒。一日与人相弈,至中盘,对手长考。正无聊之际,见胡某立于其侧观战,曰:"老胡你个小骚蹄子。"众叱之。又一日弈棋,瞥见旁观之文某面上新生髭髯,曰:"文,瞅你那两根鼠须!"众复叱之。此一九八八年事也。

近日有若干友好宴饮。落座之初,文某笑意宛然,抚汤某肩曰:"你这鼠须怎么也不刮一刮!"众笑訇然。席间食兴大增。——始信君子报仇十年不晚之训所言不谬也。

习　惯

雷某身染恶习，时于寝室中踱步，其影幢幢，其声囊囊，人皆恶之。刘某每急叱之。雷某自思悔改，尝有月余不复为此。一日，刘某若有所失，悄声问曰："欸，你最近怎么不踱步了？"

购裤记

李某适海淀镇，市中有鬻裤女唤曰："妙哉雪花裤！君其一试。"李某辞以不知尺寸，女即持皮尺环其腰度之。李某犹沉吟不决，女曰："盍褪裤一试？"芳泽既亲，盛意难拂，李某乃茫然依言而行。女曰："噫！呜呼！善哉！"李某暗喜，欣欣然付金而归。

效　颦

喻某心仪学兄学姊相拥相依之风采，意欲偕女友 H 氏效而仿之，然止得其形，未有其髓，不惟身体稍嫌太远，更兼手臂失之太直。一日，二人方相架而行，为膈侧观景之某甲张见，曰："小喻又推自行车过来了。"

壮汉卢某则柔肠百结，于牵手一节情有独钟。亦不得要领。尝与女友 J 氏自宿舍楼相牵鱼贯而出，行色匆匆。某甲复见，私责之曰："怎么像牵驴似的？"

按：喻、H 早结百年之好，卢、J 亦已劳燕分飞；物是人非，教人如何不生沧桑之慨！

酩　酊

某日同窗十数人于宿舍聚餐。S氏有备而来，殷勤劝饮，如是者再三再四。雷某中计，醉，俄而纵论古今，俄而口吐番文。忽噬旁坐之汤某肩，汤痛极大呼。T曰："馋肉耳。"众即购午餐肉食之，果安然睡去。

又一日饮，酩酊者刘某。或不慎以香烟灼其手，未蒙原宥。刘某耿耿于香烟之长度，频曰："这么长！这么长！这么长！"以手比之。初仅盈寸，继之逾尺，至堪堪及庹也。

又一日，酩酊者李某。面泛桃花，神类我佛，踞床拥吉他以奏。其声铮铮琮琮，胜于素日远矣。

又一日，酩酊者众人也。相携至蔡元培校长塑像下，颓然倒地，哕然而呕，狼藉不堪。翌年春，往其地察之，寸草不生。

搓　麻

壮汉卢某雅好叉麻雀，尤擅秉烛夜战，盖至更交三鼓，众人皆神疲思钝之际，方尽显体壮之优势，连庄连和也。但有良机错失，必自批其颊，痛责曰："臭！"众齐声喝彩，曰："打得好！再来一个！"

近　视

Q氏有要事赴男宿舍寻班长相商。见一后生端坐桌畔，遂趋而至，低眉绞手，娓娓叙之。言至半酣，后生益发不明所以，骇然目之。Q察其异，定睛细观：岂班长邪，姑苏倪某也。众叹曰："今天才知道什么叫近视。"

自 负

冀人邱某毕业数载,回校以棋会友。授二子与范某弈,大龙遭屠,包。观者劝其弈以分先,不允,执意授三子再弈。又负,拍案大呼曰:"让四个!"

好 学

石某好学。闻雷某、汤某熟读言、拍,自诩性学大师,顿生瑜亮意气,与张某共下战书,相约择吉日良辰考较功夫。至相较之时,尽施绝学,纵论公分、毫升,放言频率、幅度,惜气势略输,致未得全胜而回,心下黯然。

他日,雷某自外返,见石某立于走廊尽头,灯光昏冥,犹捧书而读,念念有词。感而问所读何书。答曰:"《中国文学史》。"雷某观其色而疑其伪,欲亲验之,不许。强之再三,乃赧然出示,赫然一卷《性知识手册》也。

取 巧

现代文学作业最后期限堪堪临近,汤某、雷某如镬上之蚁,乃密议作对话录一篇以呈,曰《我看阿Q二人谈》。是日午时,汤某欣然命笔,文行至半,倦意来袭,急推雷某曰:"醒转来! Your turn!"继而睡去。雷某起续之,有顷,推汤某。汤某曰:"My turn again?"

曰："毕矣。走也！"遂共至教室缴之。理群先生宏量,不以为忤,反嘉以优加之数。

踏 白

时近西历三月八日,诸生共筹郊游事,因大地返碧,美其名曰踏青。忽天降碎玉,寰宇银装素裹。诸生暗呼："苦也！"所苦者无以名之矣。一生智生,曰："他妈的,干脆叫踏白算了！"行遂成。

自 误

雷某矢志上进,夜半邀某甲赴文史楼通宵教室苦读。某甲落座未几,闻异响,循音察之,雷某伏案而眠,鼾声大作也。乃力劝其返。雷某向无此疾,由是获之,经年不去,至今言及,犹痛心不已。

附记:怪斋者,一九八六年至一九八八年之北大三十二楼四〇二室及一九八八年至一九九〇年之四十楼三〇六室也,心犹系之者数人而已。至今思之,恍如隔世,悲夫！燕园钟灵毓秀地,前尘往事,青春旧梦,千头万绪、镂骨铭心之可叙者得不多乎！今择其一二,取其俳谐之意约略以记,盖期淡化感伤气氛,湮殷殷衷情于俚俗戏谑语中耳。一九九八年元旦谨识。

[雷格:本名邓锦辉,男,1968年生于沈阳。祖籍山东济宁。1986年考入北大中文系,1990年毕业。在校期间曾任五四文学社社长、《启明星》主编。著有诗集《必由之路》、随笔集

《此何人哉》等。译著有《宠儿》(合译)、《爵士乐》(合译)、《我的探险生涯》(合译)、《似非而是》、《上海往事》、《追寻圆仁的足迹》等。现在北京某文化单位工作。]

黑蝴蝶呓语

姚 丹

回忆使青春岁月的晦暗时光隐隐透露出些许温馨的气息,就好像有一双温暖的翅膀托着我飞升,飞升。我很怀疑追忆的真实与可靠了。究竟,有谁能够直面黑暗的青春呢?那些在隐秘幽深的隧道中摸索磕绊的日子。那么,说一些快乐的事情吧。人、事、山水滋养我,改变我;智慧的光辉照耀我、充盈我;一个成熟健康的男孩子的爱情给了我梦想的一切……可是古人早就说了,"此情可待成追忆,只是当时已惘然",还是留给将来吧。现在,最好写一些无关乎爱与痛的往事(一笑)。这可能吗?

我之于北大,进进出出多年。1990年夏天匆匆离去,而"一塔湖图"的影子总在心头晃动,也知自己与北大缘分未尽。四年的奔走流徙之后尘埃落定,想的还是未名湖,终于又回到这里做"老童生"。

刚回来时,很容易为直觉到的美丽而欢欣莫名,平静安详的湖面,操场上年轻学子们的身姿,都常常使人快乐得在阳光微尘里大笑,喜极而至于稍稍有点"放纵"。在读硕士一年级的日记里,时时写着"夜,无风,和鱼儿、桂子、娜等人吃螺蛳、喝酒于'学八食堂'";或者"夜,老公来,几人一起涮羊肉,听'葛优'唱秦腔。十二点后出'东来顺',小西酒兴未尽,强行扯往'学八',又喝'燕京'数瓶乃归"。

"学八食堂"是正对着北大小南门的一家餐馆,门脸不大,老板姓徐,三十多岁,是一所中学的体育教师,属比较朴实温和一类的北京人。夏天爱穿大裤衩,白背心,冬天穿皮夹克。他的主顾多是北大学生,见了女生喊"妹妹",男生自然是"兄弟",然而亲热而有度,螺蛳又炒得极好,我们在那里度过了整整一个美妙的夏天。"葛优"是外子的朋友,陕西人,秃头,高个,瘦,像当年走红的电影明星葛优,故得此雅号,秦腔的高亢悲凉为其演绎得淋漓尽致。至今思之,余音绕耳。

并不总是恣情纵乐的,也会很认真地做一些事。1995年冬天就曾非常精心地培养过一瓣水仙。水仙是我家乡的特产,每年总能刻出不同水仙花样的母亲告诉我,水仙需要的是充足的水分和阳光。于是日日为其换水。白日里,盛着这瓣水仙头的干干净净的搪瓷小碗,总是端居宿舍窗台的正中,随时被温暖的阳光照拂;夜晚,又把搪瓷小碗移到台灯底下,就这样"揠苗助长"。

忽一日,在抽长出来的合抱的绿叶中心发现了饱满嫩黄的花苞,狂喜撞击心扉。然后,一天发现一个花苞;终于,细细的颈伸出来了,顶着一朵小花,花瓣渐次垂落,忽然全部打开,我的欣喜一点一点在走。成为造物主的狂欢么?或者,亲手缔造点什么的满足感?就为这么点"小事"?是的,在我,投入关注与爱,就是一切。

穿着蕾丝花边睡衣的我,在灯下细细照看这些娇弱的花骨朵,很容易就想起另一时候的北大生活,歪歪斜斜的诗句里把自己比作"风中的陀螺",穿着五色斑斓的彩衣,任鞭子抽打,于泥泞中狂舞。那无助的陀螺而今却成为花之使者,套句俗话,真有恍若隔世之感。就好比那时候看着图书馆里无边无际的书,急得想哭:"什么时候能看完呀?"在读硕士的时候已不关心这些,可以很安心而耐心地在旧馆待半个月,看三四十年代一个不太有名但办得不错的刊物《文艺月刊》,以同情的理解看小说,读诗。对我来说,加入伟大传统固然重要,而朝着老康德所说的"合目的性"飞翔才是矢志不渝的向往。

对心灵济楚的追求大大地淹盖了求智的热情,有时更喜耽于北大民间语文中那些充满"前现代色彩"的往事,在种种接近于神性的品格中去感受无言的传统,怀想先人的神采英姿。现在,我就想用自己粗浅的文字把一则往事固定下来,希望我的努力不至败坏这则真正的矢志不渝的往事。

我知道这个故事已经很晚,1996年初春,我和一位师姐在燕南园里闲走。东边一个去处,几竿竹子疏疏落落支在门前,远处几株国槐冲天而立,透过白纱红门一幅写着"一代宗师"的中堂隐约可见,师姐指着青砖灰瓦的小楼说,这是经济学院著名教授陈先生的寓所。

我点头称是,陈先生是我同乡,多年前我上大一时曾受托给他捎过年糕,与陈先生有一面之缘,印象中他是一位温厚有力的长者。陈先生出身福州世家,其祖父辈中有闽籍著名人物陈宝琛。

师姐忽然轻笑,问我可知北大民间语文中有关陈先生的"爱情故事"?陈先生韶龄时曾与一位少年才俊同时爱上一家名门千金,小姐与二人相约,谁先取得美国大学的博士学位,她就与谁缔结百年之好。六年后陈先生在哈佛以全优成绩学成归来,当年的少女早已成为他人的娇妻。(在北大民间语文中,另一少年才俊在去美国两年后即回国,先博得小姐芳心并结为秦晋之好后才继续去美国深造。)从此,陈先生断了婚娶之念。终其一生,始终与学术相伴。

师姐说完,长叹一口气。我心也颇有些郁郁。

到 1996 年下半年，我开始准备我的有关西南联大的硕士论文，陈先生的名字再次烫伤了我的双眼。那天，我在宿舍里翻看从遥远的云南得来的一本出自四十年代的小册子《联大教授》，陈先生那条赫然写着：

> 在每年春天的某个日子，陈先生的西服上衣口袋里总要插上一朵红花。……陈先生至今未娶。

那时我已埋首在西南联大的历史尘埃中多时，对陈先生所知渐多。1937 年卢沟桥事变之后，蒋介石在庐山邀请各界名流上山商谈国是，陈先生也在其中，其济世热情与才干可以想见。金岳霖先生称陈先生是"能办事"的知识分子，指的也是他的行政能力以及那种不教而具的尊严与公正。我还知道陈先生爱打网球，玩 bridge。

在 20 世纪 90 年代末的历史语境中，我怀想当年的情景：西南联大矮矮的围墙内，窄窄的土路上，走着陈先生，先生的目光澄澈宁静……这样的场景现在的孩子们能懂吗？我心内则如铁蹄踏过，心灵的契约最终只能化作一朵红花烙在胸前了。(不过后来有人告诉我，同样的故事在一次讲演中被传述后，台下一片肃然。)

1997 年夏陈先生忽然辞世，我不在学校，得到消息时已无缘吊唁。几天后，身在外地的我，看到《中华工商时报》发了整版的纪念文章，陈先生的学生也提到这段往事，只是为陈先生生前没人敢当面证实而略感遗憾。

其实有些精神或者感情只要你感知到了，那就是存在的，言语最终能说明什么呢？有人说陈先生为了真挚的感情任何代价都敢于支付，如果这种近乎自虐的守护与坚持算作"代价"，终身灵魂孤独算作"代价",那也只有极少数人才支付得起的。

我的一位师兄曾经不无悲愤地追忆起一段往事。他青春年少时曾问一位美丽的大二女生:"如果我为你肩住了闸门,你做什么?"小女生说:"我挠你痒痒。"小女生冷酷的机智的确让人不寒而栗,不过我的师兄的想法还是一种"代价论"(我无意在此评判高低)。在陈先生,恐怕从未考虑过代价吧。他肩住了闸门,就是准备领受一生的。不为某个人,而为了某种理念与信仰。

在这样静谧的深夜里,时针指向凌晨三点,我完成了对陈先生往事的解读。愿先生在天之灵恕我。

现在,我缩在一个黑黑长长的绒外套里,写作。这种感觉不错,虽然凡庸如我,明天还将在大地上游走,可是今夜,让我化身为一只黑蝴蝶,在回忆中翩翩。

本科时代的女生宿舍,一间十三四平方米的房间住六个女生,都正青春,少年人的个性变化往往只一步之遥而面目全非。热情奔放与风流放荡,伶牙俐齿与尖酸刻薄,飞扬跋扈与稳健自信,贞静自处与幽僻孤傲,一不留神就走形变样,赢得满室白眼相加。

只有来自农村的慧,赢得我们集体的尊重。

慧喜欢坐在她的高高的上铺看书,微弓着背,每个人回到宿舍都喜欢找她说话,踮着脚,扒着床沿,吃力而兴奋。慧倾听,有时赞美,有时锐利地讽刺。她的同情的理解和温柔的援助化解过许多人心中青春的郁闷。而实际上她是我们当中生存境遇最为困难的一个,每个学期父母总要卖粮为她凑齐二三百元钱的生活费,她就揣着这点钱上路。也有人说慧的克制和仁爱出于对抗环境的压迫和驱除内心焦虑的需要,我厌恶这种心理分析的姿态。我更愿把慧的善行看作内心高贵的激情和完美人格的驱动。

　　大学后期，慧十分关心我们班一位患了神经方面疾病的女生，常常去看她，陪她聊天，我至今仍觉得慧很"伟大"。面对一个的的确确是生了病，思维方式和语言表达方式都异于常人的人，慧首先得克服她的厌恶感（或许她没有），同时还要有置身其中的勇气，她做到了。尽管这个女生最终并未治愈，然而慧的道义感还是使我自惭。

　　毕业以后，我们之间联系很少，然而从无例外，每年新年前后，准会收到慧的贺年卡，只一二句话，她的关爱常在。慧是大学时代最给我以人格感召力的女同学之一，后来我在上研究生时又遇见了与她同样美好的女孩子，使我深感中国大地母亲对女子的钟爱。

　　不过90年代以后的校园，"来自农村"已成为一种时髦。它标识着一个人对中国社会的了解的深度与广度，标志着一个人与自然山水之间曾有过最亲近的生命体验，我的导师在北大演讲时也直称他更喜欢"来自大自然"的孩子。于是，常常在高谈阔论中，那些来自农村的孩子显得底气十足，一副舍我其谁的架势。我敬佩他们对中国大地上实实在在的苦难的真诚的同情心，也羡慕他们对自然山水之美极其敏锐的直觉能力。不过我总梦想着一种更好的表达方式。

　　直到有一天，在一个小型的北大校友的聚会上，我看到一张婴儿般单纯的脸，无论何时总是带着微笑，在那一次聚会上，他说了许多快乐的事，一些生活中小小的快乐的事，大家都很开心。酒阑人尽，知根知底的朋友说，你看他，从小吃着发霉的菜长大，为了要上大学挣够路费，挑煤把背都压驼了。在死亡线上挣扎过，在手术台上躺过。或许，他的"苦难"并不是最为深重的，我只是欣赏他的对于苦难的态度，有许多人在额头上就刻着"痛苦"二字，而他或许只刻在心上。

我说过了,回忆这东西并不可靠。回忆实际是我们自己在创造历史,历史在人心的分光镜中折射出不同的光辉。我所要说的往事,有时候我感到它带着神话般的梦呓的色彩。好在有一条是永恒不变的:心性、人性的完整在北大往事中完成。七十四岁的歌德还能爱上昔日情人的女儿,我赞美生命的无限的生长能力。

[姚丹:女,1968年10月生,福建福州人。1986年考入北大中文系,1990年毕业后进入中国文联工作,1994年重回北大学习,2000年获现代文学博士学位。现执教于中国人民大学中文系。]

文人之初

李 方

想当作家莫入此门

我于1987年考入北大中文系。当时,经济类还不算热门,但中文系的衰落已初见端倪。我们这年中文系的录取分数,已从原来的全校第一降为第三。至于近几年,据说中文系已沦为文科冷门。世道变迁,这也算是一个缩影。

但当时我们依然心比天高,觉得未来文豪舍我其谁。于是,在全系新生第一堂大课上,系主任严家炎给我们当头泼了一盆冷水。他开门见山地说:"进我中文系的,将来不要指望当作家。中文系不培养作家,而是培养适于文职工作的人才。"

话音未落,学生中间一片骚动,有一种受骗的感觉。当时我们实在不懂,进最好的中文系,不当作家当什么呢?难道将来只是当一个职员,给领导写写发言稿?或者当老师,每天带着学生总结"中心思想"?这堂课,我们别的全都如奉圣旨,就这句话听不进去。我们暗暗较上了劲,第二天就自动分成小说家和诗人,开始疯狂和稿纸过不去。至于功课,打一开始便不怎么放在心上。这也不能全怪我们,因为课本与三十年前几乎一字不差。我用的便是父母当年用过的教科书,再没买过新的。不过现在我已开始后悔，让那四年光阴虚掷。

事实上，不幸被严教授言中，我们这一拨人里，现在不但没出一个作家，甚至连达到他要求的人也未过半。同学里，有经商的、有出国的、有坐机关的，甚至有干包工头儿的，像我这样做一个编辑，死守文职的，并不很多。同学中间最有学问的一个，今天正在浙江山区某县文化馆当差；而最有才气的一个，则成天打着大哥大四处拉赞助。总之，在我们的记忆里，当初的文学梦似乎已和甲骨文一样古老。

中文系并不曾有意扼杀作家于摇篮之中，而是另有原因。一般来说，作家的灵感来自生活，不是来自书本。来自书本的，那是学问家。中文系并不反对她的学生成为学问家。说一句不知深浅的话，书本可以使人长见识明事理，但这恰恰是作家最不需要的。就像一个周游世界的人，未必写得过一个在山沟里蹲了一辈子的人，作家最要紧的，是把生活的真实感受刻画得入木三分，而见识倒还在其次。中文系的生活，恰与此背道而驰。

我们渐渐明白，书读得越多，反而越写不出自己满意的东西。这时，一个鉴赏家的品位，实际上是创造冲动的大敌。我们熟知魔幻现实主义作家的作品，深明新小说流派的宗旨，至于荒诞派戏剧、公路派诗歌，也无不心知肚明，仿佛怎么写，也跳不出人家的手掌心。另一方面，正如陆游所说"纸上得来终觉浅"，书本知识并不能代替生活经验。反正，我们处于一种眼高手低的状态中；中文系新出炉的，也颇多眼高手低之人。

先生们

中文系的先生们水平也有参差。嘴皮子利落的，我们跟不上做笔记；口才差的，前后句之间，可以打个盹。学问高深的，出口全是四六句，没一个"的地得"；学问差的，可以把"横亘千里"读成"横垣千里"。老派的，满口子曰诗云；新锐的，则不免王朔金庸。

顺便交代一下，中文系的传统，不叫老师，不分男女，一律称先生，颇有古风。老先生里有"四大名菜"：盐烧汤（严绍璗）、酱烧鱼（蒋绍虞）、汤做饭（唐作藩），还有一位记不起来了。这样的外号，不过是小机灵一类的产物，并非不敬。未名湖畔，常有老先生中衫布鞋，扶杖徐行，杂在莘莘学子中间，让人心里温暖。

"四大名菜"之上还有两位先生，袁行霈、陈贻焮，自语言学泰斗王力先生故去后，他们便是中文系的台柱子。袁先生有魏晋人风，年纪大了，但腰板笔挺，头发一丝不乱，西服领带，风度翩翩。袁先生给我们上大课，讲唐宋词，全校风闻，趋之若鹜，竟要提前半天去占座位。袁先生不讲"大江东去"，也不讲"杨柳岸晓风残月"，而是讲韦庄、温庭筠、姜白石，在世事纷纭中营造一种文人趣。先生曾用两堂课专讲白石道人的《暗香》《疏影》两词，既吟且诵，头脑微微摇晃。讲到兴浓处，亮出绝活儿：唱词。据说这两首词有曲谱传世，今人识者已不多，袁先生无疑使我们大开眼界。因为词本就是唱的，对着课本死背，无异于南辕北辙。先生待人和蔼，但不易使人心生亲近，总好像隔了一层。大概，这就是文人气吧。孔子说："唯女子与小人为难养也，近之则不逊，远之则怨。"标准文人就是在远近之间找到平衡的人；而勾肩搭背只是贩夫走卒之举。

陈贻焮先生则不同。他讲杜甫，声势不比袁先生浩大，但听众都是铁杆，绝无中途退场之事。先生眇一目，自称是献给了杜甫，可见学问用力之深。先生的《杜甫评传》，三卷本，百万言，备尽极详，今人无出其右者。先生上台，蓝布对襟，不言先笑，使人油然而生亲近之心。

我的毕业论文做李贺，欲觅好导师，经同学辈撺掇，便贸然登陈先生门。应门者陈师母，而先生此时已候我于书房门口。坐，茶，水果，先生很爽快地答应了我的请求，做我的论文导师。此后，遂常登门。

与先生通信，先生回信，抬头必称"李方同志大鉴"。大鉴者，乃古人书信常体，犹今之"你好""如晤"一类，如此称呼，或有一种期许之意在，使我开始感到一点做文人的味道。

年轻的先生里可以说说张颐武，大我七届，恰好研究生一毕业便做我的班主任。他的同班同学，有两位现在与我一个办公室办公，便是师叔师姑辈，玩笑开得，但辈分终不能乱了。张先生行踪诡秘，不常见面，倒是有时碰见他在快餐店请同学吃炸鸡，正聊得好。1989年之后，张先生来班上稍勤，必以"三字经"谆谆嘱咐我等："别出事，别出事。"此外不作多语。

张先生曾开"金庸研究"课，三百人大教室，摩肩接踵，隐然与诸老先生分庭抗礼，一时声誉鹊起。不过，张先生的长项，乃是对"后现代主义"的研究，几乎言必称"后现代"，渐渐竟得了"后张"的外号。张先生出去开会，发言极为踊跃，声震屋瓦，虽"后"而有先声夺人之效。久了，曾有人诘问："我们现在连现代化还谈不上，可谓身处前现代，谈何后现代？"对此，张先生自有一番大道理，但未必服人。

年轻一辈的先生，学问不免另辟蹊径，方法也新，但终于还是回到传统文化的路子上来。我曾在一本杂志上见到黄子平先生的一篇文章，鼓吹重倡新儒学，可见一代一代的人，殊途终至同归。

宿舍共产主义

这些文人坯子,没念好子曰诗云,先沾了些匪气。高年级的师兄,依照乡谊,从老大一直排到老七老八,成群结伙,颇多惹是生非。到了我们这拨人,京味占了上风,很讲义气,虽然不排行,但也俨然一伙,遂落得个名声:"中文系的人不好惹。"

彼时校园是教工子弟的天下,酒吧饭厅,常仗势横行,由于和校卫串通一气,学生不免忍气吞声。我们不信邪,几番交手下来,竟把他们打出学校,一时交口称快。印象最深的是一天晚上,有同学在咖啡厅和他们打了起来,我们蜂拥前去帮手。还有十几米远,我只听耳边"嗖"的一声响,一块砖头飞了过去。壮着胆再往前走,却见一人举着自行车向我们冲来。到底是秀才,遂发一声喊,一哄而逃。那一架没胜败,双方领头的,都被请到派出所蹲了两天。这两天同学去慰问,送吃送喝,络绎不绝。

外战之余,宿舍内绝对的共产主义。牙膏共用,毛巾共使,饭票共花,香烟共抽,自不待言。甚至经常有人站在楼道里大喊:"谁把我晾的内裤穿走了?"有钱都喝酒了,饭票遂永远短缺。一到饭点,就有人又站在楼道里大喊:"谁请我吃饭?"一般总会有人应声。若赶上大家都穷,就刷一个脸盆,下楼打二斤白米饭,浇上两份熬白菜,端来倒进半瓶辣椒酱,十多个人一围就是一顿。最怕晚上熄灯后断烟,有的同学喜欢把烟藏在床架的内棱里,日久秘泄,断烟的人就伸手一通乱摸,常常一无所获,缩手回来却一手土,那样就又得站到楼道里喊了。有的同学藏烟,倒不是不愿别人分享,而是为了有意忘掉,等没有的时候再去找,常常会有意外的惊喜。但也有失望的时候,就站到楼道里大骂:"谁偷了我的烟!"

我是京籍，每周回家，母亲总会塞些吃的回来，但往往过不了夜便被分抢一空。最可气的是，我回趟家回来，原先满满一瓶雀巢咖啡竟见了底儿。我说："你们干吃不成？"他们说，打了一夜牌，输的干吃一大勺咖啡。每次回家都极饿，母亲就觉得我在学校亏了自己，问上回带的吃的哪儿去了。我从实招来，母亲就连连摇头："土匪，一群土匪！"

1988年春上闹甲肝，一时人心惶惶。上海是重疫区，偏偏上海的同学回来带了一书包好吃的，拿出来铺了满满一桌子。我们看得垂涎三尺，又不敢动，一宿舍的人就围着桌子转磨。一圈两圈，直到第七八圈上，还是锦州人先忍不住了，一摸胡子，喊了声"吃"，就扑了上去。其余人见状，岂甘人后，遂一拥而上，风卷残云，没半个小时工夫，便打扫干净。吃完摸着肚子，一圈人开始犯嘀咕，好在没人出事。

但也有个色的。刚来的时候，浙江人买了个闹钟，每天早晨五点半必铃声大作，该浙江人就叮当五四起得床来，下楼跑几圈，回来坐下，喘着粗气念起南非腔的英语，百般劝说警告不听，我们深以为苦，就把闹钟藏起来。浙江人机灵，总能找到，第二天又准点叫丧。我们就把闹钟大卸八块，一堆零件摊在浙江人桌上。浙江人回来，也不急也不恼，竟自己重新组装上，只是闹声变得像是史前动物，一觉惊醒，以为到了侏罗纪。既为同屋，自不便动粗，只好由得他去，渐渐也就习惯了，竟至充耳不闻。日子久了，浙江人也开始变懒，闹钟照闹，但人已没有动静，闹得久了，就一把抓起来压在肚子底下接着睡。后来，闹钟终于光荣退休，浙江人被我们彻底同化。

临到毕业前夕，开始大规模变卖东西。先是卖教科书，然后卖日用品，最后卖铺盖卷。在校的最后一夜，我们都睡的光板床。卖得手滑,回到屋来,就像赌徒一样满屋乱踅摸,看看还有什么能卖。一天北京人突然大叫:"我的皮夹克呢?"锦州人摸着胡子嘿嘿地笑:"我给卖了。""钱呢?""你昨天晚上喝的是什么?是自来水吗?"

诗人生涯

我们都是诗人,每人一个大本,成天命根子似的带着,没事就写两行。每天最快活的时光要算熄灯后,一时还不睡,就点上蜡,一人一首地朗读自己的得意之作,互相品评,免不了彼此吹捧或攻击一番。

从海子、骆一禾到戈麦,北大诗人似乎总是和死联系起来。当然,之前的状态,总归是魔症。同宿舍的江苏人和黑龙江人,经常半夜突然从床上坐起来,也不点蜡,枕边顺手摸过纸笔,沙沙地写起来。十分钟后停住,倒头便睡。第二天有时候我们偷看他们的纸,横不成行竖不成列,字不叫字符不成符,整个一个不知所云。而我们觉得很幸福,整个人都像诗一样地生活着。好在,他们悬崖勒马得早。

我总以为,人在二十岁的时候,都是诗人;而到了三十岁的时候,若还有心弄这些分行的东西,才可称为真正的诗人。可惜的是,现在我们三十岁不到,已没有一个再写那劳什子了,可见原来都是瞎闹。

但当时我们是如此真诚,以致经常受骗。一天,突然有一个长发人钻进我们宿舍,自称是某个朦胧诗人。这可是个如雷贯耳的名字,我们肃然起敬,洗耳恭听了一个小时的长篇大论。后来别的同学回来,跟他说起这事,恰巧他认识这位诗人,一描述外貌,全然风马牛不相及,才知道上当。于是我们商量好,此人再来,便饱以老拳。隔天,这人真的又来了,可以想见,我们揪着他脖领子,从三楼一直打到楼下，半天不能动弹。现在想来，我们做得过分了，有点后悔。那人不过是热爱诗歌，崇拜诗人，瞅冷子反串一把，一不图吃喝，二不骗钱财，我们本不必如此大动干戈。不过，当时对诗人很热爱，眼里是不揉沙子的。

北大诗人的盛会，是一年一届的"未名湖诗歌朗诵会"。会前半月便已奔走相告，纷纷摩拳擦掌，掂量着自己能拿几等奖。朗诵会召开的时候，新老教授做评委，前排坐定，后边则是黑压压一片人头。在这个时候上台朗诵自己的诗歌，感觉空前地好，特别是掌声一起，俨然觉得自己是个人物。不过，随着商潮冲击，北大诗风日下。原先，朗诵会在大饭厅也就是大礼堂开，两千个座位坐得满满的。到了我们那几年，已挪到办公楼礼堂，四五百人的座位，后来已坐不满。我毕业后的第一年，作为"前辈"被请回来，更是改到了一个普通的大教室，也就二百多人了。我还记得，那回完了出来，心里蛮不是滋味。不过这也好。中国什么事都是一哄而上，来得快去得也快，往往弄得似是而非。只有等水落石出的时候，才会看到真东西，看出谁是真喜欢。诗歌也是一样。

当时我们常恨自己不早生十年，诗人身份就像美国绿卡，可以赢得女孩子的芳心。我们的年代，诗人已快不吃香了，不但无助于交女朋友，而且还屡有挨打的事发生。"我们打就打诗人。"无论如何，我们那时的诗，都是在北岛、顾城那一代人巨大的惯性里，并无真正的出路。

［李方：男，1968年生，北京人。1987年考入北大中文系。现供职于中国青年报社。］

向死而生

周　阅

望着电教大楼门口涌动的人群,我的心往下一沉,我紧张地看了他一眼,发现他深陷的双眼中充满着失败的情绪。这种情绪是我近来常常在他眼中读到的。他身躯的颤抖,通过我的双手,震动着我的心。汗水顺着他的额头、两颊汇聚到下巴,一滴一滴地掉下来。我扶着他,一方面希望他能走快一点,也许还能够赶上一个尾声;另一方面又希望他放慢脚步,我担心他能否支持得住。

今天是北京大学博士生毕业典礼的日子。从医院赶到学校来参加典礼,对他来说,本是冒着极大的风险,因为到此时为止,他已经整整二十天粒米未进。早上护士还为他挂上大瓶小瓶输液,以维持他的生命。来学校之前他拔下了输液器,颤颤巍巍地走下病床。想不到由于交通拥堵,当我们赶来时,毕业典礼已经结束。

早已在门口等候多时的同学们发现了我们,一部分赶紧去找研究生院的老师说明情况,另一些则为他穿戴博士服和博士帽。已经离开的校长又被重新请回来,专门为他个人举行授学位仪式。

在红黑相间的博士服下面,是他显得更加清瘦的身躯。在同校长合影之后,他的身体更加虚弱了。但看得出来,他的神情中也流露出一丝了却心愿后的轻松。

一个多月以前,他的病情就已经相当严重了。恶性肿瘤细胞在他的身体内弥漫。在遍尝各种化疗方案——静脉输液、导管介入和口服化疗——均告无效之后,他出现了梗阻性黄疸,全身皮肤发黄,肝细胞严重受损。内科主治大夫建议马上手术,否则错过了手术最佳时机,一切将难以挽回。然而,这一时间恰恰是他的论文答辩的时间,他希望在答辩完成之后再做手术。严厉的大夫问道:"你是要命,还是要学位?"按学校规定,他可以延期半年答辩。我们找到外科主任,他的回答更为残酷:"问题是你还有没有半年时间。"我们重复了内科大夫的话,外科主任说:"就看你追求什么了。"主任的回答更坚定了他的想法,我们终于做出决定:18日下午答辩,19日早上手术。

答辩时间安排在下午四点半,是为了让他在医院输完液。来到学校,环顾了周围熟悉的一草一木,他走进研究所。这里的一切是那么熟悉而亲切。他却像总也看不够。因多次化疗,他的头发脱落严重,只剩下稀疏的几根黄毛。平素他不修边幅,满头卷发自由地疯长,被同学们戏称为"大白菜头"。而此时为了答辩,他特地买了发套。在难耐的闷热中,汗水沿着发套直往下流。

在严格的答辩程序开始之后,该是他简单介绍论文的时间了。当他进入自己的学术思维中时,一种忘我的亢奋支配着他,他在自己构筑的宫殿中自由翱翔,眼睛发出光彩,完全摆脱了病魔的阴影。我曾经对他说过,他的双眼就像两只车灯,平时是关闭大灯,只开两个小灯;一旦遇上他十分感兴趣的事物,便大灯打开,炯炯有神。

答辩进行得极为顺利,答辩委员会一致给予他的论文以极高的评价。整个过程进行了两个多小时,这对于他孱弱的身体来说是过于漫长了。答辩主席最后表示祝贺之后,让他做一个简单总结。他说:"父母给了我生命,而我的导师乐黛云先生,无论在生活上,还是在学业上,实在……"他再也说不下去了,双手支在桌子上,感情的闸门一下子被冲开,因过于激动而失语。我也无法自持,匆匆离开房间。里面传出乐黛云先生的声音:"今天是值得高兴的日子,别这样感伤……"

当然只有我最理解他的话中的含义。在我们的生活和爱情遭受巨大的困难时,是老师伸出了强有力的手,帮我们渡过难关;而当他的生命垂于一线时,老师又为他的工作、生活和学业费尽心机……

离开学校已经是晚上七点了。当晚要禁食,他不能吃饭,只能喝几口白开水。但在晚餐时,他仍然愿意和老师同学们坐在一起,享受着北大特有的那种气氛。当我们不得不告辞,离开灯火辉煌的勺园8号楼时,刚才的谈笑风生也留在了那里,陪伴我们的是一路沉默。薄暮飘浮过来,无声地压上我的心头。回到医院,他接受手术前的必要处置。我则不得不孤独地离开医院回家。夜色正浓,满街流水般的车灯有如梦幻。我的心中充满了惆怅。处置室那昏暗的灯光、空荡寂寞的走廊,与学校博雅仁和的师长和意气风发的同学们,巨大的反差有如两种不同的时间,现在和过去,冲击着我,使我在不同的河流中漂游……

我们的第一次见面是在研究所的新生会议上。他满头卷发,一脸络腮胡子,却有着一个颇具女性色彩的名字。来北大之前,他长时间蛰居于一个山城,因此他的身上也散发着山的气息。也许正是这种气息吸引了我。而我,从燕园幼儿园长大的经历,使我在他这个外地同窗面前流露出几分得意。后来他称我这种得意为"冒傻气"。那时每天开饭的时间,我从45楼窗口,望着他从47楼拐出来,手里拿着一个鲜艳的红饭盆儿,逍遥地向学五食堂走去,成为我生活的一种乐趣和盼望。如今当化疗药物搅得他的肠胃翻江倒海时,他仍然念念不忘学五的饺子。我也常常用那丰富多彩的点心给他精神会餐，特别是其中一种他爱吃的牛舌饼，我们称之为"鞋垫儿"。他常常把病房比作囚牢，每天数着墙上的马赛克打发时光，我就安慰他，等他好一点，我们去学五吃饭，去大饭厅看电影。可惜如今大饭厅已经不复存在了。

手术后很长时间都不能恢复，每天都要吐出许多胆汁。那天孟华老师带着一群师兄弟去医院看他，他含泪说出了他的两个心病。一是母亲，一是我。他割舍不下我们。从他的眼神里我知道他早就想说这样的话，但一直没有勇气说出来。他的父亲去世早，母亲为养育他们兄妹三人而含辛茹苦，承担了常人难以想象的重担。我早说过，等我们有了家以后，接他母亲来京，让他轻松一下。想不到母亲来了，反而是为了照料他。他说完这些话后，表现出一种如释重负的轻松。

老师和同学走后，他要我答应他，如果他死了，我就去日本留学，完成自己的学业。我明白他的心意，强忍着泪水答应他。去日本本来也是我的心愿，我学的专业是中日比较文学，去日本留学对我的学业无疑是会有很大帮助的。东京大学藤井省三教授多次给我寄来申请表，希望我去攻读博士学位，我却始终未能成行。我知道他为自己生病影响了我的学业而抱憾。但我早已把挽救他的生命作为自己的事业，我要用我们的爱情和信念创造奇迹，帮助他战胜病魔。

婚后有一段时间我们过着涓生子君式的生活，那时他住在四院博士生宿舍，而我新去的单位未能给我一个床位，只好每天晚上抱着铺盖卷儿满校园打游击。生活的不安定感常常使我情绪烦躁。他安慰我说，他要建造一个形而上学的大房子给我。正是由于物质生活的缺乏，精神压力的巨大，加上他对学术的过度迷恋，毁坏了他的健康。望着他一天天消瘦，我的担心终于变成了可怕的现实。

在第一次并不太成功的手术之后，他又接受了放疗和化疗，他戏称自己过着"刀光剑影(手术)、水深(化疗)火热(放疗,俗称烤电)"的生活。在这段时间里,他以顽强的毅力完成了自己的博士论文,三十余万字的论文初稿大部分是站在电脑前敲打出来的,因为手术后疼痛一直伴随着他,不能久坐,常常是站累了,又在椅子上跪一会儿。他经常是从图书馆抱回一大堆资料,还没有来得及看,就住进了医院。每到周末,医院看管比较松的时候,他又偷偷溜回家继续他的研究和写作。

他常常记念北大图书馆外文新书阅览室的周慕红老师对他热情帮助,为他查找资料,并允许他的借阅时间超过一个月,而规定的应还期是两周。人间自有真情在。他们之间只是平淡如水的君子之交,但在骄阳似火的暑期,周老师得知他病情恶化,特地冒着暑热,从她的家农业大学进城来看他。每念及此,我不禁潸然泪下。

有时他辛辛苦苦从图书馆抱回一大堆书,而我则原封不动地替他还回去。因为我实在不忍心看他一面抗拒药物的副作用,一面抱着他的柏拉图或海德格尔不放。老师和朋友都劝他不要铺太大的场面,在硕士论文的基础上加以深化就可以了,但他总觉得不能辜负老师多年的栽培,要写出有分量的论文。如今论文是得到了一致肯定,但他的病情也进一步恶化。

他的论文研究的是时间问题。对于生命,生与死,他有着深切的理解。眼看着身边的病友一个个离他而去,他对我说,西方哲人所说的"向死而生",作为癌症病人,他们的感受最为真切。医生对他们从来不说治愈,而常用的一个词语是"存活期"。人的生存就是从出生到离世的这一时间过程。然而,虽九死其犹未悔。他似乎是为他钟情的学术而生,也无悔于为其献身。

见惯了一觉醒来,身边的病友已经撒手西去,生命的痕迹像滴落在沙漠中的水珠一样消失得无影无踪,他对此已经很平静。然而,不久前的一天,得知我们尊敬的师长、著名语言学家石安石先生也在同一医院就诊时,我们决定去看望他。但当天由于治疗结束时间太晚,只好第二天再去。

第二天早上,我们来到石先生住的十层,在护士站却怎么也找不到石先生的名字,就问护士长,护士长说是住在这里。

"那么在哪儿?"我们问道。

护士长用一种极为职业化的语言说:"他已经死亡了。"

"是吗?什么时候?"我俩不约而同地喊道。

"今天早上八点多。"

我的心骤然抽紧了,周身的血液在翻腾。看看身边,他一言不发,却满脸通红,头上的汗水沿头发和眉毛直往下滴。我知道他过于激动,赶紧换他离开。石先生与病魔抗争多年,最近虽然复发,但情况并不那么危急,却因为一个小小的感冒而失去了生命。死生的无常深深地震撼着我们,一种无可名状的悲哀从头到脚侵袭过来,挥之不去。

漫长的冬天即将过去,他的病情也一天比一天好转,有时好转的速度甚至连大夫都感到吃惊。我相信奇迹即将出现。穿过死亡丛林的他,正一天天焕发出生命的活力。

作为我们精神家园的北大,给了他无私的帮助,无论是精神的,还是物质的。我们的师长,我们的同学,我们的朋友,从四面八方伸出友爱之手,给了我们无边的慰藉和无尽的帮助。

我本科时的班主任王岳川先生,多年来一直关心着我们。当我们的爱情刚刚萌芽时,王老师对他不放心,还特地"拷问"过他。"拷问"的结果是可以信赖。王老师还在学业上给他无私的帮助,在他的从硕士到博士答辩和预答辩等各种活动中，为他提出了宝贵的意见。

在我度日如年时，我的八六级同学们打来电话："想哭的时候来找我们。"虽然每个人自己都在为生活奔波，但在他们心灵的一角，都守候着一片友情和友爱的净土，为我们贫乏的物质时代增添了绚烂的精神辉光。

［周阅：女，1967年10月1日生于北京。1986年考入四川大学中文系，1988年转入北大中文系，1993年获比较文学硕士学位。现执教于北京语言大学。］

爱留痕迹

晓　白

我能清晰地回想起那个夜晚。

空气中弥漫着一种烂熟的味道。黑夜像一块大幕一样压在人身上。

我把他的手拉过来放到胸口。

水房里传来各种嘈杂的声音。水龙头肯定没有关上，水哗啦哗啦绝望地流着。

好像有一个男的在里面冲澡，一边跑调地唱："乌溜溜的大眼睛……"

歌声赤裸裸的，是典型的水房狂想曲。校园里白天大家各自念书，秩序井然，一到夜里呼啦啦地冒出很多精神病患者，或许他们只是摘下了人格面具，就变成了这个样子。像这个唱歌的男生，搞不好还是哪个省考出的状元。

我起身看了一眼。他把我按下去："小心点儿，那边儿能从窗户看见咱们这儿。"

我盯着天花板。半年以来我第一次又跟着他进了 32 楼，像隔了一千年。跟以往不同的是，我们是翻过一楼厕所的窗户偷偷溜进来的。大门其实没有关，可是传达室里有老头儿值班。况且，也是更重要的，我不想让同学撞见我又尾随着他半夜跑到男生宿舍来，我没有精力也没有必要向别人解释我们之间的事情。刚才他把睡在这屋里的人从床上揪起来轰出去的时候，那人半睁半闭的眼睛看见我像触了电。好在我早已学会怎样在这样的目光前掩饰局促。我把脸转过去，心里说，唉，随你怎么想去吧，反正还不至于通知校卫队把我扭送燕园派出所。

他的手指划过我的胸前、肩、颈子、下巴，最后留在我的嘴唇边，轻抚着，像触摸一片薄薄的嫩叶。以前，他说过想在上面持久地停留。他鼻子里的热气呼在我的右腮上，火辣辣的。我闭上眼，他的气息如同从远山外飘来，夹杂着旧日的记忆弥漫在我的周围。我深深地吸了一口气，想把这以往熟悉的味道一直注入心底，然后封存起来。这也许是最后的机会了。

他用一种很低的声音问我，又像在自言自语："这半年你居然一句话也没跟我说，我写给你的那么多信也没看吧？你怎么能做到这么大义凛然呢？"

"我去意已决，能说什么？说什么也没用，就不如什么都不说，你知道我的。"

"那今天……"

"算是来做一个告别吧。"

我抬头望了一下他的眼睛，黑夜中像两个深洞，没有我想象的泪光。原以为他会再次哭起来。半年前的那个晚上我狠下心走掉，甚至没有回一下头。当时他的哭泣钻进我的耳朵里，像一把把小刀。说真话，我表现出来的镇定把自己都吓了一跳，女人为了爱，可以那么柔情，居然也可以那么理智，或者说，冷酷。——那以后我们只是偶尔在校园里擦肩而过，彼此没再讲过话。半年来他真的一下子长大了许多，至少他没有哭。这是我心底里希望的。燕园里因为分手的故事太多而到处飞溅着男生女生的泪，可是我喜欢比眼泪更深刻的道别方式。

我害怕男人的眼泪。

水房里的声音不断地传来。那个男的几乎要把当时那首满校园流行的《恋曲1990》唱烂掉，并且翻过来掉过去总是开头那几句。

罗大佑真惨。

流行歌儿在北大挺有市场，只是总被随意篡改，三年级的时候听见男生端着饭盆哼哼："这些年你吃得饱不饱？偶尔是不是也去买个小炒？"

有人吼了一句："别他妈嚎了。"

那男生的声音继续着，干涩而躁动，一听就知道是个没找到女朋友的人在发泄着过剩的力比多。

窗外树影婆娑。许多宿舍都透出昏黄的亮光。学校规定本科生楼十一点熄灯。可有几个人能准时爬上床睡觉，尤其在这闷热难熬的苦夏。灯灭了，在短暂的漆黑之后，蜡烛、手电筒什么的都亮起来，靠在狭窄的床头静静地看书，或是七嘴八舌地开"卧谈会"，有时捧着小收音机极细致地调台，直到听见那熟悉的声音："The Voice of America……"燕园的生活便在深夜中继续着。

我总觉得大家在夜里才活得更真实一些。像我的室友们，白天每个人都道貌岸然地忙着上课、念书，来不及多想些别的。从千军万马过独木桥的竞争中杀出一条血路，占据了这样一个最高学府的位子，总要对得起自己的父母，对得起那些从桥上落下去的弟兄，或者，像一贯被教育的，要对得起培养你们这么多年的党和国家。所以，只有到晚上临睡前才回归一下自我。大家聚在一起海阔天空地胡侃，什么都说啊，有的内容简直和这些十几年一贯品学兼优、出类拔萃的好学生们无法联系起来。有时不禁自嘲，咱们这不是满嘴的仁义道德、满脑子男盗女娼吗？话说回来，都是一样的青春年纪，惦记的不都是那些事儿。看上去燕园的围墙把外界的纷扰拦住，其实在里面都是一般人生，到处是如漆似胶、风花雪月、死去活来的风景，到处有男生像老鹰捉小鸡似的逮女朋友。

我们屋的小 W 给逮住了，半夜里嗲嗲地撒娇说梦话"你真好"，早上起来大家问"谁真好啊"，她憋着大红脸死也不说。一向一本正经的小 S 给逮住了，有男生约她上午到勺园打网球，她黎明六点就开始在上铺左右翻腾，弄得铁床嘎吱嘎吱地响，并且往身上喷法国香水，并且不承认喷了。我敢打保票这是她平生赴的第一个约会。我们屋美丽而痴情的小 X 爱上了一个她也许不该爱的人，她为他神魂颠倒，为他流了许多泪。听说，隔壁宿舍还有人为甩了她的男友投未名湖未果的。

唉，小妮子年方二八，正青春被师傅削去了头发……

不过，我爱这个地方，一如既往。

第一次进北大的校门，是 1985 年的秋天，我十五岁，刚刚经过千辛万苦升入位于海淀剧院旁边的北大附中。那个黄昏和一些同学骑着单车在北大校园里像鱼一样划来划去。虽然还是附中的学生，但大家都觉得北大已是我们的家，我们的归宿。

我望着图书馆前宽阔的绿绿的草坪，三教前那些密密麻麻的自行车，宿舍堆满了物品的双层床以及偶尔从窗前摇漾过的人影，觉得似乎有一种魔力在自己身上发生着作用。我说不清它是什么，但它却切实地被感觉到。我几乎是第一眼就爱上了这所学校，并且决定把自己的青春托付给它。北大学子，这是北大人的自称，我在三角地的一张海报上看见这个称谓，当时，这四个字一下子便套着光环镶嵌进我心里。

高考前填志愿的时候,我在表上一口气报了北大的六个专业,然后就是"服从分配"。那时候,我属于那种不知天高地厚的半大人中的一个,绝少考虑类似的冲动行为等于自己跟命运开玩笑。同时我内心深处也再次感觉到那种魔力,它吻合于我的气质,它一定会帮助我,我不属于别的地方。

于是知道高考分数那一刻,对我来说就变成了一个大赌徒押上了他全部赌注然后最后翻牌。结果我赢了。

当时我把身子转向小凡,冲出胸膛的欢乐被我抑制在了嗓子眼儿里。我还不知道他怎么样。我们那时念多了琼瑶的小说,不知道人生的滋味,还活在地老天荒、海枯石烂的梦里,小小年纪幻想着能够终生相守。

不过神话有时是会发生的。他居然鬼使神差地考了一个和我一样的成绩。我们的早恋在当时搞得满城风雨,来自各方面的压力和怀疑一度让我们感到世界末日的来临。我不知道为什么不让我们去爱,其实在高考开始以前,我们在一起整天谈的无非是今天的语文卷子或明天的地理测试什么的。大学的门槛好像是一道严格的界线,你越过它,人们就把你定格在成人的位置,没人再把你当小孩子看待,你独立的个体意识也猛然间强烈起来,一切成人间的游戏包括恋爱在内都可以名正言顺地去经历。何况我们又上了北大,所有的人包括我们自己在内都觉得找到了一个稳妥的靠山,有了它,仿佛就不会出什么大的差错。他爸甚至说:"北大嘛,那地方自然好,湖边儿那么多椅子,谈恋爱是个好去处。"是真的,现在再也不用偷偷摸摸的了。我和小凡感到自己是打了胜仗的战士,并且被自己胸中的斗志鼓舞,约定手拉着手昂首挺胸地走进北大校门。

走在南门的林荫路上,走过三角地,走到湖边,走过勺园,再走回宿舍楼区，小凡笑嘻嘻地说："我胡汉三又回来了。"我的心也止不住兴奋地扑腾着，跟着他一通儿呲哇乱叫。那天，成为一个开始。以前看燕园，是用长焦调着看，如同雾里看花；这以后看燕园，才逐渐调实了焦点，它在每一个普通的日子里变得越来越真切。

在燕园温暖的怀抱，我觉得自己是旧巢里新归的燕子。

同一级的附中同学大约有五六十人考入北大，到处晃着熟悉的身影，以前根本没说过话的人也相互亲切地打起招呼来。小凡是北大子弟，他生在这里，从北大幼儿园、北大附小、附中一直念到大学本部，这里的一草一木他几乎没有丝毫的陌生感。我常问他知不知道外面的人考进北大有多难。对他来说一切都是那么顺理成章，他的骄傲、自信和强烈的优越感是这片土地给他的。他在湖光塔影中长大，他的聪明仿佛与生俱来；他几乎没有离开过燕园，对外面的世界一无所知，单纯得像一杯纯净水，幼稚得让你哭笑不得。尽管表面上看着大大咧咧的，小凡其实是个很乖的学生，比较起来，我才是个不循规蹈矩的人，而且人情世故比他懂得多得多。我常觉得他的心灵像一张白纸，干净得什么都没有。他从小到大的生活天地就是北大的几个园子，家庭和睦、家资殷实、学业极其顺利，哪知道这世界上还有"挫折"二字。他自己也明白这一点，不然不会告诉我不要跑掉，要一直等他来娶我。

有一天晚上，在三教一块儿念完书以后，我们溜达到五四操场。靠南墙的地方竖着一排铁爬梯，我爬上去，在顶端处找了一个舒服的姿势，享受惬意的晚风。操场上有不少晚间出来锻炼的人。有人跑步，还有人在打球。小凡不知动了哪根筋，开始当众一动不动地仰头看我。我知道，接下去肯定是一大串"嫁给我"或者"上帝啊，这是我的姑娘"之类滚烫的句子，非搞得人家聚过来看，以为我们在排练《罗密欧与朱丽叶》不可。

我连滚带爬地下来:"行了,你别烧包了。"我就受不了他这么没遮没拦的,一点儿都不含蓄和深沉。

不知为什么,自从上了北大,我越看他越像个小孩儿,而且越来越不能忍受这一点。其实,他比我还大一岁。可在我眼里,他一直就是这么一个善良、聪明、幸运同时又十分幼稚的弟弟。我和他好,因为他带着孩子般纯真的爱走进我的心灵;我决定离开他,也因为在需要成熟的季节他总是长不大。

想到这些,我把身子侧向他,望着这个大男孩儿。我用舌尖轻轻吻了一下他在我唇边的手。

"说真话,我对不起你。"我说。

"爱,是不用说对不起的。"他居然这么回答。《爱情故事》里的台词,够肉麻的,以前把我们感动得够呛,想不到现在用上了。我干笑了一下。

"他对你好么?"小凡问。

"还好。"我说。我跟了别人了,可是,你是我初恋的情人,你对我的意义,以后没人能代替。后面的话我没说出口。有些话说出来就不再沉甸甸的了。

但是无论如何,我们虽小,却真心相爱四年,这期间除了感情想不起来还谈过什么别的话题,现实中的东西离我们太遥远了。我们的世界就是燕园。在这里我们的欢乐和痛苦都没有搀进任何杂质。

他爱我,非常爱,像孩子一样依恋我,但我后来强烈地渴望一个成熟男子的胸膛。他每天围着我转,形影不离,可是我总是感觉到他无法充实我的心灵,那里面留下了一些缝隙,失落和惆怅在缝隙中生长着,像草一样。他的爱平常把它们压得匍匐下来,但仍然不断毛茸茸地骚扰着我。我需要摆脱初恋所特有的单纯和肤浅，我已经厌倦了幻想和等待。这种感受使我飘浮在半空中，被风肆意地吹来吹去。我要把脚坚坚实实地踏在地上。我的根要向土壤的纵深处生长，最好触到地层内部火热的岩浆。

小凡，我不能等你了。我不离开，你就长不大。小凡，我跟别人走了，你也不要等我。小凡，你别再来找我，也别给我打电话和写信，我不听也不看，因为就是这么下的决心。他没你聪明，也没你家庭优越，他甚至没你爱我，他现在是个穷光蛋，他是外地生，在北京没家也没业。可跟他的时候我觉得我们是男人和女人。小凡，我真的跟他了，已经。我傻，我贱，我认了。

我告诉他这些的时候他像疯子一样把我揉来揉去。他不能理解我为什么如此无情，他让我说清楚是不是他做错了什么。

我说完了那些话就开始保持死一样的沉默，不这样我根本没法剪断我们之间的感情。小凡也许是这个世界上最珍视我的人，他从看见我的第一眼起就喜欢上我，并且从此义无反顾地陪在我的身边。我们之间有过许多美好的时刻，我们把许多人生的初次都奉献给了对方。我是他的恋人、姐姐和母亲，是他全部的世界。他把我的照片满满地贴在他家和宿舍的床头；他向他认识的每一个人炫耀他的女友；他高中为了和我分到一个班才选择学文科，后来又决定一起考北大；他每天到学二给我打饭，然后洗碗，然后再拎着三四个水壶去开水房打水；他总是一下课便迫不及待地在教室门口等我；他骑着车带我到燕园里所有可以谈恋爱的地方去过。他说，他一生有我就够了，别的什么都不要……

离他而去的时候我想他一生肯定恨透了我。但我不得不这样做，而且我坚信这对我们彼此都好。不知是谁写的诗句："花开得太早，是个美丽的错。"好像是给我们写的。我告诉他,我只想做一个恋人,而不是姐姐和母亲。

(后来,他告诉我,我们的分手是他遇到的第一个人生挫折,而人没有挫折是永远不会成熟起来的。他还说从那以后他才有了属于自己的大学生活,开始用成人的眼睛看世界。有意思的是,大学毕业几年以后,他居然可以平静地坐在酒店里请我喝咖啡,当我提起往事,对以前给他造成的伤害请求原谅的时候,他抽着烟,吐着烟圈儿,淡淡地说:"那时你不遇见他,也会遇见别人……")

"你有些瘦了,脸色也不太好,白得吓人。"他说。

"最近有点儿累。快考试了,今年我们班要参加全国统一专业测试。好几门选修课都改成闭卷考了,我最近书念得一塌糊涂的。还有,家里出了些事……我外婆去世了……"我没再说下去。

他搂住我,一阵沉默。他了解我家庭的情况,我二十岁前路走得磕磕绊绊。以前他就想为我做些什么,只是心有余而力不足。

"没事儿,我还行。"我说。

"不行了就来找我,如果需要我帮忙。"

我知道他的话绝不是客气。他一生都忘不了我,就像我一生都忘不了他。

"别恨我。"

"怎么会呢?"他拨弄着我的头发,然后叹了口气。

"天快亮了。"我说。

是的,这一个不眠之夜正在悄悄消逝。我们挽留不住日子,新的一天就那么眼睁睁地来了。他的手热起来,我的心也热起来。黑夜在最后的时刻燃烧。他开始颤抖着吻我的全身,像第一次一样。来吧,用尽你所有的气力,给四年的爱留下一点痕迹。来吧,我将承受,在深处撕碎我的肉体,我们都走出去……

这是我们之间最后的仪式。

在他的怀里,我看见黑夜慢慢退去。黑夜和黎明交替的时候天空呈现出一种很奇特的灰白色,好像先是在你眼前一点点,然后逐渐占据了整个天空。

该去的总会去,该来的必然会来……

燕园里又一天开始了。三角地那片柿子林,无数的自行车如潮水似的向教学区涌去,喧哗声盘旋似风,呼呼地刮进每一间教室。然后,仿佛刹那间,一切都平静下来,燕园安详地立在天空下。

我一个人去了未名湖边,临风而立。我在那儿一直待到黄昏。没人知道我为了什么,我自己也不知道。

我伸出手,想够到太阳,够到那生命成熟的红色。它温暖可人,可以替我抵挡寒冷,可以滋润心田。

我的眼里淌了两滴血。

然后,在湖边,我亲手埋葬了我的初恋。

然后,我扭头走了。

回到宿舍,他在等我。"你昨天晚上去哪儿了?到处找不着人。"

"找他去了。"

"你有病啊?"

"我病好了。"

明天,我要好好上课。

西语系的课在文科中是比较重的。说真话,我个人情感上的种种波折对我的功课有一定的影响,这是现在想起来最让我遗憾的地方。然而,我处在那种年龄,过早开始的恋爱使我必须去面对各种复杂的情感,有时一种莫名其妙的情绪搞得我的心不得安宁。我因此而浪费过许多学习的时间，许多该看的书没有看，该选的课没有选，尤其可惜的是错过了不少燕园里最具特色的讲座，而这些是我在以后的任何地方任何时间都不可能补上的。当时我一直在尽最大的努力让自己变得潇洒一些，但有时我还是把自己搞得一团糟。有些东西是每个人都要经历的，无法回避，只是大家由于境遇不同，经历的时间早晚、长短也不同。而生活把我塑造成一个早熟的孩子。

没有办法。

我要好好上课。

现在我去哪儿都走着去了。以前我骑车，可是车丢了。以前我的车是一辆破烂不堪的二八大车，我整天骑着它在宿舍、教室、食堂之间转悠。因为自己身材并不高大，看上去像开着一辆拖拉机，拼命伸着胳膊才能够到前把。那车是刚开学的时候小凡花了二十元钱从一个朋友那儿弄来的，让我兴奋了好一阵子。我从上学的第一天起就渴望能够自立，有时去做家教，一小时五块钱，钱虽少，但觉得自己好高大。况且，最初我和小凡还决定一点点攒钱，因为我们不约而同地想到将来相守的日子一定会遇到花钱的事。记得到分手的时候，存折上写着一百五十元，被我们礼貌地平分掉了。我真的喜欢那辆自行车，觉得开着它风驰电掣地在校园里显得特"飒"，我是个标新立异的人，尤其喜欢和自身不那么协调的事物。比如，我长得娇小，可爱穿松松垮垮的衣服；我内心忧郁，可我会常常放肆地大笑，并且绝不用手去捂脸；我从小家教很严，可我会当众骂人和抽烟。

好在北大是个鼓励个性发展的地方，形形色色的什么人都有，我在里面也不显得格外怎么样。与其说燕园的风景好，不如说它的气质好，因为它像深深的海洋，博大而有生机。我身上某些潜在的东西在这里滋长着，由于年轻，好像长得有点儿过了劲儿。凡是让我有媚俗感的事情都不想干。有一阵儿，我甚至讨厌踩着铃声去上课，有意无意地迟到三两分钟。我想当时有些老师肯定觉得我是个懒散而不求上进的学生。其实，人的外在表现形式有很多种，内心往往是需要长时间品味的。虽然体现着一种青春的狂热，但我心底里十分强烈地感受到自己害怕平庸。人有个性总比没有强，否则就像中国式的居民小区，一幢幢一模一样的楼被编上号，不知道号码你就别想找到要去的地方。但是人如果被编上号将是个什么景象？我们需要的不是代码而是个性。燕园的万种风情是个性组成的。每一个在里面的人都是一种花，一叶草，不见得有名气，但却独特。

可是我的独特使我独特的车丢了。广场上人太多、太乱，我费了好大的劲儿才骑到西直门，实在骑不动了，有人看我是学生，说可以把我捎回学校。车子就扔在那儿了。丢了。

他说给你再买一辆吧，北大太大了，没车不方便。我说将就着得了，你穷得叮当响，买什么呀，你那点钱留着贿赂管人事的人吧，你能争取留在北京比什么都强，人留下了，就可以白手起家，没听说你们这届的毕业生没准儿都要遣送回原籍呢么。让你瞎闹，不老实在校园里待着。

我可告诉你，为你我离开了一个那么爱我的人，所以你要好好待我。你为我也要留下来，我可不会跟你去冰天雪地的老家，我是独生女儿，我妈就剩下我了。听见了吗？你别害我。亲爱的，你毕业留下来，我们在圆明园租个便宜的房子，一切都会慢慢好起来，只要你爱我……

那个寒冷的夏季之后，许多事情都改变了。激情像暴风雨一样来临，又被狂风吹得片甲不留。心灵由此而变得坚硬。

生活中许多真实而琐碎的东西一下子被拉近在眼前。原来这燕园不总是避风港，有些风暴它挡不住。所以我自己必须马上长成一棵树，向上生长，向上。

他开始四处找工作，四处碰壁。碰一下也有好处，碰一下会清醒些。出了校门，就没人哄着你玩了。他说，不行就漂着，反正那么多人都漂着呢。后来有一家工厂居然有点意思，于是他往工厂的上级主管单位也就是二轻局跑了十七趟。第十六趟时离最后分配结束的日子没几天了，他刚献完血，兜里揣着血液中心发的"义务献血光荣"的小红卡和学校给的一百多块钱补助，脚底像踩着棉花似的进了人事处。下星期再来吧，急也没用，我们处长献血休假，有个女的无可奈何地说。第十七趟，处长休息完了，你的事啊，有信儿了，材料刚来我还没看见呢，你自己翻吧，这堆是打回去的，这堆是批下来的。他在批下的那堆里看见了自己的名字。他于是去了那家工厂，开始时学手工缝制皮鞋。我说，你上班是不是像《双城记》里的医生呀？

那时我上三年级。我的功课再没有头两年学得好。后来我一直跟他，经历了一些波折，但我还是一毕业就结婚了。我想有个属于自己的家。我们在圆明园租过房子，后来不断地搬，我有家但没房子，直到现在。

毕业以后，我不少次跑到湖边坐过。看着一对对情侣像我们当年一样相依在长椅上，心中平添很多感慨。

岁月的风摇碎了记忆的影子，但摇不碎梦中的燕园。许多往事已化成缕缕轻烟，而燕园里的日子却凝固成一幅幅老画。它和我的青春紧紧连在一起，我在那里留下我的初恋；我又从那里上路，从此羁旅行役的人生中每当歇脚的时候我都要回头望一望湖光塔影，得到一些鼓舞，然后继续到茫茫大千世界里寻找自己的角落。

对我，燕园是世界上永久的亮色。

初恋这种事很难用对错去讲，它最大的价值在于它曾经有过。现在我走过初恋很久了，但我不能把它忘怀，并且确实在怀念那些无论如何也不可能再有的东西。

如今，当我在平庸的婚姻生活中一天天远离激情，当我不得不习惯在无聊的社会里变得对很多事情都麻木不仁，当我无法不为了一点有关自身的蝇头小利说一些言不由衷的话时，我越发怀念那个燕园里真实的我，那些刻骨铭心的爱。

在燕园里，我的感情没有被打上标价；我们聚散自由，用不着考虑那些盘根错节的感情之外的东西。也许因为呼吸着自由的空气，我的心灵得到滋养和升华，我习惯了属于自己的情感方式，按照自己的见解去爱和被爱，用不着去和世俗交代。

北大也是由人组成的，免不了有卑微，有嫉妒，也有流言，但它毕竟还有一种强大的内涵超越了生活的虚浮表面甚至超越了时代。

我在北大里面养成了保持独立个性的习惯，想爱的时候我会去爱，想走的时候绝不回头。弥漫在燕园里的那种厚重的东西注入了我的身体，并且化作直面人生的勇气。从此，不管生活中有多少风风雨雨，我知道，我都不会去做一个随波逐流的人。

［晓白：本名唐晓白，女，1970年生于重庆，成长于北京。1988年考入北大西语系法语专业，1992年毕业。后进入中国艺术研究院获戏剧学硕士学位。现为自由电影导演。］

散落在时间尽头的一代代玫瑰,我但愿
这里面有一朵能够免遭我们的遗忘

北大往事·90年代

虚构的北大

胡续冬

> 我平衡了一切,什么都想了想,
> 那未来的岁月仿佛只是浪费一场,
> 我留在身后的岁月也是浪费一场。
>
> ——叶芝

像是中了邪了一般,一想到要为北大写点什么,叶芝这几句诗就执拗地占据在头脑中,逼迫着我把它写下来。在长达六七年,并且至今还在延续的北大生活分泌出的大量无规则的情感混合物中,但愿这几句诗能为我沉淀出一个清晰的空白点——现在,以使我可以尝试着拨开过于黏稠的过去和同样过于黏稠的对将来的预感,拨开所有的激情、沉寂、无人喝彩的抑郁和无可奉告的隐秘,轻轻松松地呼吸一下,把我哽在喉管里的北大讲述下去。

从这个空白点里显现出来的东西要相对简单、明了得多。在记忆的镜头习惯性地摇拍之下,我又一次看见了前几天的一个夜晚,在静园草坪上,我和我的女友正和一个弹吉他的师弟一起,有一搭没一搭地唱歌。已是凌晨两点左右,冬末的寒气配合着啤酒盲目的能量,把我们身体里悉心存储的几个声音统统挤压了出来:崔健、大佑、唐朝、涅槃……而离我们几步之遥，在路灯光于烈士纪念碑下投射出的暧昧的阴影里，一对耳鬓厮磨的鸳鸯蝴蝶似乎丝毫没有受到干扰，自始至终以他们微弱的月下唧哝与我们愈发强烈的嘶吼和平共享着这片失眠的草坪。

我不明白为什么这一图景会在脑中长久地定格下来。当我写下这一幕后，思维的浆块里难得的清晰又一次被解码的冲动抹成一片漆黑。现在，我想从这幅简洁的图景里读出更多的东西（这也是我又爱又恨的北大带给我的恶癖之一），即使它会把这篇初衷莫名的文章"异延"（différance）到更莫名的状态中去——我发现这幅图景分明是一个多层级的隐喻，一个关于北大、关于被不同的人意识到的北大、关于我试图进入到这些被意识到的北大之中去的隐喻。

我的师弟仅仅由于数日来烦闷不堪想要吼几声才在无意中拽上了无所事事的我和我的女友，因而，我们这种在性质上属于违反大学生文明修身规范的饮酒喊叫事件纯粹是一种偶然性行动，一种没有经过周密策划和安排的小小的"盲动"，不具备任何的对外指涉意旨而仅仅意在调节个人内部的心理循环。这种偶发的无害冲动和作为常态的、代表了90年代安定温馨的表面气氛的"三六鸳鸯同命鸟"们并置在一起且有相映成趣之嫌，其背景又恰好为纪念碑所象征的"光荣传统"，这种局面基本上可作为在生活风貌范畴上的北大现状的隐喻。

然而这个北大和窝藏在我们三个人大脑沟回之中的北大蓝本几乎完全不能叠合在一起。

我的师弟本科已读到大三，原本就精力旺盛活力无穷，又加上对诸种奇技淫巧多有涉猎，便愈发地把北大作为一个马尔罗笔下的世界来构想，希望在热闹纷呈的"事件"之中挥霍掉吸附在北大这一概念之上的过多的剩余意义。但是在一出接一出的折腾之后，他不可避免地发现现在的北大不但没有 80 年代那么"好玩"，而且身居其中越久，就越感到"无事可做"，像一条想在未名湖里嬉戏却被水草困住的鱼，越挣扎越难受。在他封喉了数月之后的歌声中，我甚至能看见刚刚粉刷一新的各处亭台楼阁纷纷振落了新漆，露出了一脸无可奈何的寿斑。

我的女友起初倒没有把她意识软盘之中的北大游戏的程序编制得多么激荡，但她在工作了几年之后不远千里地考到这里来，不能不说她对北大这一符码有一定的小评注：好书好片子再加上长期分别的我，这一切建立在日常生活个人习趣上的诠释几乎囊括了她对北大的全部期冀，但即使是这样一个微观的北大也在被现实删改——一个"没有围墙的校园"所引入的"时代气息"已经干涉到了私人生活范围内对"品位"的保留，一个被北大豢养出了种种恶癖的男友已经无力让简单的生活平静澄澈。她也需要一把偶然的吉他来为她北大蓝本的撕毁作即兴的伴奏。

至于我，在我的意识深处，有两个北大多年以来一直在像两只蛐蛐一样不停地振翅鏖斗。第一个北大是我忝任五四文学社社长期间的北大，它由以下成分构成：在语言和"活动"中的冒险、成箱的啤酒、彻夜的倾谈、人头攒动的朗诵会、长发、图书馆东草坪一呼百应的吉他弹唱和一拨被《未名湖是个海洋》的旋律冲洗过肺腑的好兄弟。当这个由英雄主义叙事变体编码而成的北大终于露出了它的青春期小尾巴，从而在时代语境的互文解读下显得佶屈聱牙的时候，另一个虚无主义版的北大又趁机钻入了我的无节制反思之中：龟缩于宿舍一角自我认同于书架上的蟑螂，或是笑容可掬地穿行在各种"GRE""转让""代销"的广告之间，举止温顺得像个弱智。在这个北大里被我排在"天罡罡"位置的是这样一些卡夫卡式的英雄：邮电局卖报纸的胖老头、开水房周围的煤堆上高唱赞美诗的老太太、打扫楼道的说话咕哝不清的安徽瘦清洁工……王家卫要是来到北大，肯定会拍出比《重庆森林》还要晃荡的《北大森林》。

而这两个相互绞杀的北大在那天晚上的某一刻迅速地凸现出它们作为想象物的本质。在我把嗓音扯到最高的那一刹那，我突然被一次"震惊体验"刺穿——我惊讶地听见自己居然还能在一个卡夫卡的北大里这样高声地叫出来，"气薄云天"的"末路狂吼"居然能这样和谐地和莺声燕语结成"建设性战略伙伴关系"！

原来，记忆的影像如此顽固地定格在这幅图景上，是为了向我说明——其实，每个人心中都有一个虚构的北大，北大也正是以虚构的方式进入每一个人对他自己与周遭世事的想象性关系的理解之中。

与北大相关的每一个人、每一个族群都需要他们自己的北大：国家机制需要第一个成立马克思主义研究会的北大，市场英杰们需要一个方正和光华楼的北大，学术白领需要一个国学和院士的北大，酷哥靓妹们需要一个湖光塔影加飘柔洗发水赠品的北大，肚里憋不住火的人需要一个五四运动的北大……

在同一个时空里，每个人生活在不同的北大之中，如此多的北大压缩在海淀区娄斗桥一号这小小一处，像极了博尔赫斯描述过的阿莱夫，那晚草坪上的一幕是这个阿莱夫中的一角还是它反射出来的浮光？

我费劲解读了半天的这幅图景真的是一个多层级隐喻还是北大这个超负荷能指之上的又一重过度诠释？面对这样的自问我惶然无措，只有匆匆结束这次极有可能又无意中与对北大的虚构相合谋的极不负责的书写行为，把哽在喉管中的北大再次咽回黑暗的腹中。

[胡续冬：本名胡旭东，男，1974年10月生于重庆，1991年考入北大中文系，1996年考入西语系，获比较文学与世界文学硕士学位，1999年考入中文系，获现当代文学博士学位。现执教于北大外国语学院世界文学研究所。曾任五四文学社社长。出版有诗集《水边书》《风之乳》《你那边几点》等，亦从事诗歌翻译。]

球人球事

季晟康

写下题目，我就开始担心是否会有某些学问高深的人士做一些同声相训的想象。对于一些莫名其妙的联想带来的痛苦，我深刻地记得在一个下午我曾有过。

那天下午，我被迫在"北大球迷协会"与"北大足球爱好者协会"两个名称中做一次选择。每当有人问我是不是球迷，我就会想起骚乱、惨案、"五·一九"等等之类。所有的人都教育新生，北大是理智的殿堂。我深为这种高贵的说教所感动，于是觉得那些略带点野蛮的行为似乎非我等北大人所为，是以不敢以"球迷"自称。更让我受不了的是，说到球迷，我的脑海里就会跳进一个人，尽管我和他素昧平生。这人借了一个意大利球星的大名当成雅号，在衣服上绣了若干颗星，还披了一条"球迷皇帝"的绶带。一次他在北京电视台的直播上说："足球不仅仅是一项体育运动，它涉及政治、军事、经济、文化……"这种在教科书上经常能见到的论断，让我觉得我五十八公斤的身躯无法承受如此重任。所以，那天下午，我对陆晖说："咱们还是定名为'北京大学足球爱好者协会'吧！"

我也记不得有多少人指责我们起的这个名字拗口。快离开北大时，路过三角地，突然瞥见许多个"××爱好者协会"活动的广告。

我想，那些命名者是否和我一样有着一种对"迷"的敬畏，或只是模仿。

我跟陆晖说："想不到，咱们一不小心还当了个开山鼻祖。"他就咧嘴大笑。陆晖和我同住一寝室，他有一幅肖像很是让我记忆深刻：身体斜斜地靠在衣柜上，一只脚蹬在凳子的横杠上，两只手掌互相交叉或者扯着一张不知从何处捡来的废纸，鼻梁上低低地搭着一副眼镜，在沉思了半晌之后，扬着头对我说："活动可以搞，用钱还是再想想吧！"

每当此时，我就哀叹，一个几近"完美"的计划又被扼杀了。陆晖是协会的"财政部长"，我这个会长搞活动的经费也得从他掌管的金库中支。本就少得可怜的一点经费，被陆部长攥得死死的。不过，我庆幸，我最终没有以一个"败家子"的形象留给我的后任，这一切都归功于陆晖的抠门儿。

有时候，我想，无须花多少钱就能办成事是不是北大精神魅力的一种？当我想起李海老师，我就陷入迷惑。李老师曾是北大校队的教练，我也是听人说要了解北大足球就必须找他聊聊。于是，在一个冬夜，我和陆晖两人套上军用棉大衣去一体找他。他从"球场"转到"商场"，开始搞创收。那天晚上，他刚好在一体组织了形体班。我们进屋找他时，他正向一名女学员十分认真地介绍月球车的种种功效。我那时想，从足球到月球的距离到底有多远？

我在李老师那里第一次领教了北京侃爷的厉害。也许，他肚子里的话确实太多太多，很久没有找到倾诉的对象，我们正好赶上了。其实，我们只是想大致了解一点北大足球发展的沿革，以便做篇文章而已。李老师从男足说到女足，从辉煌战绩说到目前的经费短缺，从群众说到领导，从团结说到排挤，从晚上8点半一直说到12点，从一体一直说到文史楼。最后,在文史楼清洁工的催促下,我们和李老师在文史楼前昏黄的路灯光里惺惺相惜地告别,我为他的执着所感动,又有一丝对执教的他去搞创收的迷惑。我不禁怀疑精神的魅力究竟有多大?

事实上,"足协"从创办之初就一直被钱的问题困扰。我和陆晖曾经没留下名字,就从《足球世界》编辑部扛了二百本杂志回来卖,充当协会的启动资金;又是我和陆晖曾经跑到北京电视台以写感谢信作为回报的君子协定免费录制了三盘足球录像,用以充实"足球文化节"的内容;还有我和陆晖去金汕处借了《难圆足球梦》,经作者允许后,给协会留了一个拷贝;好像还从力特足球专卖店搞了一盘《嘿,足球》……这些热心的人们,明知道他们面对的是一穷二白的学生,他们还是提供了尽可能多的帮助。

一些免费的事已是如此的难,要想拉个赞助就更费力了。唯一一次赞助是亓宇拉来的,并且是不远万里,从他的家乡四川硬拽到北京来的。我之所以对桑普多利亚队有好感是因为它要参加的第一届中意国际足球对抗赛给了我们一个很好的拉赞助的借口。依稀记得是一家家具厂,它给了一笔费用,要求只是希望我们能在看比赛时打打他们厂家的标语。

那是我们这些外地来的土老帽儿第一次去工体,想起这里曾经发生过的几个瞬间,几分心寒,几分心惊。前一天晚上,我们买了二角五分钱一张的大纸,请隔壁的赵彤写了每字半开大的标语,当时我们还觉得是不是太大了,大得连赵彤都觉得太难写了。我们计划大家八九个人,一人拿一个字,到时一起举起来喊一喊,然后留个影,把照片寄回厂家交差。事后大家都说,如果去过工体,就不会有这么幼稚的计划了。

工体很大，即使是挤满了嘈杂的观众仍然显得非常的空旷，于是所有空旷的概念在狂风中让我们领略得异常彻底。还没等我们把标语单张展开，风就差点把它卷走。于是，我们像猎人等待猎物一样，大家都紧张地拿着标语，在风喘息的一刹那，一齐迅速地一举，同时一道闪光划过，总算取到了证据。之后，那标语的命运就比较悲惨，或被风撕，或置于臀下。

为取到这笔赞助，我们还和学生会的马主席进行了"磋商"。因为亓宇是学生会体育部的副部长，据说厂家认有圆形公章的收据，所以便以协会和学生会两家合办"足球文化节"的名义给厂家回复了一个盖学生会公章的收据。所以马主席自然就要求拿一大份。马主席还挺客气，说他多多少少也算是个球迷，对我们协会当然也要支持。不想那回戚务生来北大座谈，一不小心竟试出马主席的多少来。

国家队主教练的行政级别有多高，我不清楚，据说吃饭有副校长陪着。估计球迷会很多，所以活动在电教报告厅举行，事实上去的人也挤满了屋子。在例行公事般的介绍和发言之后，便是球迷提问。如此重要的活动，马主席亲自主持，有一张纸条是这么写的：请问戚指导，作为"五·一九"的一名见证人，您现在作为主教练，有何感想？马主席念到一半，插了一句："对不起，我不知道这位同学写的'五·一九'是什么意思。"尽管他说得很有礼貌，但是台下还是马上一片哗然，听不出笑声多还是嘘声多。

我敢打赌，江岑、尹毅宁、孙智利和曲志强那时一定在台下坐着。某天，我被社团部的老师告知，说九一级有些人想成立一个类似于联赛组委会之类的社团。于是，我一连几天都在一种警觉和危机感中度过，所以，江岑和尹毅宁在一个傍晚敲门进来时，我就立刻做好了"战斗"的准备。

江岑戴着副茶色窄框眼镜，无须对他仔细看，就能扫见镜片中心的光圈——就这样的高度近视，还踢球？我心里嘀咕着——身上套了一件蓝黑运动服（后来发现只要是季节合适，他几乎总是穿着这件运动服），脚上一双并不能算是洁白的袜子，跋着一双拖鞋。他开门见山就说他们想举办联赛的想法，至于这活动的意义与中间的利害关系是尹毅宁来陈述的，他脚下的那双拖鞋似乎是作为同党的标志——那时，我从未想过自己是否会加入"拖鞋党"这一问题。

只记得他们走后，我特有一种大战后酣畅淋漓的感觉，其实他们一直谋求与"足协"合作，而我却抱定保卫领土的决心。有时，我有事没事瞎想：要是我和他们合作搞联赛会有什么结果？不过，我倒不至于太遗憾。因为一年后，我在学生会体育部举办北大杯时，他们被我强拉硬扯拽进了技术委员会，替我出谋划策。至于他们什么时候开始见我就唱喏似的大喊"小季"，我记不清楚了。

如果我远远看见一堆人中有他们中的一个，那么江岑、尹毅宁、孙智利和曲志强肯定一个不落，他们一扎堆就说足球的事，显然这与我爱好者的信念似乎是有些不同，不过置身其中的团结至今让我怀念。

一个仲夏夜，已是两点，我和他们四个及其他几位技术委员会的高年级同学端坐在学生会办公室的里屋。外面挤了几十号管理学院的同学，他们要我们给个说法：生物系大比分赢心理学系，以净胜球优势挤掉管院出线是不是作弊？听到外面喊着"不听到说法不走"，我说："怎么北大的学生也这么不理智呢？"于是他们都说我还嫩点。有几次，面对前来交涉的同学的无理要求，我露出反击的苗头，尹毅宁便一把拉过我说："这问题我来回答……"最后，人群在"留待取证"的结论中散去，留下我还在苦苦思考那个疑问。

其实，我早就受到了这个责问。在这之前地质系与成人教育学院的比赛中,发生了观众冲进场内打球员的事件。那时,我还是十分认真地把它当成一件极其普通的球场事件来看待,坚持"足球"的事情应用"足球的方式"来解决,在两个系之间来回跑,最后双方重赛了一场,特地安排双方的队长换穿着球服进场以示友好。那段时间,每回我听见五四球场主席台上观众的叫喊声,就担心得很。

又一年后,我也坐在了主席台上看球。

吃完午饭,稍作休息,挑张旧报纸,登上主席台,这头那头打打招呼,然后铺报纸,坐。有段时间,这成为我的生活定式。还有很多人是常客,那四位老兄也是,大家都说这是必修课,两个学分,于是,有时也会因"旷课"被大家群起而攻之。梁滨是哲学九一的,有着典型的广西人的皮肤和颧骨,每次他都带一支笔记下比赛结果。有一天,他对我说:"去年你们发的那张赛程表我还留着,比赛结果也记着。"顿时,我有种自愧不如的感觉。自那以后,我再也不安静地看球了。他们喊,我也喊;他们嘘,我也嘘。我也逐渐开始穿拖鞋看球了。通常,主席台是"拖鞋一族"的领地。

那天中午,我和龙涛去晚了,主席台全被人占满了。于是,我们一边指责他们不给我们占座的过失,一边在北侧的看台上就座。不知何时,我附近多了一个姑娘,我偶然瞥了一眼,就问龙涛:"那是不是几个月前来买票的姑娘?"龙涛看了一眼,说:"不知道。你还记着呢!"

几个月前,我们代售北京国安队与格雷米奥队比赛的球票。有位女同学独身前来咨询,最后觉得没有伙伴前往而悻悻离去。我一直莫名地洋溢着要陪她看球的冲动,以后我们又代售过无数次球票,居然再没见着。于是,那天意外的迟到,改变了我的生活。

北大的女球迷就不乏其数。周剑辉是协会最早的女会员之一,她听说有个足球爱好者协会成立，自己又错过了报名日期，于是就在一个雨天直接找到我们寝室里来了。我负责登记，陆晖就和她聊上了，没谈几句，她就说她是马拉多纳的忠实球迷，"不幸"的是陆晖也是。两人就开始神侃，他说马拉多纳身高一米六八，她就说马拉多纳目前体重七十五公斤；他说马拉多纳有过"上帝之手"，她就说马拉多纳也曾踹人小肚子；他说马拉多纳的妙传，她就说马拉多纳的过五关斩六将……后来，周剑辉又提供了几盘录像带，供协会使用，都是她从各种各样的电视节目中录下的马拉多纳的镜头。

北大女球迷对中国足球的情感远不是"痴迷"二字所能概括的。1994年初，协会在北京高校范围内进行了一次足球问卷调查。其中最后一道题是：您最想对中国足球说的一句话是什么？有位北大女士毅然填上：谁在世界杯上替中国足球队攻入第一个球，我就嫁给谁。于是，我们揣测这位女球迷一定有什么青春永驻的秘诀，她怎么能等得到那虚幻的一刻。

大四时，协会组队参加北京有线台组织的球迷辩论赛，我做场外辅导。队中的王欣欣是九六文科试验班的，是个地地道道的国安球迷，什么《足球报》《足球世界》等专业报纸杂志是不消说的，就是像《为您服务报》之类的生活报纸，只要有国安队的大幅报道，她就买了。尹毅宁也被我拉来辅导他们。这位王欣欣早先不愿听我们叫她"每周一星王欣欣"，因为这典故取自周星驰某部电影。后来，她听着尹毅宁叫我"小季"，也张嘴就叫我"小季"。这很是让我恼火，一名即将踏入社会的大四学生被一名刚入校的大一学生称作"小季"！她通常被我们安排在三辩，因为她说话特快，如她人一样，特有热情。

我离开学校时，听人说，足球爱好者协会将传到王欣欣手里。我想，激情澎湃的她一定会发扬光大协会。没想到10月的一天，我回北大,碰见她,她对我说:"协会的事,我再也不管了!"

我说不出心里的感觉,只是觉得在北大任何一个理想的破灭都不应来得如此匆忙。突然又怀疑几年前的那个下午,我对"球迷"与"足球爱好者"的抉择是否真的有必要?

[季晟康:男,浙江义乌人,1992年考入北大中文系,1995年毕业。编辑、出版人。]

青春在右爱在左

张 菁

小时候爱折纸船,轻轻浅浅的那种,放到有水的沟里,在岸边还蔓着青草的时候。尤其爱看小船被水中央的苇草、石头之类挡一挡,又禁不住水流带动的力量,停停进进,进进停停。虽然明知那纸船撑不了多时,要么因纸的质地问题,船底会被水湮湿,要么一阵风一个浪打过来,便被覆掉了,可仍固执而任性地叠叠折折,依旧去放纸船,依旧希望着。大约人都有向往远方的天性吧。

北大对于孩提时的我,无疑是一种远方,因远也就成就了那份美丽与神秘,成就了那份与生俱来的亲近,仿佛前生便和这个园子有约,有山盟宛在的感觉,那召唤分明是从性情的最深处涌出来的。

是的,容不得也不忍拒绝它。就这样,我毅然决然地放弃了保送其他高校的机会,甚而这之中有我喜爱且从高中一直从事的新闻专业。"报哪所大学都有后悔的,唯独北大除外。"这是一位师姐事后告诉我的。于是胸中经意不经意地又荡出些许"今生无悔"的豪气。

1992年拿到入学通知书,还没来得及认识一下北大的庐山真面目,便匆匆踏上了赴石家庄的火车,正赶上军训一年的小尾巴(我们九二级之后的学生军训只有一个来月了)。怎么说呢,经历本身就是种财富吧。有体验才会有感悟,没必要太认真地去计较孰优孰劣,只是把生命的一部分留在了那陌生又让人牵恋的土地，那时年轻。

鲜有机会碰碰兵器的我在军校大开眼界，难怪有人开玩笑说，女孩子像是在男生宿舍里住了一年。自己都不清楚自己学了些什么，总是记得缝被子怕自己手忙脚乱地将被子和床褥缝到一起，竟别出心裁地抱着被子跑到乒乓球案上操作。记得一个下午又一个下午地练习瞄靶，看着夕阳下山，看着秋叶飘飘落落，可以任凭阳光暖暖地晒在身上，而自己可以想点什么也可以什么都不想。记得在米汤崖拉练的路上，小雨加上山岚，自己那个狼狈样，再撑上队旗，整个一"狼牙山五壮士"。

是的，是北大给予了我这样一个机会。一个预备役军官。于是，箱子底多了那一套可能再不上身的军服，影集中多了许多的戎装照，书架的一角留给那本《绿色的年轮》……

喜欢那句话：

> 我们失去的终将还会拥有，然而我们得到的却是别人所得不到的。

也许就是这样。

坦率地说，是带着一种几近虔诚的心情走进北大的。

原来，图书馆前是一片大草坪。大一的课有些被安排在一教。刚入学没买自行车，于是从草坪中间穿行过去。每每远望那晨曦中被树冠挡住只剩下塔顶的博雅塔，心中便很自然地生出"高山仰止，心向往之"的感觉，那绝对是一种虔诚。绝对。

转眼四年过去了，第五个年头又不知不觉地开始了。本命之年，在许多人心里是神秘和玄奥的，我心头的滋味也有些别样。

先谈谈社会工作。作为北京大学百年校史上第一位女学生会主席,我庆幸自己有这样一段经历,有这样一个锻炼的机会。所谓"倚天照海花无数,流水高山心自知"。

一位朋友在竞选后送了我一句话:失意不快口,得意不快心。我一直小心地珍藏着。

我不喜欢大家总强调性别因素,彼此交往首先是人,是人格上的平等,情趣上能够棋逢对手,包括竞选本身。无论男孩女孩,为人都该有些气度,胸怀博大,志存高远。

中学时代,曾在《北京青年报》学通社做记者,后来在北大校刊做记者,一直要求自己"踏实做人,自由行文",正是这样的经历给了我更多接触社会接触陌生事物的机会,也才慢慢发现,生活中很多问题并不是靠一张嘴一支笔就可以解决得了的,在更多的思考和更多的无可奈何之下,我选择了被选择。做这个决定那星期,心绪总是特满特满。曾对朋友说,以前是那种随心所欲散步式的生活,这回猛一个向后转还不算,而且是踢着正步出去的。这是我的心里话。

问题在于不仅仅要说服自己,还要说服父母,说服朋友们。父母的观念极正统,认为女儿做学生工作有点"不务正业"。朋友们则干脆说:"你选上了,我们为竞选喝彩;没选上,我们为自己的朋友欢呼。"现在异国求学的一位师长,临行前的晚上还特意赶来拉着我的手一再叮咛:"希望你能保有自己的一切,无论竞选怎么样,别让那些东西沾染了去。"

说什么呢?大家的好意我心领了。但是正像我在演说中所表达的那样:我深爱这个园子,在我的整个采访过程中,我时常被这里的物事人情感动,也时而扬眉扼腕,真的,有些事我们本可以做好,可我们却恰恰没有做好,因为我感觉着这一切,所以我有思考;也正因为我思考着这一切,所以我有感觉。这些终使那个"该做些什么"的声音愈加明晰和强烈,为减少一点缺憾,减少一点不尽如人意吧,我最终没能说服自己不安分的性格。

大学生在我们的社会中是最敢于审视自己存在状况的群落。大家的心一半像平民一样生活,很世俗地为自己的吃穿住行忧虑着,时不时还随着学一学五的菜价浮动浮动。但那心的另一半呢,却像上帝一样在思考,固守着近百年的光荣与梦想,恰是这种精神的魅力中的落寞与不妥协,传神动人,永恒且不朽。

至于选举本身,大概得益于从小的演讲与辩论的功底。我记得作为候选人,当我结束了那天全场的最后一次演说时,一个女孩子站起来问我:"张菁同学,你今天的表现不逊于任何一位男候选人,据我所知,咱们北大迄今为止也没有一位女学生会主席,我想问,如果你失败了,你怎么办?"

要知道,按规定,作为候选人在进行完自己的演讲之后,要接受代表的质询,要进行答辩。当时,我笑了。是的,我自己能当选完完全全出乎意料,我的心态根本不是志在必得的那种。为这样一个善意,而且近乎精灵古怪的问题,我笑了:"谢谢这位代表对我的关心。不过,我更愿意回答的是我成功了该怎么办!"

当然,这远不是刁钻地故意为难你、咄咄逼人的那个问题。事实上,经过上午的演讲答辩,代表已经按票选出了新一届五人主席团,下午则是这五位候选人轮流演讲答辩再进行集体联合答辩,然后代表再行投票选出主席。

集体答辩中,有位代表这样问:请五位主席各用一句话概括一下主席团五个人的关系。我当时回答:"我想我们五个人应该像上午计票时各位代表在黑板上所看到的一个个'正'字。"应该说,这个问题以前确实出现过，也有人这样回答过，效果不错。我把它借鉴了过来。

谁知话音刚落，一位代表当面就"检举"出来："这句话有人说过。"言外之意：我有剽窃之嫌。我也不知道当时哪儿来的那股子劲儿："他说得对，我们就该坚持！"那位代表听我这么一说，可能劲儿也上来了："据我所知，说这话的人干得并不怎么样。"此时场面有些热闹：有赞同鼓掌的，有不忿起"嘘"声的。

按常理，每位代表只有一次发言提问的机会，而且在台上一般不会为难一个女孩子，何况，我刚才的回答并不失分啊。我怔了一下，面对这个几近无理的问题，相信他并不是要存心和我作对。我回答道："谢谢这位代表，假如你说的是个普遍现象，我可以告诉你，我张菁是个个别；假如你说的是个个别现象，也许你说的话适用于那个人，但并不适用于我！"

事后，我才知道，选主席的第二轮，我只要得一百六十八张票即可当选，计票到一百五的时候，大家为我数"十八、十七、十六……十、九、八……"像火箭发射的倒计时一样，这在北大选举的历史上是罕见的。

经历第二次选举是半年之后，作为北大学生会的代表参加全国学联二十二大。从选举委员团体，到选举主席团体，到选举主席，每次在我都那么那么难挨。活生生地体验出那血脉相通的感觉，和那个自己熟悉的园子，和西校门那匾上的四个大字，和京师大学堂创建以来的那百年的沧桑，和那个激越的年代，那些历史将铭记的先贤……刹那间便觉得厚重，觉得透不过气来。

以后的日子更多的是，兄弟高校的朋友脱口而出的："哎！你们北大怎么怎么样……"好也罢，坏也罢，褒也罢，贬也罢，有时会宽容理解地付之一笑，有时也会挺身而出据理力争，每每此时，我觉得自己是个北大人，自己和母亲离得很近，很近。

当选为全国学联第二十二届主席那年，我恰好二十二岁。更有意思的是，我在北大宿舍的房间号和身份证号码最后两位竟也是二十二。很巧，是不是？

在北大，我特别感激我成长的两个集体：校刊记者团和九二国政班集体。

校刊于我，无疑是"世外桃源"，老师并不觉得像老师，久了自然而然地免了那些繁文缛节，透着兄弟姐妹那个样儿。

姜楠、老翁、周濂、绍俊、平儿、宽宽、悠悠和我等人都是那些惟"号外"是论的主儿，和文艺副刊的黎明格外近乎。黎明，八三届中文系毕业，孩子早能打酱油那种，老校刊了。黎明是公认的精神领袖，他这个遗老，加上我们这帮遗少，但凡凑到一块儿，准是只知有秦汉，不知有魏晋，一个个面上不食人间烟火似的，少不了揣着零食的，自然也少不了拎葡萄酒、香槟的，偶尔还有鲜花。

我们曾经为赶元旦特刊，号称从1994年一直工作到1995年，其实只是31日那晚没睡；曾经在料峭春寒中驱车去卧佛寺"寻宝"，结果半根野菜影儿也没见着；曾经在给周濂过完生日后，大家手牵手地跑到未名湖上，听得脚下冰裂，面如土色唱《一无所有》；曾经在听新年钟声的人群中，相互唤着散了，但现在也没搞懂，到底是被人流冲散的，还是故意走散了。

校刊是扇窗，透过这扇窗，我望到了无数的风景：

采访过刚过蓝宝石婚的我国化学界一对院士夫妇徐光宪、高小霞；采访过"飞雪连天射白鹿，笑书神侠倚碧鸳"的金庸大侠；采访过曾经志愿去西藏的原自治区团委书记胡春华先生……

真是，一切水印一切月，千江有水千江月。

曾经在寒假那个下午,在"据点"忽发奇想,冲动地要去采访所有走向雪域的北大人,冲动地要编个集子献给母校的百年华诞,冲动地要用雪域的纯净证明未名湖畔高扬不屈的理想主义……

遗憾的是,我们都是一些不太有毅力的家伙,积蓄的木柴刚好够支撑三分钟,之后?我们会又去搜集柴火,不定什么时候,灵光一现,又点了火堆。周而复始,且乐此不疲。

我所在的九二国政班是个催人奋进的集体,它的向心力、凝聚力在于它可以裹挟着我的懒惰、松懈不顾一切地往前冲。本科四年,全班四十九名同学的专业课平均成绩在八十分以上;在完成本专业学习的同时,六人系统辅修了法律学,五人系统学习了经济学;六十二人次获市级三好学生和国内外奖学金等奖励;在全国、全市新闻单位、高教系统等举办的各种竞赛中获得奖励、奖杯、奖状二百四十四个;两人在全市高校非英语专业的英语比赛中名列前茅;全班三年获北京市优秀班集体称号。四年来,大家共在报刊上发表过九篇论文,共参编、参著了二十三本书,约数十万字……每个人都有种"把人民放在心中""为中华之崛起而读书"的英气。这一点都不夸张。

1997年4月21日《北京青年报》在头版头条的位置,以一版半的篇幅报道了我班。之后,《北京日报》《中国教育报》《人民日报》《光明日报》《前线》杂志以及北京教育电视台、北京电视台等多家新闻媒体也进行了报道。这无疑为我们的大学生活画了个圆满的句号,不是每个人都会有这样的经历。

能聚在这样一个集体,和朋友相互砥砺,相互扶持,铸剑胆琴心,真的很幸运;能在春夏秋冬的循进中,不问无常世事,始终珍视着这份绝美的心境,真是很知足。

我的一位同窗这样说:假若生活是不幸的,我不愿有来生;假若生命是幸福的，那么此生足矣。他可以代表我们许多人。

读书的日子，有时闲了，又不愿浪费光阴，便去旁听别的系的课。那是深秋了，中文系的欣赏课。年轻的教授曾经因一句话博了个满堂彩。他说：什么是文科生和理科生的区别？那就是咱们踩在银杏落叶上有感觉，他们（指理科生）无动于衷。

这话记了许多许多日子。许多许多日子后，终于碰到了一个踩在银杏落叶上有些感觉的理科生，一个清俊、干练、很爽的男孩子。

那时的我几近任性地不相信"初恋时我们不懂爱情"。我们无来由地深爱着对方。

可我们最后都精疲力竭了，我们都认为已经给予了对方最好的，其实那可能是自己最想得到的，只自己不觉。要知道，两性间的第一需要是那么不一样，女孩渴望的关心与男孩渴望的信任永远等价。因为年轻，并不懂得宽容，也因为年轻，和爱擦肩而过。半年的日子里清减了许多，削了长长的头发，穿一袭白裙精灵般在校园里飘来飘去。常常想起那个燃着烛光的夜晚，想起有个男孩子灿烂地一笑："爱是个深渊，但跳下来有人接着你……"

终于，终于明白了，美就是美，即使是凄美，抑或残缺之美，它也没有任何理由要被我打入丑的行列啊！它本无辜。

这个时代本不是鸳鸯蝴蝶的时代，既不生逢，又想做梦，一切且随缘吧。

写到此处，我不觉放下笔，长长吁了口气。也许人生就是这样一条看不到尽头，又不能回头的路。我知道，终将有一天，我要挥别这里的一草一木，那苇不系之舟将承载生命扬帆，一如记忆中那孩提时顺水漂流的纸船。那时，天涯也许会变成咫尺，而咫尺则会成为永久的天涯。

这些，谁说得清，谁又说得好呢！

只知，曾经的时日，生命虽然年轻，但却沉实厚重。一直是爱在左，青春在右地浅进徐行。仿佛一直在品味《沙恭达罗》中的诗句：

你无论走到哪里也走不出我的心，
　黄昏时刻的树影拖得再长也离不开树根。

是的，是的，无论我此刻是否在那个园子，那片生生不息的土地上有我的根。

[张菁：女，1973年生，祖籍河北衡水。1992考入北大国际政治系，先后攻读本科、硕士，2000年获北大国际关系学院法学硕士学位。曾任《北京青年报》学通社记者、北京大学校刊学生记者、中央电视台《12演播室》栏目撰稿。1995年4月当选为北京大学第22届学生会主席，曾任中华全国学生联合会主席，全国青年联合会副主席。]

北大周围的小饭店

郑 勇

写过阴森与艳丽都不让《聊斋》的《鬼恋》的徐訏,在30年代曾写过一篇《北大区里的小饭铺》,开头就说:"北大是一个可以不交费用去偷听的学校,北大旁边的饭铺也是可以偷吃的。"在介绍了穷学生在北大周围的十三家饭铺里轮番蹭饭、偷吃或赖账等趣事之后,徐先生这样作结:"北大女生不常嫁北大男生不知可是为这个缘故。"

北大学生穷——尤其是男生,似乎是一个至今仍被公认的传统,当然"男生穷,女生丑"之类的说法似乎也不仅仅流行于北大一校。不过再穷也没有像当年那样脚底抹油赖账的,不是不想,实在是没有机会和条件。但这些穷学生却是饭店与书店最慷慨的"赞助商":北大内外的书店数量之多与生意之好,不仅在北京是有目共睹,在全国也是有口皆碑。

以前还只有校园内的北大书屋等几家,这几年却先后有万圣书园、风入松、国林风等对北大形成包围之势,而且一家比一家规模大;加上原有的海淀图书城和新建的图书城二期工程昊海楼,其数量之多,似乎只有北大周围的饭店差堪比拟。

这些年业界人士都在抱怨图书市场萧条,书店老板也笑眯眯地感慨生意难做,但到北大周围转过一圈的人,谁也不会相信这话。据我所知，北大旁边的几家书店销售三联书店的图书码洋就远超过整个上海地区。难怪有人戏言，全国的读书种子都跑到了北京，而北京的读书种子又都集中到了北大。

这些书店在让北大的书呆子兴奋之余，也没少掏他们本就干瘪的腰包。以前从北大进城买书是一件苦役：北京城大而无当、书店星散、交通拥挤，逛书店形同花木兰从军前的忙乱折腾："东市买骏马，西市买鞍鞯，南市买辔头，北市买长鞭。"现在则东门出，南门回，无须再挤车长征矣。如果有一天琉璃厂的中国书店也搬到海淀，北大人买书就再也不用苦恼了。

与书店一起掠夺北大人钱包，进一步把学生推向贫穷深渊的，当然还有饭店。之所以心甘情愿地把钱送到饭店里，正与送钱入书店一样，图的也是穷开心。学校周围的饭店只见增多，未见减少，可见还是生意不错。在陈平原、夏晓虹先生编的《北大旧事》中，除了上面提到的徐讦一文外，张中行的《沙滩的吃》、邓云乡的《名人菜》也不约而同地说及北大师生发明的"张先生豆腐""马先生汤""胡适之鱼"。言者津津，听者有味，这些至今读来犹觉口留余香的文章，不禁令人心向往之。根据"民以食为天"的古训想来，这份贡献当不下于学术，只是遗憾我们再也没有机会一品大师们这些失传的妙味了。

比起徐讦当年的十三家饭铺，北大今日饭店称得上酒旗斜竖招牌如林。单是校内就不止此数，经常食客爆满的就有这么数家：朗润园的北招餐厅，校医院对门既糟蹋了祖国中医名声又糊弄人的"药膳"，勺园里面骗骗老外的餐厅，本来专供回族学生却主要靠汉族同胞赚钱的佟园，有味道不错的辣白菜和玉米茶、但要跪在矮榻上活受罪的两家韩国餐厅，味道不佳但价钱也不贵的桂林米粉店。小南门外的某店因地利之便，被叫作北大的学八食堂，这里美味的炒螺蛳和煮毛豆曾吸引了一批批趿拉着拖鞋的学生。但好景不长,那个忠厚的老板居然见利忘义,逐渐从大家的哥们儿堕落为一位可恶的奸商,胆敢像学校食堂一样拿劣质饭菜飨客。正应了那句俗话——群众的眼睛是雪亮的,在信任评分中,它很快被打入黑店之列,遭到北大人的唾弃。有几次老板倚门待客,却见我们说说笑笑地从他身边经过,直奔别家饭店,他的掬笑容一下子僵在脸上。给我们带来过许多快乐时光的学八食堂就这样变得门可罗雀,最后关门大吉。

中文系学生大概是校园里最没钱却又最有闲的部落,被整天背着书包上自习的外系称为"清闲文人",生活规律似乎与别人有着至少四五个小时的时差:中午是太阳冉冉升起的起床时间;学校熄灯之时对于他们则是太阳刚刚下山的夜幕降临时分,此时与其就枕难眠,不如索性出门买醉。何况诗人与名士辈出的中文系,虽然未必都如郁达夫所说的"袋中无钱,心头多恨",但也少不了效法"痛饮酒,熟读《离骚》"的古风,碰到世界杯之类的赛事,更是拿世界杯下酒,有电视的小店因此于夜半时分反而生意更见红火。

读研究生时的师兄弟姐妹们似乎都有此好,所以碰到谁生日,谁拿了奖学金,谁领到稿费,谁通过论文答辩,乃至庆祝世界杯开幕与闭幕、马晓春围棋下出臭招或妙手……反正有无穷无尽的理由可以成为下馆子的借口,只要有一人兴起,在45楼、47楼的几个房间里一串联,同门便浩浩荡荡地结队而出。后来导师门下多了几位异国弟子,也是道友。其中日本的滨田麻矢小姐,见到我们就说"去喝两口",这是她说得最地道的汉语,回国以后,她的导师还来信埋怨说,北大把他们的一位好学生给带坏了;还有一位高木先生,更是了得,与人干杯,举手仰脖之间,也未见换气,一大杯啤酒就无声无息地下了肚,速度之快着实令人吃惊。我们这一群现当代文学专业的酒友中,单女将就包括如下几员上了梁山绝不逊色于扈三娘或孙二娘的好手：开题报告中出现了五十二次口头禅"然后呢"的小师姐玲玲、"黑蝴蝶"丹、"小鱼儿"羡、"小桂子"梅、群星独怜罗大佑的娜。

逸事最多的还要数王。王自号"二右堂主"，因为心仪他本家中的两位先贤——王右军与王右丞。王的这两位隔世知音在挥毫或吟诗时，是否旁边放着酒坛，我不知道；但我猜想，王若与右军或右丞同世，在谈诗论书之余，饮酒大概不让前辈。不在茶边就在酒边的王，光顾小店的次数似乎比出入食堂的次数多，喝酒的次数似乎比吃饭的次数多。

有一个广为人知的故事说，他一次酒后坐在桌边看了一夜的书，但书一直就定格在同一页没动过；另一个可以列入酒侠传的段子是，一天连赶了几个场子的王，最后终于醉卧在洁白如絮的雪地里呼呼大睡，睡中还呓语连连。在被医院抢救回来以后，他在一份提交给系里领导的书面检讨中，痛陈劣质酒的种种害处，发誓从此以后只喝好酒；一般情况下，王三杯酒下肚，印堂即有光华出现，眼睛也灼灼有神，面色像练了华山派的紫霞功一样，鲜亮生动。

有一段时间，自酒桌边回到宿舍之后，王总要与一位棋力比他差一截的朋友秉烛手谈，连战连败，连败连战，嘴里还嘀咕着："错在哪儿呢？哪儿错了？"因此让那位朋友很痛快地过了几把斩获王氏大龙的瘾。因为痛感"酒债寻常随处有"的窘迫，王此番二入北大乃是有备而来，但数年工作的积蓄，不到一年就全送入酒家与书店。有鉴于此，我至今难以下决心回到魂牵梦绕的校园继续做老童生，发誓不存够三年泡馆子、逛书店的书资酒钱，绝不回来接着读书。

去的次数多了，北大南门与西门的数家小店，都混了个面熟。我们去得最多的似乎是玛加利，招牌虽然洋气得不知所云，但从老板娘到厨师、服务员却都是正宗的四川人，其中辣味很足的干煸牛肉丝特别适合下冰镇燕京啤酒，王还对这里的毛血旺情有独钟。同一条小巷里还有一家四川酒家，菜却有些入京变味。老板娘与玛加利的老板娘是姐妹，但暗中较劲。有一次我们半夜跑到玛加利，被厨师告知已经关了炉子，于是转到四川酒家。刚好玛加利的老板娘在妹妹这里聊天，听说把上门的顾客往外赶，马上回去痛骂了一顿手下人。隔了几天再去，她显出异乎寻常的热情，说全天二十四小时为我们服务，而且从此就慷慨地给我们打九折，或者加几瓶免费的"燕京"。

打折其实也不算特殊照顾。北大推倒南墙后，小南门与南门之间的小饭店陡然大增，竞争加剧，便各祭法宝，其中打折无疑最具吸引力。旺福楼给常去的北大学生发九折卡，说是 VIP 待遇；还有些饭店干脆就凭学生证优惠。每年的毕业季节，照例是千里搭长棚，为了告别的聚会此起彼伏，家家扶得醉人归。店家知道学生不花完最后一分钱不会离校，更是纷纷把小广告贴到宿舍楼和三角地，亮出打折招牌招徕倾囊买醉的学子。所以那些天在校园内外便经常能看到成群结队的学生，步履踉跄，或大笑或大哭。

有一次我们半夜喝酒回来，见到两个明显喝多了酒的学生，在北大南门进来的主干道——后来似乎命名为五四路——上比赛，把路边的垃圾桶搬来搬去。这项简单的游戏无疑给他们带来了无穷的乐趣，说不定在他们离开北大的日子里，这会成为他们最难忘的事件，因为在乐此不疲地工作的同时，他们的笑声是那样地发自肺腑。时值深夜，而平时处处与学生为敌的校卫队，也竟然变得宽容起来，对眼前发生的事置若罔闻。

有一段时间我们喜欢上西门外一家店里的砂锅炖吊子，晚上嫌走大门路远，便翻紧靠47楼的西墙去。有些人跟着我们翻进翻出，引起校卫队的注意,在那里加了暗哨。但有乘凉的学生或喁喁私语的鸳鸯蝴蝶们帮着侦察放风,翻墙的人还是不断。学校因此明令违规者予以处分。好在这时我们也对炖吊子兴趣大减,又转而喜欢上小南门对面的小长城酒家的剁椒蒸鱼头,不需要再冒险去翻墙头。

北大周围当然也有不少上档次的饭店,像长征、一洞天、图书城西边的老字号东来顺分店等,但不是学生阶层能常泡的地方。与这些饭店相比,我们常去的这些实在只能算是饭铺,聊胜于大排档者,大概也就是多了一个屋顶而已。到了夏天,我们会让店主把桌子搬到街边,那就与排档无异了。东来顺一般是每年秋冬之交去一次,作为涮羊肉季节的开幕式剪彩,随后就转移到玛加利或佟园。一洞天是中文系老师新年聚餐的固定场所。教授们终日忙于书斋、图书馆与讲坛之间,难得犒劳自己,不免如俗语所云"教授教授,越教越瘦",在这样一年一度的免费美酒与佳肴面前,常常高估自己的肠胃能力,食过其量。有一次一位老教授就因此一病不起,让大家着实唏嘘了好长一段时间。不知道经此变故以后,中文系是否还依然保留着这样的安排。

1999 年 3 月 31 日于京南方庄

[郑勇:男,1968 年 1 月生于安徽。1993 年考入北大中文系,攻读现代文学硕士。1996 年毕业后供职于北京三联书店。著有《蔡元培影集》《书生襟抱》等。]

与飞翔有关

刘 煜

也许我不能算作严格意义上的"北大人",因为我的大学生活是在藤影荷声的水木清华度过的。然而对于北大,心中却一直有一种说不清的向往与羁绊,这种感觉因为高考时无可奈何的错过而愈加强烈。我经常会在心绪烦乱的时候跑到未名湖畔,坐在长椅上发愣。清凉的湖水里弯曲的树影,蓝天上飘浮的淡淡的云,曲折迂回的小径上缓缓走着的路人,这安宁和谐的一切是如此美好,让我喧嚣浮躁的心得以平静。大学五年,我近乎固执地坚守着这片属于心灵的风景,它与真同行,与善为邻,与美同在。

也许世界上许多事情的发生都缘于一些微不足道的原因,促使我在五年之后迈入燕园的是一个名叫张承志的人,他在一篇文章中写道:"考古学的魅力是外人所无法体会的。"还在幼时便已打动我的谢里曼的故事重回心中。作为一个无可救药的浪漫主义者,想象着通过跨越时空的桥梁去试图重现人类曾有的真实,这种念头本身就具有极大的诱惑力。尽管在系统学习了三年科技考古之后,回思当年的想法是多么幼稚,但是时至今日我依然觉得这个令许多人不解的决定是我今生最值得骄傲的选择之一,我用这种方式表达我对北大的崇敬。

或许是对北大的热爱太深挚太久长了,或许在我心中北大已成为一个高度纯化的理想孤岛，初入燕园的我几乎无法认同身处其间的这个校园。作为一名从清华的严谨学风中走出来的学生（尽管我并不是一名好学生），我无法理解还不到开饭或洗澡时间门口就已早早排起的长龙，无法接受为买一条廉价的 Lee-Cooper 牛仔裤而早起三更。这并非只是一点点时间的浪费，我感到震惊的是这种心灵无所依托的状态。难道那些终日偎依花前月下的情侣，那些终日苦读只看英语的学子，那些终日游逛装饰怪异的男女，就是栖息在这块圣地上的精灵吗？这些流动的风景就像一些刺目的污渍，泼洒在我心中的神圣图景上。近距离地凝视，北大似乎没那么美好了，我试图在这种理想和现实的巨大落差面前找到一个平衡的支点。

进入北大的第一天是颇富戏剧性的，邱、吴在 45 楼 1091 洒扫以迎，她们是同班同学，所以对新室友充满了好奇。陈先于我到达宿舍，推门径入，只粗声粗气地说了一句："我是住这儿的"，便直奔窗口，对等在楼底下的母亲大喊："把东西拎上来吧。"邱和吴呆立门口，不知所措。由于被办手续的混乱秩序和燥热天气搞得心烦意乱，我也没有对她们表示多么友善。（据事后吴回忆，我当时在屋里颐指气使，又打扮得花里胡哨，看起来讨厌极了。）当然没过多久，我的经典笑话"汉语拼音"就打破了大家最初的矜持，所以再回忆起当日的情景，就显得格外滑稽。

一次在卧谈的时候说起我对北大的一些看法，引起了大家的激烈反应。尽管她们三人个性不同（邱头脑敏锐而善解人意，吴聪明奋进而略显褊狭，陈言辞激烈而才华横溢），但在对于北大的荣誉感方面表现却如出一辙，一致抨击我"苛求完美"，并愤愤地斥责——"你们清华就没有那样的人吗？"

尤其是陈，这个长于思辨的前哲学系学生（连名字都要被别人错为"先验"),更是以其惯有的犀利词锋指出我对事物的认识只停留在罗列事例的表象阶段,并以先入的成见替代理性的分析,事实上在一定程度上遮蔽了真实性。虽然她们也一致承认那种敢为天下先的气概、那种勇于担当的魄力,在很大程度上都失落了,然而举世如此,岂独北大为然?面对她们的反驳,我虽仍坚持己见,但内心毕竟有了一些改变。似乎从那以后,我们接近了许多。

不久,一个叫小凡的漂亮姑娘也加入了我们的小集团,她是陈的同学,非常聪明可爱。我们一起去上自习,逛书店,一起在夏天的校园散步,并在不上自习的日子里喝酒、打牌,海阔天空地闲聊。

记得一次在雪天围坐喝酒(当时我们是喝白酒的,陈一直激赏陕北黄陵的轩辕特曲,尽管邱不善饮,但吴却海量,故我们宿舍有不少空瓷瓶子用来插花),酒至酣处,我高声念起了海子的《面朝大海,春暖花开》,并在那一瞬间想起我大兴的朋友小平和远在大连的兰荪。陈在墙上泼墨如雨,突然,她跑到外面在门上大书"Home Town",我相信在那一刻,每个人都感到了幸福。

就这样,1091成为这些漂泊者的家园,已经记不清有多少次的彻夜长谈,为理想与现实的冲突痛楚不已;多少次的欢聚畅饮,为这份真诚的情谊感叹无尽;多少次的默默相对,彼此拭去泪水,共同体味命运的无常与忧伤。直到一些细小的裂痕出现,吴飞渡重洋,这样的日子永远不再,我们每一个人依然无法忘记那些青春激荡的痛苦与忧伤,那些眼泪欢笑、成功失败凝结的日子。

对我而言,北大的形象是随着北大的诗歌而越发圣洁的,如果没有海子和西川,也许北大就不再是个梦想。也许正是因为清华时时充满现实的压力与挑战,我,以及每一个与我感受相同的人才会那么执着地为诗歌坚守，并最终使这种坚守成为自己对生命的承诺。

1993年那个格外寒冷的新年之夜，清华的诗人兰荪跳上西大饭厅的讲台高声朗诵"愿你有一个灿烂的前程／愿你有情人终成眷属／愿你在尘世获得幸福"，这些质朴的句子在清冷的空气里炽烈地绽放，点燃了一双双因为渴求而显得寂寞的眼睛。当晚一个平时交往很少的同学跑来找我索要海子的诗，而我与小平激动得在风中走了半夜，几乎彻底冻僵。

我的朋友阿飞曾把西川的《远游》贴在墙上，每次读这首诗我都会非常感动，"复活于青苔之上的老虎步态从容""蚂蚁的荣华，我的记忆"，这些诗句就像那滴击中芦苇的露水一样楔进我的心里。

我心中的北大，是祖国语言筑就的梁山城寨，是永远吟唱不已的心灵之歌。

一次我与陈和一些清华的朋友去到扎西家聚会，结识了北大的年轻诗人小胡。其实在此之前我已无数次地在北大见过他：怪异的外表，终日在北大晃荡（他曾留过的著名的辫子从背影上看与我的朋友老四极为相像，以至于谁提起这件事情都会遭到她愤怒的追赶）。在未名诗会上我听过他朗诵自己的诗，令人目眩的技巧、玄妙奇特的构思，但几乎没有给我留下什么印象。在这次聚会中我们屡次因为他讲的故事而笑得前仰后合，我发现在他的个性中蕴含着幽默亲切的特质，并且有惊人的才华。我开始读到一些他的诗作，有的喜欢，有的不喜欢。

一次偶尔与他谈及《病中人凝望床头的艾曼纽贝阿》，他说喜欢她是因为《冬天里的一颗心》，从来没有过那种感受，心里空荡荡的。说这话时他的声音低沉，目光穿越面前的景物，那些痞气都没有了。我想即使那些根本不喜欢他的人，在那样一个阴暗的下午内心也会有所触动的。

一次曾听我的朋友潘（事实上这篇文章的产生完全是由于她）谈到一个北大八九级的学生边考试边喝装在水壶里的白酒，这个男孩曾在机场里拉着手风琴欢迎归来的女友，另外一个姓李的男孩弹吉他（后来这个男孩出国了，而李去了西藏的阿里）。这让人想到《世说新语》里的那些故事，有一种恬淡的幽默感。那天我们一大帮朋友都挤到五儿的小屋里，潘心情格外好，向我们讲了许多有趣的事。五儿说潘是一个非常真诚的人，在她身上没有一丝伪诈和矫情的影子。在上学的时候，她曾在课间为自己钦佩的戴锦华老师去买饮料，戴老师非常感动，轻轻抱了她一下，过了很久她还不愿去洗这件衣服。在某种意义上，潘是督促我前进的动力，因为她曾为我写过一篇文章，充分展示了我美好的一面。

潘和五儿、老四、靖儿都是中文系八九级的学生，除了潘，其他三人还是我们45楼的邻居。宁静如水的五儿学的是最枯燥的古代汉语；潇洒的老四则是女性主义未来的一面旗帜，现任的《启明星》主编；学习民间文学的靖儿现与吴在美国同一所大学读书。以前她们经常到我们宿舍来找邱和吴（她们曾一道在石家庄军训），可是不知从何时起就变成了找陈、小凡（她几乎成天在我们宿舍）和我聊天、喝酒，尤其是老四，还要跑到我们宿舍吸烟。也许人总是在寻找自己的同类吧，心灵相通的人总会走到一起，我们这些人形成了一个极为开放的朋友圈子，每次聚会都会有一些新的朋友加入，凝结在其中的就是那种深深的女性情谊。

记得在写论文的时候，每个人都因为焦虑而明显地憔悴了，一向沉静的五儿居然在潘的面前哭了两次，被潘戏称为"满纸荒唐言，一把辛酸泪"。但是也就在这种脆弱的时候，每一个人都握住了身边的手。

论文答辩之后，我们除了忙于喝酒，就是夜夜坐在静园的草坪上唱歌，花之精灵一样的董翩翩起舞，几乎每次都会招来一些套近乎的男士打扰我们的清兴，因为这些人经常是言语无味，全无情趣。离校的前夜，我们唱到夜半时分草地上再无旁人，才披星戴月回到宿舍。潘对爱情所发的感慨引起了大家激烈的辩论，结果我们由爱情谈到责任，接着引发到社会公正的问题，争得面红耳赤。驳杂的名词术语层出不穷，惊世骇俗的言论不时可闻，董在旁边慨叹："你们把我的世界观搞得乱七八糟。"一室莞尔。陈回到宿舍还继续激动得与我大讲，结果牙痛病复发。辩论中陈丽始终微笑着坐在一旁，像个得道的隐士，最后她说："你们的意思不是一样吗？"第二天一大早，隔壁的姚就关切地问："你们吵架了吧？"我们大笑不已。尽管睡得少，可大家都像五月的鲜花一样光彩照人。立于盛夏时分最美的风景之中的微笑，永远留在照相簿和记忆里。

毕业之后五儿、小凡和陈一道去了我家，那个有一大颗眼泪的地方。天地有大美而不言，在圣洁的青海湖畔，天地空阔，水波浩渺，鸟群自湛蓝的天空飞过，金黄的油菜花在阳光下火一样燃烧，我们感动得说不出话来；也许命运不可诠释，我们这些朋友如同花在阳光下火一样燃烧，我们感动得说不出话来。也许命运不可诠释，我们这些朋友始终有一种血脉相通的感觉，这种感觉仿佛来自生命中神秘的呼唤，那是属于灵魂的秘密。

我像我曾送给我的朋友韩的诗里写的：

我们把火还给火

让大水淹没城市

我们的骨头合二为一，从中流出一种透明的液体

燃烧的黄昏钟声响彻平原

我开始梳理我所看到的北大的点点滴滴，那种普遍表现在形态各异的玩世不恭的表象下的真实内心，那种对道德训诫的冷漠和表面文章的不屑或正是因为不能忍受将神圣庸俗化，他们只会为真正美好的事物感动。

"在这贫困的时代／诗人何为？"我想到了殉于诗歌的骆一禾、海子和戈麦，一年一度的未名诗会依旧被裹挟在经济大潮中的学生们口耳相传；在三角地谴责恶行的尖锐言论的大字报，依然闪耀着正义与人性的光辉；在新生探讨人生方向的座谈会上，我看到了一双双炽热的黑眼睛。

北大并非象牙之塔，但是在这块土地上最引人注目的依然是心灵。很难记数北大究竟有多少人在旁听，有多少人终日生活在校园内，有多少人为考取北大的研究生而不分冬夏地苦读。对许多人而言，北大关乎梦想，"如果奇迹出现／我马上放弃平凡"。

韩告诉我，每次她离开北大，都像丢下最心爱的东西，有一种怅然若失的感觉。董说，那些在北大的日子是飞翔的日子。

"世界是一条污秽的河流，若想涵纳百川而不失其清洁，你必须成为大海。"尼采的名言似乎正道出了北大的特质。包容一切，海纳百川，一切污浊都终将沉淀，升腾起一片宁静的蓝色。从五四运动的怒吼到为民请命的呼声，北大始终作为一个自由的圣坛凸显于世俗的人文景观之上，从不为权势所迫，就靠着这种内心潜在的激情和使命感，北大精神得以一代代薪火相传。作为中国现代化道路上冷静的旁观者，北大的现实关怀将带着浓厚的人道主义的情感，在风雨飘摇中坚守真理与正义。作为关注人类终极命运的圣殿，北大永远会将眼光投向浩渺的星空和人类不可知的未来，在神圣的黑夜中点燃火炬。

经常有人半开玩笑地让我比较清华北大的短长，我总是觉得很为难，因为深知以自己之浅陋不足以对两座中国知名的学府评头论足。作为自己的母校，我对清华有着深深的眷恋，那里的一草一木都刻下了我成长的痕迹，承载着我青春的悲欢与爱恋，在那里我曾身处逆境，茫然无措，但因而懂得了"天行健，君子以自强不息；地势坤，君子以厚德载物"的校训的真正含义。进入北大，我是幸运的，它一直是我心中正义和无畏的化身，自由洒脱、天马行空的飘逸又与我的内心是那么契合，在这里我拥有今生难舍的友谊，找到了自己真正的生活道路。所以在内心深处，我将对清华永存感激，而对北大无比依恋，它们是我心中永远不变的最美的风景。

［刘煜：女，1972年生，1989年考入清华大学机械工程系，1994年考入北大考古系科技考古专业攻读硕士，现在中国社会科学院考古研究所工作。］

北大啊北大

迟宇宙

不知道为什么,原本已将灵魂沉淀成了未名湖底一列不甚晶莹的砂石的自己竟然在写下这个题目后突然产生了喟叹的心情,仿佛是一种与生俱来的感觉,让我在即将离开这片菁菁校园、与漂亮的女生和白发的先生挥别的时刻,突然又拥抱了一些被露珠打湿了的记忆——小名人的卖小钱,中名人的卖中钱,大名人的卖大钱,无名人的没有价钱。

很长时间以来,我一直在思考:北大究竟给我、给我的长辈、我的同代人、我的后来人带来了和即将带来什么?我们丢失在北大的青春岁月究竟为我们换取了什么样的未来?事实上,尽管我们时常挖苦、辱骂,甚至是诅咒她,我们依然明白——北大是我们永生永世的梦和图腾,就像大唐是诗人和知识分子的梦和图腾一样。

整整四年(实际上还不到,我透支了自己的感情和时间),北大给了我快乐和苦难、幸福和灾难、奋发和艰难,但是我依然像个孩子一样热爱和尊敬着她。

她把我成就为一个人、一个知识分子。

先　生

先生这个词在《辞源》中有六种解释：始生之子，犹今言头生；父兄；年长有学问的人；老师；文人学者自称；妻称丈夫。在北大，先生这个称谓则确切地表现为一种对老师和学者大儒的尊敬。实际上，对于先生的敬爱和迷信，使我们的时代在产生文化英雄的同时也产生了教皇的子民和人格的奴隶。但是，一个新的时代的开始，必然会有先生们披荆斩棘的文化砥砺，否则我们永远都不会拥有一个叫作"新纪元"的名词。

无论是在真正严峻的时代，还是在肉体和精神都慢慢丧失的世界里，北大从来都不缺乏先生。我没有机缘与宣扬"只有德先生、赛先生可以救治中国政治上、道德上、学术上、思想上的一切黑暗"的陈仲甫把酒临风，秀才造反；也没有机会与李守常一起"以身殉了他的主义"；更没有像鲁迅先生一样，举着投枪和匕首，扎向敌人的心脏。我不在这批"先知苦行者和精神烈士"的名单上。

对此，我感到很遗憾。

但是我有自己的先生，就像在一个克隆的年代里，北大保有自己的风格一样。

> 谢冕　1932年1月生，福州市人。1960年毕业于北大中文系，留校任教至今。现为中文系教授，中国当代文学专业博士生导师。……主要从事中国当代文学及现代诗歌的理论、批评及研究工作。（北大中文系系刊《博雅》）

谢先生冕是我高中以来最为崇敬的一位（先锋）诗歌研究、评论者，我曾经对朋友们说过：谢冕是当代中国最优秀的诗歌评论家。同样的一句话，我也对谢先生说过，尽管那时候我已经学会了不再迷信权威，我依然对他景仰——如高山流水。

也许谢先生从他出生的那天起就无法摆脱自己作为一个学者型的知识分子，既要与时代关联，又要扮演一个开放社会的敌人的角色的命运。他渴望一种审美的自由。韩毓海在他的一本书中曾经这样写道："谢先生尝谓：没有'对话'的谈话是训话，没有诗意和生趣的真理是教条，他老人家以一双诗哲的慧眼看世界，处处皆为有我之境，在他的视野里，审美的阳光洒满了真理的大地，离开审美的诗意的阳光，真理的统治可能退化为教条的统治，伦理的规矩将陷入礼教的虚伪。"哏捧得不错，很真诚，也很带劲。

谢先生曾经在"北大批评家周末"的讨论中说："一个严肃的、敬业的作家若是经受不了'畅销'的诱惑，并以此为目的进行写作，无论如何意味着某种放弃。从长远看，是才华的自戕。"我一直觉得这是谢先生对中国当代文化和中国文学现状分析得最独到和最富责任感的一句话，因为它带着一个老知识分子社会良心的体温。

我曾私下里称谢先生为谢老头儿和老顽童，我知道先生听了之后肯定会"非但不怒，反而喜形于色，觉得后生辈中尚能有如此知己，真是没有枉活"。

谢老头儿现在越来越忙了，甚至连写序的时间也没有了，所以我再也没有机会读到那些奇妙能飞的文字了。这实在是一种遗憾。

我只在昌平园见过谢老头儿一面，"非正式会晤"，缺乏历史意义，但是我觉得一面对于我来说已经足够了。

后来我给谢老头儿打过两次电话，一次是自己写了几首破诗，想请他指正一下。先生回答说："我现在很忙。我不看诗。"第二次是接到"北大校刊"的采访任务,做一期"后朦胧"诗歌讨论。先生回答说:"我现在很忙。我没有时间。我已经很长时间没研究诗歌了。你去找洪(子诚)先生吧,他对此造诣很深。"

讨论终于没有做成,因为我觉得如果没有谢老头儿的参与,这个讨论是名存实亡的。所以,不讨论也罢。

此后,我再也没敢去打扰先生,怕影响他写序的情绪,直到现在。

谢先生讲课很精彩,以至于我第二次都不敢去听了,怕以后再也没有这样的运气——实际上,我此后确实也没有这运气了。

他只给我们上了两次诗歌鉴赏课。听先生讲课真有一种如沐春风的感觉。课下递上自己的诗,又向先生讨赐《诗探索》,先生极爽快地答应了。而今,先生所赠的两本《诗探索》还静静地伫立在书架上,先生的神韵也宛然在目。愿先生能永远年轻,面对如豆灯光,我默默祝福。

1995年10月5日,当我给"北大校刊"写下这段文字之后,我知道谢老头儿在我心中已经变成了一座永远的雕塑。

它的名字与北大一样,叫作永恒。

> 陈平原 1954年生于广东潮州。曾插队务农,后入中山大学中文系。1987年获北京大学文学博士学位。……现为北大中文系教授,现代文学博士生导师。先生致力于从晚清至五四时期的变化中探讨现代中国小说史的源起。(北大中文系系列《博雅》)

我一直认为,陈先生平原是与我们,与年青一代的知识分子靠得最近的一位学者。这可能与他的年纪有关,也可能与他的人生阅历有关。

先生处在一个学者孤独如未名一水的时代,没有涟漪,甚至没有流动。这实在是一件悲哀的事情。但是寂寞的先生站在寂寞的地方,试图通过对西方冲击和传统内部力量的互动的论证,实现自己学者的人间情怀。若干年后,我们这代人也许会因为在学术上的平庸和失败而被先生和后人们遗忘,但是谁又能忘记这位浑身充溢着书生意气、渴望独立和纯粹的年长的老兄呢?

平原是个好名字,暗蕴着才华和正义感,也许陈先生也因此具有了好运气。战国四公子中,赵有赫赫大名的"平原君";晋平原内史陆机,与弟陆云于太康末年入洛阳,文坛"大腕儿"张华叹其大才,曰"人之为文,常恨才少,至子为文,乃患太多也";唐时于平原太守任上起兵抗叛的颜真卿也是一代大儒和大书法家……

在北大,至少在我们心目中,陈先生恐怕也已进入了大儒的行列。

> 记得当初刚上陈平原先生的课时便为先生千古文人的儒雅风范所感动,后来听了先生半年课,读了先生的几本书后,更为先生的宽容和渊博深深折服。做着千古文人侠客梦的先生,背负着重修小说史的辉煌的先生,你也许并不知道,一篇《萧瑟昌平路》令多少学生为你击节扼腕。(拙作《我的昌平情结》)

刚进北大的时候,我们都渴望能够在许多张极其类似的面孔中突现自己的个性,希望能够在"逝者如斯夫不舍昼夜"的四年里不被人们忘记,所以我们或故作风雅,或标新立异,或以沉默作答生活。陈先生上课时就遇到过这种可笑的情况,而我就曾经扮演过这样的一个可笑的角色。

那是陈先生的一堂课,我被他点名提问对梁实秋的看法,我说我对梁实秋不感兴趣;先生又问我对林语堂的看法,我说我对林语堂不感兴趣;先生又问,周作人呢?我一看先生脸色不对,就只好胡说八道了一通,终于敷衍了过去。

后来我才知道,周作人与林语堂可能是先生最喜欢的两个现代作家。我如此唐突大家,先生居然能忍下怒火,实在出乎我的意料。

先生对武侠小说颇多感悟,尤喜金庸的《天龙八部》,对录像《东方不败》亦很欣赏,奇书《千古文人侠客梦》纵横笔谈,海阔天空便是一证。

我手中存有先生所著《小说史:理论与实践》一卷,读序言至"就在彩云裂开的那一瞬间,我失去了尊敬的导师,也失去了慈爱的父亲,真正体会到了生离死别的悲苦。或许,没有真正遭遇爱情、没有直接面对死亡,都算不上成熟"处,必潸然而泪下,"树欲静而风不止,子欲养而亲不待",人世间之切肤悲痛,有大于此者乎?

人生是什么样子,当北大的象征意义大于她的学术地位之后,我们才会明白先生"人生事就是如此,在朝在野、局里局外,感觉和思维全都不一样"的慨叹。

> 钱理群 1939年3月生,浙江杭州人。1961年毕业于中国人民大学新闻系。1981年毕业于北京大学中文系现代文学研究生班,获文学硕士学位,并留校任教。现为北京大学中文系教授,博士生导师,……作为中国现代文学研究专家,先生主要关注两个方面的问题:一是20世纪中国现代知识分子的特殊群体——中国现代作家的文化命运和心灵历程,……二是文学史的理论和写

作实践。(北大中文系系刊《博雅》)

在我看来,老钱是北大最后一位充满激情和梦想的现实主义者,最后一位能够将毕生精力掷于启蒙和开化中的知识分子。

他被以"革命"的名义发配到贵州并且在那里忍辱十六年,他在灾难中和灾难后对自我人格的剖析和批判,以及他在生活中不断被挤压和撞击的遭际都无法使他再次像那些单纯、幼稚和真诚的,从来没有想到会有人以"革命"的名义欺骗我们的小学生一样"低头认罪"。他宁肯再次倒下,也绝对不会屈从于学术、文化和人类终极关怀之外的压力。

这样的学者,这样的知识分子,这样的人,在我们的时代里究竟还剩下几个?

所以,在这样一个季节里,我写下了这样一句话:老钱是我最喜欢的老师和最敬爱的长者,尽管他很可能已经记不起我叫什么名字了。

1996年春天,北航有人来北大请人办讲座,我推荐她们去请老钱。于是她们与老钱通了电话,老钱答应了。讲座的头一天晚上,我们一起去了老钱家,与老钱神侃了一通。记得老钱曾经对我们说了一句很有启发意义的话:"在我看来,穆旦是中国现代文学史上最优秀的诗人。"这句话直到现在还在影响着我的阅读习惯,使我在面对诗歌的时候能够产生或敬畏、或亲切、或激动、或感慨的心情来。

讲座那天晚上,气氛异常热烈,教室爆满(这是老钱讲座的一贯风格)。我站在教室外面,静静地品味鼓掌和笑声的意义,突然听到一句很刺耳的话:"鲁迅的心理有些畸形。"我的心倏然一下收紧了,然后开始刺痛。那个伟大而近乎完美的神的形象难道真是如老钱所言?

于是就认真听，最后同意了老钱的结论。

若干年之后，我也许会因为写诗作文章而赢得能够依靠卖往事赚点儿小钱的名气，那我可以明白无误地对自己、对任何人说：老钱让我明白了什么是诗，什么是好诗；让我懂得了作为一个文人，我们应该摒弃造神的传统，脱离神迹，不再寄希望于谁会领导我们打倒贪官污吏重建道德秩序，而是应该去创造，去叛逆和拯救，仅此而已。

据说老钱对学生特别好，视如己出。有一次，他的几个学生外出，回去得很晚，等走到门口的时候，才发现门口深深的夜色中伫立着一个熟悉的身影。他那么矮矮胖胖地静静地站在那儿，就像朱自清先生站台送别的父亲一样。

这个"据说"出自于孔庆东先生给原北大中文系系刊《启明星》写的一篇文章，文章写得非常精彩，我当时甚至能够背出其中的一些段落。现在却因为时间的无情，只能留下大意如此、具体细节我已经忘记的慨叹和愧疚。如果有时间，我会去问一下吴晓东先生，他曾经是老钱的硕士生，很得老钱的器重和疼爱。

老钱曾写了本书叫《周作人传》，非常漂亮，里面附了周的一首诗，曰：

> 燕山柳色正凄迷，话到家园一泪垂。
> 长向行人供炒栗，伤心最是李和儿。

这首诗作于北平沦陷前夕，读了老钱的书后，我和了知堂一诗：

> 燕京柳色着眼迷，不忍即舍一泪垂。
> 行人已不见炒栗，伤心岂独李和儿？

诗毕，忆及知堂旧事，遥想老钱风采，不禁悲哉！

呜呼，伤心又岂独李和儿一人耶？

> 韩毓海 1965年生于烟台，1991年博士毕业后就一直在北大中文系任教。尝诲诸生"业患之不精，无患有司之不公"，务要"少吃酒、多读书"，可惜的是自己首先做不到。出版过两本书即《锁链上的花环》和《新文学的本体与形式》。今后的事情还不知道，只有走着瞧了。（韩毓海《摩登者说》勒口介绍）

韩先生毓海也许不知道自己从出生的那天起就不得不面对一个荒诞和荒谬的时代，这仿佛是一种宿命，让他在缺乏象征意义的生活之中四处游动着。

有时候觉得挺好玩儿：韩先生是我的老乡，他是烟台人，我是莱州（烟台的一个辖县，汉时谓之东莱，是个小诸侯国）人；韩先生生于"文革"前一年，我生于"文革"结束那年，他整整大我11岁；我的生日是11月5日，韩先生又大我一天……

这些很有意思的附会，也许像韩先生所附会的"陈独秀，字仲甫。生于1879年10月8日，安徽省安庆、怀宁两县的县界恰好从他出生的老屋中间穿过，这也许注定了他是一个一出生便将争议带入人间的人物"那样，同样令我自己感动。

所以我断言：韩先生的天空已经或者正在丧失，至少在面对我的时候是这样的。因为韩先生虽然可谓功成名就，但是他的青春小鸟，他最美好同时也最缺乏理性的浪漫岁月在一场场无谓的争执和挤压之后变成了一盘散沙。

这种结局对于谁来说都是悲哀的。

我想我这种断言不会激怒韩先生。他心中的怒火、恼火以及文火和武火都已经被一场关于北大的不公正的讨论给溺杀了——水火难容，因此"溺"是一个姿态最优雅的动作，就像1998年夏天，我们将以同样优雅的动作与北大挥别一样。

韩先生是谢老头儿的得意门生之一，关于他的遭际，我只能从课上课下的一些纷纷议论中去获得。有时候也看他的书，听他发发牢骚，很过瘾的事情：

> 几年前，我的生活中起了一个小小的变动，由于谁也不能说明的原因，我已经答辩通过的博士论文被莫名地"扣住"了。两年后虽又被"追认"为博士，我已对所谓学术的"理解""公正"不再怀抱什么奢望，至今只是每天教书吃饭而已。

时代愈是荒谬，就愈需要大知识分子出来救治。我的心底一直将韩先生视为一个大知识分子，觉得对于我们的生存境遇，他应当有一种关怀和怜悯，并且在关怀和怜悯之后能够以笔代矛，刺向生活的某个层面，或者仅仅做出一个刺的动作来。所以，1997年9月25日，我在他的《摩登者说》的扉页上写下了一行文字："关怀一个知识分子的内心，同时解剖他的灵魂。"

若干年前，先驱者鲁迅曾经用"解剖"这个词救治了一代知识分子；现在，知识分子还能用这个仁慈而充满血腥味儿的词来救治我们的时代和自我的灵魂吗？

一直很喜欢韩先生的文章，尽管他有时候在行文结构上落于粗糙和鄙陋；但是他的话语充溢着智慧，而智慧正是20世纪末我们所严重匮乏的东西之一。

《摩登者说》已经翻了无数遍,也找了几处"硬伤"出来;我最喜欢的一句话也与"硬伤"同在:

> 陈凯歌呜呜咽咽地唱了三小时京剧国粹,紧追慢赶也还是没摸上"奥斯卡"的屁股,最终又落个"亚细亚的孤儿在风中哭泣"。

现在能精辟如韩先生的人不多了。
我没有见过韩先生的面,至少目前。

> 吴晓东　黑龙江人,1991年获北大文学硕士学位,1994年获北大文学博士学位,此后一直在北大中文系任教。

我实在不是一个好学生,对于自己最熟悉的老师,我却对他缺乏了解,这可能就寄寓了我们这代人的命运:渴望进入城堡,却永远都无法找到城堡的入口,就像卡夫卡笔下的约瑟夫·K一样。所以卡夫卡断言:"我们使劲追求的价值根本不是真正的价值,结果毁掉的东西却是我们作为人的整个存在所必须依赖的。"

因为晓东先生讲授的小说诗学,我对卡夫卡产生了兴趣,同样也真正体味到了卡夫卡对于人生的论断:"为每天的面包所感到的忧虑摧毁了一个人的性格,生活就是如此""我知道,生活要求于我的东西,我什么也没有带来,我随身带来的仅仅是人类的普遍弱点,我把这种弱点当作我们时代的消极面紧紧地握在手里"。

在北大,你不得不去思考人类的精神生活,这是非常痛苦的;但是,正因为这种痛苦的思考,北大才具有了自己的魅力;也正是因为这种痛苦的思考,先生才真正成为先生。

我记得刚到北大时，先生在一次班会上对我讲，海明威曾经写道：

> 假如你有幸在巴黎度过青年时代
> 那么在此后的生涯中，无论走到哪里
> 巴黎都会在你心中
> 因为巴黎是一个流动的圣节

他说，若干年后，无论你走到哪里，北大都永远在你心中。因为北大就是你们流动的圣节。也许很多人已经遗忘了它，但是我却无法忘记一位年轻先生的虔诚和挚爱。

我说自己实在不是一个好学生，不仅仅因为自己对先生缺乏了解，更是因为在北大的四年里，我给和即将给先生添很多麻烦。我相信宿命，所以我把它称作是命运的事。

真的很感谢你，先生。如果你能见到这篇文章，请像慈爱的主一样宽恕我的罪行。

先生们已经先生了，就像我们后生们依然后生一样。没有办法改变的事情偏偏要去改变的人，我们称他们"迂"，像孔子和李贽；有办法改变却因为艰难而不去改变的人，我们称他们为"俊杰"，因他们"识时务"。这实际上已经包含了两类知识分子的人格。后生们尊敬第一种先生，鄙弃第二种先生，却宁愿做第三种先生：摒除困难，进行改变。这是真正幸运和成功的先生，其实也很少有人能够做到，大多数先生还是第二种。

北大是个大染缸，各种先生都有，但我还是喜欢迂腐而充满激情的先生们，因为他们以知识分子的社会良心对我们进行着人格、灵魂的教诲，同时像顾亭林所说的那样，"松柏后凋于岁寒，鸡鸣不已于风雨"。

象 征

《现代汉语词典》给"象征"这样定义：用具体的事物表现某种特殊意义，如火炬象征光明；用来象征某种特别意义的具体事物。

这实际上玩了一个文字游戏，这样的小把戏我们每个人都会，譬如鸡先生蛋蛋先生鸡之类无聊的智力问答，蒙谁呐！

对于我这个后生来说，北大的四年就是一场人生的战争，尽管没有刀光剑影，没有血腥和暴力，没有旗帜飘扬在战场的上空，像红旗插上总统府一样。

所以我喜欢用狄克斯坦在《伊甸园之门》中的一句话来诠释"象征"：

> 我所探求的不是一个日期，而是一个象征，一个转折点，一个我们被歪曲的道德历史进程中的隐秘时刻。或许那场战争过分地麻痹了人们的灵魂和过分地摧残了战争的受害者，以至于除了其穷凶极恶的本身，不可能象征任何别的东西。

北大的象征据说是"一塌（塔）糊（湖）涂（图）"，"塔"是博雅塔，"湖"是未名湖，"图"是图书馆。事实上也是这样，就像五十年前北大的象征是红楼、民主广场和孑民纪念堂一样。老北大的校址，现在好像已经被中国作协"霸占"了，现在北大"霸占"的是原燕京大学的校址，所以北大实在没有什么值得骄傲的地方。

不过，我们也没有必要自卑，毕竟北大（新北大）目前还有着

"一塌糊涂"的象征,还有伟人手书的校名,以及与伟人们千丝万缕剪不断理还乱的瓜葛。

  未名湖 未名湖是北京大学最大的湖区,北京市重点文物保护单位。

  未名湖并没有因为她的未名而丧失了什么,恰恰相反,她拥有了鼎鼎大名,变成了几代中国最先进的知识分子们的心灵归宿。一代知识分子们关于名与实的争辩,也在一个湖的名字中体现了出来,最后却是一个两难的结局:未名而有名,有名而未名;因未名而得名"未名",却因"未名"一名而得以扬名天下。

  这或许是一种偶然,而我们的人生不正是由许多偶然构成的吗?

  未名湖最初是和珅的私产,后来被洋人购得,便成了燕大一景;如今燕大已成陈年旧事,不复再提,未名一水便以"象征"居于北大。

  我最初的爱情是在未名湖畔获得的,所以便对她有一种深深的亲近感。事实上,北大的爱情故事里如果没有未名湖,那绝对不是一个经典的爱情故事;就像在《笑傲江湖》里,金庸先生不"挥刀自宫"了东方不败、不让任我行莫名其妙地死去就无法结局一样。

  记得有个叫许秋汉的朋友,自称是一个"不写诗的诗人",他曾经作了一首歌叫《未名湖是个海洋》,曾一度在北大十分流行:

  未名湖是个海洋
  诗人都藏在水底
  灵魂们都是一条鱼
  也会从水面跃起

未名湖后有碑，碑有铭文，只是我记忆忒差劲，也懒得去查看，便连"大意如此"也说不出来了。离未名湖不远的地方有片叫勺海的水，传说是明朝米万钟的私产。万钟粟在古时是很高的俸禄，估计米万钟也是一个家大业大权大的财主，属于被打倒的"牛鬼蛇神"的行列；而且，他还是一个艺术家，会画画，所以还应当给一顶"反动学术权威"的帽子戴戴。最严重的是，米万钟还是一个大地主，如果说民族资产阶级还有一定的进步性的话，地主阶级统统罪该万死万死不辞抽筋扒皮千刀万剐。

实际上，当袁中道先生吟咏勺园的"藕风犹自好，露下不知秋"从米万钟的卷轴底下滚出来的时候，谁都无法否认是他们使勺海具有了一种文化意义。

夏天的时候，我和女友常常到勺海里去捞虾米，三个晚上，一共抓到了三十多头，油炸吃了，味道好极了，很得我们班几个女生的赞美。

也许明年夏天就没有这种机会和心情了，现在想来，不禁有李义山"此情可待成追忆，只是当时已惘然"之悲。

博雅塔　博雅塔建于20年代，原系水塔，是燕京大学的标志之一。其名博雅得自于捐资建塔者之名号。

"博雅塔，又名水塔，据说是为了实用而筑造。"陈汝东先生为中文系系刊《博雅》作的发刊词《博雅说》从一出现就变成了我们茶余饭后的谈资，有时候我们还会因为会心而忍俊不禁喷饭出来，觉得陈先生实在鄙俗。现在，写这篇文章的时候，我突然觉得我们对陈先生的哂笑是不公正的。

事实上，博雅塔就是一座水塔，是 20 年代燕京大学仿通州燃灯古塔取辽代密檐砖塔样式建造的，最初的功用就是水塔，并没有什么象征意义。可见，朴实的东西常常会因为它的朴实而获得超凡脱俗的美感，从而保持一种持重的潇洒。

博雅塔的内蕴是释家的，现在却出离了释家的莲花宝座，直指我们的内心。释家的很多东西与精神分析相通，就像道家的许多感觉与海德格尔的存在主义心有灵犀一样。按照中国古代的阴阳学说，博雅塔的修建镇住了未名湖的阴气，从而使得燕大完成了阴阳调和；而附会到精神分析上来，我们又会得出北大人（燕大人）有"阳具崇拜"心理嫌疑的结论。

"它原来没有高贵的身世，但历史却赋予它博雅的使用。那一块块方砖，承继着大地平凡而朴实的秉性，融会了烟火热烈而执着的追求，久历了风霜雪雨的啮噬与摧残。"陈汝东先生"忆苦思甜"似的追述着博雅塔虚幻的历史，仿佛它真的作为一种文明的象征而存在着，或者说它真的像一本呕心沥血的著作，朦胧着那些不甚清晰的文字。

我们喜欢造神的翩翩风度，甚至连一座塔都不放过。

昌平园 昌平园是北大的一个校园，位于北京市昌平区十三陵乡，曾两度启动，最后一次是在 1994 年，是年该园启动时，世人议论纷纷。

我十八岁的青春小鸟安葬在那个园子里，因此我十分怀念她。
在那个园子里，我干了很多荒唐事，现在非常后悔。
那个园子现在不知道怎么样了，我一直没时间去看看，或者是自己害怕面对过去。这实在是一种不健康的心态,我以后一定老实交代,有错就改。

那时候我写了很多文章,其中有一篇叫《我的老师陈平原先生》,是作答陈先生的《萧瑟昌平路》的,现在也不知道丢哪儿去了。当时朋友们都说那是我写得最漂亮的一篇文章。

昌平是个好地方,有十三陵,李自成攻陷北京,也是从那儿的沙河进的城。

实在不愿意作一个告别,实在难以割舍与北大的这份情缘,但现在我的笔却不得不停止倾听和诉说;一年后的夏天,我在北大的梦想也将停止倾听和诉说。

昨天晚上下了整整一夜的秋雨,早上起来发现气温已经突然下降了。我知道秋天已经开始深入了我们的骨髓,冬天很快也将降临了。这种时间的推移过程,常常让我惧于面对——也许,我实际上是惧于面对与北大最后的一声再见。

窗外的铁栏上挂着几滴水珠儿,是秋雨留给我的礼物。它们悬在上面,风一吹便摆来摆去,很动人的样子,我却不敢面对,尽管它们身上有一种残酷的美。

残酷的美很美,却让人心碎,所以我还是选择了告别,用一首叫作《燕园》的诗:

> 我在冬天坐下
> 我在冬天倒下
> 我从荆条的天空闪过
> 在一个喧嚣的年代

我是鲜艳的邪恶

我是飞翔的死亡

一粒幸福的鸟鸣声

我在冬天燃烧

我在冬天熄灭

那些苍白的地火

那些轻轻起舞的暧昧

掀起笨拙的格局

"我的前额是火

信仰是我的尸体"

〔迟宇宙：男，1976年11月生于山东莱州。1994年考入北大中文系，1998年毕业。曾任《南方周末》记者、《经济观察报》首席记者、《新京报》副总编辑。2015年年底创办原创新媒体"商业人物"。〕

噬菌体

叶 宁

1995年我跨进了北大这片园子。九五级是很特殊的一届人，在1999年那个炎热的被预言会灭亡的夏天我们将离开这片土地。末世纪是暮气沉沉的时代，这片充满理想与激情的土地也在末世纪的斜阳中沉睡着。每一代北大学生都创造了一代文化，末世纪的我们在这片土地上撒了点儿野，再无可奈何地离去。

末世纪的北大与往常的不一样。在喧闹声中盖起了一些缺乏美感的建筑，在喧闹声中来了一群白发苍苍的先生女士去寻找他们失落的青春，在喧闹声中来了一群尊贵的洋人。末世纪的北大拆掉了围墙。尽管门卫仍然严厉地制止闲杂人等随意进入，尽管许多人仍然很害怕新鲜的事，无论好的坏的事物流入校园，北大已不再是座象牙塔，它越来越像个混乱无序的社会。有人高唱颂歌，有人特立独行，而于大多数的公民来说，这官方的高姿态与隐士的低调都与他们无关，他们只是漠然地度过一天又一天，平淡得像沙上的浅浅足印，一阵风就卷走了，干干净净。

未名湖不再是片海洋，80年代那纷纷涌涌的表演已潮退了，三角地不再是北大精神的表现舞台了，往日的北大精神现在得托外校人之口："应该说，北大的自由与民主比别的学校都要多一些。"校园里的诗人们走了,歌手们走了,富有激情与勇气的人们走了,来了商人、说教者与官僚。

也有一些人是记得往昔的那些岁月的。那如诗如歌的岁月,那如火的岁月,那些每一个背负着梦想的人都不会空手而返的岁月。是的,我深信真正的北大精神是埋藏在这种岁月中的。它们走了,于是我们要把它们找回来,它们被忘却了,于是我们又将它们重新提起。我们于是依照自己独特的方式去活着——另类的,不为他人接受的方式,做一个末世纪的栖居者。

1995年下着雨的秋天我迈进了北大,习惯于南海那种热带气息的我不喜欢这冷冰冰的秋天。那时的我本来是很想考清华的,但一纸推荐表使我来到了北大。那时的我喜欢清华的西洋式建筑,觉得北大破落不堪,传说中的未名湖又太小(早操时可就一点也不觉得了)。三年多之后的今天我却深深爱着脚下的这片土地,且庆幸当时没有考清华,须知清华的体育课是累得死人的。

在《北大往事》中有一篇文章提到了文科生与理科生的区别:文科生踩着银杏叶有感觉,理科生却无动于衷。无独有偶,在最近的一次演讲大赛上拔了头筹的演讲者努力地为这种"无动于衷"辩护。我是名理科生,不仅如此,而且所学的是最繁重最无趣且最没有出路的生物学(真不知为何生命科学学院每年还招上百人踏上这条不归路)。按说我以及我的哥们儿应当是最"无动于衷"的,但正是我们,创办了一份刊物,组建了一支摇滚乐队并自编自演了几出话剧。是的,这就是北大,一个只要有梦想就不会空手而返的地方。

有必要介绍一下我的哥们儿。理科生不像文科生多有笔名,不少人甚至无法找到能与其性格相对应的诨名,于是我只能以姓呼人。李,一个抱着救国救民思想入北大的理想主义者，现在堕落为一个独善其身的哲人。师父，读书无数，下笔如鬼神，尤长于美文，该诨名源于大一时某次植物实验课他竟对实验内容应答如流令人肃然起敬。王，篮球奇才，曾出战"北大全明星队"，好读书赏乐，唯产出甚少，此一憾也。邹，乒乓球天才，于校内罕逢敌手。童，是本宿舍诨名最多者，但大多不堪入耳不提也罢，常有奇异行为，对于实验报告有极高热情，有洁癖，好篮球而技术粗犷，唯热情极高，精神可嘉。至于本人，亦曾有诨名，一曰：惰惰。此诨名女性色彩太强我已弃之不用，至于其出处，盖因我大一时曾心血来潮每日晨读，引来无限敬意。忽一日我大睡不起，被斥之为懒惰，遂得此号也。另一曰：公子。此诨名乃邹、童之杰作，大三时我每夜食方便米粉一袋，其汤甚鲜美，引来二人无限羡慕，愿拜我为公子做我的食客，遂得此号也。

这些是我宿舍的哥们儿，栖居在28楼449这个狭小的空间里，看着窗外的白杨树年复一年枯了复绿，绿了复枯，我们的青春也留在了这儿。

还是由我个人的故事开始说起。大学改变了很多人，我被北大改变了，遗憾我没能改变北大。刚进大学时我是个唯美主义者，执着于我自己理解中的艺术体系，一些音乐加上诗歌与美文，一些空洞而又遥远的艺术理念，为美而构建一个世界，像川端康成和徐志摩那样。那时我带着来自一个新兴都市那种杂糅而成的流行文化进驻古都中一片古老的园子，带着盲目的自信迎接与古老文化的对撞，就像我曾写过的、针对郁达夫的《故都的秋》的一首诗："故都的秋天在雨点中哭泣。"

第一年征服我的并不是北大那种令人神往的情怀，而是我盲目的对北大的崇拜。像每一个新生一样，我好奇而故作老成地拥抱每一个可能性，那种所谓的学术氛围。我购买了一本《日本史》与一本《中华神秘文化》，自命对国学颇有涉猎，硬着头皮去听"方术""易经"。我加入了那传说中美好的五四文学社，交上我一首低劣的诗作并竟在一张印刷同样低劣的社报上刊登了出来。那时我自豪地领着我的高中同学指点着说："喏，这是未名湖，那是博雅塔。"

那时有许多讲座与选修课，今天看来都是没有多大意思的。但有两门课给了我极深的印象并给了我不可磨灭的影响。一门课是"人生理论与实践"，授课教师是一位年轻、平易近人的青年博士，他今天已做了大官，不知是否还能保持往日的气节，至少他已开始反对一些他曾支持的东西。那时他告诉了我们许多事儿，那个他求学时的辉煌年代，那些让我们心动的日子。这大概是唯一受学生欢迎的政治必修课，也是我在大学里为数极少的全勤课。这门课最后是开卷考试（我大学生涯中唯一一次）外加一篇论文（我最喜欢的考试方式），我写了一篇极长的论文，阐述了一些关于我的唯美主义体系的理念，没想到感动了这位老师，他在课上对我的论文大加赞赏并让我上台和同学们谈一谈。那时我阐述了一些幼稚的理念，一些对北大以及我们未来的粗浅关注。现在回忆起来，那门课告诉了我什么是真正的北大，它在哪里，但并没有告诉我怎样去找。我的心里缠上了一个结，那些如诗如歌的岁月，气象万千，荡人心魄，不仅仅存在于我的理想之中。

另一门课是杨铸老师的"艺术概论"。他是很好的一位老师，有着目前北大教师中已不多的一些品质：宽容、清高、不媚俗。他执着地爱着艺术，与现实抗争，用高尚的心来引导我们。在他的课上我有很多体会，很多感动的时刻，写下过我最好的一首诗。如果说"人"那门课让我了解了北大那段让人魂牵梦绕的日子与曾经拥有的精神，"艺"这门课则让我找到了北大许多现存的可贵的东西。

大一有一件很有趣的事件，可算是我们对北大现状的一种挑战，虽然以失败告终。晨跑是我认为北大最腐朽的制度之一，在曙光初露、空气至为污浊、生物钟正处于睡眠阶段时赶起一样睡眼惺忪的学生们到湖区去狂跑一通。上学期是绕湖而走，教师在小桥处给票，于是各位哥们儿在湖光山色的遮掩下奔向终点附近的山头，迂回之后再次回到终点，效率高者一个早晨能拿四至五张操票，那么剩余的几天便可以呼呼大睡。下学期是出早操打太极拳，由于无法投机取巧，我们宿舍的哥们儿无一拿到足够的操票且连半数也不到。我们起初认为学生管理人员会睁一只眼闭一只眼，于是毫无惧意，不料系中管理学生工作的一个中年"女头目"极其老练地把我们狠狠地臭骂了一顿并威胁不交足操票将没有毕业证书。在不能毕业的威胁下，我们惊慌失措四处求援，好不容易找到一些白色操票，但由于当次操票是绿色的，我们便开始彻夜伪造早操票，工艺如下：

1. 把手头的白色操票整齐地贴在一张白纸上并复印出若干张。
2. 配制淡绿色水粉颜料一份，调匀。
3. 整齐地将水粉颜料刷在复印好的操票上，待干后剪开即可。

这样制作出的操票合格率约为 30%，因为大多色彩浓淡不齐，但也有几可乱真的制作。不过最后我们并没有交上伪造的操票而是依靠系内学生会的巨头一次拿来数百张足够我们跑至毕业的操票，如果我们愿意的话。

当我们毕恭毕敬地交上贴好的操票加检查一份时，"女头目"做郑重状地拿出同样约有数百张的操票语重心长地告诉我们，校方也不是不想办法，领导还是很保护学生的，要让我们感激涕零。

大一另一建树是某一著名剧目的诞生。在群体智慧下我们创作了第一版的《荆轲刺秦王》，李饰的秦王与师父饰的秦舞阳均为低能儿，童饰的楼长进入秦王宫缉拿小贩，和氏璧变成了一盘 CD，而邹饰的荆轲号称自己可以钻进一个瓶子。在班级 party 上我们大显身手，出尽风头。这出剧流传到了昌平园并成为戏剧社当年最早公演的剧目之一。在大半年后我的女朋友向我提起这出剧时，我坦诚地告诉她这出剧是我的作品，她几乎把我崇拜死。《荆》剧后来还出现了两个版本，那是后话，暂且不提。

大一有些事儿是让我真正感动的，其一是我参加的唯一一次未名湖诗会。当时我尚未由于艺术上追求的变化而辍诗，而且诗会本身是很具备吸引新生的力量的。在那已经蜕变成中文系小圈子的舞台的诗会上我没有听到什么好诗，但却见到了一名校园歌手，听到了一首令人感动的歌。他的名字叫许秋汉，那时还未毕业，唱了一首《未名湖是个海洋》，打动了在场的每一个人，在初春微寒而又带有暖意的风中，音符飘荡着，我听着他那忧伤的声音追赶着那清亮如水的吉他声，这是最美的诗篇。

后来终于接触了那盘《没有围墙的校园》，它没法与高晓松的作品相比，但也能让北大的人们找到温暖的感觉。我于是也执着于音乐，执着于吉他，诗歌脱胎于音乐而终将回到音乐中去，挎着吉他的游吟诗人比苍白的宫廷诗人更能打动读诗的人，写自己的诗唱自己的歌记录自己流浪的历程曾是我的梦想。在学琴的日子里我仍常常听那首歌，不错过每一次感动。但我在音乐上这样的追求未能持久，那种田园牧歌式的低吟浅唱不适用于末世纪，北大需要更有力量的声音来打破沉默。

被称为 20 世纪最后的文化英雄、另类摇滚诗人、Nirvana 乐队的主唱 Kurt Cobain 的名字漂洋过海来到北大。1996 年 4 月，他自杀身亡后的两周年忌日，不知是谁在三角地贴下了他的巨幅照片，以及黑底白字的"In Memory of Kurt Cobain，1967—1994"。那时的我在三角地驻足了很久，他沉默地看着世人的眼神令人难忘，尽管当时我并不理解他，直到后来我才明白音乐可以像文学一样，可以是矛，是剑，是划破黑暗的闪电。

大二是一片纷乱的岁月，但有个有趣的开始。我与我同班的琴友，也是后来同组乐队的哥们儿——朱，以及一帮好热闹的哥们儿到湖边去弹琴唱歌。那时我们技术低劣却热情高涨，在湖光塔影中我们唱着校园民谣，那是不知忧愁而多情的少年意气。我们吸引了一个吹口琴的女生，她与我们合奏。她是一个有趣的人，特立独行，常常喜欢一个人跑到湖边坐一晚上。她给我看她的日记、她写的诗，我即兴地把她的诗编成歌弹唱出来令她兴奋不已。她还有些不成熟，对流浪充满了幻想。我们抵挡不住初秋后半夜的寒意，钻进一个乌烟瘴气的通宵录像厅挨到天亮。我们虽然互留了姓名，但仍然只是一场萍水相逢，自那以后就再未相见。有趣的是，当她踏上回家的公共汽车时，我们背着吉他走进了校园，满面倦容。当日正是新生报名日，黎明时分，早起搭好迎新生的桌子的同学们向我们大呼：欢迎新同学！相信若在场有早早起来领略北大风采的新生与其父母看见我们一行人，必会对北大的看法大有改观。

大二开始涉及一些实际的事情，首先是婚姻大事，大学四年没有伴侣是不易挨过的。我没有在这方面花太大力气，我的女朋友看见我弹琴唱歌，以及我书架上那些文科生也不大看的书后很容易地爱上了我，其后虽然几经周折，但她现在仍是我的合法伴侣，我们是热情大胆的一对。尽管北大有一条腐朽的校规，我们视之为无物，我坚信两性之相悦是世间最美的景象之一，国外校园中男女热吻会有人鼓掌的，在北大却有人会掩目疾走真是不可思议。我们虽然遭到过一些假道学的呵斥却丝毫不以为意，君不见今日校园内热情男女愈来愈多，足见这是文明发展的趋势，道学是挡不住的。没有人去商议取消那条校规是因为压根儿没人会去执行它，保留一些这样的条款可以增加校规手册的厚重感而让人肃然起敬，当然也可以用来垫桌子脚。大惊小怪的倒是洋人，今年夏天有一幅于北大拍摄的男女热吻照片刊于《纽约时报》，注曰：前卫的北大青年。说来也巧，这对男女恰好也与我相熟，我只是深恨被摄入镜头的为何不是我。

大二的冬天，《荆轲刺秦王》的第二版登场了。这次的编剧换作了李，我在其中充当了一个小配角，但颇得其乐。大二时周星驰的文化已深入人心，这是末世纪的特征，幽默是高智商的人的专利，我们对春节联欢晚会上那诸如"生猛海鲜"的小品嗤之以鼻但深爱着艺术大师周星驰。我们大段大段地背诵着他的作品，尤其是名著《大话西游》中的台词，且活学活用，将许多台词融入生活用语，最终形成一套外人难懂的黑话。

事实上周星驰在北大极有市场，是体育中心录像室的票房保证。周星驰的幽默观极大地影响了我们的生活与思维方式（邹甚至认为幽默是生命的第一需要），自然在《荆轲刺秦王》中有深刻体现。在第二版中，秦王仍是个低能儿；一个勇敢的刺客（荆轲的师弟）连续三次刺杀于他，总是能从守卫手中逃脱；秦舞阳也是个成事不足败事有余的饭桶；荆轲与秦王展开激烈的单挑，有极幽默的武打动作。整部作品到处渗透了周星驰的影子，但我们受欢迎的程度并未因此打折扣，成为当年系 party 上最受欢迎的节目，观者如云，笑声不绝。

大二另一件大事就是军训。把一些有理想有文化热爱自由的人拉去过一些没科学规律的生活实在幽默。所有人的身体素质均不同程度地下降。唯一可圈可点之处在于我们在军营这一"高压统治"的地方闹起了斗争,迫使我们的班长再也不敢罚我们拔军姿。争取到自由的胜利是无比甘甜的,比训练后大汗淋淋地享用午饭还要甘美。不过现在回想起来,战胜一个没有实权、只是传声筒、年龄与我们相仿而又老实巴交的班长实在没有多少成就感,何况他只有一个人而我们有一堆人。

大三是井然有序而又极为繁重的一年,但哪里压迫最深哪里反抗就最强烈。在课业重压与考托考G的巨大压力下,我们都走向了成熟,想一些不同凡响的事,干一些惊世骇俗的活儿。其实,有了这样的人,北大才成其为北大。

末世纪的北大与往日的不同,托派G派队伍迅速扩大并有占据主流之趋势,某本厚厚的单词书成为许多人的必读书,每个人都渴望将自己贩卖到大洋彼岸并卖个好价钱。我宿舍也有四人投入到这大潮中去,我是其中最投入的一个,黎明即起,熄灯方归,一点不像个热爱生命热爱自由的青年(但恰恰正是热爱生命与自由才要考托考G)。面对没有生命的单词时,内心的热情与日俱增,总想大喊大叫,躁动不已。

情感需要宣泄的方式,那时的我已沉溺于吉他这一工具不可自拔。在熄灯后的楼道里我常常独坐弹琴,朱也常来合奏,我们也常去湖边,去草坪弹琴唱歌。我那时喜欢的是重金属,喜欢那疯狂的节奏与撕破天空的尖厉的主音吉他,喜欢 Guns & Roses 中 Axel Rose 的唱腔,喜欢 Metallica 的狂暴,也同样喜欢唐朝那不凡的音乐气度,喜欢张楚的音外之言。最令我陶醉的是摇滚乐那反叛一切的勇气与摇滚诗人的内心自省与对社会、道德、人性与艺术的关注。比如唐朝乐队有一首歌《太阳》中有两句歌词:

别想把黑暗放在我的面前

太阳已生长在我心底

这是何等的气度！在大二时我已辍诗，而专注于吉他，一方面我觉得现代的诗已在形式上达到极限，它需要进入别的领域，音乐、绘画、雕塑，甚至生活方式；另一方面摇滚乐带来了新的气象，它不去逃避什么而是去否定它的敌人——用它自身无限的力量。

朱很喜欢 Kurt Cobain，自高中开始。Kurt 用新朋克那粗糙、不经修饰但又满怀力量的方式向 90 年代末世纪的美国做出了挑战，他的歌词中有痛苦、疾患、自省。像每一个诗人一样，他的生活充满了痛苦，商业成功不能给他带来快乐，他终于在二十七岁时自己结束了自己。听过他的"不插电"演唱会的人都难忘他在"*Where did you sleep last night*"中的哭泣，那是他最后一次登台。他是应该被记住的，尤其在北大，在一个应该有自由、民主、文明的地方。

在枯燥的单词与颓废的歌声里日子一天天过去。冬天越来越近，最后终于下起了雪。某一个寒冷的晚上朱和我说："组个乐队吧。"于是"噬菌体"乐队就诞生了。

乐队的名字很有趣，这是一种细菌病毒，之所以取这样一个名字完全因为曾有一群科学家组成这样一个团体来共同研究 DNA，这样一个名词比许多故作颓态的乐队名称更有意思。我与朱是核心人物，李、童、王均是成员。

北大当时没有乐队，弹琴的人也不是很多。组队的初衷是为了在系里 party 上表演，我们还没太大野心。万料不到英雄好汉竟然折在了系里那帮官僚学生手里，我们那些 Nirvana 风格的演绎显然不对他们的胃口，但没想到他们宁可整个 party 没几个节目也要把我们扼杀掉。这种结果自然叫我们愤怒,恰好当晚有一个"希望之夜"的义演活动,我们便开到那儿去火了一把。这是我们初次登台,有点紧张,后来发现根本看不清台下的观众,也就坦然些了。演出的效果不是很好,主要是气氛不大对得上,而且,打那时起,我们就被打上了另类的烙印。

由于在本系登台失败,我们誓要去他系报仇雪恨,我们先后去历史系与西语系登台,效果还不错,尤其在历史系灭掉了两个"武器精良"的日本人令我们颇具成就感。最后我们还自己录了一个小样,是三首我们演绎的作品,分别是 Guns & Roses 的 *Knockin'on Heaven's Door*、Nirvana 的 *polly* 与崔健的《一块红布》,感情上的力量弥补了技术上的不足,朱唱得很好,哥们儿也演得很不错。

那晚在录完小样后我们来到了冰封的未名湖面上,带着吉他、键盘和鼓。那一天是大年夜,未名湖上全是人,无数的烛光像星星一样闪动。人们手拉着手绕着圈子在冰面上跑动,没有官方组织,没有老师与校警维持秩序,在那一刻,你能体会到熟悉而又被淡忘的感动,每一丝记忆中的浪漫回到了眼前。我们在冰面上唱着歌,人们围成一个很大的圈在我们身边飞转着。那是我们所爱的地方,美丽的地方,自由的地方,栽种梦想的地方。

冬天过去,春天来了。北大的一件大事就是要过一个大寿。不过不是它给自己唱首生日歌,而是别人给它穿戴整齐,拉到宴席上再端上一个大蛋糕。首先是在大门前竖起了一座奇异的白色物体,上面有跳动的红色数字,这种哗众取宠的方式实在滑稽可笑,但更滑稽的是某系竟号令该系学生手持拖把每日清洗之。李的一句话说得好:"每天我经过它时不觉得脏,但若看到一群人在那儿洗刷,我就会认为那东西真的很脏。"随后校内大兴土木，路面像挨过轰炸似的，号称要整理内部排水系统，但如今每次下雨北大必涝，有一次我仔细观察了一下才发现校内许多排水孔竟都设在高处。古老的充满韵味的建筑物被涂上了俗不可耐的红白漆，本来美丽幽静的路上常异峰突起一道减速栏，本来已水泄不通的要道上竖上两三个隔离墩，犹如石狮一般。

北大图书馆新馆是大蛋糕中很重要的一块，也很有意思。某个黄昏我从化学楼骑车回校时，在东南门处，远远地望见那即将竣工的新馆，内心突然跳出一个词：紫禁城！那新馆在暮色中巍然屹立着，我耳边仿佛传来了钟鼓楼的钟声。骑近了在面前仔细端详，这新馆夜里像头会吃人的巨兽伏在黑暗中（现在有灯光了好一些），白天则像座大雄宝殿，自从加上那两头石狮子后则更像了。

没过多久校内还出现了一群合法的小贩，就像在旅游点一样贩卖着与生日相关的一些无实用价值也无纪念价值的玩意儿。这些玩意儿还在卖着，也许会一直卖到下一次大寿时为止。

大寿时有许多庆祝活动，有些层次太高与我们无缘。有一些很有意思，其中一个活动请来了一个活蹦乱跳深得少男少女倾心的奶油小生，我个人认为这种活动实在是对北大人智慧的侮辱。其中有两个活动与我们密切相关，一个活动是"十佳"歌手大赛，一个则是由校研究生会举办的号称"泸河之夜"的晚会。

先说前者，活动宣传得轰轰烈烈，而"噬菌体"当时是校园里不多的资深乐队之一，而且有最好的器材，我们怀着志在必得的心情报了名。参赛作品是朱创作的一首慢摇滚作品 *Amazing*，很煽情；副歌是有点 Nirvana 式的 Grunge Rock。我们很用心地为这首歌配上了 Solo、节奏吉他、贝斯、键盘及鼓点。我们对自己的编配很满意，旋律很美，和声丰富又有前卫的音乐元素，又是原创作品，的确有点

"不胜无归"的气势。

直至比赛当天我们都很自信,但到赛场一看却傻了眼,艺园四楼那破旧不堪的音响器材,朱的声线根本无法在那话筒里展开;再看一看评委,更傻了眼,除了许秋汉是专业音乐人,其他人则是官僚与类似官僚的老师。我可以想象失真、重金属效果于他们是什么。硬着头皮卖力演了一场,震了全场,我清晰地记得其中一个老师皱眉头的样子,于是我们"光荣牺牲"了。

不仅仅从"十佳"铩羽而归,对乐队更致命的打击是来自乐队内部的分歧,"十佳"结束不久乐队就解散了,我与朱保持着"噬菌体"的名义在校园内参加过几次活动,永远保持着那挥之不去的另类色彩。

乐队是我理想的一部分,能够另类地活着也是一种力量。不必长发披肩,保持着另类的生活态度冷静地看着变迁的世事与丑恶的事物就已经是难得的了。我们平静而带着热情去追求技术与内涵上的成熟。音乐不会是我的终身职业,但我的生命却从此离不开音乐。做一个书卷以外的诗人,叙述自己生命中的故事,叙述这个社会所需要的一切,不论身在何方。

另一件事要有趣得多。我们始终作为戏剧社以外的一个另类话剧团体,进行着与主流社团不同的艺术追求(其实他们已经颇为另类)。幽默、高智商者的艺术,始终是我们的目标;周星驰是我们膜拜的唯一偶像;自己不笑而让所有观众大笑,是对我们的最大挑战。

《荆轲刺秦王》是我们的代表作,它的第三版就在校庆时诞生了。某个下午校研究生会的官僚们与一群出自名门的导演在审查"泸河之夜"晚会的节目。寥寥无几的低级节目让那些导演们神情肃穆。于是我们上场了,尽管几乎没有道具、音响与灯光,全靠语言与身体语言,我们把在场的所有人逗得大乐,轰笑声接连不断。

于是我们仿佛通过了初审。那个为首的、极其雄壮的导演给我们提了一些专业上的意见，还专门调了一个导演来领导我们，前途仿佛一片光明。

我们很投入地开始排练。我在其中饰演秦王驾前的首席军师，同时也是个宦官（形象上不太对得上），李依然饰演低能的秦王，童则饰演一个执着得可爱的刺客。荆轲与秦舞阳形象上反串了，荆轲变成了饭桶，而秦舞阳变成了勇士。剧情已经很丰满了，此时我们却尝到了牺牲艺术的苦头。那个傻呵呵的、话剧演员出身的导演，不断给我们提一些荒谬的修改意见，整体目标是要把我们作品的格调降至春节联欢晚会上"生猛海鲜"的那个水平。我们无奈地昧着良心接受了一些却不得不强烈地反对另一些，因为他提的意见开始自相矛盾起来。于是这个导演运用强硬手段威胁我们要砍掉我们的节目，殊不知我们怕很多事就是不怕强硬手段。斗争的结果是双方的妥协。我们接受了一部分恶俗的意见，尽力把它演得不恶俗，导演也变得和善起来并与我们同甘共苦。

我们混到了正式出演前一天的前台练习，我们的导演也热情高涨信心十足。但我们最终被那个伪善的极其雄壮的总导演枪毙掉了，理由是我们的气氛与总体不合，就这样埋葬了我们数十小时排练的心血结晶。我离开现场时看着台上那令人哭笑不得的恶俗节目、那位热情的导演与默默注视着我们的校研会一位默默干实事供人差遣的老实巴交的小官，他显得有些内疚，我心里感慨万分。

这两次失败带来的主要不是痛苦而是思考，思考让人成熟。校庆中学校的纷乱不堪，明显的区别对待，无聊的活动，校方的那场凭关系才能进入的晚会，这一切都让我思考。北大，你怎么了？

5月3日夜里，校方预演的晚会散场后，很多人涌向南门要与那块愚蠢的白方块合影，朱与我则挎着琴沉默地到达了静园。戒严线已暂时拆除，草地上一片狼藉，台子很大只有几名校警巡逻，投射灯放出奇异的光芒。

我静静地听着燕园的夜声，远处喧闹不断，这里却很静。风很温柔，不远处有一群未到中年的校友在路灯下玩牌。我回想许多次为北大感动的时刻，这片改变了我的圣地，我愿意为你付出我的心与血，为了你圣洁的美，为了那些美丽的诗篇与动人的理想，为了许多代人在这里种下的梦。北大，今天是你的生日，你快乐吗？

我们在午夜的寂寥中唱歌，不相识的人们走到一起，坐在我们身边与我们同声唱和，连校警也在我们身旁坐下。我们用自己的方式庆祝属于我们自己的校庆。一位喝了酒戴眼镜的男同学冲天空大喊："这就是北大！百年的北大！"

北大，我们唱的歌你听见了吗？我们对你的生日祝福你听见了吗？我们的呼声你听见了吗？

校庆后我产生了一个非常坚定的念头：我要把北大给予我的许许多多珍贵的东西贡献出来，它们已经很难再找着了。往日的北大精神，如歌的岁月，荡气回肠的日子，如今一天天被市井气息吞噬着。我们很幸运，通过不同的方式捕捉到了那些珍贵的点滴，很多人没有，我们的后来者更没有。那些可贵的真实的一切像绿洲在沙漠里消失，很多年后人们走过时也许以为这里从来就是万里黄沙。那塔还是那塔，那湖也还是那湖，但失去的不能再挽回。许许多多美丽的感动，它们不该被忘却。

我觉得有义务干些什么。有一天我看见了《火与冰》广告中钱理群写的评语："很难得北大里还有这样醒着的青年"，我仿佛忽然得到了提醒，失落的东西在许多人的心里，他们埋在了人海里，于是我们认为那珍贵的东西已经丢失了。如果我们能够找到这些人，让他们说出心里的话，并让每一个人听见，那我们就找回了我们失去的一切。

我把我的想法告诉了师父和李，一拍即合。本来想成立一个社团，但手续烦琐而限制良多，不如自己创办一本刊物，自己筹资组稿，再散发给大家。

于是我们决定采取挂名的方式办一份自由的刊物，最后我们采用了《原生》这样一个名字，与"原道""原君"之类是相同的意思。没有钱就向校外企业筹款，一家我们常光顾的饭馆爽快地给了我们第一期的必要经费。没有稿件就由我们自己写，师父的美文，李的思辨，我女友的细腻笔触，再加上一些慕名而邀来的稿件。童为刊物做了大量实际工作，为《原生》的诞生做出了巨大贡献。我交上了一篇评介摇滚乐的稿子，后来分三期才刊登完。我郑重地把《原生》诞生的来由记录在刊尾语中。一群理想主义者，无偿的劳动，克服困难，得到了一枚理想的果实。

《原生》第一期共印了二百五十本，无偿地散发了。我们很高兴听到了一些回音，证明我们的努力没有白费，也给了我们一些方向上的指引。

度过了暑假回到校园，陡然觉得自己的心态老了很多。看着不久前一些熟悉的人离开了熟悉的地方，而如今我们也加入了这个行列。前途、希望，一切都陷入了一种奔忙之中。闲暇里看一看，北大还是北大，燕园还是燕园。

不知不觉迎来了我在北大也许是最后的一个秋天。这个秋天短暂、清冷、多雨，就与我来时一样。身边的人在为前途奔忙，我也在忙，只是心头全是迷惘。有的人已经休息了，有的人还在奔走；曾经有的开始失去，曾经失去的只留下遗憾。

在这种沉重的心境下，《原生》第二期诞生了，我们试着向全校征稿，竟收到了雪片一般多的稿件。这种成功叫我们欣慰。我们甚至收到了令我们感动的读者来信。我们找不到放弃理想的理由。

在来稿者中我们听到了许多声音，我很感动北大里还生长着这么多理想主义者，希望从来不曾失去过。

这样的路我们必须走下去。

不久前，为了筹集《原生》第三期的资金，我们把积存的百余本第二期以成本价出售了。我们在食堂与教室门前叫卖，与小贩无异，但我内心毫无愧意，我们出售的是极珍贵而又廉价的文化与艺术，是得来不易的自由，是许多人的理想。

我们得到了绝大多数人的理解与支持，他们的微笑是对我的极大安慰。有一位中年人买下刊物后说："你们很不容易。"我坦然回答："为北大做点事儿。"他很感动。

在某些时候我也曾有过一丝惆怅。黄昏时分我与哥们儿在学一食堂门前卖刊物时，广播里传来呜咽的口琴声。一种奇异的感受涌上心头，我们就要离开这片深爱的土地了，今天的景观，以后还会不会出现？我们所拥有的理想，以后还会不会有人记起？让我们魂牵梦绕的北大，你还能再这样坚强地走多久？

[叶宁：男，1995年考入北大生命科学学院，1999年毕业。现在广东工作。]

永不落幕的戏

王 润

> 装着服装道具、载着男男女女的大车,一个又一个世纪在世界各个地方游荡。这些人永远是快乐的穷人,把废墟变成宫殿的魔术师,深知人类一切隐秘感受的儿童,一群组织起来的疯子!你那些自己也不能确切把握、没有利益计较的热情,在这个实用目的越来越清楚的生活里显得不合时宜、常常碰壁,便正好有戏剧来收容你。
>
> 然而它不是慈善机构。它向你要的,比给你的,要多得多。
>
> ——题记

一

1995年的秋天,我们这群被"扔"到昌平园的大一新生,睁着懵懂好奇的眼睛打量起这个荒凉的地方,有失望,也有希望。不甘的寂寞的青春啊,很快地,宿舍楼前的"小三角地"布告栏上贴满了花花绿绿的招新海报:昌平园广播电视台、昌平园园刊编辑部、昌平园新闻社、文物爱好者协会昌平分社……"北京大学戏剧社昌平园分社"!一直喜欢看话剧的我,心像被什么戳了一下,"怦怦"地跳个不停。

不过，还是在室友的撺掇下进了广播电视台。"戏剧社"的梦被我叠了叠，藏了起来。

有一天，在四号楼低头不见抬头见的百来号口子里，我发现了一个面熟的男生。虽然彼此并不认识，但是我们曾打过一次小小的交道。借着一次偶然的机会，我向他打了招呼："嘿，北京的吧？"

"啊？噢，对！"他一脸的莫名其妙。

"我见过你，在北大英语口试的时候，我借给过你笔。"

"啊？是吗？"又做恍然大悟状，"那谢谢你！"

不知他是否真的想起了我，但也算是认识了吧。

后来，大家熟了，我知道了他叫邵泽辉，并且，居然是戏剧社的头儿。凭着这份交情，我就"走后门儿"加入了梦寐以求的戏剧社。

昌平园的日子开始不止有蓝天和白云，变得鲜活丰富起来。我们在一起煞有介事地讨论剧本，然后将它们一个个搬上"舞台"——101自习教室。在课桌围成的前台上，我穿着妈妈的旗袍，"粉墨登场"。

这是我第一次登台表演，剧本是丁西林的独幕剧《酒后》。剧情是一个30年代受五四运动思想影响的妻子，在一次聚会后和丈夫探讨关于人生和爱的问题。由于丈夫略带玩世不恭的调侃，妻子提出了要吻一下他们喝醉的一位富有才华却又潦倒的朋友。演员一共三个：饰演妻子的我，饰演丈夫的郝勇和一直躺在舞台一侧装睡的饰演朋友的邵泽辉。

戏演得很成功。一方面是因为郝勇诠释角色十分到位，使我也自如放松，共同去体会角色微妙复杂的心理；另一方面是观众的配合。我这时才知道对于一个演员来说，与观众的交流是何等的重要，舞台的魅力也正在于此。聪明的观众们总是能恰到好处地爆发出笑声和掌声，回应着也刺激着我的表演。那些原本还不十分确定的感觉，在舞台上找到了它们应处的最佳位置。

演出后的快乐是无法形容的,于是我们去喝酒,体验真正的"酒后"滋味。

演出的成功与收获,使我更加迷恋舞台艺术,虽然身处昌平,回城极为不便,但我几乎没有落下一场北京人民艺术剧院、中央实验话剧院的演出。也就是在那时,我认识了林连昆、梁冠华、濮存昕、吕中、徐帆等话剧表演艺术家。简朴的后台化妆间里,这些名角一副安逸平和、荣辱不惊的大家风范,他们在台上一丝不苟、认真演戏,在台下真诚质朴、随和风趣,使我明白了鲜花、掌声背后还有更多东西。

戏剧,真的不是那么简单。

二

在一个初春风和日丽的午后,昌平园来了三个奇怪的客人,打头的是个小姑娘,个子不高,戴着一副酷酷的墨镜,摘下来其实笑得挺可爱;后面跟着两个着绿军装的男生,状似保镖:一个浓眉大眼,眼里的光芒不由得让人想到"信仰",活脱脱一个"文革"时期的红小兵;另一个胡子拉碴,滑稽的圆眼镜掩盖不住一对狡黠的眸子,倒像个睿智的老头儿。这个让人想起《阳光灿烂的日子》的奇怪组合——周颖、高山、孙柏,便是北大剧社的核心。其中高山是社长,孙柏是对戏剧颇有研究的编剧和理论家,周颖是个能干的好管家,为剧社立下了汗马功劳,后来我接下的也正是她的担子。

这三人美其名曰来昌平园"交流交流",其实也是趁着天好来郊外玩玩。大家是一见如故、相见恨晚。又互相介绍了燕园和昌平园两处剧社的发展情况,总结出昌平园戏剧演出随意性较大,不够成熟,但校方支持多，排演场地方便，观众热情高，有利于戏剧的普及和剧社初期的成长。而燕园这边更宜于创新，已有一些"戏剧理念"，演员的功底和对戏剧的认识也更成熟一些，但也面临地广人忙、校方爱莫能助等实际困难。于是大家在互相羡慕中决定取长补短，筹备在燕园的第一次面向全校的戏剧社汇报演出。昌平园的《酒后》和另一个由邵泽辉主演的《人与狗》属于入选剧目。

到燕园去参加彩排，虽然名义上早已是北大一分子，但因一入学便被"分配下乡"，这会儿看到熙熙攘攘的人群和肆无忌惮的一对对"鸳鸯"，难免生出一份乡下人进城来的怯意。尤其发现这边剧社人才济济，各方面都比我们高出一筹，又有专业演员英达、英壮、师莉老师的指导，不由得又觉自己仿佛"后娘养的"。排练时，《酒后》又成了老师们攻击的重点，认为对白太多、不够贴近现实生活等等。我们虽有自己的想法和意见，但面对专业人士的挑剔，只觉心灰意冷，欲辩无言。还是高山、孙柏和周颖他们安慰了我们："这些老师只是我们请来的表演指导，主意在我们手里，不必全听他们的看法。我们都觉得《酒后》不错，参加会演没问题。"一席话又重新树立起我们的信心。他们的那份自信、亲切和有主见，使我深感北大剧社的自主和温馨。

当晚"借宿"燕园 36 楼。我们这些昌平来的"乡下孩子"，叽叽喳喳地讨论个不停。一面在对比中寻找并建立自尊与自信，一面惴惴不安地猜测、幻想着半年后将在这里生活的不远而又遥远的未来。

正式演出那天，在办公楼礼堂里，大家都又兴奋又紧张。台下坐满了人，昌平园有同学自发赶来为我们捧场，爸爸也扛着摄像机为我们摄像。对于燕园人来说是把沉寂多年的北大剧社推上北大舞台；而对于昌平园的我们，还存在着首次登上真正舞台、面对据说很挑剔的北大观众的局促与不安。可喜的是，演出竟出乎意料的成功。大家都说"多年没在北大看见这样的演出了"，《酒后》也在观众们不断的笑声和掌声中寻回了自信。落幕后，高山兴奋地拥抱了我一下。因为戏剧，我们是相通的。北大剧社的《吝啬鬼》《魔椅》等剧也使我们大饱了眼福，欣赏到我们自己同学的精湛演技。

演出结束后，燕园的演员们和老师一起欢庆成功，我们却还要连夜赶回昌平园。和燕园的兴奋相比，我们更显得默默。在车上，我反复思考着《酒后》的成功所揭示的校园戏剧的命运。为什么它受到了专业演员的激烈批评，却在学生中寻到了知音？无论是在昌平，还是燕园，观众都用热情的笑声掌声表达了他们的认可与喜爱，后来还被人评为"整场演出中最像戏的戏"。或许这正是校园戏剧的立足关键。它虽然和专业戏剧在表演上存在着先天的差距，但是它绝对可以在思想内容上、立意创新上、对戏剧的不同阐释上赢得一席之地，并与专业戏剧一争高低。我暗暗念道：北大，北大剧社，等我回来！

三

1996年秋，北京最美丽的季节里，我们回到了迷人的燕园。经过一年昌平园的磨炼与"实习"，以及和北大剧社的不断合作与交流，我自然顺理成章地与邵一起"转了正"，成为北大剧社成员，并和老社员建立了深厚友谊。

开始有了共同干一番事业的感觉。在大多数人各自忙忙碌碌的校园里，竟有这么一群有趣又有才华的家伙，用那使不完的灵气与热情，一起创造一个新世界。在这里，我们得以摆脱"第二次断乳"——由昌平园的"高四"生活到燕园的真正大学生活所带来的迷惘与失衡，找到属于自己的位置。在这里，我们尝试体验生活中各种角色，尝试用简单朴实的对白去揭示人与人之间复杂而微妙的关系，尝试用各种方式去解释、对抗、消解、创造抽象的词语，而这一切，都通过表演来完成。在这里，我们都是观众，又都是演员，平等地提出也接受批评与赞扬、笑声与掌声。在这里，我认识的每一个人都有许多故事，我惊叹于故事背后所蕴藏的巨大情感，并为自己有幸阅读这些故事而快乐欣喜。在这里，我为自己"存在着，并有意义地存在着"感到由衷的安心与满足。

这一群人"玩"够了之后便"撮"饭，在小南门外的小饭馆里"把酒论英雄"，常参加的我、邵、高山、孙柏自不用说，还有无论怎么醉也能清醒地和人讲价的朝晖，总是念叨"我的德国朋友说"然后就把盘子扒拉得干干净净的张辰，写不对"醋"字却最爱吃糖醋里脊的陈阳，喝醉不喝醉都一样优雅的赵嘉和喝醉不喝醉都一样迷糊的米乐……我们大声喊着社菜"糖醋里脊，汁要多些"，孙柏还要补上一句"溜肥肠不要洗太干净"，啤的、白的，喝它个不醉不休。笑啊，唱啊，醉了，晕了，有些人趴在桌上说起了梦话，有些人唠唠叨叨自己都不知道讲些什么，听的人却煞有介事地拼命点头；撒贝宁举杯高喊"演戏演戏我们就是要演戏"；孔兵杰小声嘀咕"要问为什么就去查查《十万个为什么》"；韬韬被啤酒浇了一身；被称作"女中豪杰"的我虽数杯下肚，面不改色，比平日还要温柔几分，却因高山云里雾里的一句话，抱着茶壶哭成了个泪人……

这都是怎么了？半夜两点，走出打烊的小饭馆，晃晃悠悠一行人来到未名湖畔。有人像是要走入湖心邀明月，有人在小声哼唱一支无字的歌。终于禁不住深秋的寒气，转移进了一间通宵自习室。我熬不住了，一觉醒来，已是天明，身上竟盖着大衣，而大衣的主人孙柏正哆哆嗦嗦抱着肩膀踱来踱去。

还有一次是摸进学生会,听孔兵杰讲了一晚上的高山逸闻趣事(现在我也可以),大家平均每隔三秒爆发出一阵哄笑,高山在外屋竖着耳朵也跟着偷笑。就这样笑着,笑着,竟笑到了天亮!

这不是醉生梦死的一群,或许喝酒放荡是因为志向太高,退隐山林是因为现实感太强,勇敢常因为背过"怯懦"的名声,谦虚也许因为曾经骄傲。而这群成天喊着"戏剧""演戏"的家伙啊,倒是生活中最率真诚挚、最重情讲义的一群!

我们拍拍彼此的肩以"同志"互称,把剧社称作"好人剧社"。一起去选"西方现代艺术史""大众文化研究",一起去听音乐会,看话剧。听讲座时第一排差不多都是我们的同志,三教门口随便聊聊就会聚上十好几个剧社成员,我们新印的文化衫在校园里像是一面旗帜,随处可见,我们还回到了昌平,不忘那里曾是我们的基地。剧社简直要"一呼天下应"了!

孙柏又写了个好剧本;宣传组新来的阿萌、李兰、孙莉把海报做得有模有样,三角地好评如潮,树立了剧社新颖、独特的形象;郭佳请来青年艺术剧院的灯光设计师,再加上中国音乐学院的李西安老师和北京舞蹈学院的王春红老师的音乐、舞蹈设计,剧社 1996 年的冬季公演又拉开了帷幕。包括一台在办公楼礼堂的大型演出——孙柏的《弃婴》和加缪的《误会》以及一个在勺园多功能厅的沙龙——请同学与专家一起观看并讨论孙柏的实验剧《扑灯蛾》和《弃婴》。

准备工作是复杂和烦琐的,紧张繁重的排练自不用说,三个剧组使尽了浑身解数。借场地、借服装、借道具、印节目单、请嘉宾、拉赞助……都得有人做。更重要的是,剧社制度不完备,隐含着各种弊病。那晚,我、赵嘉和陈阳为剧社近期如何搞好这台演出,如何建立更合理有效的制度费尽心思。我和赵嘉关心的是计划的可行性，而陈阳更顾虑如果剧社实行改革会对现在亲密和谐的关系造成什么样的影响。我才发现这个一米八几整天乐呵呵的大男孩竟有着如此缜密细腻的情感世界。后来他又特意给我打电话，反复叮嘱我若要实行"改革"，一定要慎重考虑大家的感情，不能以牺牲这个为代价，要做就做，不要半途而废，他会百分之百地支持我的。

不管所有的担心是否多余，剧社的演出还是吉星高照地顺利结束了。担任总监的李朝晖被誉为"最佳管家"，凭他的能力赢得了尊敬和信任；孙柏的剧作引起了专家的讨论；海报宣传也越做越出彩；剧社又涌现出几颗"新星"，还被评为十佳社团。而我，在台前台后、台上台下的忙碌中，又学到了很多东西。

那年漂亮的节目单上印着彼得·布鲁克的一段话：

> 我们可选取任何一个空间，称它为空荡的舞台，一个人在别人的注视下走过这个空间，就足以构成一幕戏剧了。

轰轰烈烈的演出结束了，圣诞夜剧社在"百百乐"召开庆功大会。大家又唱又跳，奇怪的是，演出结束后陈阳一直没有出现。这样的场合不醉是不行的，然而跳到最后，不觉竟有些悲壮气氛，女生们也幽幽地点起了烟，高山含泪失声喊出"我爱剧社"，竟招致泣声一片。这又是怎么了？难道这不自觉的悲哀竟预言了什么？

新年的热闹之后是忙碌的复习迎考。三教的教室挤满了人。一向懒得上自习的我也不得不临时抱佛脚。碰见了班上的两个女生，问我认不认得陈阳，我点头。"他自杀了。""什么?！"我叫起来。有人抬头看我。"不可能！这不可能！"沉默。"是戏剧社的陈阳吗？"我近乎哀求地问。她们两个悲哀而无奈地看着我，点了点头，一字一句地说："昨天，在十三陵，发现了他的尸体。"

我无法去分辨自己的感受，只是疯狂地从三教一层跑到五层，想找到一个剧社的伙伴，分担这突如其来的噩耗和随之而来的那份无法负荷的恐慌与悲痛。更渴望有什么人能够一把拽住我，告诉我这一切都不是真的，只是一个不怎么可笑的玩笑。

我找到了周颖，她像是想说服我，更想说服自己地说："我前两天还见过他，他说他每晚在一家酒吧打工。这不可能。"

我找到了赵嘉，她听了先是乐，乐着乐着就哭了。

我又找到李朝晖和邵泽辉，朝晖还算镇静，说去问问，邵已控制不住地在砸墙、咆哮了。

一会儿朝晖和王飞低着头走过来，朝晖无语，王飞愤愤地说了句"他这样做对得起谁"就走开了，也不知在向谁发火。

每个人都用自己的方式表达对这残酷事实的不满，却又必须去承担它所带来的震惊与痛苦。我们不能接受的是一个看上去开朗活泼、活生生的大男孩竟这样放弃了自己的生命。我并不想去探究原因和责任，我只是感到深深的悲哀。

想起一起吃饭时，他把"醋"两部分写颠倒，想起他借着给我夹菜"假公济私"，想起他在《弃婴》里扮演的那个可爱的大盗，更想起一直以为开朗的他竟对我说"那年我的世界爆炸了"，想起他老是唠叨"昌平园那会儿多好"，想起那晚他想让大家一起去自习室熬夜但大家终究作鸟兽散时他的无奈和失望。

他空长了个大个子，却比我们每个人都更脆弱。情感在他的世界里究竟占了多大比重，竟使他甘愿以生命作代价？

十三陵的冬夜肯定又黑又冷，他最后离去时是不是心里也是又黑又冷？或许他曾经有过一丝后悔，对这个世界也有过留恋，只是没有人听见他的声音？那段日子里，我们每个人都很消沉，剧社那么温暖开心竟没能留住那么爱剧社的他。也许是我们在一起醉得太多，笑得太多，而或许应该清醒地坐下来聊聊？

我不知别人是怎样想的，我只知道自己回避过他的倾诉。我不愿也无须去分析原因，活着的人有权让自己好过一点。但是敏感如他，究竟感受到多少这个世界的冷漠和荒谬，我们中又有多少人是活在两个世界——一个已然死去，另一个则无力生出——之间？！

寒假剧社组织去玉渊潭公园烧烤、滑冰，高山交给我陈阳托他转交的送给我的圣诞礼物：一张写着"王润，希望伴着你坚持下去！陈阳"的1996年冬季公演节目单。我有些哽咽，觉得悲哀，也觉得幸福。

高山说："陈阳的离去使我觉得我们更应努力地好好活下去。"我知道他说这话的特殊意义。他的心里有痛，却总是成天乐颠颠；很少倾诉什么，却总是关心别人鼓励别人。如果你不去凝视他的眼睛，你不会懂得他曾经历什么；如果你回避他的目光，你便是逃避了一次心灵的交流。可我有时，仍是怕看他的眼睛。我不想再让他把我招哭。

10月30日是陈阳的生日，我们该去看看他。剧社印的文化衫也留了他的一份。我们一直惦念着他，"不思量，自难忘……"

朋友，你在天堂还好吗？

四

伴着这个时代的步伐，1997年剧社步入转型期。高山将社长的职务委任给了邵泽辉，退居"顾问"，很多老社员都淡出了，时不时露一小脸，都会赢来由衷的欣喜和欢呼。然而，我和邵的担子更重了。

剧社训练也由昔日的老社员带领、边表演边讨论的形式变成了较正规的请来专人指导训练。对于我来说，登台表演的好奇与渴望早已不是参加剧社的主要目的，倒是对演戏本身开始反省，深思，并感到深深的困惑。

我们为什么要演戏？是想体验更丰富的角色和人生。那我们又该如何分辨这许许多多角色中究竟哪个才是真正的自己？面对我们扮演的角色，我们该以什么心态去对待？太过投入，能够对面前任何一个人做出要求的表情，我会怀疑自己真正生活中的真诚；太过冷静、客观地去分析角色的一切，又会违背了生活真实的逻辑。而且，舞台上即使是最复杂的角色比起生活来也太过单纯。她或他，在一两个小时便完成了一生。我们在这样的模拟人生中演习悲欢离合、生离死别，享受了悲与喜的快感，丰富了我们的体验，并且绝对安全。可是，我们的真实感觉、面对真实人生的反应却在这种演习中悄悄削弱。当危险真正来临时，我们会不会一无所知？正如玩惯了电子游戏、养惯了电子宠物的我们，不会面对生活中真正的事故与死亡。

我苦于找不到答案。终于，我退出了表演训练，忙碌于内外联络、宣传组织等杂务工作。

为剧社投入了太多心血、时间和精力，再加上由于困惑而产生的抑郁心情，我和杰——我青梅竹马的男朋友，也不可避免地产生矛盾。一直从小学伴我走来，共同经历过太多风雨的他，一直是最支持并帮助我的。我来剧社训练，他默默地伴着我，看我跟大家又笑又闹；我去各剧院联系，他不辞辛劳地跟着我，陪我东跑西颠。只是，他不理解的是，我和别人在一起时为什么比和他在一起时话要多得多。我想告诉他，沉默的我或许更加真诚。语言是一种交流的手段，可有时它是那么危险，我害怕在张口的一刹那失落了真实的自己；我还想告诉他，我害怕陷入二人世界而疏远了剧社同伴。然而我什么也没说，因为这一切都像是辩解，说服不了别人，也说服不了自己。或许真实的原因是：八九年的爱情长跑，不断面对家庭的、社会的、外界的、内心的种种压力，再加上剧社的重任，我有些怕、有些累了。在别人面前还可以，在他这里，却撑不住了。

我愈加沉默，甚至懒惰。邵也说"你不像以前那样可爱了"。

直到《小王子》的排演。

一天中午，中央戏剧学院来了两个男孩：张锰和潘钺，说想和剧社合作，一起为北大百周年献礼。这个消息振奋了我，没想到剧社已是"隔着窗户吹喇叭"——名声在外了。那时我们正被法国著名童话圣·埃克苏佩里的《小王子》深深迷住，便决定将它改编成剧本上演，并从这个学期的汇报演出开始与中戏合作。梧桐引来金凤凰，我们请来了中戏致力于校园戏剧的导演王晓凡（后来我们都称他凡哥，他实在太烦人时就叫他"凡人哥"），张锰和潘钺又从中戏搬来了能工巧匠：舞美李建军、灯光李竞成、化妆周燕和一个小化妆班子，以及服装学院毕业的董兆辉。再加上我们自己优秀的演员、音乐、宣传……成立了一个实力强大的剧组。

我不会忘记那个傍晚，我、朝晖、凡哥和张锰、潘钺在静园大草坪上设想把这个地方变成我们的童话天堂。王晓凡随手一指，那棵树变成了一颗星球，那条石凳变成了一架飞机。张锰就赶快记下来，这要靠他们的道具、灯光来实现。有了富有想象力的导演和踏实聪明的制作人，我眼前的静园大草坪变成了一个童话世界。我仿佛看见小王子在音乐中向我们走来，我禁不住鼓起掌跳了起来。凡哥转过身来，笑着拍拍我的头："你来演那朵小王子爱上的玫瑰花。"我像一下子回到了充满梦和幻想的童年。

然而露天演出的梦终于泡了汤，我们只好去打二体的主意。无数次的交涉、谈判和讨价还价，让我不得不又回到现实。复杂和烦琐的各种问题，也使我学习去面对成人的世界。

把中戏成员介绍给剧社的那天晚上，大家又去喝酒。喝到高兴处，邵泽辉忽然跑来对我说："我们想让小杰加入剧社。"我愕然："可他不是北大的呀！""那又怎么样？得，你甭管了。"于是杰按照向剧社申请、由社长批准并向剧社全体成员作自我介绍的程序加入了剧社，仪式比我们谁都正规。他已酒不醉人人自醉，对大家说："我叫陈杰，不拘小节的节。"嗯？这都是什么呀！然后大家又让我俩谈谈恋爱经过。唉，这又是什么呀！我也醉了。和杰九年来风风雨雨，共同面对成长的考验，承受来自家庭、外界的各种压力，是剧社给了我支持和信心。邵、高山、朝晖、赵嘉、周颖、轺轺……分担了我太多烦恼，给了我太多鼓励。我看得出杰的兴奋与感动，他不是大学生，却以自己的真诚赢得了我这群大学伙伴的友谊。从此，他不必再以"家属"身份默默陪我参加剧社活动，而是一名正式的北大剧社成员了。剧社、朋友，谢谢你们！

排戏的过程是有趣的，也是辛苦的。每个周日，我们聚在塞万提斯像下，共同体会小王子的世界。凡哥是个出色的导演，他不是完美的，可也正是他的个性，以及他对爱、对感情的那份领悟，并能用具体的身体语言将它准确地表达出来的才华，使我拍案叫绝，获益匪浅。另一边是张锰和潘钺与建军、竞成一起，对二体进行测量，对电压进行估算……做着最实际、最烦琐的舞台布置工作。杰对电工工作的熟悉也使他找到了用武之地。

从清晨到傍晚，从周一到周日，我们马不停蹄地排练着。塞万提斯像下的草坪成了我们最好的排练场地。在塞老人家眼里，我们是不是也像是勇斗风车的骑士?有时会有人驻足观看,这影响不了我们什么;也有留学生要求参加我们的剧社,我们中国人当然不会什么时候都说"不",一个韩国女孩成了剧组一员,拥有了一个角色。排累了,干累了,就躺下来睡一会儿。天很好,人很好,这样的日子,真的很好。

然而,一切并不会总那么顺利。不知因为什么,我和杰那天又闹了别扭。沉默、冷战,然后是争吵,说着离心很远的那些互相误解、互相伤害的话,最后终于同意在另一块草坪上坐下。不远处忽然传来剧社成员在吉他伴奏下的哼唱,这是一首很好听的歌。我们停止了成人式的争吵,开始孩子气地发发牢骚,最后假装不情不愿地和好了。

还有些时候,我是因为把握不住角色而苦恼。用凡哥的话来说,我是在往情绪里掉,是真正尝试用动作来表达自己。确实,虽然我有多年的恋爱体验,但小王子和玫瑰花的爱情却涵盖了爱中所有复杂的成分:理解与误解,自尊与自负,呵护与伤害……可我好像只是一台背台词的机器,连自己也感动不了。终于,凡哥向我嚷了起来:"你想想,那天你和小杰吵架,在草坪那边坐着,我们谁敢过去?那是什么,那才叫爱!"我愣住了,一股说不出来的情绪使我在自己和那朵表面高傲倔强内心脆弱易伤的花之间找到了某种相通的成分,我开始懂得玫瑰花与小王子的感情,也开始懂得自己,懂得杰,并学着去懂得爱。

还有一次,离正式演出只有两天时间了,二体忽然说不给我们用了。大家急坏了,我去找体教负责人,听他没完没了的训导与呵斥。于是,我哭了,于是,他看在"你还是个好同学"的面子上又答应租给我们用。这或许是我最有用的一次"表演"。

这是一个蜕变的过程。扮演小王子的沈超是个新生,没有什么舞台经验,但灵气不少,此次担负重任可谓不易。我眼看着她从生涩局促到渐渐收放自如，终于以演出的成功证明了她的能力与努力。扮演爱慕虚荣者的王春红已经大四，这是最后一次参加剧社演出。她在韶韶的指导下一丝不苟地排练舞蹈动作，她对剧社的热爱与留恋全都融化在她的表演里。熊育竹虽还不是正式社员，可每次排练总是早到晚走，需要他的吉他时他认真配合，不需要时他就抢着做杂活。李兰、阿萌忙着给大家做衣服，牛皮纸、塑料绳，到她们的手里变成了顶漂亮别致的行头。高山、邵，甘当戏里最不引人注目的跑龙套角色，演起来却丝丝入扣，以老社员的敬业精神激励着大家。杰特意从单位请了假来干活，十米高的梯子，几十个不轻的灯具，他爬上爬下施展他的技术才能。他的勤劳肯干不仅赢得剧社成员的好感，也使中戏的学生把他当作可交的哥们儿。我们都在这出戏里成长。

终于，终于，我们在二体里架起了一道载着小王子飞往各个星球的铁轨，我们在房顶上"种"下一棵会流出泉水的银色的树，各种不同的灯光会造成不同的氛围，泡沫塑料做的星球在幻灯打上去后效果十分逼真。每个角色的化妆、服装都经过精心设计，反复修改，终于达到了一出场就给人深刻印象的效果。终于，终于，演出就要开始啦！

那两个晚上，几百名观众和我们一起经历了小王子的成长，体会其中无尽的悲喜，我们用充满激情的表演去呈现一沙一世界，一花一天堂。玫瑰花和小王子分别的那一场，熊育竹的吉他声响起，石可动情投入的"*Don't Cry*"唱得如醉如痴，我喊出那句"努力做个幸福的人吧！"时再也控制不住自己的情感，泪流满面。作为角色，那是最悲哀的一刻，而作为演员，却是最幸福的一刻，我感到心灵的净化与升华。演出结束后，我们在观众的欢呼和掌声中谢幕，闪光灯亮个不停，杰跑上来给我献花，我的心里是满溢的喜悦和满足。

香槟酒的盖子在尖叫和欢呼声中飞上星光点点的夜空，这是一次心的旅程。"真正美丽的东西用眼睛是看不见的""你要对你的那朵花负责，因为那上面有你付出的心血和时间"……我将永远记得这些属于爱和心灵的美丽对白。

我们都是幸运的。

五.

剧社里还有些别样的故事。

有一段时间几乎以为自己成了妇联的头儿，或是"女性主义"的捍卫者。如果说剧社不愧为"好人剧社"的话，剧社里的这些女孩子更让我有一种"怎么好女孩都跑到咱们剧社里了"的感觉。各种类型的美丽与聪明，使我这个女生也不由得总是以欣赏的眼光看待她们，那份诚挚与善良更使我生出几分"侠气"想去保护她们。

《宋氏三姐妹》中这样说："在所有的战争中，牺牲最多的总是男人，而受伤最多的却是女人。"在剧社里，我觉得，意气风发，总想着、盼着、念叨着要做大事业的是男生，而默默无闻、踏踏实实做幕后、善后工作的却多是女生。她们也有很多想法，却很少去争论，遇到意见不合的时候懂得安静耐心地倾听，然后因着对戏剧、对剧社的那份热爱和责任，默默地去做很多琐碎无聊、甚至委屈的工作。

我或许是个异类，在工作方面我更倾向于就事论事，宁肯把事情摆在桌上吵出来也不愿憋在心里，一张嘴皮子更是得罪了不少人。尤其是在接触了些女性主义的皮毛之后，就更对有些事情看不惯，越发不怎么温柔可爱。常常我会替我的好朋友、好姐妹感到委屈和不平，而和我的另一半朋友、好哥们儿争论起来，控诉男女的不平等。到底是好伙伴,对我的较真儿和有时的小题大做并不真以为然。而且大家都清楚:我,并不是,或者说不仅仅是为了自己。

然而,并不是危言耸听,男权主义确实无孔不入。尤其是在工作中,尤其如果你也是一个和我一样敏感且较真儿的人,你就会发现这一点。戴锦华曾提到这样一个例子:一个人为了真正体验犹太人的生活,冒充了一段时间的犹太人,之后他感受到种种潜在的、隐蔽的、无法诉说的歧视与不平等待遇。在漫长的令人窒息的冒充生活结束后,他松了口气。而作为女人,她的性别标志是显而易见的,并且一般说来终生无法摆脱。情况更接近黑人。

周颖曾无奈地对我说:"入了剧社才知道,对女性主义的关注,其实完全是被现实逼出来的。"

有一天晚上,在孙柏家聚会。后半夜了,大家聚在桌边聊天。高山随便说到剧社的女生,很"男生化"地评论她们的相貌和演技,不知怎么就激怒了我,脸色愈加难看起来,当听到他说赵嘉"不用管她"什么的时候,看着他那副神气,我再也控制不住,一推桌子进了另一间屋子。大家都愣住了,气氛变得很尴尬。只有高山傻呵呵地不知自己说错了些什么。杰一会儿推门进屋走到我身边,说他不理解我为什么忽然对高山的玩笑话表现出那么激烈的态度,弄得大家都有些别扭。我竟忍不住"哇"的一声哭了出来。杰退了出去。

一会儿,高山钻了进来,关心眼睛红红的我到底是怎么了。我说是我自己的问题,他竟驴唇不对马嘴地安慰起我来:"我们都知道你在感情上有很多麻烦,不过要想办法调整情绪。"

"什么呀?是因为你!"我喊了起来。

"我?"高山一脸无辜的愕然表情。

"那你慢慢说。"他坐下来,一副洗耳恭听的极乖样子。

于是我就前言不搭后语，一把鼻涕一把泪地控诉起"你们男生对女生如何如何"的男性霸权主义"罪行"来。还有自己面临各种所谓男女平等、剧社成员关系问题的困惑与苦恼。

我说，当时觉得陈阳所顾虑的大家的关系问题，我曾以为是他多虑。然而现在才发现，大家在工作中建立的亲密无间的友谊深处还有着太多渗透了社会、文化、地域、性别各种复杂因素的微妙关系。我不知所措。

高山听后又是他一贯的、认真的总结发言："周颖当时对我们说'你们一定要好好对待王润'，可能是我们做得还不够。"

"我并不是为了自己，周颖也不是仅仅为了我一人。我们所做的一切包括对彼此的互相关爱都渗透着对剧社的感情。我之所以不能忍受你以那样的口吻谈论赵嘉，是因为我亲眼看到，也亲身体会到赵嘉、周颖、郭佳，以及太多女生所做的不易工作和你们的不重视。你们每次演出前雄心勃勃，之后得意扬扬，好像所有的功劳都属于你们这些举杯庆贺的男生，还要对女生们评头论足。我替她们感到不公平！"

赵嘉、孙柏也都进了屋，听着我不知怎么忽然那么多的牢骚，擦眼泪擤鼻涕的纸巾也堆了一堆。

"赵嘉，你有什么委屈也说说吧。"高山简直有点吓坏了，紧张地问。

"说实话，高山，你对我来说一直不够——公平。"一向温柔沉静的赵嘉说话还是一如既往地慢条斯理，但也有了几分激动，"也许是你自身的家庭环境原因，也许是你比别人更外露你的内心感觉，总之，你对女生总是不够尊重。"

随着对高山的分析批判和他自己"令人深恶痛绝"的自我批判（因为他批评起自己来总是像在批评另外一个人似的极为深刻和中肯，让本想批评他的人无话可说，而且也削弱了批判的力度）的不断深入，谈话渐渐变成对女性得不到应有重视和尊重这一现象的社会、心理的深层次探讨，学哲学的赵嘉更把这一主题上升到深刻的哲学层面，发现女性不受尊重实际上男性也是受害者之一。我们也悲哀地发现这些事实存在的根深蒂固与难以更改。

我忽然觉得无限凄凉和孤独，还有一种对另一半世界丧失了信心的恐慌与无助。我想，在杰看来，那晚，我的眼神都是绝望的。

当然，生活总是要继续。有时经历现实倒会比批判现实更加容易，在无意义甚至麻木地生活时，我们回避了许多会令人痛苦迷惘的清醒的思考。然而那晚的探讨却变成了一颗定时炸弹，我们都小心翼翼，诚惶诚恐，谁也不知道什么时候它又会爆炸。

在新学期剧社的全体会议上，确定了以邵、我和宋震的理事长会议为核心的理事会制度。可能未涉及过什么女性主义探讨，以前也没参加过我们聚会的宋震对大家宣布以后的理事会也会按照此种形式贯彻下去时，我听到邵忙不迭地加了句"当然，性别不必固定"，我有些想笑。我们都很敏感。宋震又自作聪明地补充了一句："对，我个人认为，剧社的负责人中还是至少要有一个女生的。""我个人认为，剧社的负责人中还是至少要有一名**男同学**的。"我慢条斯理地纠正道。宋震愣了愣，没太明白我想纠正些什么，我和邵、杰会心地笑了笑。

"女性主义"的后遗症，还有关于剧社是不是"北京帮"的讨论等等，或许正如世界上的阶级问题、种族问题、民族问题一样——各种话语体系一直在以不同的形式，作着相似的对抗。

六

剧社，剧社，喜聚不喜散。然而，不管当初是如何共同醉过、疯过、奋斗过，终究是这样，有的人毕业了，有的人出国了，有的人去另一个世界追寻他的爱和理想，更多的人不得不为现实与未来忙碌着不堪重负的现在。

但是，由沉寂多年到三年之内成为北大"十佳社团"之一，取得如此之多的成绩，留下如此之多的感人故事，校园里很少再有人不知道"戏剧社"的名字，三角地还掀起了追求海报创意的风潮；校外也有愈来愈多的人了解我们，"各方神圣"都愿帮助我们，与我们合作。这一切，对于创业的我们，已感问心无愧和深深的自豪。

新的学期，剧社终于在一批又一批人的努力下，建立了较完备的机构制度，增加了成员，明确了分工，设立了理事会制度和别具特色的各类工作室。然而，剧社也依然存在着不少的困难，如资金短缺，缺少正规的排练场地，以及又要面临新老交替的局面。面对一张张陌生的但仍旧充满热情的新面孔和每天变换数字的百周年倒计时牌，似乎吸引着我应有新的行动；而那个亲密无间的家庭式小剧社所包裹的太多记忆却又仿佛唤着我的退去。这不是"功成名就"的慨叹，而是"革命尚未成功，同志仍需努力"的嘱托、不舍与祈盼。

可否，永不落幕？可否?！

[王润：女，祖籍浙江温州，1976 年 9 月 9 日生于延安窑洞，1979 年随父母回京。1995 年考入北大中文系，1999 年毕业。现为某报记者。]

三版后记

北大对于每一个北大人，都是一个系得很牢的结，要解开或者遗忘这个结，得付出极大的心力。编《北大往事》这本书，可以看作"解结"的努力之一种。当然，这其中还有自豪感或曰虚荣心在起作用。我们时常意识到自己的"出身"，时常意识到自己曾经生活在80年代的北大，在那里，我们开始有了真正的困惑，也因之开始了真正的独立思考。

推动我们编这本书的绝不仅仅是爱和怀念。我们想找回一种气息，或者说，我们想重归冲刷过我们身体的那条河。在往事的河流里，我们能看到自己曾经是沙、曾经是金、曾经是波光浪影里的一星泡沫。在已经过往的日子里能找到自我的源流。

和我们的愿望相比，我们的工作显得仓促而粗疏。首先，要找到有话可说、有话能说的北大人已非易事，即便找到了，也有人因为暂时的失语或永久的繁忙而无法赐稿。在一些我们认为很有价值的人选身上，我们下了很大功夫，但是效果并非总是很理想。

好在我们一开始就并不想编一本"有头有脸"的书，我们需要的是真实、具体乃至琐碎。我们不想被湿淋淋的抒情淹没，不想被空泛的赞美塞个满怀，我们相信陈谷子烂芝麻中隐藏有神圣，这一点，一再在收到的稿件中得到证实。在读这些文章时，我们时常邂逅"个别的北大"。那种尖锐的感觉令人颤栗。

出于对"光荣"的某种回避，以及由于编者把握能力的局限，我们把关注的时段限定在 1977 年—1997 年。我们认为，这段时间的密度和重量可以与 20 世纪 10 至 20 年代一段时期相比。在"1977"和"1997"之间，时间的种种姿态是值得人们长久回味的。书中篇章页各年代下所附诗句分别出自塞菲里斯、米沃什和博尔赫斯，这一点明眼人想必已经发现。

本书自 1998 年 2 月由中国文学出版社出版第 1 版，反响空前，盗版无数；经过第二轮征集，我们在新世界出版社出版了《北大往事（二）》（2001 年 9 月）。2008 年 5 月，以首版《北大往事》的文章为主，增选《北大往事（二）》部分精彩文章，由新世界出版社出版了《北大往事（珍藏版）》。此次再版，以 2008 年新世界版为底，新增了李大兴《一九八〇年的北京大学》、于慈江《燕园初恋》、洛兵《北大片段》等文章，构成更为精彩完整的版本，与《北大读本》《北大百年新诗》一起作为"北大典藏"系列同时推出，以献礼北大一百二十周年。

最后，我们要特别感谢那些有缘看到这本书的人——因为你们的存在，我们才有勇气去做我们做不好的事情。

橡子　谷行
二零一八年一月九日

版权说明

收入本书文章多数已获著作权人授权,但仍有少部分作者一时无法取得联系。敬请作者和著作权人予以谅解,并与我们联系,以便我们奉致稿酬和样书。

联 系 人:文 雯
联系电话:010-62376499
电子邮箱:chuanwx2016@126.com